四川省楚文化研究会学术专著

楚文化论

陈涛 著

新华出版社

图书在版编目（CIP）数据

楚文化论 / 陈涛著.

北京：新华出版社，2021.10

ISBN 978-7-5166-6051-5

Ⅰ.①楚… Ⅱ.①陈… Ⅲ.①楚文化—研究

Ⅳ.①K871.3

中国版本图书馆 CIP 数据核字（2021）第 193739 号

楚文化论

作　　者：陈　涛	
责任编辑：董朝合	封面设计：唐小糖

出版发行：新华出版社

地　　址：北京石景山区京原路 8 号　　　邮　　编：100040

网　　址：http://www.xinhuanet.com/publish

经　　销：新华书店、新华出版社天猫旗舰店、京东旗舰店及各大网店

购书热线：010-63077122　　　中国新闻书店购书热线：010-63072012

照　　排：成都圣立文化传播有限公司

印　　刷：四川立杨彩色印务有限公司

成品尺寸：170mm×240mm

印　　张：22	字　　数：335 千字
版　　次：2021 年 10 月第一版	印　　次：2022 年 1 月第一次印刷

书　　号：ISBN 978-7-5166-6051-5

定　　价：98.00 元

序 言

熊仁均

秦统一中国后，由于执行焚书坑儒式的文化专制，楚文化一度遭到政治上的扼杀而沉埋。然而，"野火烧不尽，春风吹又生"，楚文化作为中华民族的一种基本生活方式，仍然在华夏儿女中代代相传，生生不息。只是在文化史上，楚文化作为一个独立的文化系统存在，在史界淡出了人们的视线。直到20世纪80年代改革开放，中国出现传统文化的复兴热潮，楚文化才重新进入学界，引起人们强烈的关注。尤其是近年来，在弘扬中华优秀传统文化的时代主旋律中，楚文化研究掀起史无前例的热潮，不仅研究人员众多，规模大，而且形成了系列化、综合化的研究态势，逐渐成为一门蔚为大观的"楚学"。

审视当前楚文化研究的现状，研究内容大体涉及三个方面：1. 荆楚地方文化研究。研究中心集中在以湖北为中心地域的楚文化，突出的是地方文化特色。例如湖北人民出版社出版的《荆楚文化系列丛书》，就是一套系统研究荆楚文化特色的大型丛书。这套丛书分为胜迹系列、史传系列、学术系列、艺文系列等，可以说是多学科、全方位地展示了荆楚文化的历史画卷。此外，还有董泽芳主编的《荆楚文化研究丛书》，涉猎荆楚文化研究领域的新材料、新发现，从历史、文学、艺术、哲学、思想、宗教等视角论述荆楚文化的人文意义和内涵。2. 楚国历史文化研究。研究中心集中在以古代楚国疆域为中心的楚文化。

例如张正明的《楚文化史》，他在导言部分说："从楚文化形成之时起，华夏文化就分成了北南两支：北支为中原文化，雄浑如触砥柱而下的黄河；南支即楚文化，清奇如穿三峡而出的长江。"稍后，由张正明主编、全国楚文化研究学者分别撰写的《楚学文库》，共18部，更是全景观地展示丰富灿烂的楚国历史文化。3. 传统楚文化研究。将楚文化置入中华传统文化系统中，对其历史流变加以审视。例如蔡靖泉的《楚文化流变史》，他认为，西汉之后楚文化"融入了中国文化的大系统中"，因此，楚文化的研究应"不限于一地一域，而是放眼神州内外"。《楚文化流变史》在楚文化"传统"上做了有益的探索，但由于对"传统楚文化"缺乏理论的界定，在具体阐述中往往将历史文化与传统文化混为一谈，因此"流变史"往往在"传统"内外流离不定。如作者在该书引论部分所作的说明："本书涉及的内容，乃同于《楚文化史》而为历史学上的文化诸方面。"

综观上述三方面的探索，各有侧重，又互有联系，可谓开拓广泛，挖掘深入，为楚文化研究积淀了极其厚实的学术基础。但是，上述研究基本上停留在历史学与考古学层次上，虽然丰果累累，成绩斐然，令人耳目一新，却大体上局限于史料性的发掘、整理与论述。在上述探索中，有一个值得注意的问题，那就是楚文化的概念是不确定的，或指荆楚文化，或指楚国文化，或指区域文化，或指民族文化，或指历史文化，或指传统文化，各有各的界定，没有一个统一的楚文化的逻辑体系，缺乏一个严谨而科学的理论构架。可以这么说，目前楚文化研究进入了一个瓶颈，到了一个新的临界点。

陈涛教授的《楚文化论》正是在这个研究的临界点上应运而生。我认真阅读了陈涛教授著的《楚文化论》全部书稿，认为《楚文化论》的学术意义突出表现在两个"超越"上：一是"超越"楚文化本体史料性研究的视野，从史料性研究升华到理论性研究，即从理论高度总结已有研究成果，对各种学术观点进行逻辑梳理，进行有序的建构。二是"超越"楚文化历史文化研究的视野，从中华传统文化高度，分析楚文化的内涵、源流、性质、特征、地位及其影响。《楚文化论》以"正名""内涵""演变"和"影响"为理论框架，提出了一系列建设性观点。

首先是楚文化的研究价值。研究楚文化，不止在于它是历史文化，更在于它是传统文化。传统文化来自历史文化，却不等于历史文化。历史文化须具备三个条件才能转化为传统文化，即必须是原创性的文化，中华民族共同拥有的文化，以及代代相传、至今仍活跃在现实生活里的文化。楚文化作为中华民族的一种重要生活方式，是中华民族独立于世界文化之林的核心特征之一。

其次是楚文化的内涵。楚文化既含有荆楚地域文化，又含有楚国历史文化，在中华传统文化史上，它与周文化是中华传统文化的两大源头。楚文化具有鲜明的传统文化特征：从地理人文看，周文化是黄河流域的中原文化，或者称北方文化；楚文化是长江中下游的楚国文化，或者称南方文化。周文化带有北方阳刚的乡土特征，楚文化带有南方阴柔的乡土特征。从文明层次看，周文化已进入宗法社会，特征是信"天命"建"礼仪"；楚文化尚滞留在原始社会，特征是信"鬼神"行"巫术"。从文化精神看，周文化以儒家文化为核心，兼容法家、兵家、纵横家等文化；楚文化则以道家文化为核心，兼容阴阳家等文化。

再次是楚文化的地位。中华传统文化是儒、道、佛"三教一体"的文化系统。在系统结构中，楚文化居于中介的地位。道教是联系儒教与佛教的纽带。从结构功能看，中原的儒教文化建构的是"伦理道德"的社会秩序，外来的佛教文化建构的是"四大皆空"的灵魂秩序，而楚文化的道教文化功能，是以"道法自然"的自然秩序来解构儒教的道德秩序与佛教的灵魂秩序，让人挣脱内外束缚，返归自然。正是楚文化的中介作用，中华民族传统文化系统才形成了一个"正（建构）→反（解构）→合（重构）"的自调机制，从而在一张一弛的辩证发展中，具有了持续发展的生命力。

最后是楚文化的演变。《楚文化论》认为，纯粹的楚文化只有在理论意义上存在，现实中不存在纯粹的楚文化。在中华传统文化系统中，"三教"的文化元素错综交融，千变万化。楚文化作为一种重要的传统文化，始终处于因时因地的历史演变状态。

按文化版图说，四川属于巴蜀文化区域，显然不是楚文化的原发地。但是，四川与楚文化有着一种特殊的联系。首先是清初大规模的"湖广填四川"移民潮，致使四川人的祖先约60%来自楚地，几百年来，巴蜀文化中融入了很强的楚文化的基因。其次由楚文化演变而来的"道教"发源于四川大邑县鹤鸣山，由于"道教"在民间的广泛传播，在四川社会形成了代代相传的楚俗民风。因此，巴蜀的生活方式里始终弥漫着传统楚文化的氛围，在各种文化现象中流贯着楚文化的血脉。

四川省楚文化研究会自创立以来，便以研究传统楚文化作为学会的宗旨，一直以弘扬优秀传统楚文化为己任。近年来，学会开展了多种样式的传播楚文化的活动，并专门成立了楚文化学术专著编委会，规划、组织及资助学会成员进行科研立项与研究。《楚文化论》是学会推出的一项重要学术成果。希望本书的出版，能够引起学界对传统楚文化更多的关注，将楚文化研究推向一个新的高度。

是为序。

（熊仁均，四川省楚文化研究会会长、中华文化促进会楚熊文化研究工作委员会副会长）

目 录

CONTENTS

【中篇】　楚文化演变

【下篇】 **楚文化影响**

引 论

楚文化正名

楚文化是中华传统文化核心元素之一。

近半个世纪来，楚文化研究已有过两次高潮。第一次是在20世纪80年代。随着中国的改革开放，中西文化发生了激烈的碰撞，中华民族为了捍卫民族文化，掀起了传统文化复兴热潮。这次热潮的特点是中华传统文化的崛起与整体反思，作为中华传统文化核心组成部分的楚文化受到学界的高度关注。进入新世纪后，弘扬优秀传统文化成为时代的主旋律，学界再度掀起楚文化研究高潮。相较于上一次，这次楚文化研究呈现出两大特点：一是由笼统的综合审视走向精细的分析，开始对楚文化进行分门别类探讨，全面发掘历史的楚文化，多角度展示波澜壮阔、丰富多彩的楚文化的历史画卷。二是由研究的自发零散，转向研究团队的规模化（全国学者协作）、课题的系列化（多层次多方面切入）、传播的协作化（书籍、论文、影视与共）。就著述成果而言，楚文化研究中影响较大的有"荆楚文化"系列，例如湖北人民出版社出版的《荆楚文化系列丛书》、董泽芳主编的《荆楚文化研究丛书》等；有"楚国文化"系列，例如张正明的《楚文化史》，以及他主编的《楚学文库》。此外，也有学者另辟蹊径，开始从传统文化视角研究楚文化，例如蔡靖泉的《楚文化流变史》。应该说，楚文化在本体的分析研究上取得了丰硕的成果，无论是史料的发掘，还是文化的论述，都有了极其显著的突破。

学术研究需要分析，将整体的对象分解成各个部分来进行审视。但是，分析的方式也有自在的局限，那就是把对象碎片化、割裂化，导致整体的模糊化。这些年来楚文化系列化的分解研究，虽然成绩斐然，但是也有负面的后果，最明显的表现是"楚文化"概念的模糊。纵览这方面的专著与论文，我们可以发现一个问题，就是人们往往将荆楚文化、楚国文化与传统楚文化（简称楚文化）混为一谈；其实，这是三个不同的概念。它们既有内在联系、又有性质区别，它们所指的是三个不同的文化系统，荆楚文化是地域文化系统，楚国文化是历史文化系统，而楚文化是中华传统文化系统。由于概念上的混淆，在论述中便出现逻辑上的混乱，导致楚文化的探讨、争论很大程度上处于各说各的状态，有的甚至在同一篇著述中也出现概念的歧义，甚至自相矛盾的现象。因此，笔者以为，当前楚文化的研究，从学术发展进程来看，应该是到了一个由"分析"到"综合"的历史拐点。楚文化的研究，必须从精细的"分析"走向更高层次的"综合"，才能突破现有视野，拓展研究道路，达到弘扬中华优秀传统文化的目的。

笔者所说的"综合"，指的是将已有的楚文化方方面面的研究成果置于中华传统文化系统里，加以梳理与整合，构建楚文化的理论体系。换言之，就是从中华传统文化整体结构的高度，来研究认识楚文化的内涵、性质、源流、特征、地位及其结构功能和社会历史的影响。

概念是理论的逻辑起点。"楚文化"概念是中华楚文化系统最基本、最简单的本质规定，其内涵贯穿整个楚文化体系，是统帅楚文化各个研究系列之魂。孔子曰："名不正，则言不顺。"正名之重要，在于"以名指实"，"实"是科学研究的前提。如果对"楚文化"概念没有一个科学的界定，那么关于"楚文化"的一切学术研究和讨论，实际上会处于无序的状态，不可能实现真正的对话。为"楚文化"正名是理论"综合"的第一要务。

那么，什么是中华传统文化意义上的"楚文化"呢？这里有三个概念需要界定：一是"文化"的含义，二是"楚"的含义，三是"传统"的含义。

一、文化与文化精神

首先谈一下"文化"的含义。文化是人类的生活方式，是人类创造出来的满足人类的需要、实现人类充分的生存自由的财富。什么是自由？自由是对必然（客观规律）的认识和驾驭。人类根据必然来创造文化，创造文化的目的是驾驭必然。人类不断创造文化的最终目的就是为人类获得更大的自由。

人类的文化结构大体分为三个层次：

第一层次为物质文化。物质文化满足人的衣、食、住、行等生存需要。物质文化的文明程度主要取决于人使用的生产工具。以工具为标志，人类文明进程中已经出现过四次浪潮：第一次浪潮是以石器为标志的原始文明，第二次浪潮是以铁器为标志的农耕文明，第三次浪潮是以机器为标志的工业文明，第四次浪潮则是当今正在形成的以互联网为标志的信息文明。每次物质文明的浪潮都给人类带来物质生活上的巨大变化，赋予人类在物质生活上的更大程度的自由。

第二层次为制度文化。相应于物质文明的进程，人类建立了不同的社会秩序以规范人的行为，满足人的生存需要。从政治制度而言，人类曾建立过家族制、部落制、封建制、集权制、共和制，以及禅让制、世袭制、选举制等；从经济制度而言，建立过公有制、国有制、集体制、私有制、股份制等；在中国广袤的土地、悠久的历史上，还有过各类法律，无数的族规、乡约，以及形形色色的风俗习惯。为了人与人之间畅通思想交流，人类还创造了各种约定俗成的语言与文字的秩序。毫无疑问，制度文化的文明进程，不断地拓展人类社会生活的自由空间。

第三层次为精神文化。人类不仅需要充足的物质生活，同时需要丰富的精神生活。因而，人类从初民时期开始就创造了巫术文化。随着文明的发展，人类不断地创造了宗教、哲学、科学、历史学、文学、书画、音乐、戏剧等精神文化。人类的精神文化与时俱进，一方面是形式不断细化、多样化，例如中国文学的形式从诗经、楚辞、汉赋、唐诗、宋词、元曲发展到明清小说；另一方面内容不断深化、广泛化，由表入里，由简单到复杂，全方位地认识宇宙与社会，挖掘表现人的内心世界，使人的主体性具有愈来愈大的表现空间。经典是人类精神文化发展的里程碑。"日月光华，旦复旦兮"。经典往往具有永恒的生命力，超越时间，超越民族，甚至超越人类的文明阶段。如果说人类文化发展史就是一场人类创造文化的火炬接力赛，那么经典就是火炬，照亮了人类前行的道路，使人类文明具有持续发展的动力。

上述人类文化序列，属于显形的文化。显形的文化是个具有整体性的有机结构，无论是物质文化、制度文化或是精神文化，各种文化元素都不是孤立的存在，它们相辅相成，是个"一以贯之"的系统。这个"一"，就是文化精神。文化精神是隐形文化，它如盐之溶于水，渗透在各个文化元素之中，统帅着文化系统的扩展与运转，是文化系统的灵魂与本质。

所谓文化精神，指的是人的宗教信仰、思维方式、价值取向、审美情趣等。一切文化只是文化精神的不同表现形式。从人类文明发展史来看，文化精神的诞生是一个地域文明或者民族文明成熟的标志。有了文化精神，地域文化或者民族文化才能形成自己固有的特色和文化传统。

就文化精神而言，它起码存在着三个层次：

首先是人类的文化精神。比如"筚路蓝缕的艰苦创业精神"。许多学者将它归入楚文化精神，这个观点并不错，但是必须明白的是，这种创业精神不是楚文化所独有，它是中国各地域文化共同的文化精神，也是世界各民族文化共同的文化精神，因为它是人类的文化精神。人类正是秉有这种精神，才能够超越其他的一切动物，从无到有地创造出丰富多样的文化，创造出人类理想的家园。读过笛福的《鲁滨逊漂流记》的人都知道人的创业过程：鲁滨逊单身漂流到一个孤岛上，孤岛是块没有人迹的荒土，鲁滨逊的孤岛生活实际上是回归了人类的初民时期。鲁滨逊凭着顽强的意志和智慧，吃尽各种苦头，战胜各种困难，终于一步一步地创造了日常生活必需的文化，最终奇迹般生存了下来。《鲁滨逊漂流记》之所以成为世界名著，就是因为小说主人公鲁滨逊的形象集中体现了人类"筚路蓝缕的艰苦创业精神"，他是人类文化精神的一个象征。

其次是民族的文化精神。从世界看，历史比较悠久的文化有中华文化、埃及文化、印度文化、希腊文化、罗马文化等。它们都拥有独立的文化系统，具有不同的民族文化精神。相对于人类文化精神而言，各民族的文化精神具有各自的特殊性，它们之间存在着鲜明的差异。比如佛教是古印度文化，印度的观音菩萨是男身，唇上有一撇小胡子。但是佛教传到中国后，观音菩萨渐渐变成了女身。观音菩萨形象的改变，究其内因，果如净土宗省庵大师在《观音大士像赞》中所说："大士法身，非男非女，身尚非身，复何所倚。"但是进入中国后定型为女身，则是被中华文化精神"同化"的结果。观音菩萨是大慈大悲、救苦救难、普度众生的化身，而在中华民族的传统文化中就有"女娲"精神传统。许慎在《说文解字》中说：女娲"古之圣女，化万物者"。"女娲"精神实际上是传统楚文化中的一种原始母系社会的女性崇拜，观音菩萨正是受这种崇拜的同化而变成了女身。

再次是地域的文化精神。中华民族文化是由多个地域文化整合而成的文化系统。每个地域文化都有自己的一定的物质文化、制度文化、精神文化，但是有文化不一定就能形成地域的文化精神。比如先秦时期的秦国文化，钱穆先生曾这样论述："秦人僻居西土，就文化言，较东方远为落后"，"秦人本无其之文化传统，皆自东方移殖"。"东方移殖"一说，李斯在《谏逐客书》中有过详细说明："昔穆公求士，西取由余于戎，东得百里奚于宛，迎蹇叔于宋，求丕豹、公孙支于晋。此五人者，不产于秦，而穆公用之，并国二十，遂霸西戎。孝公用商鞅之法，移风易俗，民以殷盛，国以富强。百姓乐用，诸侯亲服。获楚、魏之师，举地千里，至今治强。惠王用张仪之计，拔三川之地；西并巴蜀；北收上郡；南取汉中，包九夷，制鄢郢；东据成皋之险，割膏腴之壤。遂散六国之从，使之西面事秦，功施到今。昭王得范雎，废穰侯，逐华阳，强公室，杜私门，蚕食诸侯，使秦成帝业。"钱穆先生说秦国没有"文化传统"，并非说秦国没有文化，而是说秦国的文化没有形成自己的文化精神。秦人自从引入商鞅、张仪、范雎等客卿，有选择地移殖中原法家文化精神之后，秦国的文化才整合成自己的文化系统，形成秦文化，故钱穆先生说："秦之强，皆三晋法治新统之成绩也。"①

二、荆楚文化、楚国文化与楚文化

"楚"是个多义的概念。"楚"可以指楚地，《说文解字》："楚，丛木。一名荆也。"荆楚作为地名，先是称荆，后才称楚，也有连称作荆楚。《诗·商颂·殷武》说："维女荆楚，居国南乡。"荆楚即当今的湖北地

---

① 钱穆：《秦汉史》，广西师范大学出版社，2005年版，第100—101页。

区，古代是楚人所居之地。据此，楚文化或称作荆楚文化，被认作是楚人所创造的并沿袭下来的文化。湖北人民出版社出版的《荆楚文化系列丛书》，就是系统研究荆楚地方文化特色的大型丛书。

"楚"可以指楚国，司马迁《史记·楚世家》中记载："当成王之时，举文、武勤劳之后嗣，而封熊绎于楚蛮，封以子男之田，姓芈氏，居丹阳。"熊绎是楚国第一任君主，当时楚国不过是50平方千米的小国。楚国的主要郢都在荆州（今荆州市江陵县纪南城为其遗址）。此后700多年间，楚国兼并周边诸侯国，国土最大时拥有湖北全部，以及湖南、重庆、广东、安徽、江苏、河南、江西、山东等部分地方，是战国时期最大的国家。因此楚国的郢都并不确定，随着疆土的拓展而不断迁移。及至熊通接位之时，楚君自称为"王"，统一了长江中下游区域，甚至问鼎中原，灭掉了鲁国。显然，"楚"作为国家而言，所辖的地域是变化的，或扩大，或缩小，国家所辖的区域也是多民族的，地域文化是多元的。可以说，楚国文化是以荆楚文化为核心的区域文化。

张正明先生正是将楚文化界定为楚国文化，他在《楚文化史》中说："从楚文化形成之时起，华夏文化就分成了北南两支：北支为中原文化，雄浑如触砥柱而下的黄河；南支即楚文化，清奇如穿三峡而出的长江。"张文中说的"楚"显然指的是长江中下游流域。国学大师季羡林先生也持张的观点，他说："楚文化或者南方文化至少可以同中原文化并驾齐驱。"可见"楚文化"就是南方文化。南方文化包括哪些地区呢？司马迁在《史记·货殖列传》中说："越、楚则有三俗。"（注：《左传》称楚人为"楚蛮"。《史记·吴太伯世家》记载周太王之子"太伯、仲雍乃奔荆蛮"，《索隐》："蛮亦称越"，故这里的荆蛮乃指越人，司马迁概指为"越、楚"，即长江中下游一带。）而所谓"三俗"，包括"西楚"，即与巴蜀毗邻的荆楚文化（包含巴楚文化）；"东楚"，即沿海一带的吴楚文化、越楚文化；"南楚"，即与岭南相连的湘楚等华南文化。楚国文化系统包括三大地域的文化系统。

张、季对楚文化空间领域的界定，其实均出自国学大师王国维先生的观点。王国维在《屈子文学之精神》一文中指出：先秦"诸子百家"大体可以一分为二：一是北方派（黄河流域文化）"大成于孔子、墨子"，通称周文化；一是南方派（长江流域文化）"大成于老子"，通称楚文化。不过，在"楚文化"的内涵上，张与王的观点存在着明显分歧。张正明先生认为："所谓楚文化，不是一个单一的概念，而是两个大小套合的概念。考古学上的楚文化，以体现在考古遗物上的为限，主要是物质文化。历史学上的楚文化，则是物质文化和精神文化的总合。"①他将楚文化定义为楚国的历史文化。因此，他提出："楚文化有六个要素：其一，是青铜冶铸工艺；其二，是丝织工艺和刺绣工艺；其三，是髹漆工艺；其四，是老子和庄子的哲学；其五，是屈原的诗歌和庄子的散文；其六，是美术和乐舞。"他认为，楚文化"正是凭借着它的六根支柱营造成功的"。根据张正明先生的《楚文化史》，有学者概括出楚文化的"四大精神"：筚路蓝缕的创业精神，锐意开拓的创新精神，兼收并蓄的开放精神，自强不息的爱国精神。这就是现在学界比较流行的楚文化的"六大支柱、四大精神"论。

与张说的楚文化界定不同，王国维先生说的楚文化是中华传统文化意义上的楚文化。春秋战国时期，楚国创造过辉煌的文化。然而，楚国历史文化的命运始终有两种可能：一是有些文化辉煌一时，不久便由盛而衰，被其他强大的地域文化所取代，或被人类文明历史进程所洗涤，最终湮没在历史尘埃之中；二是有些文化融入了中华传统文化系统，与其他地域文化有机统一，成为推进文明的动力，充满生机，与时俱进，被一代又一代人传承，并发扬光大。前者就是一般意义上的楚国历史文化，后者则是从楚国历史文化中升华出来的中华传统楚文化。这两者虽有联系，却具有性质上的差别，犹如"青出于蓝"而不同于"蓝"一样。传统"楚文化"虽然源于"楚国文化"，却不等同于"楚国文化"。

相对于历史的"楚国文化"而言，中华传统"楚文化"必须具备三个基本条件：

其一，必须是人无我有，是原创的文化。

中华传统文化之所以能够独立于世界文化之林，且光彩夺目，具有强大的影响力，正是因为它是原创的文化，在世界上是独一无二的。"楚文化"

---

① 张正明：《楚文化史》，上海人民出版社，1987年版，第1—3页。

作为中华传统文化的重要组成部分，同样要是原创的。

张正明先生将青铜冶铸工艺列为"楚国文化""六大支柱"之一。确实，楚国的青铜器是"先秦金属工艺的高峰"，这是历史事实。问题在于"高峰"只意味着楚国的青铜文化在先秦时期曾经领先列国，而这不能证明青铜文化乃楚文化原创。历史学家范文澜先生说得很清楚："郑州遗址说明，商朝早期已经出现了高度的青铜器文化"，发掘于河南安阳市的商朝的后母戊鼎，无疑是当今发现的最大、最有代表性的青铜器。在青铜器冶炼规模与铸造工艺上，位于洛阳北面、建于西周初年的铸铜作坊遗址，面积10多万平方米，出土有大量的熔铜炉残壁、陶范碎块、制范工具等遗物，其中熔铜采用的内加热式竖式鼓风炉，基本已经具备了现代鼓风炉的雏形，这在古代冶炼史上是其他作坊无法匹比的。而且，据学界考证，中国的青铜文化起源于北方黄河流域，始于公元前21世纪，此时还不存在楚国。近年四川三星堆文化的发掘，从其出土的青铜器文物推测，中国的青铜器铸造可以溯及公元前46世纪。

据史册记载，中国自商朝盛行通商之后，除开一些封闭区域，各地文化已经开始相互交流。春秋战国时期，虽然诸侯割据一方，但区域间的文化不是孤立的。随着人们的迁徙、经商，以及诸侯间的兼并，区域文化处于不断交流变化状态。中原发达的文化例如青铜器、丝织品等物品与技术缓缓不断向南流入楚国，而楚国的物质文化、精神文化也向中原输送，故楚国"历史学上的文化"未必全是楚文化，而中原诸国"历史学上的文化"也不全是中原文化。

楚国的青铜器铸造工艺发达，只能说明楚国在青铜器铸造工艺上的传承与发展，不能说是楚国的原创。但是，从青铜器"考古文物"的造型来看，也有原创的东西，那就是它的审美风格和价值取向。例如江陵雨台山166号墓出土的青铜器"虎座立凤"，该作品由虎图腾与凤图腾组合，凤立在虎背上，英姿焕发，振翅长鸣。凤是楚人信仰的图腾，以"虎座立凤"随葬，"意在招致风伯，让他接引死者登天"。[1]这正体现了传统"楚文化"独特的文化精神。

其二，必须是中华民族共同的文化。

---

① 张正明：《楚文化史》，上海人民出版社，1987年版，第199页。

　　"楚国文化"只是先秦时期中国南方的区域文化，而传统"楚文化"则是中华民族共同的文化。如蔡靖泉的《楚文化流变史·引论》中所说：楚文化要"融入中国文化的大系统中，楚文化的许多个性也就变成了中国文化的一些共性"。由区域文化转化为民族共同的文化，这中间有一个被其他区域接受的过程，而这个过程则是取得中华传统文化资格的必由之路。例如岁月节日民俗文化中的端午节，原创于荆楚地区。五月，楚人称之恶月。因为五月的长江中下游地区，潮湿闷热，最易生瘟病。五月五日端午节日的形成，与楚人要求平安度过"恶月"的意愿有关。端午那一天，楚人为了去病除邪，以粽子投江——这原先是一种巫术，是祭鬼的仪式。在那一天各家门户会插艾蒿，用雄黄点小儿额，妇女会以五彩线织香包，将香包挂小儿胸前避邪，等等，为的都是"驱邪避毒"。后来，端午节与祭祀屈原联系了起来，出现了龙舟竞渡、击鼓争标等习俗，并被中华民族各地所接受。原本是楚国民俗文化的端午节，融入中华传统文化系统，转化为中华民族共同的民俗文化。

　　其三，必须世代传承，与时俱进，具有旺盛的生命力。

　　所谓"传统"文化，一是要"传"，具有历史的传承性，二是要"统"，对全民族的思维、话语、行为具有无形的控制，对社会及其文化产生全方位的影响。在漫长的历史长河中，有些"楚国文化"如昙花一现，匆匆消失了，有些文化却如沙里淘金，传承了下来，并成为中华民族传统文化的重要元素。例如老庄的道家文化，它是楚国原创的文化，经过历史的筛选，最终成为中华民族的核心文化精神之一。千百年来，道家文化代代传承，一直以勃勃的生机，推动着中华民族文化发展。它不仅对中华民族的世界观、人生观、价值观的形成产生深远的影响，有效地积淀为民族的文化心理，而且对中国的政治、经济、宗教、哲学、艺术等领域的文化创造，皆发挥了巨大的作用，甚至影响到整个世界。

　　文化的传承与发展，有力地促进人类文明的历史进程。换句话说，传统"楚文化"不仅仅存在于博物馆展示的精美文物与图书馆珍藏的厚重典籍之中，它还存活于我们的现实生活之中，是我们一种日常的生活方式。

　　那么，什么是中华传统意义上的"楚文化"呢？

　　王国维先生在《屈子文学之精神》一文中，曾借阐述屈原文学精神之际，通过北方周文化与南方楚文化的比较，作过一些论述。他认为："我国春秋以前，道德政治上之思想，可分之为二派：一帝王派，一非帝王派。前者称道尧、舜、禹、汤、文、武，后者则称其学出于上古之隐君子（如庄周所称广成子之类），或托之于上古之帝王。前者近古学派，后者远古学派也。前者贵族派，后者平民派也。前者入世派，后者遁世派（非真遁世派，知其主义之终不能行于世，而遁焉者也）也。前者热性派，后者冷性派也。前者国家派，后者个人派也。"王国维先生侧重论述南北的文学精神，文学精神从属于文化精神，是文化精神的表现。但王论述的毕竟是南方楚文化的文学精神，在楚文化的内涵上语之不详。不过，王国维先生的论述为我们认识传统"楚文化"的文化精神提供了一个思路。

这里，我们循着王国维先生的思路，按照南、北文化比较的方式，对传统"楚文化"概念先作理论上的概述。相对于北方的"中原文化"而言，南方"楚文化"具有四方面内涵：从人文地理而言，中原文化基础于北方的乡土文化，具有天然的阳刚性格，楚文化基础于南方的乡土文化，具有天然的阴柔性格。从文明层次而言，中原文化是宗族社会的文化，尊奉的是"天命""礼仪"，楚文化是原始社会的文化，尊奉的是鬼神巫术。从价值观及思维方式而言，中原文化是入世的，弘扬的是现实精神，楚文化是出世的，弥漫的是浪漫精神。这南北两种文化最终都升华为中华民族文化的核心文化精神，形成了各自的核心理念，中原文化形成了以儒家为主体的"伦理"之"道"，楚文化形成了以道家为主体的"自然"之"道"。

三、楚文化在中华传统文化中的地位与价值

1. 《易经》——中华传统文化之源

《易经》是中华民族文化史上第一部经典，儒家列它为五经之首，道家列它为三玄之冠。据《汉书·艺文志》记载，《易经》产生是"人更三圣，

世历三古"，由上古伏羲，中古周文王以及周公父子，至近古孔子，历时五千余年才得以完成。《易经》"其大无外，其小无内"，乃万学之学。《易经》之意义，在于它为中华民族的文化创造提供了基本理念、思维方式、价值标准及事物发展的根本法则。它是中华文化精神的源头。

首先是"万物归一"的理念。《易经》提出："无极生太极，太极生两仪，两仪生四象，四象生八卦。"宇宙万物渊于"太极"，"太极"之"有"来自"无极"之"无"。"无"，是万物之源。这个"无"已被现代科学证实。物理学家海森伯的量子力学提出基本粒子论，基本粒子在宇宙中无处不在，无形无迹，本身不是物质，然而碰撞组合后，便变成了物质。

《易经》这个"归一"理念是中华民族核心文化精神之一。孔子说："吾道一以贯之。"老子说："昔之得一者，天得一以清，地得一以宁。"以及中国的"大一统"思想，等等，其本源都是"万物归一"的理念。

其次是"一分为三"的思维方式。《易经》的思维方式有两个特征：一是辩证观，所谓"一阴一阳谓之道"，道为一，阴阳为二，凡物皆是阴阳的对立统一。这是世界上首创的辩证思想。二是中介观，"道生一，一生二，二生三，三生万物"。关键是"三"，有"三"才能变易而生出万物。什么是"三"呢？《易经》指出"负阴而抱阳"为三，其既非阴又非阳，是联系阴阳两极的中介。因此，凡物皆须一分为三：对立的两极，以及联系两极的中介。有了中介，两极才能相互转化。比如时间，"过去"与"未来"是时间的两极，"现在"则是两极的中介。"过去"是"现在"的"过去"，"未来"是"现在"的"未来"，没有"现在"就不存在"过去"与"未来"。"现在"就是"负阴而抱阳"之"三"。

最后是"中道"的价值观。所谓"中道"，就是凡事都要寻求一个"合理点"，做到最符合实际的"适中"，才能达成预期的目的。儒家的"中庸"思想，道家的"中和"思想，皆源自《易经》的"中道"。

除此之外，《易经》还揭示了自然变易的一系列法则：例如物极必反，《易经》中有"否卦"与"泰卦"，"否极泰来"，逆境达到极点，就会向顺境转化。又如循环往复，《易经》中所记述的是乾为天、坤为地、水雷屯、山水蒙等六十四卦。六十四卦中，第六十三卦是"既济"，既济就是成功过河，标明一个周期结束；第六十四卦是"未济"，以未能渡过河为喻，阐明"物不可穷"，意味新的周期又开始了。

2. 诸子百家——中华传统文化之流

先秦时期的"百家争鸣"，无疑是中华民族文化发展史上一块重要的里程碑。诸子百家的出现具有双重历史意义：从社会政治说，周朝末期王权衰落，诸侯割据，列国并峙，战燹不断，社会动荡，诸子百家"各著书，言治乱之事"，提出各自的救世学说，因此"百家争鸣"可以说是围绕中华民族如何自立自强展开的一场大辩论。从文化发展说，"百家争鸣"实质上是以《易经》为纲，在中华既有的文明基础上，探索并确立中华民族文化的文化精神，是构建中华传统文化系统的滥觞。

《汉书·艺文志》曰："诸子十家，其可观者九家而已。"而这"九家"学说皆源自《易经》，是《易经》的文化精神分流。元代钱义方在《周易图说》中说：《易经》"有天地自然之易，有文王周公之易，有孔子之易"。从渊源传承关系来看，"九家"学说所立之"说"，依据的《易经》内容各不相同，且涉的领域不同，层次也不相同。

根据国学家钱穆先生的观点，[①]由诸子学说的宗旨来分析，这"九家"学说大体可以分为三类：

一是君道，主体是"君"。君道的理念是：立足于当世，"治世不一道，便国不法古"。主张"君权"至上，"朕"即法；国内"以法为教""缘法而治""官不私亲，法不遗爱"；以"富国强兵"为纲领，以武力兼并列国，统一天下为目的。君道的倡导者以法家为主，代表人物有商鞅、申不害、慎到等。韩非子是法家学说的集大成者，他的《五蠹》综合了慎到的"势"（君主独掌军政大权，拥有绝对权势）、申不害的"术"（君主驾驭群臣、掌握政权的权术）以及商鞅的"法"（君主执行"重刑厚赏"的法制）的思想，将法家的学说系统化，提出了君道型的社会改造方案。

---

① 钱穆：《秦汉史》，广西师范大学出版社，2005年版，第99页。

　　除法家之外，"君道"行列的还有兵家。兵家的代表人物是孙武、孙膑等，他们研究的是战争的战略战术，以战争助"君"取天下。还有纵横家，鬼谷子是纵横家鼻祖，代表人物有苏秦、张仪等。纵横家朝秦暮楚，事无定主，但均替"君"实施外交，以辩术、机变、谋略，行合纵连横（合众弱以攻一强者为纵，事一强以攻诸弱者为横）之法，助"君"强国力、拓疆土。

　　先秦时期，"君道"在齐、赵、魏、楚等国皆做过实施，历史上称之为"变法"。列国"变法"中，数秦国最为彻底，最为成功，且由秦国推及天下与后世，所谓"百代犹行秦政法"，因此"君道"也称作秦文化。

　　二是人道，主体是"人"。人道的理念是法先王，"注意及于整个之社会，全部之人生""为整个社会谋彻底之改进"。倡导者以儒家为主。儒家以孔子、孟子为代表。他们的理想是"小康"，核心主张是"克己复礼"。"克己"即自我修养，要求"正心、诚意、修身、齐家、治国、平天下"，"复礼"即复兴"周礼"——西周时期文化，建立严格的"君君、臣臣、父父、子子"上下尊卑之伦理道德秩序。儒家推行调教化，施仁政，行王道，抨击暴政。孟子继承了孔子的"道统"，进而提出"民本"思想，指出"民为贵，社稷次之，君为轻"，认为民心的向背关乎国家的治乱兴亡。

　　执人道的还有墨家。墨家创始人是墨翟。墨家不满儒家维护周礼上下尊卑制度，要求"背周道而用夏政"，以"兼相爱，交相利"为理想，主张人与人之间平等，以尚贤、尚同、节用作为治国方法，反对列国间的兼并战争，提出"非攻"的主张。墨家人士多来自社会下层，是中国最早的民间结社组织，有着严密组织和严格纪律，誓言"兴天下之利，除天下之害"，后来转化为维护"自然正义"的游侠。与墨家理念相邻的是农家。农家代表人物是许行。农家主张君民并耕而食，饔飧而治，无上下等级的区别；主张实物交易，公平买卖，反对剥削。主张人道的诸学派的共同特点是尊先王，儒家尊的是"文武成王周公"之传统，墨家、农家尊的是更早的先王——尧、舜、禹时期的传统。执人道的儒家主要来自齐鲁文化区域，历史学家称作周文化，或称北方文化。

　　三是天道。天道的理念是"天人合一"，主张"道法自然"，推崇"少私寡欲"，摒弃"人为"地干涉自然的行为，"绝仁弃义"，返璞归真，以

"小国寡民"为社会理想，以"无为而治"为治世方式。"老庄道家主言天道"，创始人乃老子、列子、庄子。与儒家、墨家、农家的复古理想比较，道家的改造社会方案蓝本则是远古的"小国寡民"的原始社会。

阴阳家是道家的支派，创始人是邹衍。阴阳家倡导"阴阳五行说"，认为阴阳消长是万物生长的法则，五行（水、火、木、金、土）是构成宇宙万物的基本元素。这五种元素相生相克，处于不断的运动变化之中。历代王朝的更替兴衰自有定数，均由五行所主运，如夏、商、周三代之变，就是金（商）克木（夏）、火（周）克金。与道家思想邻近的还有杨朱学派。杨朱学派创始人杨朱是老子的弟子。杨朱的核心思想是"贵生""重己"，即以个人为本位。他们认为个人是自然的独立存在，人人是平等的，个人生命和权益神圣不可侵犯，因而反对等级制和人身依附。他们的治国理念是："损一毫利天下，不与也；悉天下奉一身，不取也。人人不损一毫，人人不利天下，天下治矣。"执"天道"的诸子基本是隐逸之士，他们向往的是原始村社生活，从传统来说与《易经》中的"天地自然之易"最为接近。执"天道"的道家主要来自楚国，因而史家称作楚文化，或称南方文化。

上述诸子学说虽然所执之"道"不同，但就文化精神而言，却同宗同源，正如钱穆先生所说，"乃由四围共向一中心"，"中心之相同，不害四围之互异"[1]，它们的差别只在于立足点不同，或侧重国家，或侧重社会，或侧重生命；所传承的中华文化传统不同，或侧重周文化传统，或侧重尧、舜、禹文化传统，或侧重原始文化传统，因此诸子学说相互之间存在着兼容并包的情况。具体到个体文化现象中，则往往交错复杂，很难截然割裂，若有个体差异，也就是主次程度不同而已。比如《中庸》是儒家经典，然而它"主以人道，上通于天道，兼采道家言，犹不失儒家之正统"。[2]屈原一直被人们视作楚文化的代表人物，其实屈原所执的人生理想是"修身、齐家、治国、平天下"，这正是典型的儒家理想。

中华民族文化传承了几千年，直到春秋战国时期，才在文化精神建构上

---

[1] 钱穆：《国史新论》，广西师范大学出版社，2005年版，第174页。
[2] 钱穆：《现代中国学术论衡》，广西师范大学出版社，2005年版，第52页。

由自发走向自觉。然而，诸子百家的学说，究竟哪家的治世理念才符合中华民族生存发展的需要，哪家的文化精神才能有效地整合中华民族文化，拓展中华民族走向文明之路，这里存在着一个实践的检验、历史的选择，以及各家优化组合的建构过程。

3. 中华传统文化建构历程

中华传统文化的建构，经历了一个漫长的历史过程。这个过程，如果从先秦时期的"百家争鸣"算起，至东汉、魏晋形成雏形，历时将近800年。审视这个历史过程，我们可以发现其间中华民族文化精神曾有过四次重大的选择与结构重组。

第一次选择是在春秋战国时期。

春秋战国时期，诸侯割据、列国并峙、社会动荡，如司马迁《史记》所说："春秋之中，弑君三十六，亡国五十二，诸侯奔走，不得保其社稷者，不可胜数。"各个诸侯国皆面临弱肉强食而遭兼并的深重危机，君王们选择的是攻城掠地，称霸天下，或是自保自强，不被吞并。因此，儒家"人道"、道家"天道"，与时相悖，皆不被诸侯们看好。孔子、孟子带着弟子周游列国，兜售自己"人道"的学说，结果到处碰壁。老子在周朝做官，见王室衰落，"天道"难行，最终从函谷关西行归隐。而法家及兵家、纵横家主张的"君道"则承运而起，被列国君王所追捧。此时期，各诸侯国变法运动此起彼伏。例如管仲的齐国变法，李悝的魏国变法，慎到的赵国变法，申不害的韩国变法，吴起的楚国变法，商鞅的秦国变法……诸国变法中，以秦国的商鞅变法最为成功与彻底。秦国虽然地处西壤僻土，文化落后，最终却强势崛起，以暴力兼并六国，一统天下，开创了中国传承2000多年的中央集权制。

第二次选择是在汉初时期。

秦国统一天下后，秦始皇原本以为奠定了赢家政权万世之基业，故自称"始皇"。殊不知事与愿违，仅仅传了二世，维持了14年，就在农民大起义与遍地造反的烽烟中崩塌了。后人总结秦王朝覆灭的原因，诸如横征暴敛，苛捐杂税，徭役沉重，焚书坑儒，等等，归结于苛政峻法，均不无道理，然而究其根本原因，应该是在治国定邦之道上出了问题。贾谊在《过秦论》里指出："夫兼并者高诈力，安危者贵顺权，此言取与守不同术也。秦离战国而王天下，其道不易，其政不改，是其所以取之守之者无异也。孤独而有之，故其亡可立而待也。"治天下之道与打天下之道是不同的，所谓"乱世靠法治，盛世靠德治"，"君道"可以用来打天下，却不能用来治天下。秦朝快速地覆灭之历史实践证明——"君道"不是长治久安之"道"。

刘邦建立汉朝之后，中华民族文化精神进行了第二次选择。汉王朝初期废除了秦王朝的苛政峻法，改"君道"为"天道"，以道家的"黄老之术"施政。《史记》记载："窦太后好黄帝与老子言，帝及太子诸窦不得不读黄帝与老子，尊其术。"所谓"黄老之术"，其实是借黄帝之名，行老庄之"天道"，主张"道法自然""无为而治""省苛事，薄赋敛，毋夺民时"，让民休养生息。人类文化发展的特点是积淀式的，每个发展周期之后便形成文化的"冲积平原"，即上游携带泥沙到了下游后，因流速不足，这些泥沙便沉积在下游。汉文化虽是对秦文化的否定，但它是在秦文化的"下游"，因而汉文化中积淀了"君道"的文化元素。比如在一些章程、仪法上"一依秦旧"，只不过"君道"不再是文化精神的核心，其一些法家文化元素分离出来从属于"天道"，所谓"以道生法"。汉初文化精神的更新，标志着中国社会进入新一轮的文化实验。这次实验结果是社会经济复兴，天下出现了春秋战国以来不曾有过的"文景之治"。

第三次选择是在汉武帝时期。

用"黄老之术"治国虽然能够在一定程度上去除"君道"的弊病，让百姓休养生息，但它的特点是顺其自然、"无为而治"，社会宽松而无序，这与中国社会的国情是不相适宜的。汉景帝时出现的"七王之乱"，证明了以"黄老之术"治世的弊病。中国社会的国情是以家族为本位，是一个血缘集团社会，要社会长治久安，重要的是建立君王与臣民能够和谐相处的伦理纲常的秩序。显然，儒家的"人道"才能将分散的家族性小农经济（农之家）与皇权（皇之家）有机结合为一体——"家"天下。因此，汉武帝为了巩固皇权，强化专制主义中央集权，采纳了董仲舒"罢黜百家，独尊儒术"的意见，将"盛于社会之下层"的儒家的"人道"上升为治国之"道"。

董仲舒弘扬儒家"人道"文化精神，提出了伦理中心，家国同构，"以民为本"的思想，制定了"君为臣纲，父为子纲，夫为妻纲"及"仁、义、礼、智、信"的"三纲五常"，并建立了"修身、齐家、治国、平天下"的社会运转机制。尽管董仲舒的"罢黜百家"，是要罢黜"天道"，但是由于"下游"文化的历史积淀，董仲舒倡导的"儒术"其实与先秦时期孔孟的"人道"相比有了变化，它不仅将"君道"有机融入"人道"，而且兼容了老庄的"天道"。所谓"奉天承运"，董仲舒的"儒术"，实际上借用了道家的"天人合一"理论，以"天人感应"说、"阴阳五行"说来推演"人道"，证明儒家上下、尊卑、贵贱等级秩序的合理性。如贾谊《推恩令》中所述："不治已有治未有，不治已乱治未乱"，董仲舒的治国之道，可以概括为"内用黄老，外示儒术"。中华民族文化精神经过第三次选择，形成了儒家之"人道"与道家之"天道"并存互补的独特的文化结构。

自汉以降，尤其是魏晋以降，儒、道互补的中华传统文化体系基本确立。晋代思想家葛洪的经典之作《抱朴子》的诞生，可以说是一个标志。《抱朴子》的理论体系分"内""外"两篇：内篇是"出世"的，讲道家的神仙方药、鬼神巫术、养生延年；外篇是"入世"的，讲儒家的政治道德、社会风俗、人生修养。

第四次选择始于东汉，完成于唐朝。

中华文化系统中的儒家之"人道"与道家之"天道"都属于本土文化，就"结构"而言，明显存在着功能性的缺陷。因为儒家建构的伦理秩序与道家建构的自然秩序均是在现世的"此岸"，而没有来世的"彼岸"秩序。尽管儒家的"人道"也讲"天命"，道家的"天道"更有"泛神论"及神仙巫术之说，但是它们皆属于原始宗教。真正的宗教是人类文明的产物。宗教的文化价值是以先验的"天堂"与"地狱"，建立由"此岸"到"彼岸"之间的因果报应和生死轮回等秩序，通过人们对"彼岸"的敬畏与憧憬，从灵魂深处来约束人的行为，例如克制私欲、宽容众生、笑对苦难、积极向善，从而促进社会与人心的和谐。中华传统文化要持续发展，必须建立自己的宗教文化，建构一个"彼岸"的灵魂秩序。

东汉之时，佛教应运自古印度传入中国。韩愈《谏迎佛骨表》说："汉明帝时，始有佛法"。《后汉书·光武十王传》作了详细叙述："楚王英喜为浮屠斋戒，永平八年奉黄缣白纨三十匹诣国相赎愆罪。诏报曰：'王诵黄老之微言，尚浮屠之仁慈。洁斋三月，与神为誓，何嫌何疑，当有悔吝。其还赎以助伊蒲塞（注：优婆塞）桑门（注：沙门）之盛馔。'因以班示诸国。"记中的"浮屠"即佛陀，俗称"佛"，这里指佛祖释迦牟尼；"优婆塞"，指在家信佛的男子，俗称"居士"；"沙门"，指出家的佛教徒，俗称"和尚"。

佛教从楚地发祥，这并非是偶然的。朱熹曾有过怀疑："疑得佛家初来中国，多是偷《老子》意去做经。"（《朱子语类》卷一百二十六）现代学者梁启超则认为："佛教实产育于老庄学派最发达之地……当时实认佛教为黄老之支与流裔也。"[1]佛教虽然是外来文化，但由于有楚文化作中介，汉朝很快以恢宏的气魄接纳了佛教。首先在上层社会出现信佛人士，并在他们的倡导下，佛教很快地由上而下迅速传播，在民间逐渐普及。至南北朝时期，"南朝四百八十寺，多少楼台烟雨中？"（杜牧《江南春》）佛教已经极盛一时。

佛教这个外来文化融入中华传统文化结构，有两种文化现象值得注意：

其一，同化现象。同化是中华传统文化结构将佛教这个外来文化元素整合到自己结构中去的过程。在这一过程中，佛教这个外来文化为了适应中华传统文化体系，而发生文化变异，改变本来的面貌。这种同化现象最初显现于东晋鸠摩罗什的弟子僧肇。僧肇将佛教《维摩经》与老庄学说相融通，构成中国的佛教理论体系；尔后高僧慧远则将佛教义理与儒家的名教思想相结合，强调佛、儒"发致虽殊；潜相影响，出处诚异，终期相同"。[2]至唐以后，禅教诞生。禅教是中华传统文化对佛教同化的产物，是中国化的佛教。禅教的始祖慧能打破了许多印度佛教中的偶像和陈规，创立了"顿悟成佛"说，甚至还可以"呵佛骂祖"。

---

① 梁启超：《佛学研究十八篇》，广西师范大学出版社，2005年版，第32页。
② 慧远：《答何镇南》《弘明集》卷五。

其二，顺化现象。所谓顺化，指的是中华传统文化结构因为外来佛教文化的融入，主动地改变自己原有的结构状态，从而导致传统文化结构的更新与变异。最明显的是道教的诞生。道教是中华本土宗教。汉顺帝汉安元年（142年），故楚地人张陵在蜀郡鹤鸣山声称奉太上老君之命，自封为天师，创立天师道。天师道是最早出现的道教。道教源自道家，却由佛教催生，并将佛教作为建教的参照系。原本中华文化结构里的儒家本来不是宗教，没有宗教仪式和宗教组织，但为了顺应佛教、道教，最终发展成为"儒教"。既称儒教，便有了教主，孔子便成为儒教教主，孟子便成为"亚圣"，也建立了祭孔拜祖的宗教仪式。经过顺化方式，中华传统文化系统形成了儒、道、释"三教一体"结构，这标志着中华传统文化体系建构最终完成。

4. 楚文化在中华传统文化中的结构功能

中华传统文化是中国农耕文明的产物。它是中华民族一脉相承的血脉，代代相传的文化基因，生生不息，具有强大的生命力。它是一个有机的文化整体，几千年来，它与时俱进，在运动中演化，在开放中发展。

在中华传统文化系统的建构与发展中，楚文化占有怎样的地位？具有怎样的价值？起着怎样的功能呢？

在世界民族文化中，中华传统文化独树一帜。它的独特在于文化的"三教一体"的结构，以及"儒教治世、佛教治心、道教养性"的结构机制。在中华传统文化结构中，儒教文化与佛教文化是对立的两极，一是"此岸"，一是"彼岸"，楚文化的道教则居于中介地位，是"此岸"与"彼岸"的桥梁。如南怀瑾先生所说：这三家中，佛教是出世的，儒教是入世的，而道教相对于儒教是出世的，相对于佛教来说却是入世的，居于出世与入世之间。①道教作为儒、佛对立两极的中介，既是两极转化的媒介，又在文化结构中起着特殊的"解构"功能。

---

① 南怀瑾：《老子他说》，复旦大学出版社，2019年版，第23页。

先谈一下道教与儒教功能的互补关系。

从社会变迁看，两者遵循物极必反的规律，处于不断交替转化状态，其表现为王朝更迭的历史周期率。1945年7月1日，黄炎培先生在延安访问时指出："所谓'其兴也勃焉，其亡也忽焉'，一人，一家，一团体，一地方，乃至一国，不少单位都没有能跳出这周期律的支配力。"历史事实告诉我们：秦以后，历代王朝皆以儒教治国，儒教治世，建立的是以家族为中心的上下尊卑的等级秩序。由于它强调的是专制，运转的是由上而下、层层管理的权力机制，不受人民监督，因而没有有效的机制来约束与监督权力。加上它倡导的是对功名利禄的追逐，因而与生俱来的是腐败自繁殖性的痼疾。随着贪污腐败自繁殖性发展，至积弊难返，导致官民尖锐冲突，王朝便由兴而衰，走向崩溃。于是，社会随之分裂，而分久必合，此时新王朝应运崛起，重新统一中国。新王朝起初必以道教的"无为"而治，让民休养生息；当社会恢复元气，新王朝为了长治久安，又复以儒教为治世纲要，构织严密的等级社会秩序。这样，周而复始，又进入了一轮兴亡的循环。

从人格建构看，知识分子几乎都具有"入世"与"出世"的双重文化性格。由于历代王朝儒教皆居于主导地位，人们为光宗耀祖目的所驱使，在科举场中奔走，追逐功名利禄与"三不朽"。可以说，儒教的入世建构功能总是绝对的，道教的出世解构功能则是相对的。所谓相对，指的是取决于人的社会境遇，通常在知识分子"怀才不遇""仕途坎坷"的情况下，道教才能起到解构的功能，通过解构致使人的心态平衡。

道教这种解构功能主要有三种表现形式：其一，陶渊明的"归隐"型。陶在《归去来兮辞》中云："归去来兮！田园将芜胡不归？"为了摆脱俗世的功名利禄羁绊，"不以心为形役"，恢复人的自然本性。其二，诸葛亮的"独兼"型。"穷"则隐逸于隆中，独善其身，"苟全性命于乱世，不求闻达于诸侯"；"达"则效忠于君主，兼善天下，"鞠躬尽瘁，死而后已"。其三，苏东坡的"旷达"型。苏轼在《定风波》抒述："莫听穿林打叶声，何妨吟啸且徐行。竹杖芒鞋轻胜马，谁怕？一蓑烟雨任平生。"月有阴晴圆缺，人有悲欢离合，雨后是晴，晴后是雨，反复循环轮回。因而，风雨算得了什么呢？人生的沉浮皆是自然而然的，凡事持旷达之心，泰然处之，"一蓑烟雨任平生"。

再谈道教与佛教功能的互补关系。佛教的影响不仅在社会上层，它在民间的影响更为深远。佛教建构的是"彼岸"的灵魂秩序，无论是大乘的自度也度他人，或是小乘的只是自度，基本教义是"出世"的：四大（地、水、火、风）皆空，六根（眼、耳、鼻、舌、身、意）清净。道教则劝说人们"入世"，在现世享受自由自在的生活。道家一边以"自然"的理念解构佛教"彼岸"的灵魂秩序，以致鸠摩罗什弟子竺道生在《维摩经论》中也说："夫大乘之悟，本不近舍生死、远更求之也。"认为涅槃境界不用舍近求远，就在是现世之中；一边以"泛神"信仰有效地解构佛教的佛祖崇拜，佛教禅宗六祖惠能在《坛经》中云："不悟，即佛是众生；一念若悟，即众生是佛。故知一切万法，尽在自身中"，认为人人皆有佛性，回头是岸，人人皆可成佛。

由于楚文化独特的解构功能，中华传统文化系统里产生了一种"正反合"的调节机制。概括地说，在中华传统文化系统中，儒教致力于建构"伦理道德"的社会秩序——对人的言行作外在束缚，佛教致力于建构"四大皆空"的内心秩序——对人的灵魂作内在束缚，而道教建构的却是"道法自然"的自然秩序——以"自然而然"来解构儒教与佛教的内外束缚，使人回归自然，得到自我的解放，让身心和谐统一于自由。中华民族文化系统之所以传承几千年仍保持着固有的特色，并显示出强大的生命力，正是因为它的体系内存在着这样一个"正（建构）→反（解构）→合（重构）"的自调机制，而系统因此一张一弛，辩证发展，不断更新，成为一个能够持续发展的耗散结构。20世纪，中华传统文化虽然先后遭受"反传统"和"扫四旧"两次社会运动的冲击与破坏，但是风雨过后，中华传统文化仍旧岿然不动，依然恢复如初，自在运转，并屹立于世界民族文化之林。在新世纪弘扬优秀传统文化的潮流中，中华传统文化更焕发出青春的光辉，有力地推动中国的现代文明建设，同时在现代文明建设进程中，进行自身的与时俱进的革新和完善。

上 篇

楚文化内涵

文化是人类的生活方式。一部人类文化史，从本质上说就是人类原创文化创生、发展、更新的历史。原创是人类文化发展的动力，而原创文化是文化史上的一座座丰碑。原创文化的诞生一般取决于以下三个条件：

其一，地理环境。地理环境指的是自然条件，诸如地形、气候、资源等等。自然条件对文化的创造与文明的进度起着决定性的作用。马克思在《资本论》中指出："外界自然条件在经济上可以分为两大类：生活资料的自然资源，例如土壤的肥力，渔产丰富的水流，等等；劳动资料的自然资源，例如奔腾的瀑布，可以航行的河流、森林、金属、煤炭等等。在文化初期，第一类自然资源具有决定性的意义；在较高的发展阶段，第二类自然资源具有决定性的意义。"可以说，地理环境是原创文化的土壤与发源地。中国南北地理环境的差别，不仅造成了北方周文化与南方楚文化的差异，而且导致两地的文明差距：当北方黄河流域进入宗法社会的文明时，南方长江流域基本上还处在由原始社会向宗法社会的过渡阶段。

其二，人文环境。黑格尔在《历史哲学》说：自然环境是"历史的地理基础"。各民族所居的土地不是外界的东西，它的自然类型与民族文化及性格是一体的。什么样的地理环境就有什么样的人文。什么是人文？《辞海》诠释："人文指人类社会的各种文化现象。"准确地说，人文是人类、民族或者某个地区所有文化的共同规范。《礼记·王制》云："广谷大川异制，民生其间者异俗"。人文环境的形成，直接影响到创造文化的方式，从而赋予原创文化特殊的形式和性能。总体来说，北方周文化已从原始巫文化脱胎出来，理性精神开始萌芽，在人文上呈现出阳刚性能，南方楚文化仍然弥漫着原始的巫风，在人文上呈现的是阴柔的性能。

其三，文化精神。文化精神是文化的深层结构，文化的灵魂和血液。它从原创文化中升华出来，又统帅原创文化。文化精神的形成，是原创文化成熟的标志。在中华民族原创文化中，儒家学说是周文化的文化精神，道家学说是楚文化的文化精神。

上述三方面条件，综合构成了原创楚文化的基本内涵。就文化的内涵而言，本身是浑然一体不可分割的。因为要论述，就不能不加以分析。本篇大体从上述三个方面分析楚文化的内涵：第一章侧重从地理环境方面论述楚文化的文明性质，第二章主要从人文环境论述楚文化的原始巫术传统，第三章集中阐述楚文化的文化精神。

第一章　楚文化的人文地理

第一节　地理：南北文明差异

梁启超在《中国古代思潮》中指出："凡人群第一期之文化，必依河流而起，此万国之所同也。我中国有黄河扬子江（长江）两大流，其位置性质各殊，故各自有其本来之文明，为独立发展之观，虽屡相调和混合，而其差别相自有不可掩者。"从历史上看，中国的文明正是"依河流而起"。由河流划分，中国可以分为南北两大文明区域：北方的黄河流域，南方的长江游域，横贯中国东西的秦岭与淮河，公认是南北方的自然分界线。黄河流域以函谷关为界，西部属黄土高原，海拔1000米左右，东部属黄河平原。不过在黄土高原的南侧是渭河平原，亦即关中，同黄河平原一起，就是中国历史上说的中原地区，因而黄河流域文明确切地说是指黄河中下游地区。长江流域基本沿着北纬30度的丘陵与平原延伸，居中是湖北，东延至江苏、浙江，西伸入巴蜀，即春秋战国时期楚国的疆域，因而长江流域文明确切地说是在长江中下游地区。

中国土地广袤，地理复杂，这决定了中国文明的发展过程是不平衡的。从考古发掘的历史资料中，我们可以发现中国文明发展的状况和走向。这里我们选择南、北两地的三处文化遗址加以比较说明。这三处文化遗址的共同之点是时间比较相近，皆处在由史前进入史后的转折时期。

20世纪20年代开始发掘的中原龙山文化遗址，大致是在公元前2000年前后，应该是有史记载的夏朝时期的文化。在龙山文化遗址里，考古学者从墓葬中发掘出了石器、陶器、玉器等，还发现了青铜器。出土文物中有农业工具，有农作物粟和黍。随葬品中，有相当大部分是礼器，如龙盘、鼍鼓、玉钺等，这些礼器应该是王室贵族的象征。遗址的房屋有半地穴式和地面房屋两种，居址集中，规模甚大。尤其突出的是，遗址里有"内外两重城墙"，外城由城墙、城缘、城门等组成，内城内发现35座各式房址。这说明中原龙山文化的居民已经以部落为主体，以"城"为中心，发展成为古史上说的"邦"或"国"，即《史记·五帝本纪》记载的黄帝时期的"万国"，即《尚书·尧典》记载的尧时期的"万邦"。城市的出现，乃是文明诞生的标志。龙山文化遗址无疑说明，此时中原文明已露出了曙光。

与中原龙山文化遗址时间相近的，是南方的良渚文化遗址和石家河文化遗址。良渚文化遗址发掘于20世纪30年代，遗址地处长江下游的三角洲平原。与龙山文化遗址不同的是，在良渚文化遗址中发现了稻谷实物，品种有粳稻和籼稻两种，农具均是石器，说明南方以水稻为主要农作物；遗址中还发现了最早的丝织品实物，说明当时南方已经有了纺织业。遗址中的房屋均为竹木结构，居址彼此相邻，但是规模小，墓地的分布也分散，缺少中原那种大规模的氏族集居村社。出土的石器、陶器、玉器比较多，器具上多刻有兽面神人纹，带有浓厚的巫术色彩。遗址中没有发现青铜器。石家河文化遗址则地处长江中游的江汉平原，发掘于20世纪50年代。在遗址中发现了稻壳、茎叶，以及石铲、石锄等农业生产工具。墓地小而分散，墓内男女老幼合葬，考古学者推测这是家庭的形式，与氏族以性别为群体的同性合葬方式有着明显区别。在房址、窑址中都发现有零星的人的头骨，考古学者认为这是当地盛行原始巫术的猎头风俗。

从上述考古结果，我们可以发现史前中华民族文明发展的基本状况，那就是黄河流域的文明要早于长江流域的文明。为什么会出现这种不平衡状况呢？这与中国的南北地理环境有着直接的关系。罗家伦先生说："每一个民族有它所不能离开的特殊自然环境。这个环境也就从多方面给予这民族以莫大的影响。"[①]北方黄河流域地区，气候寒冻期长，常年干旱，土壤主要是黄土，农作物是耐干旱的粟、黍；自然环境比较恶劣，黄河经常发生洪水泛

---

① 罗家伦：《中国人的品格》，中国工人出版社，2010年版，第248页。

滥，给居民带来水灾。除了天灾，还有人祸。黄河流域北接蒙古草原，两者之间没有天然屏障，蒙古草原的游牧部落一旦遇灾，为了自己的生存便会铁骑南下入侵，肆意抢掠。南方长江流域则不同，这里属于亚热带，气候温暖，雨量充沛，加上河流纵横、湖泊密布，水生动物资源丰富。南方农作物是水稻，凭借南方光照与水的自然条件，种水稻具有投入低而收入高的优势。《史记·货殖列传》记述："楚越之地，地广人稀，饭稻羹鱼，或火耕而水耨，果隋蠃蛤，不待贾而足，地埶饶食，无饥馑之患，以故呰窳偷生，无积蓄而多贫。是故江淮以南，无冻饿之人，亦无千金之家。"而且，南方有很多山峦河川阻隔，形成了自然的地形屏障，将各个氏族分割在一个个独立的龛中，氏族间虽有往来，却不密切；更不存在北方游牧部落抢掠，以及外在氏族入侵的生存压力。

史学界有一个著名的观点：环境愈困难，刺激文明生长的积极力量就愈强。黄河流域之所以文明起步早，是因为在这里生存要接受环境严峻的挑战，人们在各种挑战中激发出最大的文化创造力。南北文明进程，正如童恩正教授所言："在以后的发展中，南北不同的是，中原龙山文化经历了酋邦社会以后，继续向国家发展。而南方的良渚文化和石家河文化在进入原始社会晚期以后，社会生产和社会组织的发展似乎处于停滞的局面，并没有依靠自己的力量，独立地进入文明，而至北方的政权到达南方为止，始终没有发展到国家。这一点在历史记载中可以看得十分清楚。"①

历史确实是如此演绎的。中原龙山文化之后，北方发生了中原逐鹿之战，导致文明加速发展。古代文献中记录了夏、商、周三个朝代，史称"三代"。这三个朝代的都城无一例外都坐落在中原地区：夏朝的都城有阳城、阳翟、斟鄩等，均离洛阳不远；商朝最早的都城在今河南郑州市，后迁殷地，即今河南安阳，后又迁朝歌，即今河南淇县；西周的都城在丰邑，在今西安西南，东周迁到洛邑，即今河南洛阳。"三代"时期，中原一直是中国的政治经济中心。古人认为这里居四方之中，居于中，象征着王权之威，能

---

① 童恩正：《中国北方与南方古代文明发展轨迹之异同》，《中国社会科学》，1994年第5期。

够号令天下。故殷人在夏朝时本属于东夷集团，灭夏后其就由东向西占领中原，建立了商朝；姬氏在商朝时本居于西歧，是西方部落集团，灭商后其就由西向东占领中原，建立周朝。值得注意的是，"三代"的都城或者主要城市，"并不都位于交通要道、战略重镇或商业经济中心，而是据于某块肥沃农耕地带的中心。它不是扼守军事战略的咽喉，或商业经济为动脉；而是盘踞、'寄生'在农业区域的心脏。"①"三代"每次朝代的兴灭更替，中原的农耕文明都向前推进了一步。从物质文化层次说，工具是文明程度的一个标志。这"三代"明显表现出农耕文明依次发展的三个阶段。中国历史上第一个王朝夏朝，基本上处于石器工具时代，在龙山文化遗址里发掘出来的青铜器很少。但是，进入商朝后，"商朝生产工具，主要的已经不是石头工具而是金属工具。"②青铜器的冶炼与制造工艺都已相当成熟，是中国青铜器的鼎盛时代。而到了周朝，中国则进入铁器时代。

中国目前发现的最古老冶炼铁器是甘肃省临潭县磨沟寺洼文化墓葬出土的两块铁条（前1510年—前1310年），这说明铁器在商朝末期萌芽，而在周朝开始发展普及。据《左传》记载，公元前513年，晋国的赵鞅、荀寅带领军队在汝水旁筑城，征收军赋，用"一鼓铁"铸造刑鼎。铸造这么庞大的铁鼎，没有发达的冶炼设备与技术是不可能的；而把铁作为军赋征收，当作铸鼎的原料，说明在西周时期，铁器已同青铜器一样，在列国都在普遍使用了。

从信仰上看，夏朝无文字记载，但从龙山义化遗址的义物中，我们可以发现当时属于自然崇拜的图腾信仰阶段；至商朝，从殷人的甲骨卜辞看，虽然还没有脱离自然崇拜，但开始重视"帝"的崇拜。③殷人信仰的"帝"既是宇宙的至上神，又是他们的始祖神，"帝"的崇拜也是祖先崇拜。所谓"神不歆非类，民不祀非族"，殷人祭祀的对象皆是最高统治者的祖先。王、诸侯、大夫立庙祭祀的皆为本氏族的"王考""显考""祖考"。所

---

① 谢选骏：《神话与民族精神》，山东文艺出版社，1986年版，第257页。
② 范文澜：《中国通史》，人民出版社，1978年版，第1册第43页。
③ 张桂光：《殷周"帝""天"观念考索》，《华南师范大学学报（社会科学版）》，1984年第2期。

以孔子说："殷人尊神，率民以事神。先鬼而后礼，先罚而后赏，尊而不亲。"（《礼记·表记》）但是，周朝的信仰发生了变革，周以具有浓厚政治伦理意味的"天命"观念取代了殷人的"上帝"观念，进而建立了"礼乐制度"，明确上下尊卑的社会等级，如孔子所说："周人尊礼尚施，事鬼敬神而远之，近人而忠焉，其赏罚用爵列，亲而不尊。"（《礼记·表记》）王国维先生对周朝的文明建设作过精辟评述："夏商间政治文物的变革，不像商周间那样剧烈，商周间大变革……是旧制度废而新制度兴，旧文化废而新文化兴。"①

再从政治体制上看，夏朝之前，中国实行若干部落联盟制，尧、舜、禹时代王权传承的方式是"禅让制"；自禹之子启建立夏朝开端，中国的政治体制改为王位家族世袭制。商汤灭夏之后，商朝的体制发展为宗法制：子分嫡庶，由嫡长子继承王位；并按照血统远近区别亲疏，实行分封制。《史记·殷本纪》云："契为子姓，其后分封，以国为姓，有殷氏、来氏、宋氏、空桐氏、稚氏、北殷氏、目夷氏。"武王伐纣王灭了商朝，建立了周朝，在商朝宗法制基础上发展成为封建制。《荀子·儒效》记载："兼制天下，立七十一国，姬姓独居五十三人。"天子将封地连同居民分赏给王室子弟和功臣，诸侯要服从、拱卫天子，但是在他们的封地内享有世袭统治权。

"文化是从一个中心点，逐渐向各方面发展的。"②周朝800年的封建制施政方式，在文化上的作用是将中原文明通过分封诸侯的方式，放射性地向中国各地域散布与扩展，改造并融合四方蛮夷土著文化。

楚先王熊绎正是周初作为功臣而被封于南方荆地的诸侯。《左传·昭公十二年》记载："昔我先王熊绎，辟在荆山。筚路蓝缕，以处草莽。跋涉山林，以事天子。唯是桃弧、棘矢，以共御王事。""筚路蓝缕"，说的是楚先王所封之地是一片经济落后的草莽山林，因为物质贫穷，没有像样的献给天子的贡品，只能用"桃弧"（桃木做的弓）、"棘矢"（棘枝做的箭）进贡。《汉书·地理志》说，江南之俗"火耕水耨""射生饮血"。可见楚先王建

① 王国维：《观堂集林》，中华书局，1959年版，第453页。
② 吕思勉：《中国通史》，中国文联出版社，2016年版，第271页。

国之前，这里的文化是"彼自安其逐水草、习射猎、忘君臣、略昏宦、驰突无恒之素"，尚处于原始荒凉、蒙昧的状态。因而，这里的土著居民被称作"楚蛮"或"百濮"。"楚蛮"指楚地的蛮族，三苗的遗裔，居江、淮、荆州一带。（《史记·五帝本纪》）《史记·吴太伯世家》记载：周太王之子"太伯、仲雍二人乃奔楚蛮，文身断发，示不可用"。《索隐》："蛮亦称越。""楚蛮"又指古吴、越之地的越人。越人当时"披草莱而邑焉"（《史记·越王勾践世家》）。"百濮"则是西南的大族，《左传·文公十六年》记载："百濮离居，将各走其邑。"杜预注曰："濮夷无屯聚，见难则散归。"可见，无论是"楚蛮"还是"百濮"，在当时皆是分散而落后的原始村社。

周成王封熊绎以子男之田，居丹阳。丹阳是楚国最早的郢都。丹阳在哪里呢？张正明《楚文化史》说："在睢山与荆山之间，今蛮河中游近上游之处，即今南漳县城附近。"但是，据《南漳县志》载："春秋时期境内为罗国和庐戎国。"周成王不可能把熊绎封到已有人管辖的地盘里去。近有熊德红先生考证，丹阳乃在秭归。[1]其实，范文澜先生在《中国通史》中已经明确指出"丹阳乃湖北秭归县"。[2]丹阳与巴国相邻，司马迁将它归之于"巴楚"。荆蛮之地已"僻"，秭归犹是荆蛮之"僻"。

楚国初创之时，封地不过百里。为了求生存，图发展，楚人采取睦邻抚蛮以奄征江汉的方针，"甚得江汉民和，乃兴兵伐庸、杨奥、至于鄂"（《史记·楚世家》），兼并了南方诸侯国，扩充了地盘和国力。尔后，楚工四方征伐，"南卷沅、湘，北绕颍、泗，西包巴、蜀，东裹郯、邳"（《淮南子·兵略训》），建立起"地方五千里，带甲百万，车千乘，骑万匹，粟支十年"（《战国策·楚策一》）的泱泱大国，最后还一度打到周王室边界地方。鼎盛时期的楚国疆域，包括今天的湖北、湖南、安徽、江西、江苏，以及河南、山东的一部分，可说是占领了南部半个中国。文化上，楚国以周文化为主导，兼容蛮夷文化，在文化交融中创新，至春秋中期形成了特色鲜明的楚文化。楚文化与周文化并峙南北，共同成为中华民族传统文化的主源。

---

① 熊德红：《熊绎始封"丹阳""秭归说"新证》。
② 范文澜：《中国通史》，人民出版社，1978年版，第1册第101页。

人类文化系统的进化大体有两条途径：一条是时间积淀途径，通过优胜劣汰，依次渐进，在不断"蜕变"中更新，在积累中发展，由原始走向文明。一条是空间传播途径，通过不同文化的碰撞，在"顺化"与"同化"中发展。先进文化与落后文化碰撞的结果，往往会产生文明的飞跃。作为中国两大传统文化支系统的周文化与楚文化，它们的形成途径不同，周文化总体说是前一种途径的产物，楚文化则来自后一种途径。

楚文化以中原文明为起点，将周人的"礼乐"等各种先进文化引入南方。从诸多文献中我们可以看到，楚人的祭祀礼仪与周人的礼仪制度几乎是一致的。楚人还自觉推行周人的官方语言，将它作为"雅言"，并且将中原典籍作为教育内容，自上而下逐渐普及到楚人的日常生活。楚人在与周文化融合之中，最终产生了"以属诸夏"的民族认同感，自然地融入华夏民族。另一方面楚文化自觉地以中原文明的理性，审视选择原始文化，按照现实的需要，评估其存在的价值。为什么道家诞生于楚文化，而不可能诞生于周文化？因为道家的文化精神来自原始文化，是原始文化精神的理性升华，因之具有了文明的性质。周文化以"天命"观取代鬼神崇拜，无疑是文明的进步；然而，楚文化的泛神论、巫术仍然为中华文明社会所接受，并深入民俗，成为中华民族传统文化的重要源头。这说明楚文化具有周文化所没有的文化价值。正因为楚文化有自己的特色和价值，因而具有强烈的文化自信，楚王熊渠向周室公开宣称："我蛮夷也，不与中国之号谥。"（《史记·楚世家》）

上述的是中国南、北两大区域文化发展的大体情况。此外，还有两点须要加以补充：

从文明差异而言，中国实际存在着四个区域：北方黄河流域是农耕文化，而北方之北——塞北，以河谷与草地分界，则是匈奴等少数民族的游牧文化；南方长江流域也同样，南方之南——华南、岭南、海南，则是百濮百越少数民族的蛮夷文化。"百越"之地，瘴气横行，气候恶劣，文化落后，及至宋朝，那里仍然是谪官、犯人发配的地方。

从文明发展走向而言，文明中心大体是由北向南迁移。先秦时期，文明中心在中原，北方诸侯常以文明者自居。《诗经·小雅·采芑》中说："蠢尔蛮荆，大邦为仇。"《礼记·曲礼下》云："其在东夷、北狄、西戎、南蛮，虽大曰子。"秦至三国时期，中原在经济文化上仍占绝对优势；但是三国之后，北方由于政治一再大动荡，造成贵族与士人的南逃，中原农民的南迁。东晋、南宋之后，中华文明中心开始逐步转向南方。

第二节　人文：南北阴阳互补

人文，是个动态性的概念。这里说的人文，指的是人类、民族或者某个地区所有文化的共同规范。具体说，表现为人们的习惯、气质、心理、风俗等各个方面。人文往往与乡土相连，是乡土文化的一种基因，具有一定的稳定性、遗传性。中华传统文化体系是个整体，南、北与共；但是，南、北的乡土人文基因是不一样的。

《易经》云："一阴一阳之谓道。"中国传统文化精神始终以道、儒两家为主体，其根本原因就在它们是一阴一阳。对此，清代学者魏源在《老子本义》中作过明确阐述："老子与儒合乎？曰：否。天地之道，一阴一阳。而圣人之道（指儒学），恒以扶阳抑阴为事。其学无欲则刚，是以乾道纯阳，刚健中正，而后足以纲维三才，主张皇极。老子主柔宾刚，而取牝取雌取母，取水之善下，其体用皆出于阴。"为什么儒家只能产生于北方，而道家只能产生于南方？从深层次分析，这与南、北不同的乡土人文基因直接相关。

道、儒两家同处一个文化系统，两者的关系犹如"太极图"所示：

圆形表示一个体系，体系内无所不包，万物变化周流不息；一黑一白，表示阴阳两方，相辅相成，互推互化；中间两个小圈，表示阴阳两方都包含对立面的因素，即阴中含阳，阳中含阴，相互渗透。道、儒在中华民族文化精神上是"统一"的，比如两者都主张"天人合一"，以"和为贵"；皆持辩证思维，"过犹不及"，守"中

庸""中和"之道；皆是开放的，既以"我"为主，又汲取对方的元素，具有兼容性，儒家倡导"和而不同"，道家倡导"百家众技皆有所长"，如此等等。正是文化精神上的"统一"性，两者才能融会一体。但是，两者在人文上又带有不同的乡土特征。北方周文化以阳刚为基调，趋向理性，诸如刚强，现实，积极，进取，果断，勇敢，耿直，雄壮，豪放；楚文化以阴柔为基调，趋向感性，诸如柔软，遁世，退缩，内向，天真，机智，随和，清秀，婉约。有学者这么概括："周的文化可说最近于数量的、科学的、理智的、秩序的……楚文化和这恰可以作一个对照。它是奔放的、飞跃的、轻飘的、流动的。这两种文化，也可说一是色彩学的，一是几何学的。简单一句话，周文化是古典的，楚文化是浪漫的。"①正是人文上的一阴一阳"对立"统一，中华传统文化体系才能实现生态平衡，在动态中持续发展，周流不息，永葆青春的活力。

南、北的人文基因表现在文化上，内容广泛，形式多样。这里笔者只作一个概略的分析，即通过南、北两地人的人格、性格和风格三方面比较，来说明南、北人文基因的不同特色。

先说人格。人格体现为人的基本需要，支配他的是价值观。罗家伦先生说："人格是衡量个人一生生命价值的标准，是某一个人之所以异于他人的特征……人类社会之所以能够形成，全靠人与人间的信任。信任的基础在于彼此间最低限度的人格的认识。"②

基于北方严酷的生存环境，以及漫长的宗族社会历史，北方人的人格形成了独特的人文传统，那就是理性的、现实的、讲秩序的意识。正是在这样的传统人文土壤里，诞生了孔子的儒家学说，推行"君君、臣臣、父父、子子"上下尊卑有序的伦理礼制，要求每个人安于自己的社会地位，自我克制，遵从道德规范，为其所该为。如《礼记·礼运》所说，做到"父慈、子孝、兄良、弟悌、夫义、妇听、长惠、幼顺、君仁、臣忠"。因此，也建立了社会阶级之间转换运行机制——"学而优则仕"，鼓励人们积极进取，通

---

① 李长之：《司马迁之人格与风格》，生活·读书·新知三联书店，1984年版，第4页。
② 罗家伦：《中国人的品格》，中国工人出版社，2010年版，第34页。

过立言、立功、立德来实现个人价值，改变人生。在儒家意识里，中规中矩、光宗耀祖是最高的人格理想。儒家早期代表人物，诸如孟子、子思、曾参、颜回、子路等等几乎都诞生于北方。儒家精英群体只可能在北方乡土上出现，这并非是偶然现象，而是与北方的人文环境直接相关。

然后，南方的人文基因与北方不一样。南方的环境适宜人的生存，且保留着原始氏族社会的遗风，人格准则是顺其自然，信仰巫术，清静"无为"，因此是感性的，浪漫的，讲自由的。在南方的人文观念里，"万物为一"，在自然面前，人与人、人与物没有差别，各有各的价值，万物皆是平等的。因此，诞生了老、庄的道家学说。道家否定人为的社会秩序，否定人为的仁义道德标准，否定人与人之间的权利竞争，主张返璞归真，与自然与共，保持人的天然状态。在道家意识里，自我解放、自然而然是最高的人格理想。老子、庄子等道家代表人物大多数出自南方，也绝非偶然现象。

再说性格。性格指的是对待人与事的态度和行为方式，及其所表现出来的心理特点，它是个性的核心部分。所谓"积行成习，积习成性，积性成命"，性格固有"命"——先天性的遗传因素，但是与人所处的人文地理环境也有密切关系。在性格上，南、北两地人显然不相同。

北方山少平原多，出门便是黄土旷野，方圆几里乃至上百里一览无余，而常年风沙，寒冬冰雪，气候条件恶劣，因此北方人的性格大多豁达坦荡，爽朗大方，不拘小节，燕赵之地的人更多的是豪迈勇武之气。南方则山峦阻隔，沟壑纵横，森林密布，河流交叉，人的视野往往被禁锢在狭窄的空间内，且要在一亩三分土地上精耕细作，为了生存，人们养成了精打细算、小心谨慎、善于谋划的性格。且江南水乡，山秀水美，气候适宜，所以南方人的性格更多的是温柔灵慧，多愁善感。

林语堂先生曾将南人与北人的性格做过对比，他说："我们看到的是北方的中国人，习惯于简单质朴的思维和艰苦的生活，身材高大健壮，性格热情幽默，吃大葱，爱开玩笑……他们是河南拳匪、山东大盗以及篡位的窃国大盗。"在"长江以南，人们会看到另一种人。他们习惯于安逸，勤于修养，老于世故，头脑发达，身体退化，喜爱诗歌，喜欢舒适。他们是圆滑但发育不全的男人，苗条但神经衰弱的女人……他们是精明的商人，出色的文学家，战场上的胆小鬼"。①

张君俊先生则认为："北方人无论做事说话，大抵都很豪爽，不像南方人枝枝节节弯弯曲曲，口不从心，言不顾行。""北方人礼尚特甚，故守秩序的意识，异常特殊……南方人本身虽告衰老，但他们仍有儿童时代的性格，故不惯守秩序，而反多轨外之行动。""北人还有一种风尚，是南人不大讲求的，这便是尚义侠，重言诺。""北方民族还有一种民性与南方不同的，便是重实行。南方的脾气，多半尚口讲。北人遇着文明方法不能解决的困难，多半出手硬打……南人多不然，他们既不敢出手硬打，只以村妇打街骂巷的手段，来发泄他们的牢骚。尤以湖北人最巧于这一套。""北人之保守，南人之进取，也是北中国与南中国之根本区别。"②

南方人与北方人在行事方式上差异也甚大。孔子说："知者乐水，仁者乐山；知者动，仁者静。"（《论语·雍也》）老子说："上善若水。"（《道德经》第八章）孔子以山自比，山的秉性巍峨雄壮，泰然自若，处于雷雨风云之中，而不为之动；老子以水自喻，水的秉性柔顺而处下，因势而动，藏愚守拙，以柔克刚。"山"与"水"正象征着北方人与南方人两种不同的行为方式。

荆轲刺秦王，是典型的北方人的"山"型行为方式。荆轲带着燕督亢地图和樊於期首级，慷慨前往秦国去刺杀秦王嬴政。临行前，燕太子丹等人在易水边为荆轲送行，朔风刺面，易水呜咽，好友高渐离临场击筑，荆轲则和着节拍唱道："风萧萧兮易水寒，壮士一去兮不复还。"这是何等悲壮苍凉的场面！荆轲来到秦国后，在向秦王献燕督亢地图时，图穷匕见，最终行刺失败，被秦王侍卫所杀。与之不同，勾践灭夫差，无疑是典型的南方人的"水"型行为方式。越王勾践因为力量不敌吴王夫差，为了存国而求和，先收买夫差的宠臣伯嚭，求得夫差的宽容，然后又亲自与范蠡一起去吴国，忍辱住在阖闾坟旁的陋房，卑躬屈膝为夫差当奴仆马夫，甚至以亲尝夫差粪便方式，求得夫差的信任。被夫差恩赐回国后，勾践卧薪尝胆，十年生聚十年

---

① 林语堂：《中国人》，时代文艺出版社，2002年版，第31页。
② 张君俊：《中国民族之改造》，中华书局，1935年版，第125—130页。

教训，一待越国国力恢复，便趁机倾力灭吴。此时夫差向他求降，他老谋深算，不愿重蹈夫差之覆辙，夫差不得已而被迫自杀。

当然，南方地域广阔，其东西南北的人文地理环境也不尽相同，因而性格也会有一定差异。《史记·货殖列传》中说："越、楚则有三俗。"这三俗指西楚、东楚、南楚三地的人具有不同的性格。比如西楚、南楚，虽然属于南方，但湿热、湿冷天气偏多，寒气更胜于中原，平时饮食注意"祛寒"，所以三地有吃辣椒的生活习惯。所谓湖南人不怕辣，湖北人怕不辣，川蜀之地人辣不怕，因此湘、鄂、川乃至赣的人，都有一种火辣辣的个性。而东楚苏、沪、浙的饮食，偏甜多糖。糖偏阳，也有祛湿功能，只是不如辣椒来得强，然而东楚地方的寒气较轻，以糖祛湿就够了。由于常吃糖，所以性格偏"黏"，用上海话说就是"搞不清爽"。按《史记·货殖列传》记载，就西楚一地而言，其西土地贫瘠，少有蓄积，民俗向来剽悍轻捷；其东则物产富饶，居民多经商，向来清廉苛严，信守诺言。南楚又是一种性格，因南楚与闽中、于越习俗混杂，所以居民善于辞令，说话乖巧，少有信用。

最后说一下风格。人格的最高层次是审美。所谓审美风格，就是人的一种相对稳定的思维方式和审美习惯。审美风格是潜意识的，表现在人们心理的方方面面。

《北史·文苑传序》说过南、北两地审美习惯的差别：

> 暨永明、天监之际，太和、大保之间，洛阳、江左，又雅尤盛。彼此好尚，互有异同。江左官商发越，贵于清绮。河朔词义贞刚，重乎气质。气质则理胜其词，清绮则文过其意。理胜者便于时用，文华者宜于咏歌。此其南北词人得失之大较也。

其实，南、北两地审美风格的差异，最明显地表现在《诗经》与《楚辞》这两部作品中。《诗经》是北方人文风格的集中体现。《诗经》是抒情的，但是思维方式是现实的，是周王朝由盛而衰500年间中国社会生活面貌的形象反映。《诗经》中无论是"风"还是"雅"，在表现现实时，一般都采用比较朴实的、合乎现实本来面目的形式。除了《生民》等个别篇章，都没有运用脱离现实世界的幻想形式。《诗经》具有明确的"礼"教意义，《毛诗序》说它的宗旨是"经夫妇、成孝敬、厚人伦、美教化、移风俗"，建立现实的社会伦理秩序。孔子评述："《诗》三百，一言以蔽之，曰：思无邪。""《诗》可以兴，可以观，可以群，可以怨。"（《论语·阳货》）所谓"诗言志"，《诗经》的"志"更多取向于"道"，就是通过"诗"来劝谏、评论、辨析、述理，这成为后来"文以载道"之说的源头。

《楚辞》则集中表现了南方的人文风格。《楚辞》也是抒情的，但是它是个人情感的流露，抒述的是个人的遭遇、苦闷、志向、追求，具有强烈的自我意识，感情炽热、激越、昂扬。《楚辞》不受现实本来形式所束缚，纵横驰骋于内在世界，在丰富的想象中，运用大量的象征意象，将离奇的神话传说与现实事物融为一体，构成五彩斑斓的幻想世界。《楚辞》的言"志"，重在"缘情"，充满理想的色彩。在语言上，《楚辞》打破了《诗经》四言体的樊笼，及平稳凝重的节奏与和谐中正的修辞，运用南方楚地的方言，以参差错落、灵活多变的句式，形成自由、奔放的语言，在平稳中求变化，呈现出恢宏的气势和奇丽的境界。因此，刘师培在《南北文学不同论》中分析认为："大抵北方之地，土厚水深，民生其间，多尚实际。南方之地，水势浩洋，民生其际，多尚虚无。民崇实际，故所著之文，不外记事、析理二端。民尚虚无，故所作之文，或为言志、抒情之体。"

南、北人文风格的差异：一重阴，一重阳，一崇尚浪漫主义，一崇尚现实主义。这样的差异不仅体现在文学上，也体现在其他文化现象上。比如器具的造型。周文化追求沉着、严峻、静止、封闭、惊畏、威吓，楚文化则追求生动、活泼、开放、舒畅、流动、清灵。《吕氏春秋·先识览》记载："周鼎著饕餮，有首无身，食人未咽，害及其身，以言报更也。"饕餮纹样粗野，残酷，凶狠，有一种狰狞美。"旧时有谓钟鼎为祟而毁器之事，盖即缘于此等形象之可骇怪而致。"[1]楚文化在铜器上流行凤纹，"总体风格是纤丽清秀"。[2]周文化造型上崇阳，《吕氏春秋·达郁》云："周鼎著鼠，

---

① 郭沫若：《青铜时代·彝器形象学试探》，科学出版社，1957年版。
② 张正明：《楚文化史》，上海人民出版社，1987年版，第156页。

令马履之，为其不阳也。"周鼎上刻鼠形图案，让马踩着它，就是因为鼠属阴，丧失阳气，这是亡国的象征。楚文化造型上崇阴，湖北江陵天星观二号楚墓出土的"凤立卧虎"鼓，虎为底座，身踞状，头昂，尾翘而不卷，做挣扎状。两只苍劲、伟岸、英武、硕大的凤立于虎背，使虎动弹不得。凤，气宇轩昂，昂首仰天长鸣。

周鼎饕餮纹样　　　　　　　　"凤立卧虎"鼓

汉字是中华民族的符号系统。同样的字体，周文化与楚文化在书写上表现出不同的风格。从钟鼎文来看，周文化的字体显得劲直峭拔，古朴雄浑，然而楚墓出土的王子午鼎、王孙诰钟，字体却柔美浑圆，端整之中又有流丽之风，如郭沫若所描述："南文尚华藻，字多秀丽；北文重事实，字多浑厚。"[①]由于楚越钟鼎文的笔画多波折扭曲，形似虫鸟，后人称之鸟虫体。

人体同样如此。北方以肥腴为美，吐鲁番唐墓出土的唐代贵妇弈棋画、西安唐墓壁画所画的女子，无不天庭饱满，雍容肥硕；南方以苗条为美，《管子·七臣七主》云："夫楚王好细腰，而美人省食。"元青花《西厢记·拷红》梅瓶上所绘的红娘，修长柔美，婀娜清秀。

在艺术上，有学者比较南北不同的风格："南方表现为渔唱文化，北方表现为锣鼓文化。渔唱文化是水的文化，它是流动的；是船的文化，它是飘荡的、灵巧的；渔舟唱晚，野渡无人舟自横，夜半钟声到客船，一派自然的、新生的气象。锣鼓文化是黄土的文化，它是稳固的；是牛耕的文化，它

① 郭沫若：《两周金文辞大系考释·初序》，科学出版社，1957年版。

是踏实、勤劳的；是太阳的文化，雄壮震天。"①确实如此，南北艺术风格存在明显差别。例如戏剧，中国的戏剧源远流长，京剧被推为国粹；除京剧之外，可说是剧种繁多，派系林立。但是，这些地方剧种基本可以分作北方戏剧和南方戏剧两大类。北方以豫剧、晋剧、秦腔、河北梆子为代表，剧目大多是军事题材，诸如《空城计》《花木兰》《长坂坡》《穆桂英挂帅》等，场面紧张、激昂、悲壮，服饰往往是大红大紫、色彩绚丽，唱腔高亢，粗犷豪放，乐器以打击乐器为主，如锣、鼓、铙钹等，强劲有力，气势宏大。南方戏剧以越剧、昆剧、黄梅戏为代表，大多是爱情题材，诸如《西厢记》《梁山伯与祝英台》《孔雀东南飞》《天仙配》等，场面和缓、幽静、悱恻，唱腔婉转缠绵，莺声燕语，乐器以管弦乐器为主，如笛子、扬琴、古筝、琵琶等，轻盈优美，清丽动听。

绘画艺术里，国画是中国的国粹。自唐以后，国画中的山水画开始鼎盛，形成了南、北两派。北派山水的代表人物是荆浩和关仝，他们所画山水"上突巍峰，下瞰穷谷"，场面浩大，气势雄伟，所画林木，有枝无干，"乱而整，简而有趣"，尤喜画秋山寒林、村居野渡等关、陕一带的风光。南方的代表人物是董源和巨然，他们的山水画中很难看到险峻奇峭的山峰，所见的是平缓连绵、映带无穷的山峦、林麓小溪、山村渔舍，全是江南丘陵江湖的动人景色，有一种淡雅、温润的情趣。明代画家董其昌提出了著名的南、北两宗论，北宗的山水画家注重写实，严谨刻板，南宗画家注重意趣，圆融疏散。

龙舞是中华民族的民俗，南北与共。但是，南、北龙舞的艺术风格明显不同。北方龙舞以古朴刚劲的古燕赵之风见长，豪放、雄浑、粗粝，场面呈阳刚"壮美"；南方龙舞多具荆楚之风，风格上精巧纤细，柔和、清丽、流畅，场面呈阴柔"秀美"。

即便是外来的佛教也同样如此。佛教传入中国后，被中国化为禅宗。禅宗分为南北两宗：北宗以神秀、普寂为代表，主张以"坐禅观定法"为依归，渐进禅法，渐修菩提，提出"渐悟"说；南宗以慧能为代表，主张以"即心即佛"，"直指人心，见性成佛"为依归，不拘泥"坐禅""观定"

---

① 倪健中：《南北春秋》，中国社会出版社，1996年版，第130页。

与否，即可成佛道，提出"顿悟"说。"渐悟"说强调的是理性秩序，要求循序渐进，"顿悟"说强调的是机会缘分，讲究突然开窍。禅宗"南顿北渐"的形成，实质上是南、北不同人文风格的产物。

第三节 神话：南北巫、史分流

所谓神话，指的是远古以来人类关于生活中神灵现象的传说，是一部史前口传下来的历史。马克思说："古代各民族是在幻想中、神话中经历了自己的史前时期"[①]，神话表现了人类"儿童的天性"。神话通常具备下述几个特征：起源于自然界某种真实的现象，初民无法解释，于是用丰富的想象将它视作一种"超自然力量"，加以拟人化，于是产生了神灵；初民信仰万物有灵，认为神灵的存在是真实可信的，他们就生活在人类中间，因而将发生于身边的一些怪异现象进行广泛传说。后来人们将这些传说用语言文字记载下来，就成为神话。从本质上看，神话传说是人类"巫文化"的"史记"。"史记"意味着它留下了远古时代曾经发生过的历史现象的痕迹，是追溯历史的珍贵史料，而"巫文化"则意味着神话传说中的历史现象被人们"巫"化了，经过历代人们的想象与加工而发生了变异，犹如"杯弓蛇影"，需要事实的复原。神话实际上是人类在童年时期表现大真幻想的一种纪实性创作，既具有史料价值，又是艺术史上具有"永久魅力"的范本。

鲁迅在《中国小说史略》中指出："中国之神话与传说，今尚无集录为专书者，仅散见于古籍，而《山海经》中特多。"除了《山海经》，还有《楚辞》《穆天子传》《庄子》《淮南子》《列子》《述异记》等古籍也都记载有大量的神话传说。总览这些古籍，它们有一个共同的特点，即基本出自南方的长江流域，且成书基本在战国时代中后期到汉代初期，可以说，此地此时正是楚文化最兴盛的时代。从这个意义上说，楚文化是中国古代神话

[①] 马克思：《摩尔根〈古代社会〉一书摘要》，人民出版社，1978年版，第6页。

的摇篮。

中国古代神话之所以繁盛于南方，是因为北方步入文明门槛之时，南方楚地还普遍处在原始氏族社会，信奉万物有灵，弥漫着浓郁的巫文化。而巫文化是滋生神话的一块沃土。庄子在《逍遥游》中曾描述过一个神话："藐姑射之山，有神人居焉。肌肤若冰雪，绰约若处子，不食五谷，吸风饮露，乘云气，御飞龙，而游乎四海之外；其神凝，使物不疵疠而年谷熟。"藐姑射山就是《山海经》里说的"列姑射山"。神话故事传说这个神人"不食五谷，吸风饮露，乘云气，御飞龙"，其"神"术能"使物不疵疠而年谷熟"，这样的"神人"其实就是原始初民们所崇信的巫文化——"超自然力量"的形象化。庄子所以记述这个"神人"，对于庄子来说，他相信"神人"是真实存在的。

图腾文化是巫文化的一种表现形式。在原始思维里，初民相信自己的氏族来自某种生物，图腾是族源的偶像，因而图腾被拟人化为"神"，出现了半人半兽的神奇合体。神话中有许多关于图腾的记载。比如《山海经》中描述的西王母是："玉山，是西王母所居也。西王母其状如人，豹尾虎齿而善啸，蓬发戴胜，是司天之厉及五残。"描述的祝融是："南方祝融，兽身人面，乘两龙。"还有描述黄帝图腾的"族系"："流沙之东，黑水之西，有朝云之国、司彘之国。黄帝妻雷祖，生昌意。昌意降处若水，生韩流。韩流擢耳、谨首、人面、豕喙、麟身、渠股、豚止（趾）。取（娶）淖子曰阿女，生帝颛顼。"

在楚人建国之前，南方遍地是原始氏族村落，即老子说的"小国寡民"，村落间"鸡犬相闻，老死不相往来"，分别流传着自己的神话。楚先王来到南方后，中原文明随之南移，南方的氏族社会因此瓦解，逐步形成统一的国家；与之同时，在北方中原文明与南方原始文化碰撞之中，催生出理性的硕果——道家学说的崛起。道家之"道"，来自楚人对自然规律的理性（文明）直觉（原始），因为有理性，所以"道"揭示了宇宙形而上的哲理；因为是直觉，所以"道"本身具有不可言说的神秘性。道家那种返归自然，渴望自由，渴望摆脱一切外在束缚的追求，以及以人类终极理想为归宿的主张，尤其是庄子学说的泛神论，为中国古代神话的搜集、改造与综合营造了良好的人文条件。中国古代神话正是在这方土壤上，开始了由"原始的、单个的神话"向"文明的、综合的神话"方向发展、繁盛。

从整体来看，中国古代神话已经具备了人类神话的基本体系构架，具备了神话的每一个支系。比如创世神话支系，有盘古开天辟地的宇宙起源传说，有女娲补天以及抟泥造人的人类起源神话，有燧人氏、有巢氏、神农氏、伏羲氏、仓颉、后稷等文化起源的神话，有鲧、禹治水的灾难神话，有夸父追日、刑天操干戚、大羿射日的英雄神话，等等。但是，也因为受道家泛神论观念影响，中国古代神话虽然有一个宏伟的构架，也有完整的神族支系，最终却没有完成神话系统的统一建构。在中国古代神话系统内，各个神话元素都是孤立的，零碎的，缺乏必要的故事元素与叙事线索；神话呈现的神界，没有一个至上的神，神际之间关系混乱，诸如日月星辰、山岳大川、飞禽走兽、各氏首领皆是"神"，这些"神"没有所属关系，没有明确的分工使命，是个没有秩序的神祇世界。甚至是同一个内容神话里，有的还存在着时间次序颠倒甚至相互矛盾的现象。比如关于洪水的神话，说到洪水的起因，《淮南子》里有两条记述：

> 舜之时，共工振滔洪水，以薄空桑。
>
> 昔者，共工与颛顼争为帝，怒而触不周之山，天柱折，地维绝。天倾西北，故日月星辰移焉；地不满东南，故水潦尘埃归焉。

两条都记载的是共工发动洪水，但一说是在"舜之时"，一说是在"共工与颛顼争为帝"的时候，舜和颛顼的时代相差甚远。再说洪水的起因，是因为擎天柱不周山被共工折断了。《淮南子》记载："大荒之隅，有山而不合，名曰不周。"于是，"天倾西北""地不满东南"，洪水由西北朝东南泛滥。但是，透过神话那种"超自然力"的起因想象，其实最终回归到初民对自然界的原始认识：水往低处流。洪水的直接起因是因为中国西北高、东南低的地形。

又如英雄神话支系里的人物——夸父，在《山海经》里就有三条完全不同的记述：

夸父与日逐走，入日；渴，欲得饮，饮于河、渭；河、渭不足，北饮大泽。未至，道渴而死。弃其杖，化为邓林。

大荒东北隅中，有山名曰凶犁土丘，应龙处南极，杀蚩尤与夸父。

大荒之中，有山名曰成都载天。有人珥两黄蛇，把两黄蛇，名曰夸父。后土生信，信生夸父。夸父不量力，欲追日景，逮之于禺谷。将饮河而不足也，将走大泽，未至，死于此。应龙已杀蚩尤，又杀夸父，乃去南方处之，故南方多雨。

这三条叙述夸父的死因，存在两种截然不同的说法，一说是渴死的，一说是被应龙杀死的。同一本书中，存在着明显矛盾的记载，正如郭璞所说："死无定名，触事而寄，明其变化无方，不可揆测。"

关于女娲的神话更是五花八门，各说各的，异彩纷呈。《楚辞·天问》："登立为帝，孰道尚之？女娲有体，孰制匠之？"（东汉王逸注："女娲人头蛇身。一日七十化。其体如此，谁所制匠而图之乎？"）《山海经》："有神十人，名曰女娲之肠，化为神，处栗广之野，横道而处。"《列子》："庖牺氏、女娲氏、神农氏、夏后氏，蛇身人面，牛首虎鼻：此有非人之状，而有大圣之德。"又曰："天地亦物也。物有不足，故昔者女娲氏炼五色石以补其阙；断鳌之足以立四极。"《淮南子》："黄帝生阴阳，上骈生耳目，桑林生臂手，此女娲所以七十化也。"（东汉高诱注："黄帝，古天神也，始造人之时，化生阴阳；上骈、桑林，皆神名；女娲，王天下者也。七十变造化。"）《世本》："女娲氏命娥陵氏制都良管，以一天下之音；命圣氏为斑营，合日月星辰，名曰充乐。既成，天下无不得理。"……女娲的神话原本来自于原始母系氏族社会的传说，女娲作为女性造物的象征，传播中人们不断地将有益于人类的功绩都归在她身上，最终女娲变成了一个变幻莫测的千面女神。

确切地说，中国古代神话是一堆无法缀辑起来的断简残篇的堆积。相对于自成系统的希腊神话、古巴比伦神话、印度神话而言，中国古代神话犹如婴儿，远未成熟。中国古代神话之所以不够发达，鲁迅在《中国小说史略》曾探究过其中的原因："中国神话之所以仅存零星者，说者谓有二故：一者华土之民，先居黄河流域，颇乏天惠，其生也勤，故重实际而黜玄想，不更能集古传以成大文。二者孔子出，以修身齐家治国平天下等实用为教，不欲言鬼神，太古荒唐之说，俱为儒者所不道，故其后不特无所光大，而又有散亡。"应该说，鲁迅的分析是深刻而到位的。

神话本质上是巫化的历史。然而，当南方楚文化繁荣神话传说的时候，北方已经开启了理性文明，脱离了"神话时代"，步入了"信史时代"。中国的信史开始于商朝时期的"共和元年"，即公元前841年。考古学家在殷墟发现大量甲骨文遗存，当中文字记录了商代的祭祀、征伐等多种活动，说明商朝已有掌管文书、记录时事的"内史"。《吕氏春秋·先识览》记载："殷内史象挚见纣之愈乱迷惑也，于是载其图法，出亡之周。"这里所说的"图法"，便是由太史令、内史一类的史官所管理的档案文献。中国真正进入"信史时代"是在周朝。周代已有许多称为"史"的官员，而且不但王室有史官，诸侯各国也都设有史官。王室史官，据《周礼》记载，有大史（即右史）、小史、内史（即左史）、外史、御史等名目。清代著名史学家章学诚称"六经皆史"，儒家的六经，原本就是周史官所藏的各种历史记录。

周代最突出的文化现象是"史官文化"崛起，以此为界，中国远古神话开始巫、史分化。史官从神话中拨开巫化的外衣，剔出史实的真相，将史实编入政治、伦理的古史传说系列，成为信史；而神话在巫、史分化中逐步被边缘化，成为"在野"的异义杂录。胡适在《白话文学史》里说："《三百篇》里竟没有神话的遗迹。所有的一点点神话如《生民》《玄鸟》的'感生'故事，其中人物不过是祖宗与上帝而已。"

范文澜先生在《中国通史简编》里说："史官文化的发育地在黄河流域""战国时期北方史官文化、南方巫官文化都达到成熟期"。文明的步伐是不可阻挡的，当南方的神话方趋向成熟之时，便因为"北风南渐"而遭到北方史官文化无情地解构。"史官文化"以现实主义的文化精神，摒弃楚文化"超自然"的浪漫主义想象，摒弃道家的"泛神"理念，力求从神话中复原历史真实。因而，中国古代神话于方兴之时，却终止于"摇篮"之中，未能留下"希腊神话"那样的"圣典"。

与楚文化在南中国搜集、整理、传播神话相反，中原文化"在北中国把远古传统和神话、巫术逐一理性化，把神人化，把奇异传说化为君臣父子的世间秩序。例如'黄帝四面'（四面脸）被解释为派四个大臣去'治四方'，黄帝活三百年说成是三百年的影响，如此等等"。①他们从神话传说中，剥离巫化的面纱，还原历史的真相。

炎黄是中华民族共同的祖先。黄帝战蚩尤的故事，最早见于《山海经·大荒北经》：

有系昆之山者，有共工之台，射者不敢北向。有人衣青衣，名曰黄帝女魃。蚩尤作兵伐黄帝，黄帝乃令应龙攻之冀州（杭州）之野。应龙畜水。蚩尤请风伯雨师，纵大风雨。黄帝乃下天女曰魃，雨止，遂杀蚩尤。魃不得复上，所居不雨。叔均言之帝，后置之赤水之北。叔均乃为田祖。魃时亡之，所欲逐之者，令曰："神北行！"先除水道，决通沟渎。

故事中叙述的蚩尤的"风伯雨师，纵大风雨"，与黄帝"下天女曰魃，雨止"，显然是一种巫术。屈原在《离骚》里云："前望舒使先驱兮，后飞廉使奔属。"王逸注曰："飞廉，风伯也。"在楚文化中，飞廉是一个鹿身雀头的神秘怪兽，能呼风唤雨，而女魃则是跟巫女相关的女神，她使用的是祛除风雨的巫术。《山海经》记载的这个神话，在"史官文化"中转换成为了信史。司马迁在《史记·五帝本纪》中记载：

轩辕乃修德振兵，治五气，艺五种，抚万民，度四方，教熊罴貔貅貙虎，以与炎帝战于阪泉之野。三战，然后得其志。蚩尤作乱，不用帝命。是黄帝乃征师诸侯，与蚩尤战于涿鹿之野，遂禽杀蚩尤。

这里已全无巫术文化痕迹，成为一段远古曾发生过的史实。从司马迁的记载中，我们还可以发现远古时期中原存在过的原始图腾。太史公言：黄帝

---

① 李泽厚：《美的历程》，文物出版社，1981年版，第68页。

名轩辕，国号有熊。轩辕本意为车，应是指发明制作车子而得名的氏族及其首领的名称。有熊乃国号，所谓"国"，实为部落。熊、罴、貔、貅、貙、虎为六种兽名，应是有熊部落中六个氏族的图腾。

可见，至汉初之时，中国远古的神话已经趋于"历史化"。尤其是在汉武帝"罢黜百家，独尊儒术"之后，"历史化"成为不可阻挡的历史潮流，远古神话中的神人们纷纷被废去"神籍"返回"本籍"。比如：本为上帝神人的伏羲、女娲、神农、帝俊、帝舜、帝尧、颛顼、黄帝等，成为古史中的"三皇五帝"；本为河伯水神的玄冥、冯夷、鲧、大羿等，成为古史中的人间英雄；本为日神火神的炎帝、燧人氏、祝融、阏伯等，成为古史中的帝王或大臣；本为鸟兽草木神的句芒、夔龙、朱虎等，成为古史中的职官……[①]袁行霈先生在《中国文学史》中指出："在正统的史家和儒家典籍中，那种半人半兽的神性形象被抹杀殆尽了，因为这种形象很难纳入历史谱系当中，还有一些触犯理性化原则的神话，也都遭到了删削……改造的结果是使神话大量的消亡。"

但是，神话依附于人类"超自然"的幻想，只要这种幻想不息，神话永远具有它继续生存的文化土壤。中国远古神话虽然被"史官文化"解构，但是随着道教的诞生与佛教的传入，近古神话应运而生。六朝志怪小说兴起，便是近古神话的发端。鲁迅在《中国小说史略》中指出："中国本信巫，秦汉以来，神仙之说盛行，汉末又大畅巫风，而鬼道愈炽；会小乘佛教亦入中土，渐见流传。凡此，皆张皇鬼神，称道灵异，故自晋至隋，皆多鬼神志怪之书。""小说家者流，盖出于稗官，街谈巷语、道听途说者之所造也。"（班固《汉书·艺文志》）六朝时期人写志怪小说，不是把小说当作虚构文学来创作，而是把怪异现象当作事实来记载。在他们看来，鬼神与人一样，是真实存在的。因此，近古神话更贴近人们的日常生活，似真似假、似虚似实、似是似非，现实与幻想融会一体，难以分辨。

与远古神话比较，中国的近古神话具有下述三个特征：

一、远古神话基于泛神论，诸神互不统属，不存在关联，神谱是各个氏

---

① 谢选骏：《神话与民族精神》，山东文艺出版社，1986年版，第299页。

族信奉的原始宗教的集合，来历不明。近古神话则来自道与佛统一的宗教，因而神话里的诸神有着完整的系统，上下等级秩序俨然分明，诸神有各自的分工职能；而且诸神基本由现实中的人转化而来，来历清楚，很少有半兽半人的"神"；神话故事也血肉丰满，有名有姓有具体事迹。当然，受泛神论人文传统的影响，尽管道教、佛教各有至上的教主，教内却诸神杂多，各自割据一方，民间信奉的神祇也不尽相同。

二、近古神话记载的神祇，不只是"神"，它最显著的特征是分化为"神""仙""佛"三个支系，"神"（包括"鬼"）只是其中的一个支系。与远古神话之"神"比较，近古神话之"神"无论是性质或来历皆有所不同。远古神话之"神"，如女娲、共工、刑天等大多是先天地而存在的神，近古神话之"神"则是人死之后受到敕封，去天上或地府任职的人，如钱塘潮神伍子胥、地府判官包拯、城隍张飞等。"仙"是道教新设的一个支系，在神话的序位上凌驾于神灵之上。与"神"所不同的是，"仙"是靠人自己修炼而成，所谓"白日升天"。"仙"通常没有"神"那样的司职，他们缥缈绝迹，幽隐山林。"佛"则是印度佛教中的"神"，在中国神话中可以说是外来的支系。

三、从传播学看，近古神话与人的日常生活息息相关，就发生在人们的身边，它与信众之间不存在时代的壕沟。近古神话里的神祇，无论是"神"是"仙"还是"佛"，皆来自现实的人，有信史记载。但是，既是神话，必将是史与巫的错杂，故近古神话有"心诚则灵"的说法，信巫则有巫，不信则有史。这样，近古神话与远古神话在史、巫分流方式上恰好相悖而行：读远古神话，人们从神话的影子中去寻找远古渺茫的史迹；读近古神话，人们则从历史中去追寻修仙成神的途径。

第二章　楚文化的巫术基因

第一节　泛神信仰

当启蒙精神在北方中原文化中生根传播并发扬光大，从孔子到荀子，从法家到名家，从《诗经》到史官，基本上摆脱了原始宗教的束缚，形成了统一的"天命观"，所谓"承天运命"的时候，南方文明显然滞后，许多地方仍处在原始氏族社会的初民阶段，楚文化依旧笼罩着原始巫文化的氛围，延续着远古绚丽的原始传说。从庄子到《楚辞》，再到《山海经》，几乎都贯穿着泛神的信仰，以及对先祖原始社会的向往，充满激情地生活在图腾的神话世界中。

泛神信仰是一种原始宗教。原始社会的人类文化处于发轫时期，对自然现象无法作出理解。在初民看来，自然与人一样，是具有意志的不可抗拒的力量，于是将自然现象加以人格化为神来崇拜。泛神信仰包括自然崇拜、鬼神崇拜、图腾崇拜。

早在远古，中国的两河流域已经进入农耕文明。农业与自然直接相关，因而原始人类对日月、风雨、山川、土地都有着强烈的崇拜。"古代视万物皆有神，则有所谓中溜、有所谓门、有所谓行，有所谓户、有所谓灶，此等崇拜，也有残留到后世的。"[1]

先说自然崇拜。周朝建立之后，在北方中原文化里，日神的地位一落千丈；然而，在炎热的南方，日神的崇拜反而兴盛不衰。古代神话中记载了十

---

[1] 吕思勉：《中国通史》，中国文联出版社，2016年版，第242页。

日的传说。所谓"十日",实际上是原始人类对夏天炎炎烈日的朴素想象,表现了对太阳光明和热力的敬畏。《山海经·大荒南经》中记述了帝俊之妻羲和生十日的故事,《山海经·大荒东经》中则记述了十日运行的情况。关于十日并出,有的神话表现的是恐惧,《淮南子·本经训》记述:"逮至尧之时,十日并出,焦禾稼,杀草木,而民无所食……尧乃使羿……上射十日,下杀猰貐"。然而,也有赞颂的,庄子在《齐物论》中记述舜回答尧问话时说:"昔者十日并出,万物皆照,而况德之进乎日者乎。"在庄子看来,十日并出是德泽天下的象征。甚至有顶礼膜拜的,屈原《九歌·东皇太一》是《楚辞》中最为庄肃的一篇,描述了楚地对日神祭礼的隆重仪式。在《楚辞》中,"东皇太一"和"东君"都是指东方尊贵的日神。[①]

除了自然崇拜,鬼神崇拜是泛神信仰的重要内容。人有生死,死后人去何处?原始人类想象出"鬼"。《说文》:"鬼,人所归为鬼"。在原始人类看来,人的魂灵不灭,死后灵魂会从肉体中分离出来变成鬼,回到祖先那里,以超自然的力量继续驻留人间。鬼是人的延续。《列子·天瑞篇》:"精神离形,各归其真,故谓之鬼。鬼者,归也,归其真宅。"庄子在《庚桑楚》中说,精神外驰而不返归,则死期将至,死则为鬼;心性灭绝而徒留形体,和鬼是同类。他们皆以精神外驰与形体分离来解释鬼的产生。"鬼"的神秘性,使人们对"鬼"抱有一种敬畏、恐惧的心理。于是,各种丧葬礼仪和祭鬼、驱鬼仪式随之逐渐形成。《竹书纪年》中载:"黄帝崩,其臣左彻取衣冠几杖而庙祀之。"由鬼神信仰而形成原始的因果报应、生死轮回观念,进而形成了"鬼"文化。庄子在《大宗师》中提到冯夷渡河溺死而为河伯。在《至乐》中又云:"庄子之楚,见骷髅而问之。夜半,骷髅见梦。庄子曰:吾使司命复生子形,为子骨肉肌肤。"庄子说的司命,是主宰人与鬼两界转换的神。后来道教以此司命为原型,塑造出半神半鬼的冥神,即掌管人间地狱、众生寿命生死的阎王爷。泛神信仰认为,不仅人死为鬼,凡自然界生灵皆会变成"鬼"。屈原《山鬼》中描述祭祀"山鬼"的场面,按照《左传》记载,

---

① 丁山先生《中国古代宗教与神话考》和杨琳先生的《〈东皇太一〉与〈东君〉当为一篇考》。

"山鬼"大抵为"木石之怪"，属于"魑魅魍魉"之类。道教之所以成为多神教，即源于泛神信仰之鬼神崇拜。

在鬼神崇拜中，最为神圣庄严的是祖先崇拜。基于"鬼"的存在，传统文化认为死去的祖先，他们的灵魂长在，仍然会影响到现世，并且对子孙的生存状态产生影响。祖先崇拜的目的是相信去世的祖先会继续保佑自己的后代，让香火一代代传下去。在极为重视家族血缘的文化氛围里，祖先崇拜深入人心。历代皇家无一例外建有宗庙，民间宗族也广建祠堂，乃至各个家族也有家族的祖坟。中国人对祖先入葬之事尤为郑重，认为祖先的阴宅风水会关系到整个家族的兴衰。正是基于这个观念，中国人报复仇人最狠毒的手段就是"挖祖坟"。

即便"敬鬼神而远之"的孔子，对祭祀祖先也是极为重视的，所谓"生事之以礼，死葬之以礼，祭之以礼""生则养，死别敬享"。只是孔子在祖先崇拜上，将对鬼神的祭祀放到整个道德教化的系统中去思考，更注重"报本、追远、崇德"的意义，倡导儒家的人伦孝道。但是，祖先崇拜毕竟是一种鬼神崇拜，尽管孔子不语鬼神，但从他对祖先所持的态度及所作所为来看，孔子心中还是相信阴界里有亡魂的，所以孔子说："祭如在，祭神如神在。"（《论语·八佾篇》）

祖先崇拜不只体现在孝道，还在于传承祖先的精神，加强家族、宗族乃至整个民族的凝聚力。因此，祭祀只是一种表现方式，祖先崇拜还有其他许多崇拜方式，诸如家传秘方、家训族规、传国玉玺等等。在先秦时期，楚国自建都于郢，800年间因为失地、逃难、扩张等原因，多次迁都，有记载的都城就有湫郢、樊郢、为郢、大郢、郝郢、睽郢、蓝郢、美郢等，是当时列国中迁都最频繁的国家。但是，无论新迁之都处于何地，楚国皆名之为"郢"。"郢"之命名，其意义就在不忘祖先，通过祖先崇拜来凝聚楚人的力量，始终将祖先的"郢"作为创业发展的起点。

20世纪20年代，中国学界发起对中华民族的寻根。在这次寻根运动中，中国第一次将中华民族之根追溯到上古时代的始祖——神农氏部落的炎帝和轩辕部落的黄帝。由炎、黄这两个部落发端，最终构成了华夏民族；到汉朝以后，华夏民族改称为汉族。这次寻根运动，还追溯到华夏民族发迹之地是在黄河流域。周朝时把这里称作中原，中原居四方之中，是天下中心，又称为"中土"，因而又称"中华"。于是，有了中华民族之名。中华民族繁衍的百姓，百姓共尊炎、黄为自己的祖先，自称"炎黄子孙"。迄至今天，中国人每年还要在黄帝陵举行隆重的祭祀活动，以纪念和缅怀始祖的精神。这样的祭祀虽说有了新的时代色彩，但是我们从热切的"天佑中华"的赞颂与盼望声中，仍然会感受到声音中荡扬着的是古老的祖先崇拜的历史余绪。

图腾的崇拜也是泛神信仰的一种表现，它是人与某一图腾有亲缘关系的信仰。所谓图腾，是原始人迷信某种动物或自然物同氏族有血缘关系，因而用来作为本氏族的徽号或标志。这些动物或自然物便成为氏族的吉祥物，并由此衍生出各种禁忌、巫术、仪式、服饰、文身、艺术、神话等文化现象。

龙与凤是中华民族的两大图腾。龙图腾源于上古农耕文明时期的天象崇拜。《易·乾》爻辞中所言的"龙"，实质是对苍龙七宿一年四时运行情况的发现。古人观察到苍龙七宿这条巨龙，春季于东方抬头，夏季于南方腾升，秋季于西方退落，冬季于北方隐没。苍龙七宿的出没周期与一年周期相一致，标示春生、夏长、秋收、冬藏的周期规律。龙的形象，闻一多在《伏羲考》中说：龙是由伏羲所创造的，龙是伏羲部落的图腾。伏羲综合诸兽之长而创造了龙的形象，这个过程发生在伏羲部落的产生、生活等实践活动中。龙并非实在的动物，它"是只存在于图腾中而不存在于生物界中的一种虚拟的生物，因为它是由许多不同的图腾糅合成的一种综合体"，它是"蛇图腾兼并与同化了许多弱小单位的结果"。《说文解字》中解："龙，鳞虫之长，能幽能明，能大能小，能长能短，春分而登天，秋分而入渊。"自夏朝始，"龙"便成为华夏民族的图腾，他们的旗帜就是龙旗，后来的炎黄子孙都高悬龙旗，一直沿用到清代。

夏朝后来被成汤所灭，商朝取代了夏朝。殷商在夏朝时是东方的诸侯，他们以鸟为图腾。《诗·商颂·玄鸟》说："天命玄鸟，降而生商。"《商颂·长发》又说："有娀方将，帝立子生商。"《史记·殷本纪》："殷契，母曰简狄，有娀氏之女，为帝喾次妃……三人行浴，见玄鸟堕其卵，简狄取吞之，因孕生契。"玄鸟就是燕子，神化即为凤。殷人以鸟为图腾的神话，在已发掘的甲骨文中得到了证实。当时与殷氏族一起，同为中原东方诸侯的还有熊（楚）氏族等。范文澜先生说："卵生的神话，在东方诸侯中分布很广。"[1]熊（楚）氏族也以"凤"作为图腾，不过图腾来源与殷氏族有所不同。熊（楚）氏族是出于对祖先祝融的崇拜。《史记·楚世家》记载："重黎为帝喾高辛居火正，甚有功，能光融天下，帝喾命曰祝融（祝，始也；融，明也）"；屈原在《离骚》中也说："联皇考曰伯庸（祝融）"；《白虎通·五行》记载："祝融者，其精为鸟，离为鸾凤。"鸾凤即凤凰，也是卵生。熊（楚）氏族是祝融氏族衍生的一支氏族，因此延续"凤"作为图腾。

闻一多先生在《龙凤》一文中说："就最早的意义说，龙与凤代表着我们古代民族中最基本的两个单元——夏民族与殷民族，因为在'鲧死……化为黄龙，是用出禹'和'天命玄鸟（即凤），降而生商'两个神话中，我们依稀看出，龙是原始夏人的图腾，凤是原始殷人的图腾（我说原始夏人和原始殷人，因为历史上夏殷两个朝代，已经离开图腾文化时期很远，而所谓图腾者，乃是远在夏代和殷代以前的夏人和殷人的一种制度兼信仰），因之把龙凤当作我们民族发祥和文化肇端的象征，可说是再恰当没有了。"

《杨升庵全集》中这么记载："周公居东周，恶闻此鸟，命庭氏射之，血其一首，馀九首。"因为楚国支持东夷部族叛乱，周公恨楚及"凤"，他便命人射掉了"凤"的一个头，变成了九个头。这成了"天上九头鸟，地上湖北佬"的来源，而九头鸟因此出现于《山海经》。《山海经·大荒北经》中记载："大荒之中，有山名曰北极天柜，海水北注焉。有神，九首人面鸟身，名曰九凤。"九为阳数的极数，含有圆满、尊贵的意思。楚文化因此很尊崇"九"，屈原有两部代表作，一部叫《九歌》，一部叫《九章》。九凤是"凤"与"九"的组合：凤，是楚人崇拜的神物；九，是楚人尊崇之数。"九凤"是楚人所崇拜的一个半人半鸟的图腾形象，可见"凤"在楚文化里的深远影响。

楚文化中的"凤"图腾，已在大量楚文化遗址中发掘出来的文物中获得了证实。比如湖北江陵望山楚墓出土的"漆座屏"，屏面上以双凤争蛇造型为中心，左右雕刻着双鹿和朱雀衔蛇，屏框旁还有凤鸟啄蛇图案。从马山一

---

[1] 范文澜：《中国通史》，人民出版社，1949年版，第37页。

号楚墓出土的绣罗单衣上的龙凤虎纹绣，
四只有花冠的凤鸟，双翅展开，各踏一小
龙，昂首鸣叫。从荆州天星观二号楚墓中
出土的这位"羽人"，也是造型独特的凤
鸟。上部为羽人，下部是凤鸟，两翅展开
似欲飞翔。还有堪称漆木器珍奇的"虎座
凤架鼓"，全器以双虎为底座，上立一对
凤鸟。在马山一号楚墓出土的众多刺绣作
品中，还发现了从来没有见到过的"三头
凤"纹样。有神话学家认为，"三头凤"

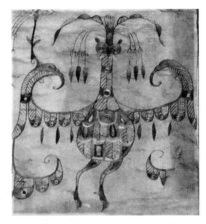

"三头凤"纹样

应该是上古神话中的"离珠"，就是传说中不死鸟的原型。楚人认为所有的
生命都不会死亡，只要拥有离珠的不死精神，其灵魂都将得到永生。

　　如果说北方的中原文化赋予了"龙"图腾丰富的文化内涵，那么南方的
楚文化也赋予了"凤"图腾独特的文化精神，这种精神渗透在人们生活的各
个领域，诸如生活器具、文学艺术，以及婚丧嫁娶的民俗中，从中我们可
以看到"凤"文化的光彩。例如，诗歌《楚辞》，屈原多次将凤凰引入他
所营造的浪漫世界中，有学者统计，他在作品中提及凤凰的就有14次。可以
说，屈原开启了"凤凰意象"的先河。历代诗人多以凤凰喻俊才罹难，伤不
遇时。如阮籍《咏怀》："林中有奇鸟，自言是凤凰。清朝饮醴泉，日夕栖
山冈。"李白《鸣皋歌送岑徵君》："鸡聚族以争食，凤孤飞而无邻。"在
音乐舞蹈里，楚人传承着以凤凰为主体的舞蹈文化及古乐文化。古乐器中以
凤命名的就有凤箫、凤笙，乐府曲名中以凤命名的就有《凤求凰》《凤笙
曲》；还将音律"黄钟之宫、律吕之本"，称"凤凰十二律"等。

　　更重要的是，"凤"图腾代表着楚文化的一种核心精神。在楚文化中，
"凤"具有多重的文化意味：1. 追求自由、发奋图强的象征。在楚人心目
中，"魂兮归来，凤凰翔只"，"凤"引导人的精魂"飞登九天、周游八
极"。如张正明先生在《楚文化史》中所说："楚人以为，只有在凤的导引
下，人的精灵才得以飞登九天周游八极。"庄子《逍遥游》："北冥有鱼，
其名为鲲。鲲之大，不知其几千里也；化而为鸟，其名为鹏。鹏之背，不知

其几千里也；怒而飞，其翼若垂天之云。是鸟也，海运则将徙于南冥，南冥者，天池也。""鹏"，即古"凤"字。庄子竭力赞扬"凤"的志向与力量。一代雄主楚庄王，曾把自己比作一只"三年不飞，飞将冲天；三年不鸣，鸣将惊人"的神鸟。楚怀王受骗，被秦囚于咸阳，他不愿低首割地，最终客死他乡，楚人传说他"化而为鸟，名楚魂"。2. 志洁行芳的品德象征。《庄子·秋水》中如此描述"凤"："夫鹓雏发于南海而飞于北海，非梧桐不止，非练实不食，非醴泉不饮。"这里的"鹓雏"即凤凰之属。《山海经·南山经》云："凤鸟，首文曰德，翼文曰义，背文曰礼，膺文曰仁，腹文曰信。"先秦时期习惯以"凤"称颂有贤德的人。屈原在《楚辞》中多次以鸾凤（鸾为凤凰之属）自比，而把谗佞小人斥之为鸡鹜燕雀。他在《涉江》中写道："鸾鸟、凤凰，日以远兮。燕雀、乌鹊，巢堂坛兮"；在《怀沙》中写道："凤凰在笯兮，鸡鹜翔舞。"宋玉在《九辩》中也反复以鸾凤喻贤者，以凡禽喻奸邪："凫雁皆唼夫粱藻兮，凤愈飘翔而高举……众鸟皆有所登栖兮，凤独遑遑而无所集。"3. 天下吉祥和合的象征。《山海经·南山经》中说丹穴之山"有鸟焉，其状如鸡，五采而文，名曰凤凰……自歌自舞，见则天下安宁"。《尔雅·释鸟》郭璞注："凤，瑞应鸟。"孔子曰："凤鸟不至，河不出图，吾已矣夫！"（《论语·子罕》）所谓"河图"神话，叙述的是夔龙图腾的故事。太平盛世，凤凰飞来之时，黄河会出现一匹"龙马"，驮来神秘的图箓。这便是孔子追求的"龙凤呈祥"的理想。

庄子泛神论的形成，是楚文化中泛神信仰由自发走向自觉的标志。在道家学说中，庄子最重要的贡献是继承了老子的衣钵，并将老子的"道"学发展为泛神论。唐·刘知几在《史通》中揭示了老子与庄子的差别："《老经》撰于周日，《庄子》成于楚年"。老子的《道德经》著于周代，庄周的《庄子》成书于楚国。老子著《道德经》时是周室史官，处在北方，周朝乃宗法社会，因此老子持的是"天命观"；庄周则处在南方，是楚国的民间隐士，而南方尚存原始氏族社会的遗风，巫术文化正当盛行，庄周在秉承老子"道"学的同时，将"道"与楚文化的多神信仰结合起来，于是从"道"衍生出"泛神"的理念。

泛神论是一种古老的思维，郭沫若在《女神·三个泛神论者》中作过诠释： "这种学说认为自然界是本体的表相，本体是无所不在的，不受时空的限制。有所谓神，那就是这个本体。"庄子认为： "夫道，有情有信，无为无形；可传而不可受，可得而不可见；自本自根，未有天地，自古以固存；神鬼神帝，生天生地。"（《庄子·大宗师》） "道"——"自然"是至高无上的，是神的化身，是 "本体"，宇宙万物不过是 "本体"的表相。我与 "本体"为一，那么我即是 "道"，即 "本体"，即 "神"，而宇宙万物皆是 "神"，皆与我为一。这就是庄子 "天地与我并生，而万物与我为一"的泛神理念。泛神论不仅打破了有与无的界限，人与物的界限，生与死的界限，而且打破了人与神的界限。在庄子的泛神论中，人的自我能够不受时空制约，可以任意上天入地，南来北往，获得了绝对的自由。

第二节　巫术的三种类型

在原始社会里，与泛神信仰紧密联系的是巫术。人类对自然、鬼神、图腾的祭祀，无论是怎样的祭祀对象及祭祀动机，采取怎样的祭祀仪式，目的只有一个，就是要达到人与神的沟通。而人与神沟通的中介就是巫术。

"巫"字早在甲骨文中已经出现。 "巫"是个象形字，据甲骨文专家许进雄教授考证，最早的 "巫"字是两个 "工"字的交叉，大概是行法术时所用器物的象形；以后加上两个人在跳舞，表示巫师施巫术请神灵降临。[1]也有认为， "巫"从 "工"从 "人"， "工"的上下两横分别代表天和地，中间的 "丨"，表示能上通天意，下达地情，而中间的 "人"，就是指能够通达天地，与鬼神相沟通的人，即巫祝。

巫术，在中国古代是个模糊的概念。就性质而言，巫术大体可以分为三类：方技、术数、巫术。古代对巫术中的复杂成分不做区分，常常混淆在一起，统一称之为巫术。

---

① 许进雄：《古文谐声字根》，台湾商务印书馆，1995年版。

一、与实用科技融会一体的方技

原始时代，初民出于生存的需要，表现出一种征服外界的自信力。他们对于自然与命运，都持实用的态度，或利用自然力，或崇尚超自然力，常常两者并用，以期善果。比如夏天河流周期性涨水，初民从实践中发现规避的方法，于是萌生出科技；一朝洪水凶猛泛滥，初民无法解释与抵御这种灾害时，于是萌生出巫术，相信用巫术的力量可以控制自然力量。可见，巫术"是史前人类或巫师一种信仰和行为的总和。是施巫者认为凭自己的力量，利用直接的或间接的方式和方法，可影响、控制客观事物和其他人行为的巫教形式"。[1]在原始社会里，科技与巫术往往是结合在一起的。

伏羲氏草创的《易经》，这是初民"仰观天文，俯察地理，近取诸身，远取诸物"的成果。《易经》随人的文化发展而发展。先有夏朝的《夏易》，以艮（山）为首卦，又称"连山易"，是初民依山缘树而居（有巢氏时代）的产物；后有商朝的《商易》，以坤（女）为首卦，又称"归藏易"，是母系氏族崇拜女性的标记；现在传承的是《周易》，以乾（男）为首卦，又称"乾坤易"，意味着中国进入了父系氏族社会。《易经》本源是初民对周而不殆的自然规律所作的整体而朴素的认识，是一种经验，如《周礼》所说："以五云之物辨吉凶、水旱，降丰荒之祲象。"

中国古代将科技称作方技。《汉书·艺文志》云："方技者，皆生生之具"，特指医术、养生术等关于生命的科技。医字最早的繁体字从巫：毉。这说明了中国的医术来源于巫术，人们生了病就通过巫术来治。在先秦时期，巫和医是不分的。孔子在《论语》中说："人而无恒，不可以作巫医。"后来的《吕氏春秋》将两者分开说："巫彭作医，巫咸作筮"。巫彭是医生，巫咸是巫师。医术是科学，巫彭遵循《易经》的要义，通过人体的阴阳平衡调节来诊治各种疾病。《黄帝内经》记载："黄帝问曰：医之治病也，一病而治各不同，皆愈，何也？岐伯对曰：地势使然也。北方者，天地所闭藏之域也。其地

---

[1] 宋兆麟：《巫与巫术》，四川民族出版社，1989年版，第214页。

高陵居，风寒冰冽，其民乐野处而乳食，脏寒生满病，其治宜灸焫。故灸焫者，亦从北方来。南方者，天地所长养，阳之所盛处也。其地下，水土弱，雾露之所聚也。其民嗜酸而食胕，故其民皆致理而赤色，其病挛痹，其治宜微针。故九针者，亦从南方来……"疾病不同，医术亦不同。尤其是一些怪病，比如蛊毒，由于现象生得蹊跷，人们视之为巫术，实际上也属于医术。《春秋·昭元年传》：秦医和谓晋侯之疾如蛊，非鬼非食，惑以丧志。并引《易》女惑男谓之蛊为证。凡中蛊毒的人，就会迷惑不省人事。南方苗黎地方盛行蛊毒，多用胡蔓草麻药。"凶民将取之毒人，则招摇若喜舞然，真妖物也。或有私怨者茹之，呷水一口，则肠立断。或与人讧，置毒于食以毙其亲，诬以人命者有之。麻药置酒中，饮后昏不知人，富室每诱小民饮之以夺其货财。然醒后不死，亦恶物也。《范石湖集》有治蛊毒之方。"蛊毒之术发生甚早，"可推知伏羲重卦之蛊，即蛊毒之蛊"。①

原始社会视生育为人生大事，有专事生育的巫，名曰青巫。《说文解字》释义："东方色也，木生火，从生丹。"青字由"生"与"丹"二字组合，正是指生殖过程。青巫常以羽毛为饰，扮作鸟状御风而行，象征生命之神。青鸟是接生之巫的法相，因而青鸟意味着蓬勃生机。人之生来自"穴"，人之死归于"穴"，"穴"乃人之居处，后来相"穴"发展为堪舆术。《辞海》诠释："相传汉代有青乌公，精堪舆之术。《抱朴子·极言》：'相地理则书青乌之说。'后世因称堪舆之术即相地术为'青乌术'。又因乌与鸟在古汉语中可以相互通假，所以风水术又名青鸟术。"后来，相地的风水术实际上是由原始接生的巫术衍生发展而来的。

二、有神秘预测功能的术数

术数，是巫术中兼有宗教与科学两种成分的东西。宗教性的巫术依附于鬼神，而术数与鬼神无关，但是术数带有"天命"定数的神秘色彩，故古代归为巫术。术数之"术"，指的是方术，术数之"数"，指的是气数。术

---

① 张亮采：《中国风俗史》，中国文史出版社，2015年版，第33页。

数的数理认为宇宙是个整体，万物之间存在着关联，因此，依据此时此地的现象，可以测知彼时彼地的现象。"数"就是现象之间存在的因果联系、连锁反应。众所周知的"蝴蝶效应"，美国气象学家爱德华·洛伦茨说：一只亚马孙河流域热带雨林中的蝴蝶，偶尔扇动几下翅膀，两周后，可能在美国克萨斯州引起一场龙卷风。这就是"数"。"数"是系统内部元素间微妙的联系，具有深层的隐蔽性，人们往往无法作出破译，因而介于科学与巫术之间。"科学的及巫术的宇宙观是相近的，若我们分析种种交感巫术，我们会见到，它们都是两大思想基律的误用。这两大基律就是根据相似性的联想及根据时空接触性的联想。这两大基律应用得正确就得到科学，误用了就得到巫术，所以巫术是科学的庶出姊妹。"①

古代人认为可以运用数理来预测未来可能发生的事。《易经》本源就是初民对周而不殆的自然规律所作的整体、朴素的认识。但是，有些自然现象非人的常识能够解释，有些愿望是常人难以实现的，因此初民们相信命运，相信鬼神，希冀依赖一种超自然力，来达到逢凶化吉的目的。《易经》内涵中的"科学"因素逐渐转向于"预测"，《易经》"八卦生成理论"演变为数理，所谓"无极生太极，太极生两仪，两仪生四象，四象生八卦"。"八卦生成"又衍生出"阴阳五行""天干地支"等分支数理，于是演变出千变万化的"数"的规律。《易经》由自然规律的朴素认识演变成为具有神秘预测功能的数理系统，即预测学说。

术数兴盛于周代。周人灭商之后，文化上最大的变革是以"天命"观取代了殷人的"帝"神观。"天命"一词，最早见于成王时期的《何尊》，青铜铭文中记载："昔在尔考公氏克弼文王，肆文王受大兹令。"②

由铭文来看，有君权天授的意思。故《尚书·周书·康诰》云："天乃大命文王，殪戎殷，诞受厥命"。这"命"就是"天命"。"天命"观的哲学基础是"天人合一"，即"人事"的变化须依循"天命"。周朝统治稳定之后，"天命"观得以进一步加强，《尚书·君奭》云："天命自度，治

---

① 〔英〕马林诺夫斯基著、费孝通等译：《文化论》，中国民间文艺出版社，1987年版，第58页。

② 中国社会科学院考古研究所编：《殷周金文集成》，中华书局，2007年版。

民祗惧"，后来又提出"天命靡常""敬天保民"，意即人的命运由自己选择，只要畏天命，循礼教，就能天下太平。"天命"观是"人本"思想的萌芽，所以有学者认为周人"天命"观是中国"启蒙主义的黎明"。[①]

春秋战国时期，诸子百家虽然"皆有所明，不能相通"，但在"天命"观上几乎是一致的，认为"天命"是不可抗拒的力量，"顺之者存，逆之者亡"。只不过诸子对"天命"的理解各不相同。在儒家看来，"天命"乃是天意和命运，孔子曰："五十而知天命"。在阴阳家看来，"天命"乃五德始终的轮回，"五德转移，治各有宜"；在法家看来，"天命"乃是现实社会规律，"制天命而用之""时异则事异，事异则备变"。可见，周人说的"天命"实际上就是"数"，因为"数"是测不准、说不清的存在，故归之于天意。天意从来高难问，于是就变成冥冥之中的定数。凡一切出乎常态的现象、不可测知的事物，以及要对愿望作合理性诠释的，几乎都可以用"天命"来作出解释，因而诸子百家都用它来说事。

在"天命"观的影响下，"术数"从"巫术"之中分离出来，自成一个系统。《汉书·术数略》将"术数"分为六家：曰天文，曰历谱，曰五行，曰蓍龟，曰杂占，曰形法。

以形法为例。《汉书·艺文志》说法家之"形法"："形人及六畜骨法之度数，器物之形容，以求其声气贵贱吉凶。犹律有长短，而各征其声，非有鬼神，数自然也。"法家全凭目可见、身可触的常识，来揭示现象的原因。发生在魏国的西门豹治邺故事，是法家"天命"观的一种注释。当时民间盛行巫风，邺地三老、廷掾等官员勾结巫祝以"河伯娶妇"名义搜刮钱财，邺地人家有好女者，恐大巫祝选来送给"河伯"，溺死于河水之中，纷纷举家逃亡。西门豹闻之后，亲临"河伯娶妇"现场，以选女不好理由，叫人把巫婆投入河中，去通报"河伯"，延日再送。后来又以巫婆不回报为由，将巫婆的三个弟子以及三老陆续投入河中去见"河伯"。廷掾见状，吓得色如死灰，伏地叩头。西门豹见民众看清了"河伯娶妇"的真相，达到了

---

① 傅斯年：《性命古训辨证》《民族与古代中国史》，河北教育出版社，2002年版，第320页。

目的才罢休。从此之后，邺地不再发生"河伯娶妇"此类事情了。法家认为，对待这些现象与其信鬼神，不如循常"理"而制"天命"。

占卜，是用作"预测"的一种方法，"术数"中最重要的一项。占卜的主要依据就是《易经》。《易经》之道，无外乎象、数、理，三者相生相成，构成简易的数理系统，即揭示事件发展可能出现的某种结果的定数。周代史官的主要职责就是根据《周易》占卜。清代学者汪中在《述学·左氏春秋释义》中说："天道、鬼神、灾祥、卜筮、梦之备书于策者何也？曰：此史之职也。"凡兴国、立君、用兵之类的重大政治事件，古时皆由史官以卜筮决之。

《尔雅》云："占者，视兆以知吉凶也。""占"有两种方法：一是"卜"，在上古时候用骨卜，春秋战国时候用龟卜，基本方法是用火灼骨或龟壳，观灼开的裂纹之象来推测行事的吉凶。到了孔子的时候，便有筮了。《礼记·曲礼》云："龟为卜，蓍为筮。"筮是将蓍草揲折而观其数。卜筮效用是一样的，"天命"便在这象、数之中。然而，象、数之状很难分辨，故要由专职的太卜史官来进行"卜筮"或"占卜"。

《尚书·大诰》记载，周公决定平定三监之乱，他劝诫邦君、庶士从征平叛之辞曰：

献！大诰而多邦越尔御事。弗吊！天降割于我家，不少延……弗造哲，迪民康，矧曰其有能格知天命？……敷贲敷前人受命，兹不忘大功。予不敢闭于天降威。用宁王遗我大宝龟，绍天明……肆予告我友邦君越尹氏、庶士、御事，曰"予得吉卜，予惟以尔庶邦于伐殷逋播臣……"已！予惟小子，不敢替上帝命。天休于宁王，兴我小邦周，宁王惟卜用，克绥受兹命。今天其相民，矧亦惟卜用……肆予大化诱我友邦君：天棐忱辞，其考我民，予曷其不于前宁人图功攸终？

周公的依据就是龟卜。周公说天降凶害于周邦，周人当格知天命。大龟曾经辅助先王接受天命，于今不能忘其大功。周公以文王遗留的大宝龟占卜，获得的是吉卜，表明老天将助周平叛。当时有人反对出征，周公告诫他们，吉卜为上天所示，天命不可违，逆天命而行必亡。从周公之语看，周文王时期盛行用大龟占卜的形式来探求天命，说明周公相信术数，以天命推动人事，促成人事，而周代之贵族对天命与占卜皆笃信不疑。

在周代，占卜是一种主流意识。虽然儒家不信鬼神，但是相信占卜。《易经》纬书的《易纬乾坤凿度》记载："孔子筮得旅卦"，由于当时孔子尚未研究《周易》，所以请商瞿氏替他解卦。商瞿氏说："小亨，故抱圣智，难得圣位"，意思是你抱有治天下之雄才，但得不到施展抱负的机会。孔子闻之而流泪，知道壮志难遂，大道难行，从此专心研究《周易》，发其玄理，著述《十翼》。其实，孔子之道在战国时期之所以难以付诸实践，是由于当时列强争霸的形势所决定的，是势所必然，如果说是"天命"，天下大势才是"天命"。

孔子的高明之处是在他对《周易》做了深入研究之后，发现了"术数"的概率性。因此孔子虽然痴迷《周易》，却不拘泥于《周易》的术数。他从《周易》中更多关注的不是吉凶的结果，而是其中的缘由，就是其中蕴含的道理。所以，孔子解易常常别出心裁。史书《论衡》记载：鲁将伐越，筮之得"鼎折足"。子贡占之以为凶，何则？鼎而折足，行用足，故谓之凶。孔子占之以为吉，曰："越人水居，行用舟，不用足，故谓之吉。"结果鲁国果然战胜了越国。孔子把"鼎折足"的凶卦"妙解"成吉卦，居然应验了。这说明孔子占卜不仅仅是看卦象，他还参照了自己对鲁、越两国"天时地利人和"的比较分析来作预测。

孔子还信梦占。他72岁时，一天与子贡谈到夏、商、周三代棺椁殡放位置的不同，而自己夜梦不祥，正与殷人（孔子乃殷遗民）的丧礼相合。孔子相信这个梦预示自己将不久于世："夫明王不兴，而天下其孰能宗予？予殆将死也！"七天之后，孔子就去世了。如果说这是"天命"，除开体力衰竭，不如说是人的"意念"起了很大作用。现代科学已证明，意念对人体及行为具有超凡的力量。

此外，占星术也是一种"术数"。《易》曰："观乎天文，以察时变。"占星术就是通过日月星辰的位置与运动，来预测人事的变化。比如占星者认为太阳是国君的象征，从日的形象变化可推知国家的凶吉。《左传·昭公十七年》说："日有食之，天子不举（不杀牲盛馔），伐鼓于社。"《礼记·昏义》说："日蚀则天子素服而修六官之职。"如果"明主之践位，群贤履职，天下和平，黎民康宁，则日丽其精明，扬其光曜"。如果太阳暗淡无光，表明国君"无道"，就要亡国。如果天上有彗星、流星雨出现，那么天下就会发生战乱、瘟疫或水旱等灾害。

由于占卜带有模糊性，其预测的结果往往模棱两可，可以这么诠释，也可以那么诠释，而所有的诠释往往有些准确，有些不准确。因此按照现代科学解释，占卜的数理概率在于"或然率说"与"心理选择说"。

三、沟通人与鬼神关系的巫术

英国人类文化学学者马林诺夫斯基揭示："巫术是一套动作，具有实用的价值，是达到目的的工具……巫术中每一个举动都包含着标准化的行为，即仪式；标准化的语言，即咒语；及有一定的人物在适切的情景中举行礼节。"[1]人们所知的巫术，通常是一种仪式，大多采取象征性的歌舞形式，也使用某种据认为赋有魔力的实物和咒语。巫术之所以神秘，是因为人们相信它具有一种超自然的力量。大凡一切非平常人力可以预期完成的事情，人们就会使用巫术来解决。

中国古代的巫术，通常由巫师来实施。《国语·楚语》观射父在《论绝地天通》中说："古者民神不杂，民之精爽不携贰者，而又能齐肃衷正，其智能上下比义，其圣能光远宣朗，其明能光照之，其聪能听彻之，如是则明神降之，在男曰觋，在女曰巫。"巫师的本领就是通过巫术，沟通神与人之间的关系，调动鬼神之力为人消灾致福。

这类通鬼神的巫术，具体有两种方式：一种是请神附体。请神附体有请神、探源、抓鬼和谢神四个步骤。《汉书·礼乐志》云："大祝，迎神于庙门，奏嘉至，犹有降神之乐也。"请神后巫师成为神的化身，代神言行。此时的巫师通常会显出失魂落魄的状态。另一种途径是通阴，即"灵魂出

---

① 〔英〕马林诺夫斯基著、费孝通等译：《文化论》，中国民间文艺出版社，1987年版，第51—57页。

走"，巫师的灵魂似乎离开肉体，到神鬼所在的地方。

巫师在实施大型巫术时，通常还有一个助手，古时候称之为"祝"。《说文》说："祝，祭主赞词者。"意思是，"祝"掌管宗教祭祀的具体仪规，是起司仪作用的人。"祝"的使命是为主祭者诵祷辞，迎神而导行，因此"祝"需要有好口才，以明语导祭，以美言悦神。

据史记载，殷商时代这类巫术最为盛行。因为殷人有一个至高无上的神——"帝"。"人者，赖年收谷类食以生存者也。而令雨、降旱、授年、不授年，皆帝之能事，是人之所以生，实天之所赐也。帝者，能降若降不若，授佑降灾，则又实为人间祸福之主宰。以神权特大，威力无比，故令雨降旱，授年不授年，虽惟帝为能，但万一雨年不好，则宁以为乃先祖作祟，亦不能怪罪于帝天。"①在殷人心目中，"帝"神是万物的主宰，祸福吉凶皆由它来决定，因而特别推崇与"帝"沟通，传达"帝"意的巫术。

商代巫师的地位是很高的，在朝廷里常常会参与重要的决策。开创商代的国君成汤，他本人就是个巫师。《吕氏春秋·顺民》记载：

昔者汤克夏而正天下，天大旱，五年不收，汤乃以身祷于桑林，曰："余一人有罪，无及万夫。万夫有罪，在余一人。无以一人之不敏，使上帝鬼神伤民之命。"于是翦其发，枥其手，以身为牺牲，用祈福于上帝，民乃甚说，雨乃大至。则汤达乎鬼神之化、人事之传也。

成汤死后，长孙太甲接位时，伊尹是太甲老师，也是"格于皇天"的巫师。伊尹可以密查天意，可以代传天意。伊尹在《伊训》中申饬太甲："惟上帝不常，作善，降之百祥；作不善，降之百殃。"意思是我代上帝传意，上帝要用降百祥嘉奖作善者，降百殃处罚作不善者。

占卜本是一种对"天数"的预测术，但它具有双重性，它既可依附于"天命"说，也可依附于"鬼神"说。依附于"鬼神"说的占卜就属于这种巫术。从已有史料的记载来看，殷人"尚鬼神"，重祭祀，崇占卜。商朝占

① 转引自王允亮：《巫术与政治之间》，《荆楚学刊》，2018年第19卷第2期。

卜是一种通鬼神的巫术，多用于王事，如卜行、卜师、卜祝、卜宾、卜疑、卜王、卜祀、卜猎等。据《史记·殷本纪》记载，成汤以来至于帝辛，历经三十王，今见于卜辞者二十有三。

即便进入春秋战国时代，巫师的地位仍旧高高在上。特别是在春秋时期，凡国君决定一件国家大事，或者是决定一次重要战争，国君都要斋戒沐浴，一个人独居在宫殿里边三天或者五天七天，静静地祈祷，然后请巫师来卜筮，作出决策。所以《春秋》这部编年体史书中充满卜筮卜卦的记录。

这类通鬼神的巫术，花样很多，比如符咒治病，作法驱邪，请神赐福，等等。其中最为神秘的是偶像祝诅术。偶像祝诅术的方式，英国人类学家弗雷泽在《金枝》中曾做过揭示，它的原理就是原始思维里的"相似律"，即通过对偶像的诅咒和攻击，来控制或报复偶像所代表的人物。中国最早的偶像祝诅术始于商代。据《史记·殷本纪》记载："帝武乙无道，为偶人，谓之天神。与之博，令人为行。天神不胜，乃僇辱之。为革囊，盛血，印而射之，命曰'射天'。武乙猎于河渭之间，暴雷，武乙震死。"

西周以后，偶像祝诅术渐趋流行。《史记·刺客列传》记载一段故事：赵襄子联合韩、魏二家，灭了智伯一家。豫让是智伯的朋友，为了替智伯复仇，躲在桥下，去行刺坐车过桥的赵襄子，结果被赵襄子所擒。豫让说：今天的事，我理所当然该死，但我请求在您的衣服上砍几刀，这样也就算是我替智伯报了仇了，我死而无憾了。赵襄子敬重豫让的义气，便脱下一件衣服，让人递给了他。豫让拔出剑来，一连向衣服砍了好儿卜，砍罢豫让自刎而死。而赵襄子的情况呢？早于《史记》的《战国策》记载："豫让拔剑击衣，衣尽出血。襄子回车，车轮未周而亡。"司马迁也许认为此说太奇离，没有采用这个传说。但如史学家吕思勉所说："凡厌胜诅咒之术，均自此而出。"①

通神成仙，是这种巫术衍生的产物。先秦时期，楚人已有神仙的传说，说明巫术已发展成为神仙术。这时期从巫师中开始分化出专务神仙术的方士。《山海经》中记述了"不死树""不死民""不死之药"，皆是这类巫术的产物。

---

① 吕思勉：《中国通史》，中国文联出版社，2016年版，第243页。

第三节　楚国的巫文化

巫文化是人类在上古时期创造的一种原始文化，它是万物有灵崇拜时期的产物，可谓源远流长。问题是，中国的巫文化源自哪里？这个问题类似鬼文化一样，初民都信鬼，然而鬼城最终落在巴蜀的丰都县；巫文化是初民共有的文化，而以"巫"命名的却来自于"巫山"。地方之取名，大体上遵循两个原则：最初是"取实予名"的原则，注重地方实在的特点或事物；地方之"实"是与时而变化的，因此后来采取"约定俗成"的原则，既已定命，就不再更改。这么来看，在古代"巫山"以"巫"取名应该是有"巫"之"实"，至少是古代巫文化比较发达的地方。

一、"巫山云雨"的象征

"巫山云雨"是楚文化的一个美丽传说。宋玉在《高唐赋序》中描述："昔者，先王（楚襄王）尝游高唐，怠而昼寝，梦见一妇人，曰：妾，巫山之女也，为高唐之客，闻君游高唐，原荐枕席。王因幸之。去而辞曰：妾在巫山之阳，高丘之阻，且为朝云，暮为行雨，朝朝暮暮，阳台之下。"梦合乃是一种潜意识的交合，意味着人与超自然力量的沟通。这个传说可以说是个文化象证，它暗示着楚文化与巫山之间的关系。

《山海经·大荒西经》记载：

大荒之中，有山名曰丰沮玉门，日月所入。有灵山，巫咸、巫即、巫盼、巫彭、巫姑、巫真、巫礼、巫抵、巫谢、巫罗十巫，从此升降，百药爱在。

这里说的"灵山"，就是巫山。古字灵与巫相通。战国时期，巫山属楚国之巫郡。汉代开始，长江三峡一带统一叫"巫山"。清·光绪《巫山县志·沿革》记载，巫山原名"巫咸山"，以巫咸葬此得名。巫咸之名最早见于《尚书》。郭璞《巫咸山赋》云："巫咸以鸿术为帝尧医师，生为上公，死为贵神，封于是山，因以为名。"《列子》中亦曾提到"有神巫曰季咸，知人生死存亡，期以岁月旬日，如神"。隋朝时，"巫咸山"去掉"咸"字，改名巫山。

中原地区经历了夏、商、周三代，巫文化在商代臻达顶峰，至周代随着文明的发展总体呈现出逐渐衰落的趋势，尤其是在以礼乐文化为标志的周文化崛起之后。然而，南方许多地域仍处于原始文化状态，"其民火耕水耨，断发文身，性犷悍，不服王化"。楚王在国内实行的是封君封邑制，郡县政权、封邑政权在以楚王为核心的中央政权下，皆有自行其是的独立性，权力犹如诸侯。所谓"赫赫楚国，而君临之，抚有蛮夷，奄征南海，以属诸夏"（《左传》襄公十三年记楚令尹子囊语），楚国的体制使境内的蛮夷氏族继续维持原始的文化状态。中国南方这种特殊的文化现象长期延续，即便到了19世纪，著名历史学家汤因比说："在长江流域南部人迹罕至的高原地区发现了一些幸存下来但在文化上并没有被同化的原始部落。"[①]因此，相对于中原而言，楚国当时巫俗普遍，原始巫文化方兴未艾。尤其是在巫山一带，由于崇岭激川，地理闭塞，聚集着许多原始氏族部落，巫风尤为浓厚突出。许多巫师从这里出来，故而巫山被当时人们视作中国巫术之发源地。

二、庙堂上巫官权重

春秋时期，楚王虽然在政治、经济方面追效中原文明，改造蛮夷，国家拓土扩疆，呈现一派兴旺景象，但是在风尚习俗上却因循守旧，迷信巫祝之道，推崇重用巫官。当北方进入史官文化阶段，南方楚国仍处于巫官文化状态。

据史书记载，楚王及大臣们都"信巫鬼，重淫祀"。所谓"淫祀"，就是"国之大事，在祀在戎"，几乎无事不祭祀。因此巫官在楚国地位高、权

---

① 刘远航编译：《汤因比历史哲学》，九州出版社，2011年版，第77页。

力大。据《国语·楚语》记载：楚国的王孙圉出使晋国，赵简子问他："楚国有一块叫作'白珩'的玉佩被看作是国宝，有多少世代了？王孙圉回答说："楚国从来不把一块玉当作国宝，楚国的国宝第一是观射父，第二是左史倚相，第三是一片叫作'云连徒洲'的广野。"观射父被看作是第一国宝，就因为他是一位大巫，其地位之高乃"能作训辞，以行事于诸侯"。观射父告诫楚昭王祭祀非小事，它关系到"昭孝息民，抚国家，定百姓"，关系到国运。故楚王有关重大政治决策都要依赖观射父，求之于神。

《新论·言体论》记载：

> 昔楚灵王骄逸轻下，简贤务鬼，信巫祝之道，斋戒洁鲜，以祀上帝，礼群神，躬执羽绂，起舞坛前。吴人来攻，其国人告急，而灵王鼓舞自若，顾应之曰："寡人方祭上帝，乐明神，当蒙福佑焉，不敢赴救。而吴兵遂至，俘获其太子及后姬以下，甚可伤。

楚灵王本人就是祭司。他"起舞坛前。吴人来攻，其国人告急，而灵王鼓舞自若"。在楚灵王心中，祭祀比战争重要，即便战火已经烧到了国门，也要去祭祀，祈求上帝、祖先保佑楚国。当然，结果是一败涂地。不仅是楚灵王，楚怀王也同样如此，"事鬼神，欲以获神助、却秦师"（《汉书·郊祀志》）。这种崇尚鬼神的巫风，在楚国甚至左右王位传承这样的大事。据《左传》记载：

> 共王无冢适，有宠子五人，无适立焉。乃大有事于群望，而祈曰："请神择于五人者，使主社稷。"乃遍以璧见于群望，曰："当璧而拜者，神所立也，谁敢违之？"

楚共王有宠子五人，不知应当立谁为太子，乃望祭群神，请求神灵为他挑选。方法是先拜祭祖先，然后将一块玉璧暗藏在祖先宗庙的庭院中，让五个儿子按长幼顺序依次来拜祭祖先，中间恰好对着玉璧而拜的那个人，就是神明所立的太子。楚王将王位继承者的选择，最终交予神灵来定夺。

楚国公室祭祀，祭祀对象很多，既要祭宗庙祖先、群神万物，也要祭日月星辰、名山大川。其中有一项很重要，那就是"望祭"。所谓"望祭"，实际上是一种郊祭。《左传·宣公三年》："望，郊之属也。"楚国祭祀的规矩是"祭不过望"，就是祭祀的山川星辰不越过本国疆界。楚昭王曰："三代命祀，祭不越望。江、汉、睢、漳，楚之望也。祸福之至，不是过也。"（《左传·哀公六年》）江、汉、睢、漳是楚国境内的四条河流，意指楚国的社稷。"望祭"是祭山川之神，求神保佑楚国江山。

在楚国，占卜是公室决策的必要手段。无论是战事或是其他重大国事，几乎都要由巫师占卜，然后根据占卜结果行事。春秋战国时期，占卜在各国公室都使用，但是中原列国的占卜多为"术数"，楚国公室占卜却是"巫术"，寄愿于鬼神。传说，末代楚王负刍谋杀了楚哀王后，自立为楚国国君。由于秦国对楚国虎视眈眈，楚王负刍去洞庭湖向着凤凰占卜，询问国运。凤凰三点头，而后又大声鸣叫三声，楚王负刍以为楚国的国运还有三百年零三载。此时恰有秦国大将李信率兵前来攻楚，楚王负刍派兵将他打败了，便对凤凰之卜信以为真。不久，秦将王翦率领六十万大军伐楚，楚王负刍自信国运长久，轻易出兵，结果被王翦杀得溃不成军。王翦直捣楚国都城寿春，楚王负刍被秦军俘虏，一年之后，楚国被秦所灭。楚王负刍去洞庭湖向凤凰占卜之史实，还有待考证。但是，既有这个传说，说明楚国庙堂确实迷信巫术。

三、民间普遍崇神尚鬼

楚国民间巫风更盛。元稹在《赛神》一诗中曾描述："楚俗不事事，巫风事妖神。"楚人的巫术活动范围很广，祭祀对象有自然之神，如日神东君、云神丰隆、风神飞廉、河伯冯夷，以及山鬼等；有天神，如至上神东皇太一、主管生死的大司命、主管子嗣的少司命等；还有祖先，如伏羲、炎帝、祝融等。屈原作品《九歌》《离骚》等作品中保留着当时楚人泛神崇拜的记录。宋人黄伯思说："屈宋诸骚，皆书楚语、作楚声、纪楚地、名楚物，故谓之楚辞。"王逸在《楚辞章句》中说："《九歌》者，屈原之所作也。昔楚国南郢之邑，沅湘之间，其俗信鬼而好祠；其祠必作歌乐鼓舞以乐诸神。屈原放逐，窜伏其域，怀忧苦毒，愁思沸郁，出见俗人祭祀之礼，歌舞之乐，其词鄙陋，因作《九歌》之曲。"屈原的《九歌》实际是巫觋祭神的民歌，它的文献价值是记载了当时楚国民间巫术活动的情况。

据屈原《九歌》描述，当时楚人巫事活动的仪式大体以降神、娱神、祈神、送神为序。1. 迎神。迎神要选一个良辰吉日，"吉日兮辰良，穆将愉兮上皇"（《东皇太一》）；选一个合适的地点，"秋兰兮麋芜，罗生兮堂下"（《少司命》）；迎神的巫师必须沐浴更衣，穿上华美的服饰，"抚长剑兮玉珥，璆锵鸣兮琳琅"（《东皇太一》）；迎神时还要备有丰美圣洁的祭品，"蕙肴蒸兮兰籍，奠桂酒兮椒浆"（《东皇太一》）。迎神的结果是神灵降临，此时巫师因有神附体，精神表现出恍惚的状态。《九歌·湘夫人》描述扮成湘夫人的美丽女巫迎接神灵的到来，"帝子降兮北渚，目眇眇兮愁予"，恍惚间她似乎如湘夫人般从远处飘然而降，但是转眼间湘夫人又消逝了，女巫神情不由现出了愁思。2. 颂神。颂神有两种方式，方式之一为歌舞，王逸在《楚辞章句》中说："其祠，必作歌乐鼓舞以乐诸神。"《东皇太一》中就有一段迎神歌舞的描写："扬枹兮拊鼓，疏缓节兮安歌，阵竽瑟兮浩倡。灵偃蹇兮姣服，芳菲菲兮满堂。五音兮繁会，君欣欣兮乐康。"一群巫师轻舒"姣服"，在"疏缓"鼓乐声中一边偃蹇而舞，一边纵声高唱，表达对天神虔诚的赞颂。方式之二是神人相恋，以相恋的方式表现内在的真情与奉献。这种方式通常由女巫（巫）与男巫（觋）配合进行。朱熹在《楚辞辩证》中说："楚俗祠祭之歌，今不可得而闻矣。然计其间，或以阴巫下阳神，以阳主接阴鬼，则其辞之亵慢淫荒，当有不可道者。"在祭祀中，男女以恋情的方式，表达对神灵的热爱。《九歌·少司命》中，美丽的女巫扮演少司命轻盈降临，迎神的男巫与之相遇，立即投以脉脉含情的目光，"满堂兮美人，忽独与余兮目成"。然而"入不言兮出不辞，乘回风兮载云旗"，神人唯有凝视却无一言，便又匆匆乘风而返。离别的悲伤顿时弥漫起来，"悲莫悲兮生别离，乐莫乐兮新相知"。只以为能"与女沐兮咸池"，实现子嗣的繁衍，却变为"望美人兮未来，临风恍兮浩歌"的无限怅惘之情。3. 祈神。祭祀的目的是向神人祈求，有祈求消灾的，如《湘君》中的"令沅湘兮无波，使江水兮安流"，希望湘君保佑百姓，不让沅水、湘水再有洪水之患；有祈求赐福的，如《大司命》之"愿若今兮无亏"，希望大司命让百姓健康长寿。祈神通常以信物为约，《湘君》中以玉佩之类作为信物，《湘夫人》中的"捐余袂兮江中，遗余褋兮醴浦。搴汀洲兮杜若，将以遗兮远者"，则是撕裂衣服一块，采摘洲上香草一撮，投之江中，与神相约。4.送神。祭祀活动的末声是送神。《九歌·礼魂》集中描述送神的情景："成礼兮会鼓，传芭兮代舞；姱女倡兮容与；春兰兮秋菊，长无绝兮终古。"每祭完一位神灵，祭场上便击鼓，齐声歌唱，一队队巫男巫女出来传递鲜花，翩翩起舞。此刻，如众星托月，会出现一位光彩夺目的姑娘，用她清亮的歌喉，向离去的神灵深情诉述：春祭兰花哟秋祭菊，如此祭礼永不终绝！

楚人信鬼。鬼，又称亡灵。巫文化认为人死亡后会留下魂魄，魂魄会在天地间飞荡流浪，因而凡亲人亡故，后人必要请巫师为亲人招魂，免得他成为孤魂野鬼。屈原《远游》中的《招魂》记录了当时民间招魂的巫事。屈原的《招魂》，据辞章文义，应当是招楚怀王的亡灵。楚怀王受秦王欺诈，入秦后被扣留，最终客死于秦，"楚人怜之"，因而为入秦不返的怀王招魂。《招魂》写道：天帝告诉巫阳，怀王的"魂魄离散，汝筮予之"！巫阳回答：这个太难了，我只能试一试。巫阳遵天帝之命为楚怀王招魂。巫阳面朝东方高呼死者的名字三声，又分别面朝南方、西方、北方高呼死者的名字三声，殷切告之怀王的灵魂，异乡天地四方充满危险，只有故乡最美好：

魂兮归来！去君之恒干，
何为四方些？舍君之乐处，
而离彼不祥些！
……
魂兮归来！反故居些。

在巫阳的召唤下，鬼魂来到城门附近。巫阳背对着城门，面向鬼魂，倒退着帮他引路。巫阳手里有一个竹筐，筐里面装着死者的衣服，让死者的魂魄寄宿在衣服上。接下来巫阳不停地喊着"魂兮归来"，一步一步将鬼魂带到了他生前居住的地方。如果招魂成功，死者马上就会复活。招魂术不限于死者，一些病羸晕迷的人，楚地民间也会以为这是灵魂出壳，便摇动旌幡，大声呼号，为病人招魂。

第四节　楚文化的巫传统

楚文化中的巫术，历经政治风云与历史沧桑，最后以顽强的生命力转化为中华民族的楚文化巫传统。

楚国被秦人所灭后，秦人曾以强力摧毁楚文化，推行秦文化。秦文化重峻法，行霸道，罢文教，"遗礼义，弃仁恩"（《汉书·贾宜传》）。秦始皇严令故楚之民与秦人"行同伦"，弃绝楚文化习俗，而服膺秦文化习俗，楚俗的巫风因此一度受到压抑。但是，楚地的巫俗已蔚然成风，形成了楚人根深蒂固的文化心理，秦人虽占领楚地，颁布政令，终不能达到以秦文化"同化"楚文化的目的。现实恰恰相反。入楚的秦人不仅未能改变楚人巫俗，反而入乡随俗，被楚文化巫俗所"顺化"。20世纪70年代中期，湖北云梦秦墓出土一批竹简，有《秦律杂抄》《语书》《日书》等秦始皇时期的文书。《语书》中记载："今法律令已布，闻吏、民犯法为间私者不止，私好、乡俗之心不变"。《日书》，即今天所称的皇历，主要记述日常生活中用来趋吉避凶的禁忌择日、祈神求福之类内容。从云梦出土的《日书》中，我们可以看到楚与秦两份日历对照表，内容述及天神、地祇和人鬼三个系列的神灵，书中保留了楚人"信鬼而好祠"的多神崇拜习俗。这说明秦人入楚之后，最终只能迁就沿用楚人历法的传统。有学者通过对这批秦朝竹简文书的研究分析，进而得出结论："秦灭楚后，入楚地之秦人渐为当地巫风所染。"①

据《史记·项羽本纪》记载，楚国被秦国灭了之后，楚国的南公预言：

---

① 蔡靖泉：《楚文化流变史》，湖北人民出版社，2001年版，第83页。

"楚虽三户，亡秦必楚"。历史证明了南公的预言。秦末社会大动荡，楚人卷土而来，首先是揭竿起义的农民领袖陈胜。陈胜是楚人，他建立的政权号称"张楚"；然后是楚国贵族项羽，他率领江东子弟渡江抗秦，建立的政权称为"西楚"；接着是楚国小吏刘邦，刘邦统领群雄，建立了大汉王朝。在汉朝，楚文化的巫传统得以全面承续。汉朝的巫文化状况可以概括为两种现象：

首先是复旧，一度被秦文化废除的巫文化，由汉公室诏令恢复。比如汉高祖即位后，便下诏曰："吾甚重祠而敬祭。今上帝之祭及山川诸神当祠者，各以其时礼祠之如故。"到了汉武帝，"尤敬鬼神之祀"，甚至直接沿承楚人奉祠"东皇"的礼俗，尊奉"太一"为至高无上的天神，并且"周而复始，皇帝敬拜泰一"（《史记·封禅书》）。楚地旧有的祠神乐歌，如屈原《九歌》中的《东君》《云中君》《湘夫人》《大司命》等也重新盛行于民间。汉武帝还"以李延年为协律都尉，多举司马相如等数十人造为诗赋，略论律吕，以合八音之调，作十九章之歌"（《汉书·礼乐志》），这"十九章之歌"是用于郊庙祭祀的"郊祠歌"。汉朝公室的巫风之盛，可以说不亚于当时的楚国，以致唐代诗人李商隐在《贾生》一诗中感叹道："宣室求贤访逐臣，贾生才调更无伦。可怜夜半虚前席，不问苍生问鬼神。"

除了复旧，巫文化在汉朝还得到了创新发展。其最大成果是，在巫文化土壤中诞生了中国本土宗教——道教。道教是多神教，其多神信仰本源于楚人的泛神崇拜。道教庞大的神仙系统及其建醮坛、设斋供、唱赞词和请神降神、驱鬼除妖等道术，基本上皆取法于楚人的巫术，是由巫文化长期积累的文化元素组合而成。道教后来在全国范围内普及民间，从而使巫文化在中国大地上广泛传播，深入千家万户。

至两晋时期，巫文化传统中又孕育出风水学。郭璞是道教徒，擅长预卜先知和诸多奇异的方术，著有《葬经》。《葬经》不仅传承了巫文化的青鸟术，并升华为"藏风聚气"理论："葬者，藏也，乘生气也。夫阴阳之气，噫而为风，升而为云，降而为雨，行乎地中，则为生气……气行乎地中，发而生乎万物。人受体于父母。本骸得气，遗体受荫。盖生者，气之聚凝，结者成骨，死而独留。故葬者，反气纳骨，以荫所生之道也……经曰：气乘风则散，界水则止……古人聚之使不散。行之使有止，故谓之风水。风水之法，得水为上，藏风次之。"王祎在《青岩丛录》中云："择地以葬，其术本于晋郭璞。"郭璞的《葬经》是中国风水文化之宗。

在中华民族传统文化史上，巫文化不仅自身与时俱进，不断衍生发展，而且强势向佛、儒文化渗透。佛教本是印度的宗教，主要教义是四谛、缘起、五蕴以及无常、无我等，旨在超度众生进入涅槃境界。传入中国后，受巫文化"同化"，佛教被泛神化，成为一个充满神灵的世界。在佛教寺庙里，甚至出现众神并列现象：天王殿里有四大天王、弥勒像、韦菩萨；大雄宝殿供奉如来佛，有的在如来佛左右还立着迦叶佛、弥勒佛，殿后通常供奉观音菩萨，殿两旁则排列五百罗汉像。同样，儒文化也遭巫化，孔子与观音、如来、老君、关公、文昌君、龙王等并列为神，供入文庙。儒子参加科举考试，必须礼拜孔子圣像。纪晓岚是清代著名的大儒，著述有《阅微草堂笔记》。鲁迅在《中国小说史略》中曾评价《阅微草堂笔记》的文学价值："无人能夺其席"。《阅微草堂笔记》在"大旨不乖于风教"下，记述的是纪晓岚亲身所见所闻的乡野怪谭，内容皆是各种因果报应、劝善惩恶等狐鬼神仙故事，其所信所言与孔老夫子"不语怪、力、乱、神"的训导，可说是背道而驰。

《汉书》云："上之所化为风，下之所化为俗。"不少巫文化在民间"化为俗"。民俗中积淀着一个民族的文化心理，属于民族的集体无意识。凡一种文化成为民俗现象，有一个必要条件，那就是在民间共同传承，具有长久性和重复性，所谓"人相习，代相传"。民俗无须验证，依靠的是人的信仰和习惯势力。

在中华民族传统文化中，楚文化的巫传统民俗占有极重要的地位。这里仅以岁时节日民俗为例。晋·宗懔在他的《荆楚岁时记》一书里，对巫文化民俗有着详细记载。《荆楚岁时记》按月记述，自元日至除夕，凡二十余事，其间逢节日，所记都追本溯源，细加疏证，因此这本书对楚文化巫传统的研究具有很高的文献价值。这里选载部分节日记事于下：

（一）正月

正月一日是三元之日也，《春秋》谓之端月。鸡鸣而起，先于庭前爆竹，以辟山臊（魈）恶鬼。长幼悉正衣冠以次拜贺，进椒柏酒，饮桃汤，进屠苏酒、胶牙饧，下五辛盘，进敷干散，服却鬼丸，各进一鸡子。造桃板著户，谓之仙木，凡饮酒次第从小起。帖画鸡户上，悬苇索于其上，插桃符其傍，百鬼畏之。

立春之日，悉剪彩为燕戴之，帖"宜春"二字。

正月十五日作豆糜，加油膏其上，以祠门户，先以杨枝插门。随杨枝所指，仍以酒脯饮食及豆粥，插箸而祭之，其夕迎紫姑，以卜将来蚕桑，并占众事。

正月夜多鬼鸟渡，家家槌床打户，捩狗耳，灭灯烛，以禳之。正月末日，夜，芦苣火照井侧中，则百鬼走。

楚文化正月的民俗，有名目繁多的辟邪项目，清晨的第一件事是燃放爆竹，目的是"避山臊恶鬼"，然后饮桃汤，服却鬼丸，食鸡子、麻豆，以"压伏邪气"。为了防止鬼魅邪气侵入宅内，人们要在门户上方画上雄鸡，悬挂缚鬼的"苇索"，插上"桃符"。古人认为桃枝有辟邪的作用。《庄子》云："插桃枝于户，连灰其下。童子入而不畏，而鬼畏之。"后来桃枝被桃符取代，《后汉书·礼仪志》说，桃符长六寸，宽三寸，桃木板上书"神荼""郁垒"二神。"正月一日，造桃符著户，名仙木，百鬼所畏。"到了宋代，桃符由纸张代替桃木板，称之为"春联"。可见，燃爆竹、挂桃符都是 种巫文化。这些习惯后来影响全国，成为中华民族共同的民俗并沿袭至今。

正月十五是灯节，以杨柳枝插门，有净身洁户的含义。"其夕迎紫姑神以卜"。《显异录》："紫姑，莱阳人，姓何名媚，字丽卿。寿阳李景纳为妾。其妻妒之，正月十五阴杀于厕中。天帝悯之，命为厕神。故世人作其形，夜于厕间迎祀，以占众事。俗呼为三姑。"从相关记载来看，厕神的功能是占卜，可占卜新年里的农事收成，可占卜婚事，甚至家里丢了东西也可占卜一番，请紫姑神来帮着找。

正月夜，荆楚之地多怪鸟飞过，荆楚人视为鬼鸟。传说这种鬼鸟名姑获，会攫取小儿魂魄，因此"家家槌床打户，捩狗耳，灭灯烛以禳之"。荆楚人将井厕看作是百鬼的藏身之所，故在正月末日夜，以"芦芭火"驱除。

（二）三月

去冬节一百五日，即有疾风甚雨，谓之寒食。禁火三日，造饧大麦粥。
按：据历合在清明前二日，亦有去冬至一百六日者。

三月三日，士民并出江渚池沼间，为流杯曲水之饮。

寒食节源于春秋时期介之推被焚于介休绵山的故事。晋文公下令在子推忌日禁火、寒食，以寒食寄托哀思。陆翙《邺中记》曰："寒食三日作醴酪。"又曰："煮粳米及麦为酪，捣杏仁，煮作粥。"禁火冷食实际上是一种巫术。在楚文化中，寒食是一个禁忌日，要"禁火三日"，把上一年的火种熄灭，重新取出新火，作为新的开始。现在寒食节已成为中国传统节日。

《周礼》云："女巫岁时被除衅浴。"女巫此时"被除岁秽"，就是司马彪在《礼仪志》所说："三月三日官民并禊饮于东流水上。"在这"阳气布畅，万物讫出"的日子，士民去桃花水上举行"流杯"饮酒活动。

（三）五月

五月俗称恶月，多禁忌。曝床荐席及忌盖屋。五月五日，四民并蹋百草，又有斗百草之戏，采艾以为人，悬门户上，以禳毒气。是日竞渡，采杂药。

五月，楚文化称之恶月。因为五月的长江中下游地区，潮湿闷热，最易生瘟病。五月五日端午节日的形成，与楚文化要求平安度过"恶月"的意愿有关。端午即"初五"，古人习惯把五月的前几天分别以"端"来称呼，五月初一为端一，初二为端二，数以至五谓之端五。端午这一天重在去病除邪。当天，要以粽子投江，这实际上是一种巫术，是一种祭鬼的仪式。闻一多先生在《端午考》一文中指出，端午为持龙图腾崇拜民族的祭祖日。古时候我国长江及其以南大部分地区，五月江河都会涨水，划龙船"竞渡"为的是祭龙神，是南方十分流行的一种祭祀活动。门户插艾蒿，雄黄点小儿额，妇女以五彩线织香包，挂小儿胸前避邪，等等，为的都是"驱邪避毒"。后来端午节与祭屈原联系了起来，梁代吴均在《续齐谐记》记述："屈原五月五日，投汨罗而死，楚人哀之，每至此日，竹筒贮米，投水祭之。汉建武中，长沙欧回，白日忽见一人，自称三闾大夫，谓曰，君常见祭甚善，但常所遗，苦蛟龙所窃，今若有惠，可以楝树叶塞其上，以系丝缚之，此二物蛟龙所惮也。回依其信。世人作粽，并带五色丝及楝叶，皆汨罗之遗风也。"至于龙舟竞渡，击鼓争标，便转化成为后人祭祀屈原的习俗。

（四）七月

七月七日，为牵牛织女聚会之夜。

是夕，人家妇女结彩缕，穿七孔针。或以金银瑜石为针，陈瓜果于庭中以乞巧，有喜子网于瓜上，则以为符应。

七月十五日，僧尼道俗悉营盆供诸佛。

傅玄《拟天问》云："七月七日牵牛织女会天河。"七月七日那天夜晚，少女、少妇会结彩缕，穿七孔针，陈瓜果庭中乞巧，其意是乞子与乞夫。故七月七日俗为七夕节，又称七巧节。现在也是中华民族的传统节日。

七月十五日中元节，这在佛教中原为效法目连救母而斋僧供佛的盂兰盆节。《盂兰盆经》曰："目连见其亡母在饿鬼中，即以钵盛饭往饷其母。食未入口，化成火炭，遂不得食。目连人叫，驰还白佛。佛言：'汝母罪重，非汝一人奈何。当须十方众僧威神之力。至七月十五日，当为七代父母厄难中者，具百味五果，以着盆中，供养十方大德。佛敕众僧皆为施主，祝愿七代父母，行禅定意，然后受食。'是时目连母得脱一切饿鬼之苦。目连白佛：'未来世佛弟子行孝顺者，亦应奉盂兰盆供养。'佛言：'大善！'"后来这一天与道家"三元说"融合，成为中元节。道教里，中元即地官，地官在七月十五日这夜下凡到人间，定人善恶。道士们因此在这夜诵经，超度饿鬼孤魂，七月十五日便成了道家荐亡度鬼的"鬼节"。民间在这一天通常要拜祭先祖亡亲，已而开启了"中元祭祖"的传统。

（五）八月

八月十四日，民并以朱水点儿头额，名为天灸，以压疾。又以锦彩为眼明囊，递相响遗（赠）。

所谓"天灸"，实际上是中医的一种治疗法。这里用"朱水点儿头额"来"压疾"，乃是一种巫术。晋·宗懔的《荆楚岁时记》中，八月只有这一条，没有中秋节。据史籍记载，"中秋"一词早在《周礼》一书中已经出现。周代时，每逢中秋夜人们习惯举行迎寒和祭月，设大香案，摆上月饼、西瓜等祭品，点燃红烛，在月下拜祭月亮神。但是中秋节作为一种风俗则形成于唐朝初年。

（六）十二月

十二月八日为腊日。谚语："腊鼓鸣，春草生。"村人并击细腰鼓，戴胡头，及作金刚力士以逐疫。

其日，并以豚酒祭灶神。

《礼记》云："傩人所以逐厉鬼也。"《吕氏春秋·季冬纪》注云："今人腊前一日，击鼓驱疫，谓之逐除。"腊日，村人要举行盛大的傩仪，驱赶各种恶鬼。这一日，还要用小猪、酒等祭祀灶神。汉代以后，火神祝融等成为灶神，受到民间隆重祭祀，俗称祭灶节。现在祭灶节已经成为中国的传统节日。

由上所述，我们可以清楚看到，楚文化巫传统对中华民族岁时节日民俗的影响。这些岁时节日民俗，原来只是南方地域民俗，后来发展推及为中华民族共同的民俗。

第三章 楚文化的"自然"之道

　　道家学说是楚文化的理性升华，智慧结晶，集中体现了楚文化的文化精神。

　　春秋战国时期百家争鸣，据《汉书·艺文志》记载，这百家数得上名字的就有189家。当时的"道家"就占数家，有"老子之学""杨朱之学""列子之学""庄子之学"等，而没有"道家"的称谓。最早提出"道家"的是司马谈的《论六家要旨》。他说："《易大传》：'天下一致而百虑，同归而殊途。'夫阴阳、儒、墨、名、法、道德，此务为治者也，直所从言之异路，有省不省耳。"意思是：《周易·系辞传》说"天下人追求大体相同，而思考方面及达成途径不一样"。阴阳家、儒家、墨家、名家、法家和道家等所做的都是致力于太平治世，只不过他们的学说不是一个路子，有显明有不显明而已。文中，他以"道德"为主旨，将与之相类似的若干学派归纳为"道家"。

　　司马迁的《史记》，据司马谈的观点进而对道家学说的主旨作出了阐述："道家使人精神专一，动合无形，赡足万物。其为术也，因阴阳之大顺，采儒墨之善，撮名法之要，与时迁移，应物变化，立俗施事，无所不宜，指约而易操，事少而功多。"班固在《汉书·艺文志》中补充阐述："道家者流，盖出于史官，历记成败存亡祸福古今之道，然后知秉要执本，清虚以自守，卑弱以自持，此君人南面之术也。合于尧之克攘，易之嗛嗛，一谦而四益，此其所长也。及放者为之，则欲绝去礼学，兼弃仁义，曰独任清虚可以为治。"他们指出道家所持的是"自然"之道。

第一节　道家学说的诞生

一、道家诞生的社会土壤

为什么道家不产生北方中原，而产生于南方的楚文化土壤里？

我们知道，任何学说的诞生，都是适应社会的某种需要，代表社会的某类人群的利益。先秦诸子百家的学说，从本质上说，是中国社会处于"礼崩乐坏"急剧转型时期，社会各阶层代言人所提出的改造社会的方案，是对中华文明未来趋向的一种设计。这些学说从社会各个群体的利益出发，不仅提出了各种理想社会的蓝图，而且设计出一套套集政治、伦理、学术于一体的理论，旨在说服当政者接受他们的学说并加以实施。因此，先秦时期的"百家争鸣"，争论的不只是学术问题，也是政治问题，是一场针锋相对、互不退让的争鸣。

先秦时期，中国的文明发展处于明显的不平衡状态。从整体看，北方的文明发展要先于南方，当北方已经进入宗法社会，南方大体还处于原始氏族社会阶段。由于社会文明的差异，导致了不同的价值取向、宗教信仰、思维方式，南北社会各自提出了不同的改造社会的方案及学说。北方文明产生了法家、墨家、儒家等诸家，南方文明则产生了道家。

1. 法制社会。韩非子在《五蠹》里这么规划社会改造方案：

明主之国，无书简之文，以法为教；无先王之语，以吏为师；无私剑之捍，以斩首为勇。是境内之民，其言谈者必轨于法，动作者归之于功，为勇者尽之于军。是故无事则国富，有事则兵强，此之谓王资。既畜王资，而承敌国之衅？超五帝侔三王者，必此法也。

这是法家追求的社会理想。同此理想的，还有兵家、纵横家等。这个改革方案的基本思想是："世异则事异，事异则备变。"强国之道不能"法先王"，而是"法后王"。核心主张是"君道"，即"加强君权"，全国百姓的思想行动"壹同"于君王。君王应该"以法为教""以吏为师""以斩首为勇"，目标是"富国强兵"，兼并列国，统一天下。"君道"的要义是"抱法""用术""处世"，实现中央集权。

2. 大同社会。《礼记·礼运》中对大同社会的蓝图这么勾画：

大道之行也，天下为公。选贤与能，讲信修睦。故人不独亲其亲，不独子其子；使老有所终，壮有所用，幼有所长，矜、寡、孤、独、废、疾者皆有所养；男有分，女有归。货恶其弃于地也，不必藏于己；力恶其不出于身也，不必为己。是故谋闭而不兴，盗窃乱贼而不作。故外户而不闭，是为大同。

大同社会的核心准则是"天下为公"，这"公"指的是公平、公正，人人平等。在大同社会里，天下乃天下人的天下。权力公有，"选贤与能"；财物公有，金钱财富"不必藏于己"；人与人之间讲信修睦，和谐相处，男女平等；人人有社会保障，"老有所终，壮有所用，幼有所长，矜、寡、孤、独、废、疾者，皆有所养"；人人有大公无私道德，各尽其能，各取所需。

大同社会的方案，通常认为是儒家的理想，实际上依据儒家"入世"的态度，联系《礼记·礼运》下文"今大道既隐，天下为家"来理解，我们可以说这大同社会的理想并非是儒家所真正追求的，它是墨家追求的理想社会。墨家主张讲信修睦，但不是儒家的"尊卑有序"，而是"兼相爱、交相利""视人之国若视其国，视人之家若视其家，视人之身若视其身"（《墨子·兼爱中》）；主张唯贤是举，"选天下贤可者，立为天子"（《墨子·尚同上》），但此"贤"不是儒家说的"君子"，而是泛指平民，"虽在农与工肆之人，有能则举之"（《墨子·尚贤上》）。墨家还明确主张"人人平等"，实现"饥者得食，寒者得衣，劳者得息"（《墨子·非乐上》）。墨家是春秋战国时期的显学，虽出于儒而归于禹。墨家的理想是回归尧、舜、禹时代，"六亿神州尽舜尧"（毛泽东《送瘟神》），故庄子在《天下》中说："非禹之道也，不足谓墨。"

3. 小康社会。《礼记·礼运》中对小康社会的蓝图作了勾画：

> 今大道既隐，天下为家。各亲其亲，各子其子，货力为己。大人世及以为礼，城郭沟池以为固。礼义以为纪，以正君臣，以笃父子，以睦兄弟，以和夫妇，以设制度，以立田里，以贤勇知，以功为己。故谋用是作，而兵由此起。禹汤文武成王周公，由此其选也。此六君子者，未有不谨于礼者也。以著其义，以考其信。著有过，刑仁讲让，示民有常。如有不由此者，在势者去，众以为殃，是谓小康。

小康社会的核心思想是"天下为家"，换言之，就是"家天下"。权力归于国君，财富归家族私有，"各亲其亲，各子其子"，以一个家族的伦理秩序扩展为整个社会的宗法制度。小康社会以"礼仪"为人们的基本规范，分为君臣、父子、兄弟、夫妇各个等级，尊卑有别，长幼有序，各安其所；以仁义道德执法，有"三纲五常"等准则；以"学而优则仕"为激励机制，奖功罚过，为国献策出力，做出奉献。

按照儒家的说法，小康社会是"大道"已经失去之后，在拨乱反正的过渡时期的理想模式。儒家的全部学说正是围绕这个理想模式构建的。孔子说："克己复礼为仁。一日克己复礼，天下归仁焉！"（《论语·颜渊》）"礼乐制度"由周公旦所开创，孔子所谓"复礼"，就是恢复西周的礼乐制度。显然，儒家的理想社会蓝图是西周社会。

4. 小国寡民。老子在《道德经》第八十章中说：

> 小国寡民。使有什伯之器而不用，使民重死而不远徙。虽有舟舆，无所乘之；虽有甲兵，无所陈之。使人复结绳而用之。甘其食，美其服，安其居，乐其俗。邻国相望，鸡犬之声相闻，民至老死不相往来。

老子所说的"国"，指的不是现在意义上的国家。古时候"国"与

"村""邦"的概念是相通的。《说文解字》："国，邦也。"《周礼·天官大宰》："邦，大曰邦，小曰国。"《广雅·释诂》："村，国也。"可见邦是大国，国是小国，村也是一个国。原始氏族社会中村落林立，自成一体。老子的社会理想实际上就是回归原始社会：其一，各个国家自治，国家之间没有战争，和平共处。所谓"邻国相望，鸡犬之声相闻，民至老死不相往来"。其二，百姓不分贵贱贤愚，皆安居乐业，所谓"日出而作，日入而息，凿井而饮，耕田而食，帝力与我何有哉"！其三，民众清心寡欲，淳朴自然。对于"小国寡民"社会，庄子在《盗跖》中做过具体描述："神农之世，卧则居居，起则于于，民知其母，不知其父，与麋鹿共处，耕而食，织而衣，无有相害之心，此至德之隆也。"

在中国传统社会里，家族是基本的社会单位。原始氏族社会时期，家族依附于公社生存，以母系血缘关系构成氏族；随着生产力发展，私有化发生，由母系氏族社会转向父系氏族社会；随着家族等级秩序的建立，"天下为公"的氏族社会又逐渐进化为"天下为家"的宗法社会；随着天下趋向统一的需要，由宗族割据进化为"大一统"的法制社会。纵观中国传统社会的发展过程，可以明显分为这四个阶段。百家争鸣中提出的"小国寡民""大同社会""小康社会"与大一统的"法制社会"这四个社会改革方案，正是这四个阶段的社会蓝图。

"万物本乎天，人本乎祖"（《礼记·郊特牲》），这是先秦时期的主流意识。诸家学说提出的社会改革方案虽然不同，但是有一点是相同的，那就是对祖先的崇拜，都是从祖先的文化遗产中寻找理想，因而诸家学说的改革方案都具有复古的特色，只是复古的程度不同而已。道家的"小国寡民"理想是以远古母系氏族社会为蓝本，墨家的"大同社会"是以中古尧、舜、禹父权氏族社会为蓝本，儒家的"小康社会"则是以近古西周宗法社会为蓝本。他们改造社会的方案都是"法先王"，唯有法家的方案是"法后王"。

二、巫文化的理性升华

巫文化是人类原始的生活方式。在原始社会，天地玄黄，文化处于混沌而实用的状态，原始巫术主宰着人类的行为。巫术是原始人类实现生存自由的方法体系，神话是原始人类解释自然社会现象的诠释体系。在巫文化中，人与神共处，有形与无形合一，巫与史交错。汪中在《述学·左氏春秋释疑》中说："天道、鬼神、灾祥、卜筮、梦之备书于策者何也？曰：此史之职也。"古代所谓"史"，并非只是记录历史，而是集文史哲于一体。伏羲始创的《易》无疑就是巫史的经典。经过数千年传承，及至殷周时代，巫与史开始从《易》中逐渐分离：一极分化为《夏易》《商易》至《周易》，乃将巫史演化为占卜之术；另一极则分化出"道"学，"道"学的出现标志着人类理性的觉醒，形而上学的破晓，而这破晓者就是周代史官老子的《道德经》。老子是伟大的思想家，他的伟大在于他超越巫史的泛灵思维，第一个从哲理的高度，"仰观天文，俯察地理，近取诸身，远取诸物"，以理性的直觉思维对自然与社会作出形而上的透析，建构以"自然"为核心的哲学体系。在《道德经》中，老子承认鬼神的存在，但是他认为："以道莅于下，其鬼不神，非其鬼不神，其神不伤人。"闻一多先生因此说："我常疑心这哲学或玄学的道家思想有一个前身，而这个前身很可能是某种富于神秘思想的宗教，更具体地说，一种巫教。"①

《道德经》是中国思想史上的一块里程碑，它标志着中国哲学的诞生。中华民族由此开始面对变化万端的大千世界，思考宇宙的由来、生命的奥秘、万物的生灭、存在的法则……当然，《道德经》既是从巫文化破土而出，又是人类原始性的理性发现，因而带有相当的混沌性：

> 道之为物，惟恍惟惚。惚兮恍兮，其中有象；恍兮惚兮，其中有物；窈兮冥兮，其中有精；其精甚真，其中有信。自今及古，其名不去，以阅众甫。吾何以知众甫之状哉？以此。

不过，正是这种混沌性，老子的《道德经》才内蕴着无限的多义性，给后人拓开了诠释的空间。区区五千言的文本，在中国思想史上被不断地解

---

① 《闻一多全集》，开明书店，1948年版，卷1第143页。

读，有时一得之解、一家之注，可能导致一个思想学派，甚至一种时代潮流。老子发现的"道"，尽管其含义是混沌的，但是它的思想构架却是清晰的。正因为如此，老子的《道德经》开启了久盛不衰的"道家"学派，几千年来一直深刻地影响着中华民族传统文化建构和发展。

三、从老子到庄子

自老子创始道家，道家出现了环渊、杨朱、彭蒙、田骈、尹文、列子等著名学者以及诸多的道家流派。"《荀子·解蔽》中所列六家，道家居三；《尸子·广泽》所列六家，道家亦居三；《吕氏春秋·不二》所列十家，道家居五。足见先秦诸子中道家独盛。"[①]道家的集大成者是庄子，他将道家学说发展到了一个新阶段。老庄学派因此成为道家的代名词。

1. 道家学派的创始人——老子

老子是道家学派的创始人，他的《道德经》是道家学派的经典。司马迁在《史记·老子韩非列传》中记载了老子的生平事迹：

老子者，楚苦县厉乡曲仁里人也，姓李氏，名耳，字聃，周守藏室之史也。

孔子适周，将问礼于老子。老子曰："子所言者，其人与骨皆已朽矣，独其言在耳。且君子得其时则驾，不得其时则蓬累而行。吾闻之，良贾深藏若虚，君子盛德容貌若愚。去子之骄气与多欲，态色与淫志，是皆无益于子之身。吾所以告子，若是而已。"孔子去，谓弟子曰："鸟，吾知其能飞；鱼，吾知其能游；兽，吾知其能走。走者可以为罔，游者可以为纶，飞者可以为矰。至于龙，吾不能知其乘风云而上天。吾今日见老子，其犹龙邪！"

老子修道德，其学以自隐无名为务。居周久之，见周之衰，乃遂去。至关，关令尹喜曰："子将隐矣，强为我著书。"于是老子乃著书上下篇，言道德之意五千余言而去，莫知其所终。

---

① 萧萐父：《道家·隐者·思想异端》，《江西社会科学》，1989年第6期。

　　从《史记》记述中，我们可以知道，老子是楚国人，《道德经》是老子留下的唯一著作。在道家学说中，《道德经》是开山之作，主编《四库全书》的著名学者纪晓岚认为它是"综罗百代，广博精微"的经典。老子之所以当上道家学说的创始人，司马迁在《列传》中分析了几方面原因。首先，老子是"东方古代世界的精神代表者"（黑格尔语）。孔子见过老子并受教之后，赞叹老子的博学睿识和精神境界，说余人如鸟如鱼如兽，自己是完全能够了解的，但是老子犹龙，"吾不能知其乘风云而上天"，他的智慧深不可测，道德高不可攀。其次，老子既是无与伦比的智者德者，为什么他在周史任上，无所作为，"自隐无名为务"呢？原因是老子不苟同"周礼"。"周礼"即周朝的宗法礼教，王国维先生在《殷周制度论》中说："周之制度典礼，乃道德之器械，而尊尊、亲亲、贤贤、男女有别四者之结体也。"老子认为"周礼"扭曲人性，违背自然。老子所向往的社会是"古始"，"执古之道，以御今之有，能知古始，是谓道纪"（《道德经》第十四章）。"古始"者，中华文明之始也，即母系氏族社会的文化。问题就来了，老子既否定"周礼"，为什么还久居"周守藏室之史"？这是因为周代官史合一，如《周礼》所云："古者学在官府"。学术本于王官，史官备于周室，当时没有私人办学和著述，典籍由史官掌管。老子任周史能获得别处无法得到的历史典籍知识。最后一个原因，是"见周之衰"，礼崩乐坏，学术开始由周室散落民间，诸子百家崛起。老子明察时代发生了变迁，周室再无自己隐逸的价值，于是留下一部《道德经》，西出函谷关而去。

　　老子道家学说的思想核心是"道"。老子阐述说：

　　有物混成，先天地生。寂兮寥兮，独立而不改，周行而不殆，可以为天下母。吾不知其名，强字之曰道，强为之名曰大。大曰逝，逝曰远，远曰反。故道大，天大，地大，人亦大。域中有四大，而人居其一焉。人法地，地法天，天法道，道法自然。（《道德经》第二十五章）

　　老子提出的"道"，包含着三重意义：第一，形而上的道，《易·系传》

说："形而上者谓之道，形而下者谓之器。"第二，"道"是万物本源，"为天下母"。第三，"道"是运动的规律，"独立而不改，周行而不殆"。

以"道"为核心，老子在《道德经》中建构了道家学说的思想体系框架。这个框架大体可以分六个方面：

（1）宇宙之"道"——自然而然。

（2）认识之"道"——涤除玄览。

（3）治世之"道"——无为而治。

（4）人生之"道"——主阴贵柔。

（5）审美之"道"——天人合一。

（6）养生之"道"——少私寡欲。

2. 道家学派的集大成者——庄子

老子的学说得到了杨朱、列子等人传承，发展至庄子。庄子集道家学派前人之大成，把道家学说推向了又一个高峰。司马迁在《史记·老子韩非列传》里记载了庄子的事迹：

庄子者，蒙人也，名周。周尝为蒙漆园吏，与梁惠王、齐宣王同时。其学无所不窥，然其要本归于老子之言。故其著书十余万言，大抵率寓言也。作渔父、盗跖、胠箧，以诋訾孔子之徒，以明老子之术。畏累虚、亢桑子之属，皆空语无事实。然善属书离辞，指事类情，用剽剥儒、墨，虽当世宿学不能自解免也。其言洸洋自恣以适己，故自王公大人不能器之。

楚威王闻庄周贤，使使厚币迎之，许以为相。庄周笑谓楚使者曰："千金，重利；卿相，尊位也。子独不见郊祭之牺牛乎？养食之数岁，衣以文绣，以入大庙。当是之时，虽欲为孤豚，岂可得乎？子亟去，无污我。我宁游戏污渎之中自快，无为有国者所羁，终身不仕，以快吾志焉。

宋代学者朱熹在《朱子语类》中对庄子的出生地做过诠释："庄子生于蒙，在淮西间。"司马迁说的"蒙"，指的是安徽蒙城，庄子乃楚国蒙地人。庄子秉承了老子的学说，"其学无所不窥，然其要本归于老子之言"。但是，庄子与老子的身份不同，老子是周室的史官，而庄子是楚国的隐士。

据庄子本人自述，庄子住在平民区，生活穷苦，虽然在家乡做过管理漆园的小官，但不久就辞职了。楚威王闻庄子之贤名，曾遣使以厚币礼聘他，然而庄子执其自然之道，淡然谢绝，只是专心讲学著述，光扬道学。

老子与庄子皆属于隐士，但两人归隐处不同。老子隐居于朝廷，因而受到周王室史官文化的熏陶；庄子隐居于民间，因而深染楚国的巫术文化。庄子以其独特的文化个性、视野以及睿智，集道家各派学说之精华，"明老子之术"，极大地丰富了老子学说，同时对"道"的理解作了创造性的发展。庄子扬弃了老子"天道"与"人道"的区别，认为"道通为一"，宇宙万物并不存在质的差别。由此，庄子提出了四个新的理念：其一，人的命运全是由自然决定，人在自然面前无能为力，只能顺自然而行。庄子将老子的"无为无不为"发展为单纯的"无为"。其二，自然万物没有质的规定性，永远处于不确定性状态。人的认识始终处于"自然"与"人为"的混杂状态，事物因人的认识不同而异，其实皆是一种"幻象"，不存在真假是非。在《德充符》中，庄子说："自其异者视之，肝胆楚越也；自其同者视之，万物皆一也。"其三，"道"既是万物之源，那么人与"道"合一之后，便能实现"无己""无功""无名"，摆脱是与非、人与人之间的差别，返璞归真，回归"道"的本体。这时候，人就能超越社会的束缚，臻达绝对"无待"的精神境界，变成"真人""至人"。其四，庄子将"道"和"神"合一，认为"道"是"神"，因而由"道"而生的自然万物皆是"神"，于是走向了泛神论。

庄子与老子的区别，还表现在思维方式与文风上。老子的《道德经》虽然不能归入史官文化，却带有浓重的史官文化痕迹，例如不语"怪、力、乱、神"，思想均来自史的发现、社会的思考与自然的观察，采用的是有韵味的语录体，笔法近于信史。在《道德经》中，我们能够看到一个认识主体的存在。庄子则不一样，他追求的是人的心灵解脱，及自然无待、自由不羁的境界，在思维上体现出主客体的泯灭，采用的是议论性散文体。庄子在《天下》中自述："以谬悠之说，荒唐之言，无端崖之辞，时恣纵而不傥，不奇见之也。以天下为沈浊，不可与庄语。以卮言为曼衍，以重言为真，以寓言为广。独与天地精神往来，而不敖倪于万物……上与造物者游，而下与外死生、无终始者为友。"庄子凭卮言、寓言、重言这"三言"，层层推论与雄辩，行文如行云流水，汪洋恣肆。故司马迁评曰：老子"著书辞称微妙难识"，庄子则"散道德放论"。

第二节 宇宙之"道"：自然而然

在中国哲学史上，道家的独特价值是自然哲学的提出与构建。"道"是道家自然哲学的核心理念。围绕着"道"，老庄开创了一个宏大的哲学思想体系，其视界开阔、理念深刻，达到了惊人的程度。纵观老庄的哲学思想，大体可以分为本源论、发展论、方法论和思维论四个部分。

1. 本原论——"自然"发生

所谓本原，指的是宇宙之所以始，万物之所以出。"天下有始，以为天下母。"（《道德经》第五十二章）老子以"母"来比喻宇宙万物的本原。老子说的"母"，庄子则称之为"根"，庄子云："万物有乎生，而莫见其根"（《庄子·则阳》）。现代哲学家张岱年先生采纳了庄子所说，将本原论称之为本根论，认为："事物由本根生出，而本根即在事物之中。"①

什么是"道"？老子阐述说："有物混成，先天地生。寂兮寥兮，独立而不改，周行而不殆，可以为天下母。吾不知其名，强字之曰道，强为之名曰大。"（《道德经》第二十五章）老子说的"道"包蕴三重含义：

第一，"道"是宇宙万物之起源，它"先天地生"，是自然产生的最早的客观实在。倘若天地万物是"有"，那么"道"就是"无"，"无中生有"。这个理论观点，与老子同时代的古希腊哲学家柏拉图所提出的"理念论"有些近似。柏拉图在《理想国》中提出，宇宙中存在着一个先验的"理念世界"，人们日常生活的现实世界不过是它的"摹本"，是由"理念世界"派生出来的。他认为，现实世界的任何事物都有概念，事物虽然变化无常，它的概念却是不变的。这种不变的概念就是"理念"。在宇宙万物的起

---

① 张岱年：《中国哲学大纲》，生活·读书·新知三联书店，2005年版，第45页。

源上，老子与柏拉图都追溯到了"无"。老子的"道"是"无"，柏拉图的"理念"也是"无"。两者的区别是，老子的"道"是自然的客观实在，庄子这么描述："夫道，有情有信，无为无形；可传而不可受，可得而不可见；自本自根，未有天地，自古以固存；神鬼神帝，生天生地。在太极之先而不为高，在六极之下而不为深；先天地生而不为久，长于上古而不为老。"（《庄子·大宗师》）而柏拉图的"理念"只是个先验的主观存在。

第二，"道"有两种形态：一是"无"，无名无相的混沌、无极的状态；一是"有"，有定形，有具象，即"万物万形"的状态。所以，道家说的"无"并非是真的"无"，而是无名无相的"有"。在道家哲学里，无形和有形是两个世界，它们相辅相成，有无相生，往往你中有我，我中有你。"故常无，欲以观其妙；常有，欲以观其徼"，即"无"以观"无"中之微有，"有"以观"有"中之微无。因此，"道可道，非常道"。从宏观上说，"道""其大无外"，涵括宇宙万物，天、地、人都是"道"的生成物；再往大处看，宇宙之外还有宇宙，"无"是个无限的时空，人们无法认知的未知数。从微观上说，"道"又"其小无内"，"一尺之捶，日取其半，万世不竭"（《庄子·天下篇》），微而又微，不可细分，也是人们无法认知的未知数。所以说，"道"只能"强为之名曰大"。"道"之存在，真的是"玄之又玄，众妙之门"。

第三，"道生一，一生二，二生三，三生万物"。这"生"指事物之间的联系。"道生一"，即由"无形"转为"有形"；一旦"有形"，事物便有"二"，即形成阴阳两极；阴阳两极相辅相成，互动互化，便有"三"。"三"是什么？老子说："万物负阴而抱阳，冲气以为和。""三"就是阴与阳对立统一的"和"，"和"就是"气"。一当阴与阳相"和"时便生出"万物"。宇宙万物之所以生机勃勃，都是因为其中流贯着"气"。

在老庄自然哲学思想中，"气"与"道"是并列的概念。老子说："有物混成，先天地生"，何谓"混成"？列子在《天瑞篇》说："夫有形者生于无形，则天地安从生？故曰：有太易，有太初，有太始，有太素。太易者，未见气也。太初者，气之始也。太始者，形之始也。太素者，质之始也。气形质具而未相离，故曰浑沦。"近代学者谢应芝在《蒙泉子》中对列子此说加以阐述："太初者，理之始也；太虚者，气之始也；太素者，象之始也；太乙数论言之，可见浑沦未判之先，只一气混合，杳冥昏昧，而理未尝不在其中，与道为一，是谓太极。"

"道"与"气"的关系，汉朝王符在《潜夫论·本训》里说得更明白："道德之用，莫大于气。道者，气之根也。气者，道之使也。必有其根，其气乃生；必有其使，变化乃成。是故道之为物也，至神以妙；其为功也，至强以大。天之以动，地之以静，日之以光，月之以明，四时五行，鬼神人民，亿兆丑类，变异吉凶，何非气然？""道"是"气"的本源，而"气"是"道"的动力。故庄子云："察其始而本无生；非徒无生也，而本无形；非徒无形也，而本无气。杂乎芒芴之间，变而有气，气变而有形，形变而有生。"（《至乐》）"人之生，气之聚也。聚则为生，散则为死……故曰：通天下一气耳。"（《知北游》）当气聚时，有形而可见；当气散时，无形而不可见。宇宙万物之生灭，归根结底是气之聚散。

儒家学说中也有"道"之论，如孔子云："吾道一以贯之！"（《论语·里仁》）但是，这是儒家之"道"，在儒家的"道"里没有道家哲学意义的"气论"。孟子虽然也说过"吾善养吾浩然之气"，他说的"浩然之气"指的是一种"集义所生"的心志，是由人修养而成的一种崇高人格，与道家学说的"气"含义不同。

道家的"气论"开创了具有中国特色的哲学思想。朱熹在《答黄道夫》中指出："天地之间，有理有气。理也者，形而上之道也，生物之本也；气也者，形而下之器也，生物之具也。是以人物之生，必禀此理，然后有性；必禀此气，然后有形。"朱熹说明："形而上者无形无影，是此理；形而下者有情有状，是此器。"器形成于气，因而理气二者中，理是根本，但是理不能造出诸物，必须有气的凝聚，理方能生出宇宙万物。由"气论"，中国哲学产生了一系列的理论范畴，例如形神说、气韵说、意境论等等，从而孕育出具有中国特色的文化奇葩，使中华民族文化在世界文化之林中具有独特的民族风采。

2. 发展论——"自然"规律

宇宙万物处在永不停止的运动之中。庄子在《齐物论》里云："道行之而成，物谓之而然"，"道"在运行中体现，宇宙万物在"道"的运行中形成。由于运动，宇宙万物永远处于不确定的状态。老庄这个哲学观点与古希腊哲学家赫拉克利特的哲学观点不谋而合。赫拉克利特说："人不能两次踏进同一条河流"，"太阳每天都是新的"，宇宙万物"一切皆流，无物常住"。

宇宙万物的运动不是无序的，它的运动存在着自然规律。"人法地，地法天，天法道，道法自然。""道"是自然的规律："大曰逝，逝曰远，远曰反。"（《道德经》第四十章）老子说的"反"包含三重意思：一是"相反相成"，"祸兮福所倚，福兮祸所伏"，所谓"有无相生，难易相成，长短相形，高下相盈，音声相和，前后相随"。二是物极必反。事物内部本是阴阳对立统一，矛盾发展到了极端便会反转，向对方转化，所谓"反者道之动"。三是"反"就是"返"，返回原点，回到起点，"周行而不殆"，不断作循环运动。老子云："夫物芸芸，各复归其根。"事物的运动最终总是回到它的原初的状态。比如月亮从盈变缺，又从缺变盈；一年四季，春夏秋冬，周而复始。不仅是自然现象，人类社会也是如此：天下之势，分久必合，合久必分……

老子说的"道"分为两项：天道与人道。天道是包括人在内的宇宙万物皆要遵循的自然规律。但在"天道"的普遍规律之下，万物又各有自己的规律。庄子在《杂篇》中云："万物殊理，道不私。"万物以"存我为贵"（《列子·杨朱篇》）无"我"，就不存在什么意义了。

在宇宙万物中，"人"具有特殊的地位。老子说："道大，天大，地大，人亦大。域中有四大，而人居其一焉。"（《道德经》第二十五章）他将人与天、地并列。老子之所以强调"人亦大"，是因为人类与其他物种不一样，他具有主体能动性，在宇宙中处于主体地位。老子所有论述的立足点是在"人"，因此老子除了强调天道，还强调人道。所谓"人道"，就是人类社会的特殊规律。尽管如此，道家还是将"人道"纳入"天道"来阐述。老子云："道常无为而无不为"，"无为"就是天道，"无不为"就是"人道"，"无不为"必须遵循"无为"的规律，人类要做的就是"无为"之"为"。凡能够做到"无为"之"为"的，老子称之为"德"。有"德"之人，"观天地之道，执天地之行，尽矣"！道家的"人道"涉及人的治世观、人生观、审美观、养生观等方面，我们将在下述各节进行阐述。

3. 辩证论——"自然"方法

《周易》八卦的基本符号是"一"和"--"，即阴和阳的对立。"阴者之所求，阳也；阳者之所求，阴也。"阳中有阴，阴阳交感结合成为一个整体。《周易》通篇用辩证方法揭示天道、地道、人道内在的矛盾及变易的规律，例如：天地、尊卑、动静、阴阳、乾坤、刚柔、福祸、吉凶、君臣等等。老子作为周史，深受《周易》辩证思想熏陶，他所开创的道家学说秉承了这个智慧，在认识宇宙、改造社会、驾驭人生、创造文化上充分以辩证方法来执"道"，从而达到"顺其自然"的目的。辩证法是道家认识世界的基本方法。

首先，道家认为矛盾是普遍存在的。大至宇宙，小至蝼蚁，万物皆处于对立统一结构之中。任何事物不是孤立的，他要与边际元素发生各种关系。这些关系是多元的，包括性质、形态、时空等多方面。于是事物便有了种种矛盾，如：有无，难易，长短，高下，音声，前后，美丑，祸福，刚柔，强弱，损益，兴衰，大小，轻重，智愚，巧拙，生死，胜败，进退，攻守，等等。这些矛盾的双方互相依存，互为前提，如老子所指出："正复为奇，善复为妖""曲则全，枉则直；洼则盈，敝则新；少则得，多则惑。"万物正是在辩证中存在，在辩证中运动。只有掌握辩证方法，格物致知，才能认识"自然"。

其次，矛盾双方是转化的。"唯之与阿，相去几何？善之与恶，相去若何？"（《道德经》第二十章）是与非、善与恶相差不远，两者之间没有绝对的界限。宇宙一切存在都是相对的。庄子《齐物论》中说："彼出于是，是亦因彼。彼是方生之说也。"所谓"方可方不可，方不可方可。因是因非，因非因是"，只有在联系中，才能观照事物的本然，才是发现它的价值。庄子在《人间世》里举过一棵栎树的例子，他说有棵被视为社神的栎树，"其大蔽数千牛，絜之百围，其高临山，十仞而后有枝，其可以为舟者旁十数"。观者如市，但匠伯不顾而走了，他的弟子不解师父为什么不屑一顾。匠伯告诉他：这是棵不成材的树，做船板，做棺材，做器具，做门户，做房柱，都不是好材料。这天晚上匠伯梦见了栎树，栎树告诉他：梨、橘、柚等树虽有利用价值，但"不终其天年而中道夭"，而"予求无所可用"，所以才能保全，长得如此高大，至今被人们视为社神。这正是我的大用。

最后，矛盾双方的转化存在一个过程。"合抱之木，生于毫末；九层之台，起于累土；千里之行，始于足下。"（《道德经》第六十四章）老子以树木生长、高坛修筑、千里远行为例，说明事物的变化先是数量的变化，在量变中逐渐质变。

4. 思维论——"否定"方法

辩证论以"否定之否定"方式立论，这导致老庄的哲理思维方式通常运用"通过否定达到肯定"。比如他认为："为学日益，为道日损，损之又损，以至于无为。"你若要获得"道"，获得"全知"，那就得涤除多余的"知识"。张湛在《列子注》中说："无知之知是谓真知。"因为"道"是"无"，无形无象，不是认识的对象。"学"什么，这个对象必定是"有"，而不可能是"无"。因此对于"道"的认识，不能说它"是什么"，而只能说它"不是什么"，否定了一切"无知"，才能达到"知"。所谓"破字当头，立在其中"。

道家与儒家在论述问题时所用的思维方式不同。儒家通常是一种肯定式思维，明确说"是什么"；道家惯用的是否定式思维，一般说"不是什么"。比如论述"道"，道家说它不是"物"、不是"名"、不是"形"……把不是的东西都淘汰了，剩下的那个东西就是"道"了。"否定法"是典型的道家思维方式。

第三节　认识之"道"：涤除玄览

认识是人脑反映客观事物并发现事物对人的意义与作用的思维活动。它是人树立宇宙观、人生观、审美观之"门"，直接关系到人的主体性的建构与表现。

道家的认识之"道"，概括说就是"涤除玄览"。览即观照，玄则是道，"涤除玄览"的意思是：在心灵深处，以道镜自鉴自察，除去污垢。什么是心灵的污垢？道家认为这污垢外在表现为"六欲"，就是我们常说的色、声、香、味、触、感；内在表现为"七情"，即喜、怒、忧、思、悲、恐、惊。道家认为，如果能够把心灵中的污垢清除，等于把镜子打扫干净，没有一点灰尘，这样事物就会真实地呈现在面前，你就能得到真谛。因此，老子说："含德之厚，比于赤子。"一般婴儿的心理，没有受到外界的影响，没有是非观念，没有善恶观念，没有好坏观念，没有香臭观念。不论是坏人还是好人来逗他，他一样都笑。老子说的"赤子"是个比喻，比喻人的心灵完全处于自然的状态。当人心处于自然状态，心灵就澄明，智慧才不会受蒙蔽，因而能真实地观察、体验大千世界，从天地万物中直觉出宇宙、人生之"道"。

《易·系辞》云："古者，伏羲氏之王天下也，仰则观象于天，俯则观法于地，观鸟兽之文，与地之宜，近取诸身，远取诸物，于是始作八卦，以通神明之德，以类万物之情。"老子的认识方式与伏羲氏有点类似，采用的是原始的直觉方式。"所谓直觉，就是一种理智的体验，这种体验使人们自己置身于对象之内，以便与其中独一无二、不可言传的东西相契合。"[1]即通过置身于自然之内，来"由微察著""由小知大"。其基本方式是：

一是"近取诸身"，即观察自己身边的生活现象，从中汲取启示，发现内在所蕴之"道"。例如《道德经》第二十四章云：

企者不立，跨者不行。自见者不明，自是者不彰，自伐者无功，自矜者不长。其在道也，曰余食赘行。物或恶之，故有道者不处。

老子观察生活中的现象：用踮脚尖比高，是立不住的，用迈步快行，是不能远行的。从中老子获得启示：固持己见的人得不到真相，自以为是的人得不到赞同，自我夸耀的人不会成功，自我欣赏的人难以发展。最终放在"道"的平台上，老子进行评述：这些急功近利的行为，都是反自然的，短

---

① 柏格森：《形而上学导言》，商务印书馆，1963年版，第3页。

暂而不能持久的，这些人只是剩饭赘瘤，令人厌恶，有道的人决不会这样去做。

一是"远取诸物"，即从天地万物的现象里汲取启示，展示"道"之所在。例如《道德经》第十一章云：

三十辐共一毂，当其无，有车之用。埏埴以为器，当其无，有器之用。凿户牖以为室，当其无，有室之用。故有之以为利，无之以为用。

车轮上30根辐条集中在一个车毂上，中间是空虚的，才能做车来用。揉合泥土制作陶器，器内是空虚的，才能用作器皿。房子开凿窗户，正因窗户是空虚的，才能来住宿。老子举述三种生活现象，从中领悟出内蕴之"道"：有无相生。"有"给人便利，"无"带来用处。清世祖对此章曾这么解读："此章言有无合一之妙。世人但知有之为用，而不知以无运有，其用乃神。故非有，则无以施其利；非无，则有无以致其用。可见有无原自合一，知两者之不可分，斯知道之至也。"①

当然，老子虽力行直觉，却并不否定前人积累的知识，认为学习也是重要的。老子说："为学日益，为道日损。损之又损，以至于无为。无为而无不为。"（《道德经》第四十八章）。这段话有两种理解，一种解释为"绝学无忧"，认为老子的观点是要人们把一切都放弃，把所有的知识、所有的观念都放下，丢得干干净净，这样才能得"道"，进入"无为"的境界。笔者以为这是种误解。老子说的"为学日益，为道日损"，话中这"学"与"道"两者的关系，并不是因果关系，即知识越多离"道"越远，而是一种并列对比的关系。他的意思是，学习知识是积累过程，其规律是一天比一天增加，而修"道"恰好相反，是个涤除过程，即逐渐除去欲望、妄见、私心等污垢，以及多余的知识偏见，其规律是一天比一天干净，一直到返璞归真，达到"无为"的境界。按老子的本意应该是，学"道"的人也得艰苦学习，只不过最终要能够从复杂、多样的见解、经验中超越出来，才能真正认

---

① 高专诚：《御注老子》，山西古籍出版社，2003年版，第67页。

识 "道"。正如任继愈先生在《老子的研究》一文中所说："老子承认求学问，天天积累知识，越积累，知识越丰富。至于要认识宇宙变化的总规律或是认识宇宙的最后的根源，就不能靠积累知识，而要靠'玄览''静观'。他注重理性思维这一点是对的，指出认识总规律和认识个别的东西的方法应有所不同，也是对的。"

关于求知方面，庄子说得比老子更明白。庄子强调学习知识，而且他本人就博闻强记，学识丰富，因此他的文章与老子的风格不同。他的散文旁征博引，述古论今，左右逢源，用他本人的话来说，他是"以卮言为曼衍，以重言为真，以寓言为广"（《天下》）。所谓"卮言"，即出于无心、自然流露之语言，用它来传达深奥的道理；所谓"寓言"，即他人他物的言语，用它来寄寓自己的主张，阐述"道"之玄妙；所谓"重言"，即长者、尊者、名人的言语，用它来增强述理的分量。这"三言"中，卮言贯穿于寓言、重言之中，如行云流水，汪洋恣肆，而寓言、重言不过是"藉外论之"（庄子《寓言》）。由于庄子的文章运用大量的寓言、重言作为论据，因此同样是说"道"，老子采用的是直觉的方式，而庄子更注重发挥既有的知识，去伪存真，剔粗取精，层层进行逻辑推理，从各个侧面来进行论述。

例如庄子在《达生》中云：

仲尼适楚，出于林中，见痀偻者承蜩，犹掇之也。

仲尼曰："子巧乎！有道邪？"曰："我有道也。五六月累丸二而不坠，则失者锱铢；累三而不坠，则失者十一；累五而不坠，犹掇之也。吾处身也，若厥株拘；吾执臂也，若槁木之枝；虽天地之大，万物之多，而唯蜩翼之知。吾不反不侧，不以万物易蜩之翼，何为而不得！"

孔子顾谓弟子曰："用志不分，乃凝于神，其痀偻丈人之谓乎！"

这是一则关于孔子去楚国路上的见闻，记的是客观事实。庄子学而知之，便借之作为寓言。这则寓言讲的是孔子与驼背老人关于粘知了的一段对话，通过对话来叙述粘知了有个学习过程：一是练手腕，从开始在竿头累叠两个丸子，到累叠三个丸子、五个丸子，一直练到俯首可拾的程度。二是练站功，身手都要稳定，与心相合。三是练心志，不旁骛他物，眼中只有蝉翼。孔子从驼背老人的经验中，得出"用志不分，乃凝于神"是成功之"道"。凡事只有进入忘知忘我的虚静之境，与外物合为一体，才有可能得心应手。

庄子为什么要大量地引经据典来作"寓言"？庄子在《寓言》一文中做过解释："寓言十九，藉外论之。亲父不为其子媒。亲父誉之，不若非其父者也；非吾之罪也，人之罪也。与己同则应，不与己同则反；同于己为是之，异于己为非之。"庄子认为，寓言是借助客观事物的实例来论述自己的观点，这样的论述就如做父亲的夸赞儿子，总不如别人来称赞他儿子显得真实可信。因此，凡是客观事物跟自己的看法相同的，他就取来作为寓言佐证，跟自己的看法不同的，他就舍之或作反证；跟自己的看法一致的，他就肯定，跟自己的看法不一致的，他就否定。上述《达生》中的关于孔子遭遇驼背老人的一则寓言，庄子不过是借孔子之口来论述自己认识之"道"而已。

第四节　治世之"道"：无为而治

《汉书·艺文志》说："道家者流，盖出于史官。历记成败存亡祸福古今之道，然后知秉要执本，清虚以自守，卑弱以自持，此君人南面之术也。"道家学说一个重要的内容就是按母系氏族社会理想，从古代君王的统治经验里抉精择要，归结出治世的"南面之术"。

道家在"道"上一分为二：天道和人道。天道自然而然，本是"无为"，人道顺其自然，遵循"无为"。故老子说："道常无为，而无不为。"君王治世须本天道行人道，应该是"无为而治"。老、庄主张的"无为而治"，并非什么创造，而是本于远古社会的治世传统。

所谓"治"，庄子在《盗跖》里做过描述："与麋鹿共处，耕而食，织而衣，无有相害之心"，人们"甘其食，美其服，安其居，乐其俗"，"禽兽可系羁而游，鸟鹊之巢可攀援而窥"。让人们返璞归真，恢复淳朴的人性、真实的自我，回到无拘无束无知无欲的原始生活状态，就是"治"。

所谓"无为"，《淮南子》解释云："夫地势，水东流，人必事焉，然后水潦得谷行；禾稼春生，人必加功焉，故五谷得遂长。听其自流，待其自生，则鲧、禹之功不立，而后稷之智不用。若吾所谓'无为'者……循理而举事，因资而立，权自然之势……若夫以火燥井，以淮灌山，此用己而背自然，故谓之有为。若夫水之用舟，沙之用鸠，泥之用輴，山之用蔂，夏渎而冬陂，因高为田，因下为池，此非吾所谓为之。"疏通河道是"循自然"，堵塞河道则为"反自然"；对禾苗浇水施肥是"循自然"，拔苗助长则为"反自然"。道家认为"无为"，就是"权自然之势""循理而举事"，换言之，"无为"就是遵循自然规律。

什么才是"无为而治"？老子指出：

不尚贤，使民不争；不贵难得之货，使民不为盗；不见可欲，使民心不乱。是以圣人之治，虚其心，实其腹，弱其志，强其骨。常使民无知无欲。使夫智者不敢为也。为无为，则无不治。（《道德经》第三章）

老子说的"无为而治"，不是不为，而是顺其自然，不妄为，不乱为，"为"之当"为"。"治大国若烹小鲜"，老子将治世比喻为烹煎小鱼儿，下锅烹煎小鱼儿时不能老翻动，一再折腾，小鱼儿就全弄碎了。当然，"无为"本身就是"为"，老子对"无为"之"为"列举了三个要求：

一是"不尚贤"，即不要将人区分为"贤"与"不贤"。一旦社会崇贤尚才，人们就会争名夺利，导致社会不安。在老子看来，世上不存在绝对的"贤"，"天下皆知美之为美，斯恶矣；皆知善之为善，斯不善矣"。美丑、善恶都是相对的，"贤"与"不贤"也同样，一旦绝对化，就会走向反面。

二是"不贵难得之货"。所谓"难得"，就是稀有的意思。其实不管"难得"与不"难得"，在道家看来都"本于一"，任何事物都有价值。庄子举过例子，梨、橘、柚等树可用，栎树虽不成材同样有自己的用处。因而无须将"难得"为"贵"。将货物分为"贵"与"不贵"，就会打破自然的平衡，激发起人的贪欲，形成社会偷盗之风。

三是"常使民无知无欲"。老子这里说的"知"，不是指个人的知识与思考，指的是违背社会道德的思想与奸诈；说的"欲"不是指个人的欲望，而是指损人利己的贪欲。"无知无欲"，意思是要让百姓保持淳朴天真的本性。老子认为人人保持自然淳朴的天性，做其所做，得其应得，和谐相处，社会就不会出现尔虞我诈、你争我夺的现象，天下自然大治。庄子在《马蹄》中也做过诠释："夫至德之世，同与禽兽居，族与万物并。恶乎知君子小人哉！同乎无知，其德不离；同乎无欲，是谓素朴。素朴而民性得矣。"

老庄认为"无为而治"的要义是"无为而无不为，取天下常以无事；及其有事，不足以取天下"。对于君王而言，就要顺民之性而为之，"圣人恒无心，以百姓心为心"（《道德经》第五十四章）；要以身作则，"我无为，而民自化；我好静，而民自正；我无事，而民自富；我无欲，而民自朴"（《道德经》第五十七章）；要"少私寡欲"，具体说就是"一曰慈，二曰俭，三曰不敢为天下先"（《道德经》第六十七章）。君王不要过度欺压掠夺百姓，"民之饥，以其上食税之多，是以饥。民之难治，以其上之有为，是以难治。民之轻死，以其上求生之厚，是以轻死"（《道德经》第七十五章）。对邻国，不要随意发动战争，"夫兵者，不祥之器，物或恶之，故有道者不处"（《道德经》第三十一章）。"以道佐人主者，不以兵强天下，其事好还。师之所处，荆棘生焉。大军之后，必有凶年。"（《道德经》第三十章）即使是正义之战，老庄认为也不要去赞美，因为战争是凶器，残害生灵，破坏和平，所以"战胜，以丧礼处之"。君王只要按照上述几方面贵因随势，"安时而处顺"（《庄子·大宗师》），那么就能天下大治。

老庄关于"无为而治"的阐述，尤其是"常使民无知无欲"的观点，后人多理解为一种愚民思想。其实，这是一种误解。老庄学说是一个思想体系，所有论述须置入体系中来诠释，才能正确理解。什么是愚民思想？愚民思想指的是全社会只能有一种声音，一种价值观。而老庄恰恰是反对天下只能有一种思想、一个标准的。庄子在《胠箧》中云："天下皆知求其所不知而莫求其所已知者，皆知非其所不善而莫知非其所已善者，是以大乱。"老庄倡导的"无为而治",其核心是尊重自然芸芸众生,让世人保持各自"独异于人"的自然生态。

春秋战国时期,主张愚民政策的主要是法、儒两家。法家认为国君要取天下,首先要制服百姓。"昔能制天下者,必先制其民者也。""故有道之国,务在弱民。"(《商君书·弱民》)弱民的办法:一是独裁,"民一于君,事断于法";另一就是愚民,"国之大臣、诸大夫,博闻、辨慧、游居之事,皆无得为,无得居游于百县,则农民无所闻变、见方。农民无所闻变、见方,则知农无从离其故事,而愚农不知,不好学问。愚农不知,不好学问,则务疾农;智农无从离其故事,则草必垦也"(《商君书·垦令》)。愚民的办法就是不让百姓得到信息,百姓无知就能使他们成为耕战的工具。如果说法家是反智的,儒家恰好相反,孔子主张"有教无类""学而优则仕"。孔子认为:"道之以政,齐之以刑,民免而无耻;道之以德,齐之以礼,有耻且格。"(《论语·为政》)法家用刑法治民,民虽会听从,但没有羞耻心。假如用德礼教化,那么百姓能明是非,知荣辱,就会身心归顺。儒家主张礼治,"克己复礼"。《礼记·曲礼上》说:"道德仁义,非礼不成;教训正俗,非礼不备;分争辨讼,非礼不决;君臣、上下、父子、兄弟,非礼不定;宦学事师,非礼不亲;班朝治军、莅官行法,非礼威严不行;祷祠祭祀、供给鬼神,非礼不诚不庄。"儒家的愚民就是让百姓自觉自愿地接受"礼"的节制,上下有序,对上做奴才,对下做主子,并要认为这是大经地义,无可非议之事。儒家与法家,一是反智,一是尚智,但是在愚民的目的上殊途同归,都是要泯灭人的主体性,使之丧失独立的人格,所以在封建社会里,儒、法始终处于合流的状态。

显然,道家与儒家、法家的治世思想是不同的。道家既反对法家的君主独裁、以刑法治国的方式,认为"民多利器,国家滋昏;人多伎巧,奇物滋起;法令滋彰,盗贼多有"(《道德经》第五十七章)。也否定儒家的仁义"礼制"这种囚禁人天性的治世方式,认为"大道废,有仁义;智慧出,有大伪;六亲不和,有孝慈;国家昏乱,有忠臣"(《道德经》第十八章)。

置于人类文明的坐标上来衡量,"无为而治"无疑是一种复古思想。道家的社会理想就是复古,而复古的追求正是基础于他们朴素的辩证哲学思想。在上节谈到道家的自然哲学中，我们已提到老庄的"反者道之动"，以及"周行不殆"的理念。老庄认为先秦时期的社会礼崩乐坏，天下大乱，物极必反，其结果是从终点返回始点，回归到原始时代。道家治世主张的复古本质，孔子曾一针见血指出："无为而治者，其舜也与？夫何为哉？恭己正南面而已。"（《论语·卫灵公》）

老庄治世思想的失误之处，在于人类社会的文明是由低级到高级、由落后到先进进化的，虽然社会的发展遵循"否定之否定"的辩证规律，但不是在同一层次上的周而复始，而是一种螺旋式的上升，取代封建礼制的不是原始的"自然"，而是文明层次更高的"自然"。自人类进入封建宗法社会后，人与人的"自然"关系遭到破坏，在相当长的历史时期里，返真归璞的"无为"成为一种理想，一种境界，如《菜根谭》所云："田父野叟，语以黄鸡白酒则欣然喜，问以鼎食则不知；语以缊袍短褐则油然乐，问以衮服则不识。其天全，故其欲淡，此是人生第一个境界。"

第五节　人生之"道"：主阴贵柔

在人生之"道"上，道家与儒家的价值取向是对立的。这里我们通过道家与儒家的比较，来阐述道家的人生之"道"。

一、有待与无待

西晋著名玄学家郭象根据《逍遥游》原文"犹有所待"和"恶乎待哉"提出了两个最重要的概念："有待"与"无待"。儒家的人生之道是"有待"的，"有待"就是入世，"立功，立德，立言"，有追求因而有依赖，依赖礼教，依赖科举，依赖家族，依赖权贵，作为进身的阶梯。与儒家相反，道家的人生之道是"无待"的，"无待"就是出世，抛弃一切依赖，顺其自然。庄子在《逍遥游》中列举了"怒而飞""徙于南冥"的鲲鹏、"辩乎荣辱之境"的宋荣子，以及"御风而行"的列子，他们虽然皆达到了一定的境界，但是庄子认为他们仍然"犹有所待者也"。因为他们还有所依赖，一有依赖，人生就受到了束缚，不再有自由。庄子认为人生的真正自由在于"无待"。什么才是"无待"？那就是"无己""无功""无名"，即摆脱私心、功业、虚名，做到超越世俗依赖，没有任何牵累，挣脱一切束缚个性生命的缰绳，返归一个自然的自由自在的"我"。

庄子在《至乐》中讲了一个"有待"的寓言：

昔者海鸟止于鲁郊，鲁侯御而觞之于庙，奏九韶以为乐，具太牢以为膳。鸟乃眩视忧悲，不敢食一脔，不敢饮一杯，三日而死。此以己养养鸟也，非以鸟养养鸟也。夫以鸟养养鸟者，宜栖之深林，游之坛陆，浮之江湖，食之鳅，随行列而止，委蛇而处。彼唯人言之恶闻，奚以夫为乎！咸池九韶之乐，张之洞庭之野，鸟闻之而飞，兽闻之而走，鱼闻之而下入，人卒闻之，相与还而观之。鱼处水而生，人处水而死，彼必相与异，其好恶故异也。故先圣不一其能，不同其事。名止于实，义设于适，是之谓条达而福持。

一只海鸟飞到鲁国，鲁国国君将海鸟作为贵宾，供在太庙里，为它献酒，为它奏"九韶"之乐，为它做"太牢"膳食。海鸟竟然忧心伤悲，不敢吃肉，不敢饮酒，三天后就死了。海鸟寓言以"否定"方式，说明"有待"对于人生的伤害。按人们来看，海鸟在这些"优待"中，完全可以快乐地生活，为什么反而悲伤而死呢？庄子认为，这是因为它违背了海鸟的自然习性。鸟本应该栖息于深山老林，游戏于水中沙洲，浮游于江河湖泽，啄食泥鳅和小鱼，随着鸟群止息，从容自得、自由自在地生活。但是，它却被世俗的追求囚禁起来。人们皆以为海鸟的生活是合"礼"的，实际上是不合理的，违背了海鸟应有的人生。人生之道应该"名止于实，义设于适"，各自回归本来的个性，与自然合一，人生才能获得真正的自由。

庄子在《秋水》中说："牛马四足，是谓天；落（用笼头套）马首，穿牛鼻，是谓人。故曰：无以人灭天，无以故灭命，无以得殉名。谨守而勿失，是谓反其真。"可见，人应守的人生之道，其实很简单，那就是不要以

"有待"扭曲自己的天性，做到"无待"就可以了。

二、内敛与扩张

在道家学说中，"道"分为两个层次：第一层次，"道"是宇宙万物的本原，是不可违逆的自然规律。第二层次，"道"分为"天道"与"人道"，人除了遵循"天道"之外，还要遵循"人道"。"人道"体现于"德"的规定。老子在《道德经》第五十一章中说：

> 道生之，德畜之，物形之，势成之。是以万物莫不尊道而贵德。道之尊，德之贵，夫莫之命而常自然。故道生之，德畜之。长之育之；成之熟之；养之覆之。生而不有，为而不恃，长而不宰。是谓玄德。

什么是"德"？老子认为，"德"就是"生而不有，为而不恃，长而不宰"，即"功成而弗居"。最高的"德"就是"化而不作"。在谈道家的宇宙之道时，我们已分析过"有"与"无"的概念。如果说"道"是万物在"无"层次上的本质属性，那么"德"则是万物在"有"层次上的本质属性。可以说，"德"是"道"处于不同时空、不同环境中的表现。在人道中，"道"决定的是人的生命本性，属于"真"的范畴；而"德"决定的是人的生命质量，属于"善"与"美"的范畴。因此，"万物莫不尊道而贵德。道之尊，德之贵，夫莫之命而常自然"。

"道"是一般准则，"德"是个体修养。在人生道路上，道家与儒家都强调个体修养，起点是相同的，那就是以自我为中心，进行类推式的完善，然后由己及人，至家至国至天下。儒家的人生道路分为八个步骤：格物，致知，诚意，正心，修身，齐家，治国，平天下。第一阶段是自我修养，即"格物，致知，诚意，正心，修身"；第二阶段是家族内实践，即"齐家"；第三阶段是推及社会，即"治国，平天下"。

道家的人生道路大体相同。老子在《道德经》第五十四章云：

善建者不拔，善抱者不脱，子孙以祭祀不辍。修之于身，其德乃真；修之于家，其德乃余；修之于乡，其德乃长；修之于邦，其德乃丰；修之于天下，其德乃普。故以身观身，以家观家，以乡观乡，以邦观邦，以天下观天下。吾何以知天下然哉？以此。

天下有形之物容易被剥夺，外界之利容易失去，老子认为唯有"善建""善抱"——建立于内心的道德，不会因为外界的压力或诱惑而丧失，能够世世代代传承发扬。所以每个人的人生道路率先要自我修养，做到道体合一，由此再类推至修家、修乡、修邦、修天下。如此，才能实现"道"行天下，"德"普众生，秩序井然。

在修养步骤上，道家与儒家有些相似。但是，在价值取向上，道家与儒家恰好相反。儒家目标是建功立业，光宗耀祖，名垂史册；道家修"道"的目的是"致虚静"，由无名、无欲臻达"无为"，回归其原初的真朴之心，如老子所形容，"沌沌兮，如婴儿之未孩"（《道德经》第二十章）。在老子看来，母系氏族社会是人类儿童时期，是"上德"时代。

在修养方式上，道家与儒家也殊途。儒家的前提是"格物致知"，认为外界事物之所以各不相同皆有其当然之理，只有对事物之理进行了解，才可以获得良知，而产生诚意，明辨是非，故儒家认为"读万卷书，行万里路，二者不可偏废"。道家则采取"以身观身"的方式，通过自己的内在感受体验，达到了解自己。然后推己及人，由自家观照别家，以自乡观照别乡，以自邦观照别邦，以现在天下观照未来天下。因而，道家认为："不出户，知天下；不窥牖，见天道……圣人不行而知，不见而明，不为而成。"（《道德经》第四十七章）可见，儒家的自我修养，是扩张的，是以自我为中心向外作波状圈形放射的。而道家以自我为中心向内收敛，所有"有为"最终返归于"无为"。

在修养动力上，道家与儒家也采取不同的激励机制。儒家设置的人生前景是"学而优则仕"，自强不息，通过"三立"，由下等人变为上等人，由卑贱变为尊贵，所谓"不吃苦中苦，难为人上人"。道家设置的人生前景是超脱名利，返归自然，隐居山林，优游田园。

三、阴柔与阳刚

《易经》是中华先祖智慧的集萃，传承下来的就有三个版本：一曰《连山》，以艮卦为首，详情已无历史记载可考；一曰《归藏》，以坤卦为首，道家演"易"，取之于《归藏》，是主阴的；一曰《周易》，儒家演"易"，取之于《周易》，以乾为首，是主阳的。

关于乾坤阴阳关系，孔子为《周易》写的《象传》中认为：（乾卦）象曰："天行健，君子以自强不息"；（坤卦）象曰："地势坤，君子以厚德载物。"意思是：天（即自然）的运动刚强劲健，相应于此，君子处世，应像天一样，自我力求进步，刚毅坚卓，发愤图强，永不停息；大地的气势厚实和顺，君子应增厚美德，容载万物。孔子这两句话揭示了乾卦和坤卦不同的性质，乾卦代表的是积极的、向上的、扩张的、主导性的力量和事物，而坤卦代表的是顺从的、内敛的、辅助性的力量和事物。

阳刚是儒家的人生之道。"先天下之忧而忧，后天下之乐而乐"，这是儒家的人生志向；"居庙堂之高，则忧其民；处江湖之远，则忧其君"，这是儒家的人生情怀。儒家注重生命的社会价值，为此，儒家为民请命，为国捐躯，强调"富贵不能淫，贫贱不能移，威武不能屈"的风骨，"人生自古谁无死？留取丹心照汗青"的气节。儒家积极入世，济世拯民，充满阳刚之气。道家与之不同。道家注重人生的生命价值，以博爱之心，关怀生命，注重个人的生存意义，因而守清虚，知足而常乐，豁达而超脱，散发出阴柔之慧。

道家认为阳刚虽然强大，但刚而易脆；阴柔貌似软弱，实质是柔韧。老子《道德经》第八章中以水喻人生的要义："上善若水。水善利万物而不争，处众人之所恶，故几于道。居善地，心善渊，与善仁，言善信，正善治，事善能，动善时。夫唯不争，故无尤。"人生应该像水一样柔韧，"利万物而不争"，避高趋下，清虚澄澈，洗涤群秽，遇物赋形，无为而无所不为，处之自然而无忧。应该"知其雄，守其雌。为天下溪"（《道德经》第二十八章）。虽然知道雄壮的好处，却宁愿守柔处弱，作天下的溪涧。

为什么人生要守柔呢？因为柔与刚是辩证的。老子说："人之生也柔弱，其死也坚强。草木之生也柔脆，其死也枯槁。故，坚强者死之徒，柔弱者生之徒。是以：兵强则灭，木强则折。强大处下，柔弱处上。"（《道德经》第七十六章）人之柔弱与坚强犹如草木，柔弱时外虚而内强，正是生命力旺盛的表现，而坚强时是外强而内干，离死亡不远了。所以"守柔"看似"处下"，实际是"居上"。阴柔不是软弱无能，而是力量的一种状态。

中庸之道，是儒家的阳刚准则。孔子曰："中庸之为德也，其至矣乎！民鲜久矣。"何谓中庸？《中庸》诠释："喜怒哀乐之末发谓之中，发而皆中节谓之和。中也者，天下之大本也；和也者，天下之达道也。"《论语·八佾》评价《诗经·关雎》这首诗："《关雎》，乐而不淫，哀而不伤。"诗中表现的情感平和、节制，具备了中和之美，虽是情诗，道德上却是纯洁的和崇高的。

道家在人生的处世态度上也持"中和"，老子在《道德经》第四十二章中说：

万物负阴而抱阳，冲气以为和。人之所恶，唯孤、寡、不穀，而王公以为称。故物或损之而益，或益之而损。人之所教，我亦教之，强梁者不得其死，吾将以为教父。

天气阳而地气阴，万物皆具阴阳二气。阴阳是对立的，当阴阳二气相交而形成一种适匀的状态就是"和"。这境界是人生最佳的状态。人之处世最不好的是"孤""寡""不穀"，走向两个极端。"持而盈之，不若其已。揣而锐之，不可长保也。金玉盈室，莫之能守也。贵富而骄，自遗咎也。功遂身退，天之道也。"（《道德经》第九章）凡事有度，过度便会失"和"，结果是事与愿违，适得其反。因而，人之处世，"知者不言，言者不知。挫其锐，解其纷，和其光，同其尘，是谓玄同。故不可得而亲，不可得而疏；不可得而利，不可得而害；不可得而贵，不可得而贱。故为天下贵"（《道德经》第五十六章）。高明有智慧的人是不说话的。你要不露锋芒，善于消解矛盾，脱离纷争，甘于平凡，这就与"道"同一了。这样，你就超越了亲疏、利害、贵贱的世俗，做到了"中和"。

道家的中和理念与儒家的中庸思想惊人地相似。但是，两者的价值取向其实是不同的。儒家的中庸要求是合于"礼"，在主阳前提下，持"和而不同"的原则，与人和谐共处；而道家的中和理念则是循于"道"，在主阴规则下，言行举止守拙持朴，自然而然，当为则为，当止则止，把握好"适度"。

第六节　审美之"道"：天人合一

审美是人类的基本需要。老庄关于审美的思想没有专论，大多在谈及人生中衍生出来，论述显得比较零散。但是当我们将这些论述提取出来，却可以发现其间存在着一个美学思想体系，涉及到一系列重要的美学理念，比如审美本质、审美方式以及审美价值取向等等。

一、"和"：审美本质

现代美学告诉我们，在人的需要层次上，审美属于人的最高层次的需要。美的存在，既不是外在客观事物"美"的属性，也不是人的单纯的主观美感。美是主客观交融中出现的产物，属于人的一种精神满足的自由境界。寻求并获得这种自由境界，我们称之为审美。

老庄审美理想的基础是"道"，合"道"即真即善即美。换言之，只有当人完全遵循自然规律，才能实现"天人合一"；"天人合一"就是"和"，便进入了"未始有物"的境界（庄子《齐物篇》），此时便是审美。

什么是"未始有物"的境界？郭象在《庄子注》中这么阐述："此忘天地，遗万物，外不察乎宇宙，内不觉其一身，故能旷然无累，与物俱往，而无所不应也。"庄子在《庄子·秋水》中曾根据自己的审美体验，对这种境界作过具体描述：

庄子与惠子游于濠梁之上。庄子曰："儵鱼出游从容，是鱼之乐也？"

惠子曰："子非鱼，安知鱼之乐？"

庄子曰："子非我，安知我不知鱼之乐？"

惠子曰："我非子，固不知子矣；子固非鱼也，子之不知鱼之乐，全矣。"

庄子曰："请循其本。子曰'汝安知鱼乐'云者，既已知吾知之而问我。我知之濠上也。"

庄子与惠子一起在濠梁上观鱼，两人的感受却迥然不同。庄子从儵鱼的自由翔游中产生了自由体验的情感，又将这种愉悦之情移到翔游的儵鱼，于观赏中与鱼融合为一体；而惠子却没有这种体验。禅家曾形容人之开悟有三个阶段：初看，"看山是山，看水是水"；继而，"看山不是山，看水不是水"；最终，"看山又是山，看水又是水"。审美过程大体也是如此。在未进入审美境界时，属于"初看"，如惠子观鱼，鱼就是鱼；当开始进入审美时，便会移情于审美对象，让"气"注入鱼，那时属于"继而"，鱼不再是鱼；而当人与鱼合一，便是"最终"，鱼还是鱼。不过，此时庄子与鱼已经是物我两忘，我就是鱼，鱼就是我，我与鱼由一脉自然之"气"相互贯通，臻达此情此景，即能"未始有物"，鱼成为庄子的"生命的形式"。

在老庄看来，这种审美只能体验，心领神会，是难以用言语传达的。庄子云："语之所贵者，意也。意有所随；意之所随者，不可以言传也。"所谓"意之所随者"，就是"道"，即"天人合一"；而"道可道，非常道"，只能神悟，故庄子才说"得意而忘言"。惠子没有神会，所以产生疑问，他问庄子，你不是鱼，怎么知道鱼的快乐呢？庄子无法用语言传达自己的审美体验，只能反诘惠子：你不是我，怎么知道我不知道鱼的快乐呢？

道家以"和"为美的美学思想，对中国的传统艺术影响深远。明末清初音乐家徐上瀛在他的《溪山琴况》谈古琴艺术，分析了二十四种美的况味，"其所首重者，和也"。徐上瀛说，弹琴之"和"，"吾复求其所以和者三，曰弦与指合，指与音合，音与意合，而和至矣"。只有人琴合一达到

"和"，弹琴才算臻达美的境界。"大音希声，古道难复，不以性情中和相遇，而以为是技也，斯愈久而愈失其传矣。"

儒家的审美理想也是"和"，不过与老庄的"和"意思不一样。老庄讲的是"天和"，儒家讲的是"人和"。所谓"人和"，就是建立和谐的"仁义道德"的伦理秩序，凡合乎此秩序的即是"和"。《礼记·中庸》曰："喜怒哀乐之未发，谓之中；发而皆中节，谓之和。中也者，天下之大本也；和也者，天下之达道也。致中和，天地位焉，万物育焉。"《诗经》是审美的，孔子评论《诗经》云："《诗》三百，一言以蔽之，曰：诗无邪。"何谓"无邪"？即《诗经》贯穿了儒家的中庸审美思想。据记载，先秦有诗3000余首，经孔子筛选删改为305首。孔子就是按照儒家"人和"的审美标准来编辑《诗经》的。

二、乘物以游心：审美方式

庄子在《人间世》中谈到人生应该如何解脱现实焦虑，臻达心灵自由时，提出了"乘物以游心"的审美方式。

庄子所言"心"，常用"灵台""天府""真宰"等词代之，他把真心视作人的最高境界。什么叫"游心"？庄子指出它有两大特征：一是"无待"。孔子周游列国，不仅是一路上要考虑衣食住行，而且还要说服列国君主接受自己的政治主张。此是"有待"之游。至于"列子御风而行，泠然善也，旬有五日而后反。彼于致福者，未数数然也。此虽免乎行，犹有所待者也"（庄子《逍遥游》），列子似乎是随心所欲，貌似"无待"，但是心中毕竟有"欲"，心随"欲"而动，受制于"欲"，所以仍然是"有待"。怎样才是"无待"呢？庄子认为须"乘天地之正，而御六气之辩，以游无穷者"。意思是说：要遵循自然的规律，掌握六气的变化，以游于无穷的境域，无欲无倚，天人合一，才算是"无待"。二是"逍遥"。意思是没有任何拘束，悠闲自得地畅游。游有身游与神游之分，身游总是"有待"的，庄子的"游心"实质上就是审美主体的神游，心灵之游。而"心"乃是人之"气"所聚，生命力所在，形之于喜怒哀乐的活生生的情感。神游就是在精神世界中充分实现自我，让自我的情感于"无待"之中自由地释放。

什么叫"乘物"？先说"物"。庄子所言的"物"有三义：一是实在的人与物，比如南郭子、惠子、泰山、朝菌、蟪蛄、蝉等等；二是虚拟的人与物，比如鲲鹏、子祀、子舆、孟子反等等；三是寓于"无"的人与物，所谓"有无相生"，就是以实在或虚拟的人与物拓开时空，让人想象与之相关联的人与物，在有限与无限的张力之中，衍生出"象外之象"。

庄子在《逍遥游》篇里写鲲鹏：

北冥有鱼，其名为鲲。鲲之大，不知其几千里也。化而为鸟，其名为鹏。鹏之背，不知其几千里也。怒而飞，其翼若垂天之云。是鸟也，海运则将徙于南冥。南冥者，天池也。齐谐者，志怪者也。谐之言曰："鹏之徙于南冥也，水击三千里，搏扶摇而上者九万里。去以六月息者也。"野马也，尘埃也，生物之以息相吹也。天之苍苍，其正色邪？其远而无所至极邪？其视下也，亦若是则己矣。

鲲鹏是庄子"游心"所乘之"物"，是逍遥自由的理想人格的象征。随后庄子以蜩、学鸠、斥鴳众诸"物"喻世俗之人，以世俗的"有待"衬托鲲鹏的"无待"。"有待"是心灵自由的障碍，是人身自由的束缚，由"有待"臻于"无待"，人才能获得解脱，返归自然。可见，"乘物以游心"，意思是自如地驾驭与自我生命合一的"物"，将生"气"注入"物"之中，做到"处物而不外物""天地与我并生，而万物与我为一"。换言之，"游心"所乘之"物"不再是本来的"物"，已变成一种"生命的形式"，审美主体赋予了它们新的生命意义，现在美学称此类之"物"为"意象"。"意象"是情感的"栖身之处"，是情感的物化。在"游心"时，"意象"是动态的，游动的，是"内在情感生活之流"。

"表现论"是现代的一种美学理论。美国著名美学家苏珊·朗格在《艺术问题》一书中指出，艺术家以"意象"来表现自己切身体验到的情感，这种情感并非仅仅是个人的，他所表达的是艺术家对人类情感的一种认识。"意象"是"有意味的形式"，"形式与情感在结构上是如此一致，以至于在人们看来符号与符号表现的意义似乎就是同一种东西。"①令人惊异的是，在老庄的美学思想中已经具有了现代"表现论"的雏形。老庄提出"乘物以游心"，明确含有这个意思：并不是任何"游心"都是有价值的，自我之"心"须循宇宙之"道"，而此"道"是人人贯一的，相互与共的。因此审美主体表现自我情感，就是表现自然之"道"——人类共同情感，"意象"因为此"道"而成为人们审美与共之"物"，通用的审美符号。

《庄子·山木》篇中云：

予尝言不死之道。东海有鸟焉，其名曰意怠。其为鸟也，翂翂翐翐，而似无能；引援而飞，迫胁而栖，进不敢为前，退不敢为后；食不敢先尝，必取其绪。是故其行列不斥，而外人卒不得害，是以免于患。直木先伐，甘井先竭。子其意者饰知以惊愚，修身以明污，昭昭乎若揭日月而行，故不免也。

文中东海之鸟、林中直木、村里甘井以及周游列国的孔子等众"物"，都是庄子用来"游心"的审美符号。这些符号属于人类之常识，是一种普遍的"生命的形式"，人人皆能感受体验。庄子将这些符号集中起来，抒发自己淡泊名利的情感，最终归于老子所述的"至人不闻"之"道"。

"乘物以游心"是一种审美方式。在这种审美方式中，"乘物"只是手段，"游心"才是目的。刘勰秉承了庄子的审美思想，将"游心"称为"神思"，并具体描述了它的状态。他说："古人云：'形在江海之上，心存魏阙之下。'神思之谓也。文之思也，其神远矣。故寂然凝虑，思接千载；悄然动容，视通万里……故思理为妙，神与物游。神居胸臆，而志气统其关键；物沿耳目，而辞令管其枢机。枢机方通，则物无隐貌；关键将塞，则神有遁心……夫神思方远，万涂竞萌；规矩虚位，刻镂无形。登山则情满于山，观海则意溢于海；我才之多少，将与风云而并驱矣。"（刘勰《神思》）当人随意"乘物"，进入"游心"境界，他便能超脱世俗现实，获得一种如醉似痴的高峰体验。

---

① 〔美〕苏珊·朗格著、腾守尧等译：《艺术问题》，中国社会科学出版社，1983年版，第24页。

三、淡然至极：审美取向

"淡"是老庄美学思想中的价值取向。老庄美学思想中的"淡"，具有双重含义：首先是内在心灵的"虚静"。有了"淡"方能"清"，远离凡俗，淡泊名利，与世无争，保持人的自由本性。超然于世而"淡远"，生活中便能产生一种距离美，从而个体生命活动能与宇宙自然本体冥合交流，达到"独与天地往来"的境界。"淡"的审美取向，还体现在环境选择的恬静、幽独，庄子曰："不与物交，淡之至也"；体现在事物选择的素朴、平淡，庄子在《马蹄》中认为："五色不乱，孰为文采！五声不乱。孰应六律！"必须摒弃"五色"（青、赤、黄、白、黑）之乱，摒弃"五声"（宫、商、角、徵、羽）之乱，方能是"淡"。当然，老庄也并不是一概反对"文采"与"六律"，他们认为艺术应该是"既雕既琢，复归于朴"（《山木》），"文采"与"六律"不应是人为做作的，只有自然而然的艺术，方有美感。

庄子在《天运》中曾经以黄帝奏《咸池》之乐情景为例，将音乐艺术分为三个层次，先是"奏之以人"，然后"奏之以阴阳之和"，最后"奏之以无怠之声"，它给人的感受依次是"始于惧""次之以怠""卒之以惑"。老庄说的"惑"，指的是浑沦返朴，无以言喻的状态，即与"道"融合的"无怠"境界。庄子这么描述"无怠之声"：

奏之以无怠之声，调之以自然之命。故若混逐丛生，林乐而无形，布挥而不曳，幽昏而无声。动于无方，居于窈冥；或渭之死，或谓之生；或谓之实，或谓之荣。行流散徙，不主常声。世疑之，稽于圣人。圣也者，达于情而遂于命也。天机不张而五官皆备，此之谓天乐，无言而心说。

所谓"天乐"，就是"天籁"，"听之不闻其声，视之不见其形，充满天地，苞裹六极。"用老子的话说，就是"大音希声，大象无形"。此等艺术"淡然无极而众美从之"，了无人为的"乱"之痕迹，达到人琴合一，生命的本真。它给予人的纯粹是一种"无言而心说"的审美愉悦。

第七节　养生之"道"：少私寡欲

道家十分重视养生之道。老子在《道德经》第五十章中说：

出生入死，生之徒，十有三；死之徒，十有三；人之生，动之于死地，亦十有三。夫何故？以其生生之厚。盖闻善摄生者，陆行不遇兕虎，入军不被甲兵。兕无所投其角，虎无所措其爪，兵无所容其刃。夫何故？以其无死地。

人之于世，长寿的有十分之三；短命的有十分之三；本来可以活得长久些，却自己走向死亡之路，也占十分之三。为什么会这样呢？这是因为人们不善养生。老子话里说的"兕虎""甲兵"皆是比喻。多数夭折的人，莫不死于纵欲过度，死于名利之争，死于追逐外物途上；而善于养生的人，是不会让自己置于这种死亡之路的。庄子对"善摄生者无死地"作过比较详细的阐述，他在《秋水》中云：

知道者必达于理，达于理者必明于权，明于权者不以物害己。至德者，火弗能热，水弗能溺，寒暑弗能害，禽兽弗能贼。非谓其薄也，言察乎安危，宁于祸福，谨于去就，莫之能害也。故曰："天在内，人在外，德在乎天。"知天人之行，本乎天，位乎得，蹢躅而屈伸，反要而语极。

懂"道"达"理"的人必须学会应变，定然不会让外物损伤自己。道德高尚的人，不会受烈焰、洪水、寒暑、禽兽的侵扰伤害，不是说他们不怕水火、禽兽，而是因为他们明察安危，安于祸福。养生之道就在于自己的修养，懂得人的行为应该如何才能顺应自然。

道家认为人要健康长寿，关键在一个"养"字。如何"养"？就是"道法自然"，掌握人类自身生命密码，按照自然规律的方式生活。具体地说，养生分为三个层次：养身，养性，养气。

养身，指的是生活起居和饮食要有常。所谓"常"，就是遵循"自然"规律。《黄帝内经·素问》说："起居有常……故能形与神俱，而尽终其天年，度百岁而去……起居无节，故半百而衰也。"一年之中应该随着四季变化而调整起居，"能顺四时运气之和"。"和"就是达到"阴阳平衡"。平时的活动也应有节制，如陶宏景在《养性延命录》中所说："养性之道，莫久行、久坐、久卧、久视、久听……此所谓中和。能中和者，必久寿也。"饮食也同样如此，毛对山在《对山医话》中说："饮食但取益于人，毋求爽口。"每天饮食要注意规律，而且要控制食量，"毋求爽口"。所吃的食物也要因人因时而异，因为食物性质有寒、热、温、凉四种，体质偏寒的人应多食温热食物，体质偏热的人应多食寒凉食物；春、夏季节气候较热，可适当食用寒凉食物，到了秋、冬季节，应多食用温热食物。此外，食物又分酸、苦、甘、辛、咸、淡六味，六味归经，酸入肝，苦入心，甘入脾，辛入肺，咸入肾，对人体有不同的作用，也须因人因时选择搭配，使体内达到阴阳平衡。

养性，这是道家养生的重点，它决定于人的价值趋向。老子提出养性的目标是"见素抱朴，少私寡欲"（《道德经》第十九章）。"见素抱朴"就是返璞归真，恢复自然本性；"少私寡欲"就是"去甚去奢去泰"，去掉各种极端、奢侈、过度的行为。老子认为，人之性"罪莫大于可欲，祸莫大于不知足，咎莫大于欲得"（《道德经》第四十六章）。

庄子说得更具体，他在《庚桑楚》里说："彻志之勃，解心之谬，去德之累，达道之塞。贵富显严名利六者，勃志也。容动色理气意六者，谬心也。恶欲喜怒哀乐六者，累德也。去就取与知能六者，塞道也。此四六者不荡胸中则正，正则静，静则明，明则虚，虚则无为而无不为也。道者，德之钦也；生者，德之光也；性者，生之质也。性之动，谓之为；为之伪，谓之失。"意思是：养性，必须清除"高贵、富有、尊显、威严、声名、利禄"六者对意志的干扰，必须解脱"容貌、举止、美色、辞理、气调、情意"六者对心灵的束缚，必须抛弃"憎恶、欲念、欣喜、愤怒、悲哀、欢乐"六者对道德的牵累，必须拆掉"离去、靠拢、贪取、施与、智虑、技能"六者对大道的障碍。庄子认为，做到这四个方面，就能平正、宁静、明澈、清虚，合乎自然本性，从而以尽天年。

禀性，是生命的本根。《黄帝内经·素问》说："是以圣人为无为之事，乐恬淡之能，从欲快志于虚无之守，故寿命无穷。"所以，养生的真谛是"唯无以生为者，是贤于贵生"（《道德经》第七十五章），不刻意养生保命，对生命持恬淡自然的人，才是真正懂得养生。

怎样的生活才是恬淡自然？有人曾借鉴赵朴初先生的《宽心谣》，做过这样的描述：日出东海落西山，愁也一天喜也一天；认真过好每一天，有也过年无也过年；遇事不钻牛角尖，人也舒坦心也舒坦；自古万事难得圆，好也随缘赖也随缘；辛勤耕耘不偷懒，丰也喜欢歉也喜欢；夫妻本是前世缘，和也是缘吵也是缘；人非圣贤哪得全，睁一只眼闭一只眼；子女培养只能劝，成也自然败也自然；生老病死本自然，你也难免我也难免。

养气。人体本是个有机的生命系统。所谓健康，就是生命系统处于自然的平衡和谐状态；倘若违背自然，生命系统失去平衡便会生病。生病，从人体生理机制而言，实质上是生命系统的一种自我调节，目的是修复系统，恢复平衡。治病固然要用药，但是在老庄看来，药疗只是一种辅助，关键是靠人自己，那就是养元气。老子说："天地之间，其犹橐籥乎"，生命全在于气的运动。所谓"万物负阴而抱阳，冲气以为和"，养气的作用就是调节整合人体内的阴阳，以达到平衡。

怎样养气呢？首要的是调整呼吸。庄子在《刻意》中说："吹呴呼吸，吐故纳新，熊经鸟申，为寿而已矣。"意思是人要善于呼吸。庄子在《大宗师》中说："古之真人，其寝不梦，其觉无忧，其食不甘，其息深深。真人之息以踵，众人之息以喉。"善于养气的人，"息以踵"而不是"息以喉"，即每次呼吸，那股提升元气的息，都要贯通任、督二脉到达足底心，就是古人常说的"精从足底生"。怎样才能做到"息以踵"？庄子认为："名实不入，而机发于踵。"（庄子《应帝王》）只有不受名声实利干扰，人的充沛的元气才会从足底而生。此时，"缘督（任、督二脉是人体奇经八脉的主脉，主导呼吸）以为经，可以保身，可以全生，可以养亲，可以尽

年。"（庄子《养生主》）

养气的关键在于入静，就是老子所说的"致虚极，守静笃"（《道德经》第十六章）。怎样才能入静？庄子提出了"心斋"和"坐忘"两种方法。

所谓"心斋"，庄子在《人间世》中说："若一志，无听之以耳而听之以心；无听之以心而听之以气。听止于耳，心止于符。气也者，虚而待物者也。唯道集虚。虚者，心斋也。""心斋"，就是要把所有的外在的意见、成见和偏见统统去除，以虚静之心去体悟自然之道。

所谓"坐忘"，即"堕肢体，黜聪明，离形去知，同于大通，此谓坐忘"（《庄子·大宗师》）。当人忘却自己的肉体和知识，忘却仁义和礼乐时，便能"无不忘也，无不有也"。坐忘的功能是致心定，心定则气顺，一当元气通畅充沛，人体便能保持阴阳平衡，老而不衰。

"坐忘"与"心斋"都是一种内省的功夫。"心斋"着重培养一个空明灵觉之心，"坐忘"则使人忘掉物我之间的差别。庄子认为，只有归心于虚空，凝神于静寂，无思无虑而超然物外，才能"虚室生白"，包融一切，个体生命活动就能与宇宙自然本体冥合交流，达到天年。

中 篇

楚文化演变

在中华传统文化系统里，楚文化处于一个特殊的地位。因为道家以"道"为文化精神，而"道"是统摄百家的哲理纲领，因此从深层次上看，楚文化与文化系统中所有的文化元素都发生关联。这种关联，我们可以用一个直角坐标系来标示。

横线上，即社会空间维度，道家与儒家在文化系统中居于对立的两极，一阴一阳相辅相成，两者在冲突中统一，在转化中平衡；系统里其余文化元素，诸如法、墨、名等众家不过是两极之间的变数，它们在不同层次中向两极依附与渗透。因此，在这个平面空间里，历史上所有人物或事件，从文化性质而言，都具有错综复杂性。实际上，不存在绝对的道家，也不存在绝对的儒家，皆是"杂"家；若有区别，也只在主导上有差异。因而，分析历史人物或事件，须全方位、分层次揭示其内在的文化"变"数。本篇第一章《屈原现象》，着重论述楚文化的空间复杂性。

直线上，即历史时间维度，楚文化与文化系统一起，"与时迁移，应物变化。立俗施事，无所不宜"。尤其是外来文化佛家传入中国之后，中华传统文化系统形成了三维结构，即在坐标系的横线上，形成佛家—道家—儒家的三极关系。在这个文化结构里，道家的地位发生了变化，它不仅与儒家对立，也与佛家对立，同时在儒家与佛家两极之间，起有中介作用，是维持传统文化系统平衡的纽带。楚文化为了适应历史环境的需要，以及受传统文化结构的制约，自身也在与时俱进，在吐故纳新中持续进化。本篇的《黄老学说》《魏晋玄学》《道教诞生》《宋明理学》《启蒙思潮》，着重论述楚文化的历史演变。

第一章　屈原现象

第一节　先秦时期的文化生态

春秋战国时期，是中国文化急剧转型的阶段，也是中华民族传统文化开始成形的阶段。当时中国社会的文化呈现出三大态势：

一是政治大分裂。周平王东迁之后，公室衰落，诸侯割据，大大小小的国家多达140多个。诸侯国各自为政，为了争霸天下，纷纷挑起战争，据《春秋》记载就有483次之多。"食肉者"之间的相互兼并，导致社会大破坏，"争野以战，杀人盈野；争城以战，杀人盈城"。孟子因而称之"春秋无义战"。诸侯间残酷的兼并斗争长达数百年，最终进入"战国"时期，形成七雄并峙，中原逐鹿。在这样弱肉强食的社会状态中，列国诸侯遵循的是丛林法则，纷纷引进人才，寻求富国强兵、经世兴邦的策略，进行国内变革和国外扩张，从而在造成天下大乱的同时，促成了思想解放，为"百家争鸣"提供了时代契机和社会土壤。

二是思想大分化。春秋后期，在政治分裂、贵贱移位的变迁中，士阶层迅速崛起。士阶层是一个独立的知识分子群体，他们打破了以往"学在官府"的一统局面，使学术下移民间，流播四海。士阶层在各地办私学，建学宫，创学说，诸子百家应运而生。据《汉书·艺文志》记载，当时数得上名字的共有189家、4324篇著作。《隋书·经籍志》《四库全书总目》等书则记载"诸子百家"实际上有上千家。但是，著名的、影响深远的，诸如儒家、道家、墨家、法家等不过9家而已。

春秋战国时期，周室衰落，礼崩乐坏，列国割据，社会存在周转空间，变得宽松起来。诸子百家纷纷游说列国，兜售自己的学说，"游"成为当时的时代精神。所谓"社稷无常奉，君臣无常位"，士阶层没有祖国意识，为了施展抱负，他们在列国之间周旋，择主而仕。游士们大体可以分为三种类型：第一类以老庄、孔孟为代表。他们痛斥"天下无道"，肩负匡救天下之使命，力求探索一条改造社会、拯世救民的道路。孔孟同游列国，欲推行"礼治""仁政"，实现其"王道"理想，建立小康社会；老庄则为人类于自然里寻找一条自我救赎的道路，守护人的尊严，追求个性解放和精神自由，宁可辞官归隐民间，也不愿囚禁于名利场中。第二类以管仲、吴起、商鞅为代表。他们的目的是变法强国、统一天下，他们的原则是谁赏识重用便投靠谁。比如吴起，他是卫国人，却历仕鲁、魏、楚三国。鲁君起用吴起抗御齐国时，因吴起的妻子是齐国人，不敢重用他。吴起知道后便杀了妻子。这就是有名的"吴起杀妻求将"的故事。至战国后期，这类游士中开始出现吕不韦这类人物。吕不韦是商人，他将政治投资当作一桩买卖，以获得"取天下"的利益。第三类以苏秦、张仪为代表。他们纵横列国，为富贵而游。如司马迁在《史记》中所说：他们"游说乞贷，不可以为国"。所谓"游说""乞贷"，指士人向君主推行学说，以得到君主任用，从而获取俸禄的行为。这些士人无固定的政见，只凭三寸不烂之舌，投诸王之好，朝秦暮楚，时或合纵，时或连横，是一群投机分子。

当时游士的状况，李斯在《谏逐客书》中有所记述："昔缪公求士，西取由余于戎，东得百里奚于宛，迎蹇叔于宋，求丕豹、公孙支于晋。此五子者，不产于秦，而缪公用之，并国二十，遂霸西戎。孝公用商鞅之法，移风易俗，民以殷盛，国以富强，百姓乐用，诸侯亲服，获楚、魏之师，举地千里，至今治强。惠王用张仪之计，拔三川之地，西并巴、蜀，北收上郡，南取汉中，包九夷，制鄢、郢，东据成皋之险，割膏腴之壤，遂散六国之从，使之西面事秦，功施到今。昭王得范雎，废穰侯，逐华阳，强公室，杜私门，蚕食诸侯，使秦成帝业。"李斯说的只是去秦国"使秦成帝业"的一些游士，然而由此可见当时游士的兴盛。

士阶层来自南北各地，各自挟带着地方文化，这使得士子的行为产生了丰富的文化内涵。他们在周游列国兜售学说的同时，实际上起到了传播文化的媒介作用。他们的游说客观上促进了南北各地的文化交流与碰撞，导致周文化与楚文化的融合与演变。

同时，随着天下大势的变化，士阶层也完成了自身的历史洗礼。在列国争雄时期，士人们一直纠缠在自己所秉持的"道"与君主所掌握的"势"的矛盾之中，及至天下统一大势形成，士人们逐渐超越其"客观的社会身份"，不再沉溺于实用层面，开始安身立命，明确"以道自任的精神"，"为世间万物提供解释"。一些混迹于时代浪潮里的投机之士，犹如一堆泡沫，遭到涮洗、淘汰。学者余英时称这个现象为士人的文化"自觉"。

三是文化大融合。没有分化就没有融合。由于游士的学说创立与文化媒介，既导致思想分化又促进文化融合，两者可以说是同时进行的。但是，由大分化到大融合，中间存在着一个界点。如果说春秋时期的主基调是大分化，那么战国时期的主基调开始转变为大组合。

春秋时期，诸子百家学说各自独立，相互争论、诋毁。然而到了战国末期，情况发生了变化，诸子百家学说进入思想互补组合的阶段。在这方面，《吕氏春秋》是一部具有"大组合"的标志性的著作。有学者指出："这部书最大的特色在于一个字：'杂'，即思想内容方面与同时代的论著《孟子》《论语》《道德经》等不同，并非只述一家之言，而是'兼儒墨、合名法'。只要是当时出现的学派：道、儒、墨、名、法、五行、阴阳等等学说、理论，没有哪个在这里找不到。"①因为《吕氏春秋》综合了百家学说，后人将它归于"杂家"。但"杂家"并不是理论的大杂烩，它也自成一体。《吕氏春秋》由三部分构成：《十二纪》讲"天"，《八览》说"人"，《六论》析"地"。如该书《序意》所揭示的编者旨意："上揆之天，下验之地，中审之人。若此则是非可不可无所遁矣。"不过这样的百家学说的"大组合"，毕竟停留在理论层次上，只是理论上的去粗取精，有序整理而已。

然而，大组合是大融合的开端，组合中已有融合的因素。如《吕氏春秋·贵公》记载：

---

① 王恩远：《吕不韦传》，北京联合出版公司，2013年版，第160页。

昔先圣王之治天下也，必先公，公则天下平矣……伯禽将行，请所以治鲁，周公曰："利而勿利也。"荆人有遗弓者，而不肯索，曰："荆人遗之，荆人得之，又何索焉？"孔子闻之曰："去其'荆'而可矣。"老聃闻之曰："去其'人'而可矣。"故老聃则至公矣。

文章由伯禽向周公请教治理鲁国方法话题，引出"天下为公"的社会深层设计与文化价值取向的问题。儒家孔子与道家老子对失弓之人持不同的态度，孔子出自"人道"，讲的是仁义，而老子出自"天道"，讲的是回归自然。两者主张虽有差异，但是他们在"为公"的方向上却是相同的。因此，两者在文化深层次上是相互融合的。

这样的文化融合，构成了错综复杂、形式多样的历史现象。对这些历史现象，我们难以做出简单的文化归类。比如人们向来认为屈原是楚文化代表，实际上在他身上并非是纯粹的楚文化，而是以楚文化为主导的南北文化交融的一个多重性的复合体。在屈原身上，集中体现了战国时期文化大融合的状况。因此，我们将这种文化现象称之为"屈原现象"。

第二节　楚国贵族中的儒士

屈原（约前339—前278年），战国时期的楚国诗人、政治家，"楚辞"的创立者。屈原的远祖是颛顼高阳氏。据《史记·楚世家》记载，高阳氏六代孙名季连，是楚的创业始祖。"屈"是楚王姓的一个分支。自春秋以来，楚国向来以宗亲为重臣，因此屈原家族父子一直世袭楚国的要职。屈原曾为楚怀王左徒，担负内政、外交方面的职责。据司马迁《屈原列传》记载，屈原在内政方面辅佐怀王，议论国事及应对宾客，起草宪令及变法；在外交方面主张合纵，联齐抗秦，他曾两度出使齐国。屈原还曾担任过"三闾大夫"一职，管理楚宗室昭、屈、景三姓贵族的事务。屈原起初很受楚怀王信任并得到重用，由于内廷政斗，屈原才被楚怀王疏远，最终被逐出朝廷，流放到汉北地区。楚襄王继位后，听信谗言，再次把屈原流放到江南地区。屈原辗转流离在沅、湘一带九年之久。他既不可能回楚，又不愿远游于他国，"被发行吟泽畔，颜色憔悴，形容枯槁"，为明其忠贞爱国之志，最终投汨罗江自尽。

司马迁在《史记》中最称赞的两个人，一个是孔子，一个就是屈原。对于孔子，司马迁说："《诗》有之：'高山仰止，景行行止。'虽不能至，然心向往之。"对于屈原，司马迁说："濯淖污泥之中，蝉蜕于浊秽，以浮游尘埃之外，不获世之滋垢，皭然泥而不滓者也。推此志也，虽与日月争光可也。"司马迁为什么这么推重孔子和屈原？学界认为，这是因为孔子是中原文化的代表，屈原是楚文化的代表。

蒋孔阳先生说：两汉文化主要是"以孔子为代表的中原文化和以屈原为代表的楚文化的相互斗争和融合"[①]。其实，从文化上说，屈原作为"楚辞"的创立者，固然是楚文学的代表，但是不能因此等同于他就是楚文化的化身。

从人生观层次看，屈原无疑深受中原儒家文化影响，积极入世，济世爱国。他的整个人生，是沿着"修身，齐家，治国，平天下"的方向行进的，而且是坚持不懈，百折不挠，至死不悔。可以说，屈原其实是一个典型的南国儒士。

中国传统社会以家族为社会细胞。儒家学说的核心是"仁"，"仁之实，事亲是也"，即以"孝"为立世的根本，将家族的伦理推衍到社会。"伦理"的本义是有序的圈状扩散，犹如石子激起的涟漪，中心是自己，按血缘关系由近及远，父子、兄弟、夫妇……最终实现家国同构，"臣之于君，犹子之于父"。

屈原十分注重自己的家族与"内美"（光大家族的理想）。他在《离骚》中一开始就说："帝高阳之苗裔兮，朕皇考曰伯庸。摄提贞于孟陬兮，惟庚寅吾以降。皇览揆余初度兮，肇锡余以嘉名。名余曰正则兮，字余曰灵均。纷吾既有此内美兮，又重之以修能。"屈原出生于楚国王族，和楚王一样姓芈，只是氏不同，楚王是熊氏。春秋初期，楚武王熊通的儿子被封在

---

① 蒋孔阳：《对中西美学比较研究的一些想法》，《中西美学艺术比较》，湖北人民出版社，1986年版，第35页。

"屈"这个地方，其后代便以屈为氏。与屈氏家族类似，还有昭氏和景氏，皆是楚王的本家，合在一起就是楚国的三大贵族。公元前339年，屈原诞生于秭归三闾乡乐平里（今湖北宜昌市秭归县），按王逸说，屈原出生那天"太岁在寅，正月始春，庚寅之日"，即寅年寅月寅日，楚俗为"人日"。屈原的父亲因此给他取名为"平"，希望他能像天一样公正无私；又取字为"原"，希望他能像地一样均调万物。屈原自豪有此"内美"，因此更重视家族对自己的期望，立志要作出卓越的修为。

屈原虽出身贵族，到了他这一代，如他在《九章·惜诵》中所说："忽忘身之贱贫"，他的家族实际上已经衰落了。然而，屈原凭自己的才干，取得了楚怀王的信任，任左徒、三闾大夫，一时间曾"入则与王图议国事以出号令，出则接遇宾客应对诸侯"（司马迁《史记·屈原列传》）。屈原希冀大展"治国，平天下"宏愿。但是，生不逢时，楚怀王及楚襄王是个昏君，屈原忠君爱国理想最终彻底破灭，只能以死明志。

"修身"，是儒家人生立足的根本。儒家认为，"自天子以至于庶人，壹是皆以修身为本"。孔子对修身之道作过一系列阐述，诸如"仁者不忧，智者不惑，勇者不惧""修己以敬""矜而不争"，以及"乡愿，德之贼也"，等等。屈原十分重视"修身"，只是与孔子的"修身"方式有所不同。由于屈原生活在南方文化的巫风环境和浪漫氛围里，他的"修身"不带北方儒家的礼乐理性色彩。屈原从不做抽象说教，而是直抒胸臆，以强烈的情感表白心志："亦余心之所善兮，虽九死其犹未悔"，抒述自己对美好德行的追求，至死不改；"伏清白以死直兮，固前圣之所厚"，宁愿保持清白，为正道而死，也不忘忠君爱国；"鸷鸟之不群兮，自前世而固然"，即便因此遭到冤屈，也绝不和小人同流合污。屈原更多的是借神奇瑰丽的形象表现自己的"内美"："扈江离与辟芷兮，纫秋兰以为佩。""朝搴阰之木兰兮，夕揽洲之宿莽。""余既滋兰之九畹兮，又树蕙之百亩。畦留夷与揭车兮，杂杜衡与芳芷。""制芰荷以为衣兮，集芙蓉以为裳。""朝饮木兰之坠露兮，夕餐秋菊之落英。苟余情其信姱以练要兮，长顑颔亦何伤。"在他的"楚辞"中，既有情景的写实，也有香草美人式的比喻，借此抒述自己对高洁品德的追求。王逸《楚辞章句》说："言己修身清洁，乃取江离、辟芷，以为衣被；纫索秋兰，以为佩饰；博采众善，以自约束也。"

尽管屈原被楚王两次放逐，在流放生涯中，他仍不改初衷，仍抱着浪漫的"两美必合"的幻想，认为自己是美好的，楚王也是美好的，只是因为奸佞从中作梗，楚王才误入歧途。屈原在《离骚》中将楚王比喻为"美人"，他有三次对"美人"的追求：第一次追求的美人是宓妃，可惜"虽信美而无礼兮，来违弃而改求"。第二次追求的是有娀之佚女，"吾令鸩为媒兮，鸩告余以不好"。第三次追求的是有虞之二姚，同样未成功，原因是"理弱而媒拙兮，恐导言之不固。世溷浊而嫉贤兮，好蔽美而称恶"。虽然"两美必合"的愿望没有实现，但屈原的忠君爱国之心矢志不渝。

先秦时期，士人多是游士，余时英在《士民中国文化》中说："战国时代的士几乎没有不游的。他们不但轻志其乡，甚至宗国的观念也极为淡薄。"士人们不拘于一国，不忠于一君，择主而仕，这在当时是一种时代精神。儒家虽然出发点是"齐家，治国"，但目的是以天下为任，将"平天下"作为道德的最高层次。因此在道德和家国发生矛盾时，通常会舍家国而存道德。孔子被鲁国罢了官后，带弟子去过卫国、宋国、陈国、蔡国、楚国，兜售自己的"复礼"主张；孟子是邹人，也带弟子到过齐国、宋国、鲁国、魏国，宣扬自己的"仁政"学说。《论语·宪问》记载，子贡与孔子论史，子贡认为："管仲非仁者与？桓公杀公子纠，不能死，又相之。"公子纠是管仲的旧主人，齐桓公杀公子纠，管仲不以死殉主也就算了，怎么能去当齐相，辅佐仇人呢？孔子指出："管仲相桓公，霸诸侯，一匡天下，民到于今受其赐。微管仲，吾其披发左衽矣。岂若匹夫匹妇之为谅也，自经于沟渎而莫之知也？"管仲辅佐桓公，称霸诸侯，一统天下，百姓到现在受他的恩赐（受益）。如果没有管仲，我们只能沦为夷狄之属民了。管仲这是舍小节而取大节，舍小义而就大义，有功于百姓，以"平天下"大局为重。在这个问题上，思想家顾炎武在《日知录·正始》中有段名言："有亡国，有亡天下，亡国与亡天下奚辨？曰：易姓改号，谓之亡国。仁义充塞，而至于率兽食人，人将相食，谓之亡天下。"在儒家思想里，国与天下是两个概念，国是政治或政权的象征，天下则是文化或伦理的象征。两者若要权衡取舍，宁取伦理，而舍家国。

屈原显然秉承了南国的传统，没有中原儒家的"天下"观念，他的心中只有楚国。在《橘颂》中，屈原咏物寄志，他虽遭谗被放逐，却以橘树自喻，"受命不迁，生南国兮"。橘树只能生长在南方，到了北方就会异化，不再是自己（《晏子春秋》："橘生淮南则为橘，生于淮北则为枳。叶徒相似，其实味不同。"）。表示尽管自己遭受冤屈，但"秉德无私，参天地兮"，无论生死患难都同家国与共，不论众人如何诋毁，流言有多么可怕，都会"苏世独立，横而不流"。他把家国作为人生的起点，又作为人生的终点，以家国为中心画了一个圈，将自己牢牢圈禁在里面。著名心理学家马斯洛指出过，人类精神存在两套力量："一套力量出于畏惧而坚持安全和防御，倾向于倒退，紧紧依附于过去"；而"另一套力量推动他向前进，建立自我的完整性和独特性，充分发挥他的一切能力，建立面对外部世界的信心"。屈原的爱国精神应该属于前一种力量。

在家国与天下的选择上，屈原内心也不是没有犹豫与矛盾。在《离骚》中，他曾作内心自白：一度欲西去他国，以实现"平天下"的抱负，但是"陟升皇之赫戏兮，忽临睨夫旧乡。仆夫悲余马怀兮，蜷局顾而不行……既莫足与为美政兮，吾将从彭咸之所居！"临近楚国边界时，屈原犹豫了。因为当时社会有个不成文的规矩，一旦做臣的士子走出边境，那么就自动解除了此国的君臣关系。屈原知道，这越界意味着他选择了离开故土，漂泊他乡。难道自己真的要去别国做客卿施展"治、平"抱负吗？最终眷恋故土的力量占了上风，屈原舍不得抛弃祖先开创之国，舍不得离开自己的贵族世家，舍不得舍弃"高阳苗裔"之根，宁死也不愿背离与生俱来的"内美"。他在江南之野流放处，遥望故都而长叹息，写《哀郢》抒述深蕴内心之中的悲痛："羌灵魂之欲归兮，何须臾而忘返。背夏浦而西思兮，哀故都之日远。登大坟以远望兮，聊以舒吾忧心。哀州土之平乐兮，悲江介之遗风……惟郢路之辽远兮，江与夏之不可涉。忽若去不信兮，至今九年而不复。惨郁郁而不通兮，蹇侘傺而含戚。"

孔子说："天下有道则见，无道则隐。"孟子说："达则兼济天下，穷则独善其身。"儒家说的"道"与道家的"道"内涵不同，儒家之"道"体现于社会为"礼"，体现于个人为"仁"。因而儒家所持的理念是，人生入世，随遇抉择，遇到有"道"明君，就施展"治、平"抱负，遇到无"道"

的昏君，绝不贪图功名同流合污，也不叛"礼"而犯上作乱，做到独善其身而隐退。儒家的"隐"不同于道家的出世隐居，而是隐避，另外去寻找明君，如果与明君无缘，那就知命安贫，守仁乐道。但是，屈原既遇到无"道"的昏君，却不愿正视现实，主动隐退独善其身，而是以南国的浪漫情怀始终抱着不切实际的幻想，一心盼望楚王回心转意。这使得屈原的追求，既不同于当时没有宗国意识的游士，也不同于当时执着于"平天下"理想的儒生。屈原在眷恋故土、热爱祖国上，与中原的儒家分道扬镳。屈原是一个具有南国文化传统的儒家士子。

第三节　变法遭挫的能臣

现代李长之先生在《中国文学史略稿》中说："屈原在政治方面主张法治，也就是沿了吴起在楚所实行的改革走。"屈原与法家的关系，据《史记·屈原列传》记载，可靠史料有两条：一条是有关制作"宪令"之事。

怀王使屈原造为宪令，屈平属草稿未定。上官大夫见而欲夺之，屈平不与，因谗之曰："王使屈平为令，众莫不知。每一令出，平伐其功，曰以为'非我莫能为也'。"王怒而疏屈平。

第二条是有关外交国策之事。屈原主张联齐抗秦，但楚怀王受秦使张仪利诱，又受宠姬郑袖、稚子子兰蛊惑，最终采取绝齐亲秦外交方针，以致兵败割地，客死于秦地。

长子顷襄王立，以其弟子兰为令尹。楚人既咎子兰以劝怀王入秦而不反也。屈平既嫉之，虽放流，眷顾楚国，系心怀王，不忘欲反。冀幸君之一悟，俗之一改也……令尹子兰闻之，大怒。卒使上官大夫短屈原于顷襄王。顷襄王怒而迁之。

先说制作"宪令"之事。《韩非子·定法篇》说："法者，宪令著于官府，刑罚必于民心，赏存乎慎法，而罚加乎奸令者也。""宪令"涉及推行法治之事。屈原"造为宪令"，即主持国家政令的起草、宣布等事项。屈原在《九章·惜往日》中有段自述可作佐证："惜往日之曾信兮，受命诏以昭时。奉先功以照下兮，明法度之嫌疑。国富强而法立兮，属贞臣而日竢。"那么屈原所起草的"宪令"是什么内容呢？从屈原自述来看，大体是遵循商鞅、吴起变法的路子，诸如不论贵贱举贤授能，"举贤而授能兮，循绳墨而不颇"，改革"世卿世禄制"；便国利民，"长太息以掩涕兮，哀民生之多艰"，建立奖罚制度，以及鼓励民众耕战，富国强兵，等等。具体内容，由于《史记》《战国策》记载过于简略，现今已无法了解。

法家思想的构建，开始于管仲、子产、李悝、吴起，至商鞅、申不害、慎到发展为三派，最终由韩非子集大成，形成完整的法家之"道"。法家之"道"即"任法""以法治国"。上述法家的代表人物，他们所立之法因时因地而异，不尽相同，但"任法"的核心思想是一致的：反对"法先王"，"世异则事异，事异则备变"（韩非子《五蠹》），通过变法革新富国强兵；主张君主集权，"事在四方，要在中央"；认为法律面前人人平等，"刑过不避大臣，赏善不遗匹夫"。

屈原虽然也持变法革新的思想，但是他与中原的法家有所不同。首先他主张"法先王"，对此他有过反复陈述："彼尧舜之耿介兮，既遵道而得路""昔三后之纯粹兮，因众芳之所在"。屈原崇拜尧、舜，视之为"任法"的正道；推崇夏禹、商汤、周文王的德行，觉得他们完美无瑕，致使群贤聚集；同时也推崇齐桓、秦穆等先王的争霸之术，表示愿意"忽奔走以先后兮，及前王之踵武"，追随他们的脚步而行。司马迁《史记》中指出：屈原"上称帝喾，下道齐桓，中述汤武，以刺世事。明道德之广崇，治乱之条贯，靡不毕见"。显然他的"法先王"与法家的思想是相悖的。

其次，屈原与中原法家的身份不同。纵览当时中原法家的情况，他们虽然皆为官称臣，实际上与君主存在着师、友、臣三种关系。徐时英先生说："当时君主对少数知识分子的前辈是以师礼事之，其次平辈而声誉卓著的以友处之，至于一般有学问知识的人则用之为臣。"[1]士人能以师友的身份与

① 徐时英：《士与中国文化》，上海人民出版社，1987年版，第101页。

君王相处，因为他们身上有君王信服的"道"。战国时期有过四大著名的变法：李悝在魏国变法，他制定了中国历史上第一部比较完整的法典《法经》，是法家的始祖；吴起在楚国变法，他通晓法、兵、儒三家思想，留下《吴子兵法》传于世，与孙武并称为"兵圣"；商鞅在秦国变法，他留下了《商君书》，是法家"法"学派的代表；申不害在韩国变法，他著的《申子》，开创了法家的"术"学派。这些变法者有三个共同的特点：一是变法者既是君王的臣子，又与君王亦师亦友，他们整个变法过程始终得到君王坚定全面的支持，直到支持的君王过世才人亡政息；二是变法皆取得了显著的成果，呈现出国治兵强、称霸一时的盛况；三是这些变法者最终都没有好下场。支持变法的楚悼王刚去世，吴起就被贵族射杀了；支持商鞅的秦孝公一死，商鞅惨遭贵族车裂肢解。李悝较为幸运，支持他的魏文侯去世不久，李悝也随之去世；申不害则更幸运，他死于支持他的韩昭侯之前。

与上述变法者比较，屈原的变法情况明显不一样。首先，屈原没有提出系统的变法之道，没有形成自己的法学理论与纲领。屈原之所以被楚怀王视作能臣而重用，是因为楚国在悼王时，已有吴起变法的先例，而楚怀王初期也想有一番作为，曾经想争取当"合纵"之长，因而支持屈原的变法主张。但由于屈原没有提出系统的变法之"道"，使楚怀王信服并师从之，所以上官大夫等一进谗言，楚怀王就改变了主意，"怒而疏屈平"。其次，屈原的"任法"没有取得什么显著成就。司马迁在《史记》中说得很清楚，楚怀王命屈原"造为宪令"，但是屈原"草稿未定"之时，就遭到上官大夫的谗言，随即变法搁浅。最后，从屈原变法的下场来看，屈原虽遭上官大夫、令尹子兰谗言，被楚王疏远乃至两次放逐，终身不得志，但最终未遭到杀身之祸。这说明屈原的"法先王"的变法主张，以儒家的王道为主，法家的霸道辅之，而且又是浅尝辄止，没有深入下去，楚国的政权自始至终掌握在贵族重臣手中，屈原对他们的利益没有构成实质性的损害与威胁。因而贵族集团对他虽然视作眼中钉、肉中刺，但是没有刻骨的仇恨，进行穷追猛打，仅是对他排斥而已。

从上述几方面分析，我们可以明确看到，屈原在治国理政上，虽然有一定的法家理念，走的是变法的路线，但是他的政治改革与法家"当时而立法，因事而制礼"的系统变法是不同的。从根本上说，屈原不是杰出的政治家，也不是杰出的法家，仅是一个勉力循吴起之路变法的能臣而已。

第四节　浪漫主义骚人

屈原在南国土地上长大，从小受到巫文化的熏陶，身上自然而然地流淌着道家的血液，从骨子里有一种对精神自由的强烈追求。对于他来说，道家思想与巫文化不是外来的，就如浪漫精神一样，是与生俱来的一种文化气质。这种气质集中体现在他创作的所有"楚辞"作品上。

哲学是介乎神学与科学之间的学问，研究解决人生切要的问题。屈原的哲学思想持的就是道家的哲学观。这在他的《远游》里有过说明：

见王子而宿之兮，审壹气之和德。
曰"道可受兮，不可传；
其小无内兮，其大无垠。
毋滑而魂兮，彼将自然；
壹气孔神兮，于中夜存。
虚以待之兮，无为之先；
庶类以成兮，此德之门。"

王乔，即王子乔，传说中的古仙人。屈原通过问答，借王乔之言阐述自己秉持的道家理念。所谓"壹气之和德"，其含义囊括了道家的三个核心思想：

其一是"道"。屈原阐述这个"道"，从小处说，小到不能再分解，从大处说，大到无边无际，可以说是无处不在，无时不在。它孕育万物，又蕴藏于万物之中，可以领悟却不可言说。屈原说的"道"，就是道家的"道"。老子在《道德经》里说："道可道也，非恒道也。名可名也，非恒名也。无名，万物之始也；有名，万物之母也。故恒无欲也，以观其眇；恒有欲也，以观其所徼。两者同出，异名同谓。玄之又玄，众眇之门。"两者的"道"，含义是相同的。

其二是"气"。屈原说的"壹气"指纯一不杂之气，它由"六气"凝练而成。庄子在《逍遥游》中说："若夫乘天地之正，而御六气之辩，以游无穷者，彼且恶乎待哉？故曰：至人无己，神人无功，圣人无名。"只有遵循自然万物之"道"，把握"六气"（阴、阳、风、雨、晦、明）的变化，就能做到"无待""无为"。修炼到这样，就能成为臻达忘我境界的"至人"，完全超脱物外的"神人"，不去追求名誉和地位的"圣人"，因此可以自由出入无穷无尽的境域作逍遥游。屈原在《远游》中关于"气"的认识与庄子相通。他说"餐六气而饮沆瀣兮，漱正阳而含朝露"。李颐注云："平旦为朝露，日中为正阳，日入为飞泉，夜半为沆瀣，天交地黄为六气。"这"六气"就是庄子说的"六气"。屈原说："内惟省以操端兮，求正气之所由。漠虚静以恬愉兮，澹无为而自得。""因气变而遂曾举兮，忽神奔而鬼怪。"他自己常深省所作所为，保持"气"之所在，力求"虚以待之存，无为之先"。

其三是"德"。"外气既入，内德自成"。在道家学说里，道为体，德为用。所谓"德"，即是人对于"道"的顺从。当人所为与"道"和谐协调、合于一体时，便是"和德"。屈原说的"和德"，实际上就是老子说的"上德"。老子在《道德经》里云："上德不德，是以有德；下德不失德，是以无德。上德无为而无以为；下德无为而有以为。上仁为之而无以为；上义为之而有以为。"意思是：具备"上德"的人不表现为外在的有德，因此实际上是有"德"；具备"下德"的人表现为外在的不离失"道"，因此实际是没有"德"的。"上德"之人顺应自然无心作为，"下德"之人顺应自然而有心作为。

然而，道家是出世的，屈原受儒家文化影响，却是入世的。因此，屈原在思想上处于极端矛盾状态，故而无法自拔。为此他作《天问》叩问。宇宙万物本于"天"，"天"即"小无内""大无垠"的"道"。在《天问》中，屈原问了170多个问题，所问的都是上古传说中不甚可解的怪事、大事，涉及"天地万象之理，存亡兴废之端，贤凶善恶之报，神奇鬼怪之说"。屈原似乎是要求得一个解答，实际上许多是明知故问。其主旨，正如宋朝洪兴祖在《天问补注·王逸〈天问序〉补序》中所揭示："《天问》之作，其旨远矣。盖曰遂古以来，天地事物之忧，不可胜穷。欲付之无言乎？而耳目所接，有感于吾心者，不可以不发也。欲具道其所以然乎？而天地变化，岂思虑智识之所能究哉？天固不可问，聊以寄吾之意耳。楚之兴衰，天邪人邪？吾之用舍，天邪人邪？国无人，莫我知也。知我者其天乎？此《天问》所为作也。"屈原写《天问》，不过是借"问"天之酒杯，释心中之块垒，宣泄"莫人知我"的情结，感叹"上为谗佞所谮毁，下为俗人所困极"的命运。

屈原知道问不出所以然来，因而毅然出离愤怒而遗世独立，寻求精神解脱，于是"闻至贵而遂徂兮，忽乎吾将行"，开始了自己的远游。他完全退入了内心世界，自由地遨游于宇宙："世溷浊而莫余知兮，吾方高驰而不顾。驾青虬兮骖白螭，吾与重华游兮瑶之圃。登昆仑兮食玉英，与天地兮同寿，与日月兮齐光。"（《涉江》）"朝饮木兰之坠露兮，夕餐秋菊之落英""折琼枝以为羞兮，精琼爢以为粮。为余架飞龙兮，杂瑶象以为车"（《离骚》）。他上游于天地，与神鬼做伴，与巫师为伍，出入光怪陆离、瑰丽多彩的神话境界；下游于江湖，与古代圣贤帝王交谈，与渔父为邻，天南地北，自由不羁，混迹于人间。在"远游"中，屈原的个体生命得到了彻底的解放，"天人合一"。他的自我形象不断变幻，忽神忽人，忽男忽女，忽妻忽臣，忽真忽假，忽隐忽现，忽有忽无，任意地化身，恣情地漫游。

现实所致的内心愤懑不平与精神上自由的"远游"，这两者的极端反差与碰撞，使屈原迸发出强烈的创作热情，写出了《离骚》《九歌》《天问》《九章》等煌煌华章。刘勰说："不有屈原，岂见离骚。"后世称《楚辞》为骚体，称诗人为骚人，无疑起源于屈原。

"楚辞"本是屈原愤懑于现实，在精神"远游"中自然流淌出来的心曲。然而，由于屈原伟大的诗人气质，赋予了"楚辞"开创性的文学价值，从而使"楚辞"成为中华民族的一种新的文学样式，与北方的《诗经》并峙于中国文学发轫的源头。

《楚辞》集中体现了南国的风格，作品不拘礼法，直抒胸臆，想象奇特，意象瑰丽，情感奔放，显出缥缈迷离、谲怪神奇的美学特征。为了能够抒发汪洋恣肆的心潮，"楚辞"的诗体由短篇发展为鸿篇巨制；为了表现复杂的情绪，"楚辞"在手法上把赋、比、兴巧妙地糅合成一体，"香草美人"的象征因之成为一种文学传统；为了表现自由不羁的气势，"楚辞"在语言形式上突破了四字句为主的格局，使用参差错落、灵活多变的句法，句中句尾多用"兮"字，以及"之""于""乎""夫""而"等虚字，用来协调音节，造成起伏回宕、一唱三叹的韵致。鲁迅在《汉文学史纲要》里称赞屈原的《楚辞》"逸响伟辞，卓绝一世"，"其影响于来后之文章，乃甚或在'三百篇'以上"。在中国文学史上，《楚辞》是中国浪漫主义文学的滥觞。

屈原的"远游"与庄子的"觅道"一样，具有无羁想象、哲学沉思和浓厚巫文化色彩，洋溢着浪漫的精神。但是，屈原与庄子的理想并不相同。庄子追求的是泯是非、同美丑、齐万物的"逍遥游"，"逍遥游"的前提是无待、无为，而屈原的"远游"是有待的、有为的。屈原接受了儒家学说，把自己的命运和家国紧紧地绑在一起，"鸟飞反故乡兮，狐死必首丘。信非吾罪而弃逐兮，何日夜而忘之？"（《哀郢》）屈原自始至终抱着重新得到楚王信任的幻想，编织着治国平天下的美梦，故"远游"之中他的内心一直涌动着"骚"情。

在《渔父》中，渔父与屈原有一段对话，很能说明问题。渔父是道家的化身，甘贫贱而肆其志，寻求隐居遗世。渔父见到"形容枯槁"的屈原，劝他："圣人不凝滞于物，而能与世推移。世人皆浊，何不淈其泥而扬其波？众人皆醉，何不哺其糟而歠其醨？何故深思高举，自令放为？"何必拘泥于"举世皆浊我独清，众人皆醉我独醒"的状态？渔父告诉屈原，他这是一种人为的清高，因而劝他不妨"塞其兑，闭其门，挫其锐，解其纷，和其光，同其尘"（《道德经》第五十六章），顺其自然，超脱凡尘。"沧浪之水清兮，可以濯吾缨；沧浪之水浊兮，可以濯吾足"，做到随遇而安。但是，屈原矢志不移，乡情难忘，他不愿出世，他回答渔父："安能以身之察察，受物之汶汶者乎？宁赴湘流，葬于江鱼之腹中。安能以皓皓之白，而蒙世俗之尘埃乎？"他既不愿同流合污，也不甘心隐退山林，宁愿"伏清白以死直"，投入汨罗江，以身殉国。

第二章　黄老学说

第一节　黄老学说由来

老子是道家创始人，其学说植根于南方楚文化土壤里。然而老子又长期浸染周文化的熏陶，他的思想熔铸了中国南、北思想文化的精华。在先秦诸子百家中，老子学说如胡适先生在《中国哲学史大纲》里所述，是"与人无忤、与世无争的自然派哲学"，具有极大的包容性。"汉初一百年的道家哲学，竟可以算得是中国古代哲学的一个大结束。古代的学派，除了墨家一支之外，所有精华，都被道家吸收进去，所以能成一个集大成的学派。"

秦汉时期，老子思想向南、北两个方向分支发展，在不同的文化环境里衍生出两大主流学派：一是深耕在南方楚文化本土上，侧重于个人解放的老、庄学派，可称为先秦道家；一是扩展到北方，兼容中原诸种文化而侧重于社会解放的黄老学派，可称秦汉新道家。

早在战国时代，"黄帝学"已盛行于世。据班固在《汉书·艺文志》记载，"黄帝学"有《黄帝四经》《黄帝铭》等著述，但是这些著述皆已失传。1973年湖南长沙马王堆三号汉墓出土了四篇"黄帝学"帛书，经专家将帛书内容与当时政局相比照，以及将帛书言语与先秦诸子相关所述相印证，认为这就是失传的《黄帝四经》。《黄帝四经》分为《经法》《十六经》《称》《道原》四篇。其主旨是分析"今天下大争"的形势，探讨"并兼天下"的方法，教导君王怎样用"道法"来治国。这部《黄帝四经》是黄老学说的代表作，可视作黄老学说形成的标志。

　　《黄帝四经》的作者史料已湮没于历史的尘埃中，据专家考证，作者应是楚人。其理由是：《黄帝四经》的语言具有楚国方言的特点，书中很多文字类同于战国晚期楚人的作品《鹖冠子》，两者一脉相承。《汉书·艺文志》记载，鹖冠子姓名不详，"楚人，居深山，不显姓氏，以鹖鸟羽为冠，因自为号焉"，是典型的"道家者流"。《鹖冠子》历来被人们认为是道家著作。但是，韩愈在《读鹖冠子》一文中认为，《鹖冠子》"杂黄老刑名"，并非单纯的道家学说。清代藏书家、校勘大师卢文弨在其《书〈鹖冠子〉后》中说："其书本杂采诸家之文而成。"因而，《鹖冠子》实际上与《黄帝四经》一样，属于集大成性质的黄老学说的一部重要著述。

　　黄老学说的特点是打出上古黄帝旗号，以示学说的正统性与权威性。其实，黄帝名号不过是一种假托。从历史记载看，春秋以前的文献如《诗经》《书经》，所载古之帝王皆止于禹，不曾提及黄帝、尧、舜，《论语》《墨子》《孟子》等书也只上溯至尧、舜而不及黄帝。黄帝战炎帝等远古历史在正史上并无记载，只是民间的神话传说。传说炎帝生于姜水，因姜水而命姓为姜，裔孙姜子牙周初封齐，是齐国开国君主。后来齐国政权被田氏篡代。田氏最早发源地是冀北涿鹿，血统可以上溯到黄帝，因此齐威王把黄帝认作田氏的始祖。黄帝战胜炎帝是众所周知的传说，齐威王打出黄帝旗号是为"田氏代齐"抹上"天命"的色彩。因而黄帝之说，在当时纯粹出于一种政治需要，如《陈侯因敦》铭文记载："其唯因，扬皇考昭统，高祖黄帝，迩嗣桓文。"目的是说明"田氏代齐"的合理性。既然田氏以黄帝后裔自居，齐王乃在自己国内建立稷下学宫，召集天下诸子，大力倡导黄老学说。于是，继儒、墨、道、法、农、阴阳诸家之后，黄老学说得以兴起与推广，故郭沫若说：黄老之术事实上是培植于齐、发育于齐，而昌盛于齐。《黄帝四经》虽是楚人所写，却是在中原文化土壤里生成的一个道家学派。

　　黄老学说是个怎样的道家学派？司马谈在《论六家要旨》中说：黄老学说"以虚无为本，以因循为用，无成势，无常形"，"因阴阳之大顺，采儒、墨之善，撮名、法之要"。司马谈的概括虽简要，却精确指出了黄老学说的主旨和特征。战国时期，列国争霸，统一天下已成为不可阻挡的历史潮流。黄老学说借传说的黄帝帝业的业绩，撷取老子思想的内核，并兼容先秦诸子的相关思想，集中阐述的是君王争霸的"南面之术"。

当时中国的政局，如帛书《黄帝四经》之《经法·大分》所分析：

> 大臣主，命曰雍塞：在强国削，在中国破，在小国亡。谋臣外立者，命曰逆成，国将不宁：在强国危，在中国削，在小国破。主失立，臣不失处，命曰外根，将与祸邻：在强国忧，在中国危，在小国削。主失立，臣失处，命曰无本，上下无根，国将大损：在强国破，在中国亡，在小国灭。主暴臣乱，命曰大芒，外戎内戎，天将降殃：国无大小，又者灭亡。主两，男女分威，命曰大麋，国中有师：在强国破，在中国亡，在小国灭。

文中列举的是治国理政的六种弊病，认为这些弊病分别出现在强国、中国和小国，在不同国家会造成不同程度的恶果。《黄帝四经》将列国分为强国、中国和小国，正是基于战国时期列国相互征战、兼并的严峻现实，反映了在七雄并峙局面形成之前，诸侯割据争霸的政局。

黄老学说的宗旨是逐鹿中原，统一天下，建立帝业。《黄帝四经》引用黄帝的话说："唯余一人，兼有天下。"（《十六经·果童》）又称："吾受命于天，定立（位）于地，成命于人。唯余一人，（德）乃肥（配）天，乃立王、三公。立国，置君、三卿。"（《十六经·立命》）黄老学说的诞生，说明战国中期，诸侯已兴起帝制运动，开始依据国力强弱在君主中分出几个等级，以"帝"为最高等级，其次是"王"，再次是"君"。当时齐湣王曾称为东帝，秦昭王曾称为西帝。阴阳家邹衍根据诸侯称帝之社会趋势，创立了"五德终始"的历史周期理论，认为历史发展以五个朝代为一个周期，每个周期因循"土、木、金、火、水"的次序，五行依次相克相生。邹衍"五德终始"说上溯到"黄帝"。西汉流行邹衍的五行学说，汉武帝于公元前104年改正朔，定服色为黄，司马迁《史记》遂置黄帝于帝系之首，作为帝系之始。董仲舒也按五德终始推断朝代更迭的历史，认为至汉朝建立，中国的帝业完成了一个历史循环。

关于黄帝的传说，其实早在战国以前就已经存在，黄老学说只是第一次明确了黄帝在中华文明史上的地位，最早提出了黄帝是中华民族共祖的观点。虽然就动机而言，黄老学说出于"帝天下"的政治需要，但是对于中华文化而言，其历史意义却是深远的。2000多年后，历史进入公元20世纪，中华民族以"炎黄子孙"扬名世界，溯源正是来自黄老学说。①

从整体上看，黄老学说是以老子"道"论为纲，阐述"帝天下"理论，旨在教导君主如何用"道法"谋天下。"与道合一"是黄老学说的主旨。黄老学说认为君王兼并他国活动是执行天道的行为，是替天行道，因而在统一天下的价值取向上，《黄帝四经》提出了三大支柱论：其一是重土"贱财"论。所谓"（霸）主积甲士而正（征）不备（服），诛禁当罪而不私其利，故令行天下而莫敢不听"（《经法·六分》）。就是说，君王要的是天下，而君王个人必须要"贱财"。这"贱财"说正是老子"少私寡欲"（《道德经》第十九章）思想的翻版。其二是"守雌贱身"论。《黄帝四经》提出君王征伐天下要的是"贱身而贵有道"（《经法·六分》），所谓"以刚为柔者栝（活），以柔为刚者伐。重柔者吉，重刚者灭"（《经法·名理》），"以强下弱，何国不克？以贵下贱，何人不得？"（《经法·四度》）"守雌贱身"论出自老子"以柔克刚"思想，老子认为"天下之至柔，驰骋天下之至坚"（《道德经》第四十三章）。其三是"不争亦争"论。《黄帝四经》指出："天地已定，规（蚑）侥（蛲）毕挣（争），作争者凶，不争亦毋（无）以成功。顺天者昌，逆天者亡。毋逆天道，则不失所守。"（《十六经·姓争》）意思是连蚑、蛲之类这些微小的生物都在生存竞争，"争"是必然的，问题是"争"与"不争"选择，只要是遵循"天道"，那么"不争亦争"。②这实际上是老子"无为而无不为"思想的翻版。

黄老学说还有一个特征，那就是它的包容性。因"帝天下"之政治需要，黄老学说兼采相关的中原诸子百家学说，并融各家精华于一体，提出了具体的治国理政方案。

例如法家主张法治："法者，宪令著于官府，刑罚必于民心，赏存乎慎法，而罚加乎奸令者也。此臣之所师也。君无术则弊于上，臣无法则乱于

---

① 〔美〕孙隆基：《历史学家的经线》，广西师范大学出版社，2005年版，第3页。
② 詹石窗、张欣：《〈黄帝四经〉的价值观及其意义》，《厦门大学学报·哲学社会科学版》，2009年第2期。

下，此不可一无，皆帝王之具也。"（《韩非子·定法》）黄老学说吸取了法家思想，提出："道生法。法者，引得失以绳，而明曲直者也。故执道者，生法而弗敢犯也，法立而弗敢废也。"法家强调君王意志就是法，立"法"是为了加强君权；而黄老学说认为，"法"就是形而上之"道"，立法者就是执"道"者，立"法"是为了实现天下无为而治。"故执道者之观于天下也，无执也，无处也，无为也，无私也。是故天下有事，无不自为刑名声号矣。刑名已立，声号已建，则无所逃迹匿正矣。"（《经法·道法》）

又如儒家主张德治："为政以德，譬如北辰，居其所而众星共之。"（《论语·学而》）所谓"德"，即是"修己以敬""修己以安百姓"。黄老学说吸取了儒家的王道思想，然而以虚静无为思想统御儒家的德治，提出："人之本在地，地之本在宜，宜之生在时，时之用在民，民之用在力，为之用在节。知地宜，须时而树，节民力以使则财生，赋敛有度则民富。民富则有佴（耻），有佴（耻）则号令成俗而刑伐（罚）不犯。"（《经法·君正》）又说："吾畏天地亲民，立有命，执虚信。"（《十六经·立命》）

再如墨家主张兼爱："法，所若（顺）而然也"。"天必欲人之相爱相利，而不欲人之相恶相贼也"（《墨子·经上》）。就是说，"以天为法"，就应以"兼相爱、交相利"为"法"。黄老学说以道家的虚静无私思想统御墨家思想，提出"精公无私""兼爱无私"（《经法·君正》）。

此外，《黄帝四经》还吸取了名家、阴阳家等诸家学说。综上所述，可见黄老学说以道家之"道"为核心，在"帝天下"的宗旨下，集百家学说之大成，是由道家衍生出来的一个重要流派。

第二节　黄老学说与稷下学派

春秋战国时期发生的"百家争鸣"，是一个宏大的社会现象。稷下学宫则是"百家争鸣"的一个社会缩影。据历史记载，战国时期的齐国在都城临淄稷门外面，设立了中国最早的由官方举办、私家主持的学术中心——稷下学宫，招致天下学士讲学、辩论、进言，在学宫内任其"不治而议论"。齐国敢于畅开言路，是因为它拥有强大的经济军事实力，一心想称霸中原，完成统一天下的大业。畅开言路的目的是选贤任能，在众说之中选择最佳的革新政治的方案。因此，稷下学宫实质上是齐王治国理政的一个智囊团。经过几代人的经营，至齐宣王（约前350—前301年）时，稷下学宫达到了鼎盛："宣王喜文学游说之士，自如驺衍、淳于髡、田骈、接予、慎到、环渊之徒七十六人，皆赐列第，为上大夫，不治而议论。是以齐稷下学士复盛，且数百千人。"此时，汇聚于稷下学宫的各地学者多达近千人。由于稷下学宫执行"无官守，无言责"的方针，提供了良好的思想自由、兼容并包环境，因此这里汇集了道、儒、法、墨、名、兵、农、阴阳等各家学派，一度出现了"致千里之奇士，总百家之伟说"的蔚为壮观的盛况。稷下学宫历时长达一个半世纪，直至齐国灭亡而息。

稷下学宫宽容的学术氛围，吸引了诸子百家学派的著名学者，如儒家的孟轲、荀子，道家的田骈，阴阳家邹衍，等等。他们都曾到过这里讲学，不仅兜售学说，而且广招门徒。稷下学宫的学生，当时称作"稷下学士"。他们在学宫里可以自由选择导师，可以自由选择课程，可以自由参加辩论，可以各自发挥所长。

稷下学宫举办过多次各学派的大辩论。最有影响的大辩论，有"王霸之辩"，辩论在群雄并起的政局下，怎样实现由乱到治、由分裂到统一，是实行王道还是霸道等问题；有"义利之辩"，辩论君王治国理政应该重利还是重礼；有"天人之辩"，辩论天道与人道的关系，是遵天道还是遵人道；有"人性善恶之辩"，辩论人性是善还是恶，对人性进行诱导还是以法规范。至于其他的辩论，诸如"攻伐寝兵之辩""名实之辩""世界本原之辩"等，可说是不胜其数。

稷下学宫虽然兼容百家学说，但办学的指导思想十分明确，就是倡导黄老学说。黄老学说可以说是学宫的官学，因为它有田齐政权的支持。由于黄老学说思想体系本身具有内在的开放性，它以"道"兼容百家，以"帝"业面对现实，因而在稷下学宫里，黄老学说始终占据主导地位。许多著名学者虽然有各自的主张，但在稷下学宫的学术氛围下，最终不同程度地接受了黄老学说，有的甚至转变成黄老学者。《史记·孟子荀卿列传》说："慎到，赵人。田骈、接子，齐人。环渊，楚人。皆学黄老道德之术，因发明序其指意。"可以说，通过稷下学宫的争鸣，黄老学说向诸子学说扩散，对诸子学说产生了巨大影响，以至于在战国末期形成了蒙文通先生所说的"黄老独盛，压倒百家"的局面，成为显学中的显学。

这里以荀子为例。荀子与孟子一样，以孔子的继承人自居，是儒家的一代宗师，其学术影响不言而喻。他与孟子都曾三次赴齐国游学，但境遇却不一样。孟子的学说始终没有得到齐王的认可而受到重用，荀子却三次出任稷下学宫的"祭酒"，主持稷下学宫，深得齐王所尊。原因是荀子在稷下学宫中与时俱进，他受到黄老学说启示，立乎其大，自觉打开了儒家思想的封闭体系。郭沫若在《十批判书·荀子的批判》指出：荀子思想"相当驳杂"，与其说是儒家，"倒很像一个杂家"。"他实在可以称为杂家的祖宗，他是把百家的学说差不多都融会贯通了……或者是正面的接受与发展，或者是反面的攻击与对立，或者是综合的统一与衍变。"经过稷下学宫的阅历，荀子的思想不仅仅集儒家之大成，而且本着黄老学说而兼容百家精华。

荀子之"杂"表现在两个方面：

首先是思想之"杂"。在宇宙观上，孔子持的是天命观，"获罪于天，无所祷也"（《论语·八佾第三》）。"天"是儒家心目中的"必然"化身。孟子继承了孔子的观点，认为天命具有至高无上的权威性。孟子说："莫之为而为者，天也；莫之至而至者，命也。"（《孟子·万章上》）在孟子看来，人民的降生、事业的成败、帝王的权位、天下的治乱，都是天的指令，天命不可违。荀子一反"天命观"，他接受了老子的"道法自然"之"道"："天行有常，不为尧存，不为桀亡。"（《荀子·天论》）"道"是不以人们意志为转移的规律。天、地、人皆要法"道"，遵循"道"，同时要各司其职，"天有其时，地有其财，人有其治，夫是谓之能参。舍其所以参而愿其所参，则惑矣"（《荀子·天论》）。因而要"明于天人之分"，"制天命而用之"。

在治世观上，孟子主张重王道轻霸道，"以力假仁者霸""以德行仁者王"（《孟子·公孙丑上》）。荀子不仅崇尚王道，同时冷静分析当时列强争霸现实，也不否认霸道，主张以王道为本而王、霸兼容，所谓"隆礼尊贤而王，重法爱民而霸"，实际上倾向于管仲学派的王霸并举（《荀子·王霸》）主张。孟子重王道，因此持"性善说"，人之初，性本善，认为以"义"劝世，"人皆可以为尧舜"。在孟子看来，只要建立封建的伦理道德和礼法制度，对民施以教化，使之上下有序，各安其所，便能化解人与人之间物欲上的争斗。荀子不以为然，他认为："人之性恶，其善者伪也。"人性生来便是自私的，"生而有好利焉""生而有疾恶焉""生而有耳目之欲，有好声色焉"，所谓"善"不过是假象。如果"从人之性，顺人之情，必出于争夺，合于犯纷乱理而归于暴"，所以对民众要以"礼"来节制，同时必须诉诸一种强制性，即由"礼"转为"法"。因而荀子主张礼法并举："礼以定伦"，有礼治社会才上下贵贱有序，同时要法来"定分"，使百姓各安其位。"法"与"礼"有不同规则，"法"讲的是赏罚分明，在"法"面前，不论贵族和平民，一切人皆是平等的。

在历史观上，孔子向来是"祖述尧舜""宪章文武"。孟子继承孔子道统，持"法先王"观点。所谓"法先王"，即效法古代圣明君王的言行、制度，言必称尧、舜、文、武。在孟子看来，倘若为政不"遵先王之法"，那就是离经叛道，人神共诛之。荀子也认为"先王之道，仁之隆也"。但是荀子指出，"先王"毕竟时代久远，"欲观圣王之迹，则于其粲然者矣，后王是也"（《荀子·非相》）。荀子认为人事总是先行后知，由行致知，"不登高山，不知天之高也；不临深渊，不知地之厚也"（《荀子·劝学》）。离开现实的"行"，照搬以往的"知"，是本末倒置。因而荀子认为应该厚今薄古，"法先王"必须通过"法后王"的途径才能实现。因为时代不同了，荀子认为当今之世，"略法先王而足乱世，缪学杂举，不知法后王而一制度"（《荀子·儒效》）。只有"法后王"，才能统一天下。荀子所谓的"后王"，实际上是一种理想人格的化身，即既能适应社会之趋势，又能集义利、王霸、礼法于一体的君王。

荀子在"帝"天下思想上，不仅兼取法家主张，而且兼取名家的主张，提出"制名以指实"的思想。荀子认为要统一"制名"："明贵贱"，在伦理上正名，使贵贱有等，亲疏有别；"辨同异"，在法律上正名，区别士、农、工、商的职业分野和各种等级称谓。通过正名，实现名实相符，建立统一的社会秩序。

可以说，荀子是由儒家大师转化成为黄老之学的代表人物。荀子是赵国人，由赵入齐，荀子晚年则居楚并终老于楚，这与楚地是道家的发源地，具有他所向往的文化氛围不无关系。

其次，荀子麾下的门徒也"杂"。荀子名曰儒家，培养的弟子却不仅有贾谊之类著名的儒家，也有李斯、韩非子之类著名的法家。《史记》记载，李斯"乃从荀卿学帝王之术"。荀子的"帝王之术"，是通过李斯的实践体现出来的，北宋苏轼在《荀卿论》中说："荀卿明王道，述礼乐，而李斯以其学乱天下。"此外，荀子的门徒还有集"法、术、势"法家思想之大成的韩非子。韩非子虽然是法家的代表人物，然而他的法家学说中却分明流贯着黄老学派的血脉。韩非子理论中，一个重要特征是将道家虚静无为的思想融入君王集权的"法治"。他在《主道》中说：

> 道者，万物之始，是非之纪也。是以明君守始以知万物之源，治纪以知善败之端。故虚静以待，令名自命也，令事自定也。虚则知实之情，静则知动者正。有言者自为名，有事者自为形，形名参同，君乃无事焉，归之其情。故曰：君无见其所欲，君见其所欲，臣自将雕琢；君无见其意，君见其意，臣将自表异。故曰：去好去恶，臣乃见素；去旧去智，臣乃自备……明君之道，使智者尽其虑，而君因以断事，故君不穷于智；贤者勑其材，君因而任之，故君不穷于能；有功则君有其贤，有过则臣任其罪，故君不穷于名。是故不贤而为贤者师，不智而为智者正。臣有其劳，君有其成功，此之谓贤主之经也。

意思是：君王之术重要的是遵循"道"，坚守虚静，不要表露个人的欲望和看法，让群臣无从探测君王的心意，杜绝群臣揣摩顺从君王心意竞相作伪，这样才能"智者尽其虑，而君因以断事""贤者勑其材，君因而任之"，自如地驾驭群臣，成为贤主。

上述可见，稷下学宫是当时百家争鸣的学术中心，也是黄老学说的发源地，黄老学说正是从这里推向南北各地。

第三节　汉初的黄老之术

在中华文明史上，一个王朝的兴衰总离不开"制""道""术"三方面因素。"制"指的是政治体制。自古以来，中国以小农经济为基础，小农以家族为基本单位，扩而大之为宗族。宗族自然地分散，处于无序的状态，因而数千年来，从远古的部落到春秋战国时期的诸侯国，一直争斗不止，战燹不息。统一中国是中华文明发展的必然趋势。秦王朝建立专制主义中央集权制，使中国宗族社会由无序走向有序，这是中华民族农耕文明的一座里程碑。毛泽东说"百代都行秦政法"，便是在总结中国历代王朝的政治实践中得出的结论。

问题在于秦王朝如此强大，为什么它的国祚仅仅持续14年？秦王朝的快速覆灭显然不是由于它的体制，究其原因，在于秦王的政治失之于"道"。"道"指的是治国理念。秦始皇以法家之"道"夺得天下。法家理念是：于君"富国强兵"，竭泽而渔；于民"以刑止刑"，施行暴政。这种集中全国之力办大事的方式，在中原逐鹿、弱肉强食的局势下，在崇尚武力兼并列国时期，的确是有效的。但是，"并兼者高诈力，安定者贵顺权，此言取与守不同术也"，统一天下之后，法家之"道"就失去了价值。因为法家之"道"只有"法、术、势"内容，只有一堆法律与权术，没有完整的伦理观、价值观、哲学观，没有顺民意、强经济的思想。所谓"法与时转则治，治与世宜则有功"，秦始皇的最大失误在于以"兼并"天下之"道"作为"安定"天下之"道"。这种"道"的错位，直接导致治世之"术"的一系列失误。"术"指的是手段、政策。秦始皇建国后推出了许多巨大工程，诸如修长城，筑阿房宫，建骊山墓，等等，好大喜功，穷奢极欲，劳民伤财。为了完成这些工程，他对民众设置重重苛法，横施暴政。暴政必将激起民变。中国第一次农民大起义——陈涉、吴广起义的直接原因就是秦始皇派下的沉重劳役，以及劳役的苛法。陈涉一群民夫被押送服役途中，"会天大雨，道不通，度已失期。失期，法皆斩"。真是官逼民反。横竖一个死，怎能不反？陈涉、吴广被迫揭竿而起。当时情势如《史记·秦始皇本纪》记载："山东郡县少年苦秦吏，皆杀其守尉令丞反，以应陈涉……不可胜数也。"实际上，秦王朝从统一天下开始，就已经将自己置于危坝之上，坝上只要有一处决口，就会决溃引发滚滚洪流。秦王朝很快在遍地农民起义的洪流中土崩瓦解。可以这么说："秦非不欲为治，然失之者，乃举措暴众而用刑太极故也。"（陆贾《新语·无为》）秦国之亡，亡在治国之"道"，正所谓"兴是商鞅，败也是商鞅"。

汉初政权，在政治体制上实际并无大的改革，基本上因循秦制，推行中央集权制。班固在《汉书》中说："秦兼天下，建皇帝之号，立百官之职，汉因循而不革，明简易，随时宜也。"不仅是官爵制度，礼乐制度也是如此。叔孙通为汉王制"礼"，《史记·礼书》说："至秦有天下，悉内六国礼仪，采择其善，虽不合圣制，其尊君抑臣，朝廷济济，依古以来。至于高祖，光有四海，叔孙通颇有增益减损，大抵皆袭秦故。"张苍为汉王定章程，如分天下为三十六郡，度量衡，乃至律历与财计皆循秦旧。《汉书·张苍传》："汉兴二十余年，天下初定，公卿皆军吏。苍为计相时，绪正律历。以高祖十月始至霸上，故因秦时本十月为岁首，不革。推五德之运，以为汉当水德之时，上黑如故。"

但是，在治国之"道"上，汉初汲取了秦亡的教训，改弦易辙，废除了法家之"道"，推行道家之"道"。汉高祖刘邦本是楚人，信奉道家学说，因而建朝之初就运用黄老之术来治国。黄老之术，实质上是黄老学说的政治实践。黄老之术的特点是，以"无为"为核心，兼容"法""礼"和"德"的功能，以宽松政治，让民休养生息。汉初几代帝王皆遵照黄老之术，采取了一系列稳定社会、巩固统一、恢复经济文化的政策。

首先是在行政体制上，西汉既循秦制又循楚规，推行以郡县制为主、分封制为辅的二元并行制。二元并行制的特点是，在中心及重要地区建郡县，局部地区分封刘氏子弟为诸侯王，以屏藩皇室。后来分封制出现了弊病，诸侯王割据一方，"不听天子诏"，导致"七国之乱"。汉景帝开始削藩，他采用黄老之术，用以柔克刚、以静制动方式，对分封制进行了改革。汉景帝剥夺了诸侯王的施政权，然而保持诸侯王的食户食邑，任凭"郡国诸侯各务自拊循其民"（《史记·吴王濞列传》）。这样既加强了中央集权制，又调动了地方的积极性，促进了经济繁荣和文化发展。汉朝这种"二元并行制"，是中央集权下的一种"无为而治"的行政方式。它的优势是改变了秦制中统得太死的状况，于统一之中设立有限的自治区域，通过自治区域之间的竞争，造成活跃的社会经济、文化的自然生态。西汉创立的"二元并行制"，后来被历代封建王朝所遵行。

其次是在法律制度上，西汉既循秦法又废除严法苛刑。秦朝"以法为教""以吏为师"，建立了统一而完备的法律制度，原本目的是巩固中央集权制。然而秦法"乐以刑杀为威"（《史记·秦始皇本纪》），过于严酷暴虐，以致"赭衣塞路，囹圄成市"（《汉书·刑法志》）。刘邦率军初入关中时，便"召诸县诸父老豪杰曰：'父老苦秦苛法久矣，诽谤者族，偶语者弃市……与父老约法三章耳：杀人者死，伤人及盗抵罪。余悉去秦法'"（《史记·高祖本纪》）。但"约法三章"过于简单，因而后来由丞相萧何对秦律法作了减损增益，"取其宜于时者，作律九章"（《汉书·刑法志》）。萧何的《九章律》多数内容袭用秦律，不过在理念与价值取向上发生了变化。制律的目的是让民休养生息。例如萧何废除了秦法中株连无辜的"连坐之罪"，废除了惨无人道的肉刑；增加了疑案的奏谳制，以及对老幼鳏寡、病残废疾的优恤令等等。尤为突出的是行刑法。秦法是"四时行刑"，然而黄老学说的思想是"春夏为德，秋冬为刑，先德后刑以养生"（《黄帝四经·十六经》），因而"萧何草律，季秋论囚，俱避立春之月"（《后汉书·陈宠传》），顺天应时改作"秋冬行刑"制度。这个行刑制度后来也被历朝所尊奉。黄老之术并不反对法治，而是强调循天道推行法治，即《韩非子·心度》所说的"法与时转则治，治与世宜则有功"。法律要随着时代变化而变化，治理方式也要从实际情况出发，这样才能收到实际效果。

秦末动乱之后，全国各地土地荒芜，哀鸿遍野，疮痍满目。"汉兴，接秦之敝，诸侯并起，民失作业而大饥馑。"（《汉书·食货志》）针对民不聊生的现实，汉初推行一系列与民休养生息的政策。例如招抚流亡，由于动乱，社会上出现大量流亡的百姓，"聚保山泽，不书名数"（《汉书·高帝纪》）。刘邦颁布诏令："今天下已定，令各归其县，复故爵田宅"。又如轻徭薄赋，刘邦诏令"约法省禁，轻田租，什五而税一，量吏禄，度官用，以赋于民"（《汉书·食货志》）。再是尚俭去奢，"自天子以至封君汤沐邑，皆各为私奉养，不领于天子之经费"（《汉书·食货志》）。汉文帝以皇帝之尊"躬修俭节"，日常他只穿粗丝绨衣，临终还遗诏反对"厚葬以破业，重服以伤生"（《汉书·食货志》）。此外，汉初还相继推出了裁减军队、兴修水利、释放奴隶等等利民政策。

最后是在思想学术上，秦朝焚书坑儒，"以愚黔首"，汉初否定了秦朝的文化专制。先废除了"诽谤妖言之罪"，重新开放言论自由；进而设置专书和专经博士，繁荣学术文化。汉初，不仅出现黄老学说盛极一时的局面，据《汉书·艺文志》载录的道家著作有"三十七家，九百九十三篇"，而且诸子百家学说也复现兴盛的景象，涌现出了"颇通诸子百家之言"的一批杰出思想家、文学家，如贾谊、晁错、枚乘、董仲舒、司马相如等人。

从汉高祖至汉文帝、汉景帝近40年间，汉朝廷一直本着黄老之术治国，成语"曹随萧规"便是述说这段时期推行黄老之术的故事。萧何是汉朝第一任丞相，主张无为，喜好黄老之术，为汉朝制定了一套规章制度。萧何死后，曹参继任丞相，他深信"治道贵清静而民自定"，因此如《史记·曹相国世家》所说："参代何为汉相国，举事无所变更，一遵萧何约束。"曹死，陈平继任丞相，仍旧因循萧、曹之道，力求清静，与民休息。其间，虽然朝廷里发生了吕后擅权，以及诸吕之乱事件，但是国策不变，如司马迁在《史记·吕太后本纪》里所评述："孝惠皇帝、高后之时，黎民得离战国之苦，君臣俱欲休息乎无为，故惠帝垂拱，高后女主称制，政不出房户，天下晏然。"汉景帝之母窦太后也"好黄帝与老子言"（《史记·外戚世家》），汉景帝自幼受黄老学说熏陶，及其继位后，一边平息"吴楚七国之乱"，加强中央集权，一边依然"从民之欲"，坚持不懈推行黄老之术。

由于汉初采取黄老的"无为而治"，中国社会出现了"文景之治"的太平盛世。据《汉书·食货志》记载：

至武帝之初七十年间，国家亡事，非遇水旱，则民人给家足，都鄙廪庾尽满，而府库余财。京师之钱累百巨万，贯朽而不可校。太仓之粟陈陈相因，充溢露积于外，腐败不可食……人人自爱而重犯法，先行谊而黜愧辱焉。

第四节　黄老之术的历史周期律

秦始皇的历史贡献是在中国创立了第一个专制主义中央集权的政治制度。中央集权既构建了农耕文明阶段中国社会最佳的政治体制，也开启了中国社会"一治一乱"的王朝更替的周期律。

专制主义中央集权有三个特征：其一，国家最高权力集于一身，由皇帝个人专断独裁，帝位是终身的，家族世袭的。其二，建立一整套由上而下的层层管理的官僚系统，官僚系统执行皇帝旨意，只忠于皇帝，是皇帝控制社会民众的工具。其三，地方政府在政治、经济、军事等方面没有独立性，一切听命于中央。这个制度虽然是人类文明发展的成果，但是受历史的局限，自其诞生之日起，就存在着一种与生俱来的无法摆脱的痼疾。每个王朝沿袭这个制度建立统治的同时，也就遗传了这个痼疾。制度的痼疾就在它由上而下的官僚系统。由于官僚系统只按帝王意志运转，缺乏民意的监督，因而具有腐败的自繁殖性。腐败的自繁殖表现在以下几个方面：首先是权力不受约束，导致权力寻租，敲诈勒索，敛财贪赃。所谓"一任清知府，十万雪花银"。即便官僚中会有一些自律较强的清廉官员，但由于官场上排斥异端的潜规则，多数也会同流合污，逐渐由廉而贪，由小贪而大贪，何况一些不知自律的官员。其次，每个王朝的初期，官僚机构相对来说比较精简，但随着政权稳固而逐渐扩大，到了王朝末期，官僚机构会极度膨胀。官僚机构膨胀势必会加剧农村土地兼并，历史学家翦伯赞先生在《论中国古代的封建社会》一文中指出这个趋势："中国的封建统治阶级对土地的收夺，愈到后来，愈是厉害，从熟地到荒地，从私田到公田，从平原到山泽湖沼，从数百亩、数千亩、数万亩到几十万亩，一直要到迫使农民无立锥之地。"最终官僚系统整体腐败，导致社会贫富两极分化，官民尖锐对立，从而引发各地农民起义；中央权力因此而失控，造成地方军阀割据，社会大动乱，经济大破坏；结果就是旧王朝分崩离析，新王朝应运诞生。于是，王朝在更替中进入了一个新的轮回。纵观中国的历史，可以说任何一个王朝都是以反腐败开始，又以自身腐败而告终，"其兴也勃焉，其亡也忽焉"。

当然，每个王朝的开明君王都意识到这个痼疾的存在及其危害性，因而无不设立各种监察机构，清除官僚系统里的腐败分子，甚至会通过变法来约制腐败的趋势。但是，封建王朝自身的监察与变法，治标不治本，只可能限制腐败的进度，无法根除腐败的机制。因为监察机构实际上只是官僚系统的一部分，受系统制约，作用有限。任何变法最终也都以失败而告终，它们除了拖延王朝的寿命，无法改变王朝走向崩溃的命运。这说明，"一治一乱"的规律不是以封建统治者的意志为转移的，因为它的根子不在于统治集团的愿望，甚至也不在于以皇帝为首的官僚系统，而在于专制的中央集权的体制本身——它是体制的产物。或者说，在农耕文明发展过程中，"一治一乱"的王朝更替是社会系统内部一张一弛的自我调节机制，是一个无法摆脱的怪圈。在这个怪圈里，皇帝、官僚以及百姓都无可奈何地在盛世与乱世里不断地轮回。

黄老之术无疑是治"乱"的一剂良药。它的效用在于以"清静无为""任其自然"之术，恢复动乱后社会的"自然"的生态，在至"乱"的"一张"之后，通过至"治"的"一弛"，让民与利，来平息官民矛盾，实现社会平衡。黄老之术是社会由"乱"及"治"的媒介，和蔼自然的途径。自汉朝始，中国历史上的每个开国君王在其执政之初，几乎无一不是遵循黄老之术来治国理政。东汉末期大动乱，曹操统一北方，后魏文帝曹丕《息兵诏》《轻刑诏》《薄税诏》，明令"且休力役，罢省縣戍，畜养士民，咸使安息"（《三国志·魏书·明帝纪》）。隋末大动乱，唐承隋兴，李世民便强调"为国之道，安静为务"（《旧唐书·突厥传》），采取节欲戒奢、轻徭薄赋、抚和四夷、偃武修文等"无为"之术，"与民休息"，从而开创了"贞观之治"。元末大动乱，朱元璋建立明朝后，便将黄老之术作为"养生治国之道"，自觉效法汉高祖，强调"天下初定，百姓财力俱困。譬犹初飞之鸟，不可拔其羽；新植之木，不可摇其根；要在安养生息之"（《明太祖实录》卷二十五）。及至明成祖朱棣登基，仍坚持"无为而无不为"之道，从而开创了"永乐盛世"。明末大动乱，清军入关，取明朝而立清朝，顺治与康熙不仅"渐习汉俗"，并汲取了"文景之治""贞观之治"的经验，推行"以宽为本""与民休息"的黄老之术，如废除"圈田令"、轻徭减赋、奖励垦荒、整顿吏治、慎用刑罚等，从而稳定了社会，呈现"康乾盛世"。上述历史现象说明，黄老之术与王朝更迭如影随形，也存在着一兴一衰的周期性。

然而，黄老之术毕竟是开国君王用来治"乱"的，一旦天下大"治"，黄老之术就会被后继者逐渐抛弃。中国是一个以家族为单位的小农经济国家，要实现"大一统"国家的长治久安，势必要建立严格的伦理社会秩序，而黄老之术在这方面没有什么效用。因而汉朝到了汉武帝时，儒家的家族伦理之道登上了历史舞台。汉武帝采纳董仲舒的"罢黜百家，独尊儒术"，加强思想专制，通过"君君、臣臣、父父、子子"的等级秩序来巩固专制主义中央集权制度。汉初的黄老之术由盛而衰，逐渐退出历史舞台。最明显的标志是，以黄老学说为主导思想的《淮南子》《史记》，在汉武帝时遭到了冷遇。其实，这种现象在中国历史上不是个别现象，历朝历代都是如此。

20世纪中叶，历史学家吴晗、翦伯赞等先生曾根据阶级斗争学说，提出"让步政策"论。他们将黄老之术称之为"让步政策"，其理论是：封建统治者的本性是欺压民众的，推行黄老之术只是一种"让步"。"让步"是被迫的，"让步"的目的是为了不"让步"，一旦封建统治者坐稳天下后，便会反攻倒算。"让步政策"论在当时的史学界曾经风靡一时。

今天再来审视"让步政策"论，从现象看似乎是正确的，但深入到本质去分析，这个理论显然存在着偏颇。其偏颇之处，在于将动乱之因简单地归之于封建统治者贪得无厌的本性，没有深入到政治体制中去寻找原因。历史的实际情况是，在农业社会，所谓地主与农民、统治者与被统治者，是社会的两个对立统一的基本元素，犹如一阴一阳，两者是相辅相成、自然一体的。这两者并不固定，始终在相互转化。比如刘邦、朱元璋，他们本是被统治者，后来转化为统治者。因此，就统治者与被统治者本身而言，两者皆不存在先验的反动与革命之属性，他们只是农耕社会互动的一种生态。两者和谐，清静无为，便是天下大治而太平；两者对立，乃至走向极端，天下便会因冲突而大乱。历代统治者深明这个道理，故唐太宗李世民说"水可载舟，亦可覆舟"。宋太宗赵光义干脆刻《戒石铭》置全国各府："尔俸尔禄，民膏民脂；下民易虐，上天难欺。"任何王朝统治者都希望江山稳定，经济繁荣，社会太平，而不希望动乱。因为一"治"则两者俱利，一"乱"则两败俱伤。社会治乱，王朝更替，并不取决于统治者的意志。

以清初推行"湖广填四川"的移民政策为例。由于明朝末年农民起义与清兵入川导致的蜀地战火，以及张献忠建立的大西政权对蜀民的大肆屠杀，原本四川人口有600多万，至战事平息时，据康熙二十四年人口统计，四川仅余人口9万余。《四川通志》记载："蜀自汉唐以来，生齿颇繁，烟火相望。及明末兵燹之后，丁口稀若晨星。"因而，康熙颁布了《康熙三十三年招民填川诏》，首先是招抚因战争而背井离乡的四川原籍人口，加以登记注册，由四川"差官接来安插"，并下令从湖南、湖北、广东等地向四川移民，让各地移民入川定居垦荒，发展经济，恢复社会生态。康熙为此出台了一系列优惠政策，比如规定各省贫民偕妻入蜀开垦者，准其入籍；凡入川者，将地亩给为永业；移民垦荒地亩，规定五年起才征税，并对滋生人口，永不加赋；各级官吏的政绩升迁、奖励与垦荒招民紧密联系起来，等等。清初这个"湖广填四川"移民政策，不仅使国内的人口结构趋于平衡，四川土地获得充分开发，经济得到迅速恢复，而且各地文化在蜀地碰撞，形成了特色鲜明的巴蜀文化。清政府这一切的理政措施分明都是统治者为稳定自己的政权谋利，为自己的统一大业布局，这怎么能说是"让步政策"呢？因而，以封建统治者所谓的"让步"与"不让步"来解释一治一乱的历史现象，在理论上是肤浅的，乃至是错误的。

第三章　魏晋玄学

第一节　玄学的诞生

汉王朝官僚机构的政治积弊，最终导致黄巾农民大起义。汉朝的中央集权因此而崩塌，形成地方军阀割据混战状态，历史开启新一轮的改朝换代。东汉末期，诸侯林立，相互争斗兼并，政权更迭犹如走马灯。若从曹丕称帝算起，到陈朝灭亡为止，历时长达近400年，中国社会经历了三国、西晋、东晋、五胡十六国和南北朝，先后出现了几十个政权。

这段时期，中国社会出现四大趋势：

战乱造成社会大动荡。东汉末期，朝廷内部外戚、宦官争权，"党锢之祸"迭起，政治黑暗；官僚系统整体腐败，兼并土地，掠夺民财，农民流离失所；官逼民反，爆发了农民大起义。起义队伍"烧官府，劫略聚邑，州郡失据，长吏多逃亡；旬月之间，天下响应，京师震动"。朝廷派重兵镇压农民起义，仅是曹操征陶谦，"凡杀男女数十万人，鸡犬无余，泗水为之不流"。天下既乱，诸侯军阀割据，"饥则寇略，饱则弃余"，对治下百姓动辄横征暴敛，甚至纵兵抢掠，十室九空、民不聊生。这时期的社会，可以说是硝烟四起，处处是战争，死亡，血腥，灾难，毁灾，"身祸家破，阖门比屋"（《宋书·谢灵运传》），"白骨露于野，千里无鸡鸣"（曹操《蒿里行》），"朝野崩离，纲纪文章荡然矣"（《后汉书·党锢列传》）。

汉代独尊的经学衰落。自汉武帝采纳董仲舒"罢黜百家，独尊儒术"，放弃黄老之术之后，儒学与皇权合一，成为官方的正统思想，并执行文化专制。两汉的儒学不仅宣扬推广纲常名教，建立严格的上下尊卑伦理秩序，相比于孔子的儒学，它还具有两个特点：一是儒学与谶纬之学相合。谶是假托神仙圣人的预言，以阴阳五行学说和"天人感应论"为依据，借天道来说人事；纬学相对于经学而言，就是结合专制政治需要，注释和解释儒家的经典，发掘经书中的微言大义。二是儒学以经学的形式出现。两汉发生了今文经学和古文经学的分歧。西汉通行今文经学，即根据世上通行文字记录的儒家经典阐发经义。东汉则改行为古文经学，即根据孔壁或地下发掘出来的用古文字写的儒家经典，从文字训诂入手来阐发经义。今文经学与古文经学发生长期的论争，其结果是将儒学引向烦琐的考证，变成僵死的教条，层层禁锢人们的思想。汉末社会大动荡，既瓦解了中央集权，也打破了原有的文化专制。汤用彤先生在《魏晋玄学论稿》里说："汉末以后，中国政治混乱，国家衰颓，但思想则甚得自由解放。此思想之自由解放本基于人们逃避苦难之要求。故混乱衰颓实与自由解放具因果之关系。"

经济文化重心由北向南转移。自从以匈奴贵族为首的少数民族颠覆了西晋王朝，北方的匈奴、羯、鲜卑、氐、羌等少数民族开始中原逐鹿，相互攻伐，百余年里先后建立了16个政权，史称"五胡十六国"。这个乱局导致北方士族和民众大批南徙，南方经济文化因此迅速发展。这是中国历史上经济文化重心第一次由北向南转移。由于中原魏晋文化移植南方，与南方的楚文化融合，促进了中华民族传统文化的大融合。

门阀制度的兴盛。两汉崇尚儒术，官僚多以经学起家，至东汉时逐渐形成累世公卿。他们在朝廷攫取政权，在经济上兼并土地，割据一方，成为名门望族。自曹魏、西晋之后，门阀制度开始兴盛。门阀制度的特征是，按门第选用官吏，按门第派免徭役，按门第论婚姻娶嫁，"士庶之际，实自天隔"。东汉末期，权力机构分化轮换频繁，门阀士族为争夺皇权，纷纷陷入政治斗争的旋涡，成王败寇，随时有杀身之祸。门阀士族中有些人为了离开权力之争，避免"乱世多故"，以崇尚清谈自许，因而谈玄论道一时蔚为社会风气。

中国传统文化发展的基本规律是：治世则儒家兴，乱世则道家兴，一治一乱，周而不殆。汉末乱世，经学既趋于衰落，道家便开始复兴。这时期的道家学说分为两脉：一脉是"帝天下"的黄老学说，被热衷于追逐皇权、统一天下的士族所重拾复施；另一脉是崇尚"个性解放"的老庄学说，则被淡泊政治的名士所追捧。后者的名士，开启了玄学思潮。

魏晋玄学，是老庄思想一脉的衍变。它以"三玄"（《易经》《老子》《庄子》）为主导思想。玄学的"玄"字，起源于老子《道德经》中所说的"玄之又玄，众妙之门"。王弼《老子指略》中说："玄，谓之深者也。"指"道"之幽深微妙。玄学就是探讨深奥玄远问题的学问。玄学的名称最早见于《晋书·陆云传》："云（陆云）本无玄学，自此谈老殊进。"

东汉的主流意识是"名教"。所谓"名教"，就是"以名为教"。名即名分，教即教化，名教即通过定名分（三纲五常）来教化天下，维护社会的伦理纲常、等级制度。《后汉纪·献帝纪》云："夫君臣父子，名教之本也。"因此，魏晋玄学自产生之日始，就与"名教"的主流意识发生了尖锐冲突。这个冲突反映到魏晋玄学思想内部，就是"有无相生"问题的争论。争论分为"贵无"与"崇有"两派，中心是怎样看待"自然"与"名教"之间的关系。

魏晋玄学思想发展大体可分三个阶段：一、曹魏正始时期（240—249年），以何晏、王弼为代表。他们出自儒家，却以道家思想来解说儒家经典。何晏的《论语集解》、王弼的《论语释疑》，持的是"贵无论"，主张"崇本举末"。所谓"崇本举末"，就是以"自然"之"无"为"本"，以"名教"之"有"为"末"，认为"名教出自自然"，如此的"名教"才是合理的。史称他们是"正始名士"。二、竹林时期（254—262年），以嵇康、阮籍为代表。与"正始名士"试图调和儒、道学说不同，他们崇尚"自然"，认为"自然"是自然而然的整体，名教是人为的，破坏了自然和谐。嵇康的《与山巨源绝交书》、阮籍的《大人先生传》皆激烈批判名教思想，主张"越名教而任自然"。三、元康时期（290年前后），以裴頠、郭象为代表。裴頠的《崇有论》，郭象的《庄子注》皆由"贵无"转而为"崇有"。他们认为"物自生"即是"天然无为"，"尊卑上下之序"也就合乎"天理自然"，因而"有"等同于"无"，名教也出自自然。裴頠、郭象重新肯定了名教的作用。实际上，裴、郭"崇有"之说仍在玄学系统之内，只是由扬弃儒学转向融通儒学。可见，玄学从何晏、王弼的"贵无论"，到裴頠、郭象的"崇有论"，经历了否定之否定，最终抛弃了"名教"庸俗的内容，把"自然"与"名教"统一起来，给当时的思想界带来了一股新的气息。

及至东晋，玄学演变为江左玄学。江左玄学以张湛为代表，他的《列子注》与王弼《老子注》、郭象《庄子注》同为玄学三大支柱之一。张湛综合"崇有""贵无"思想，提出"群有以至虚为宗，万品以终灭为验"，认为人生短暂无常，主张人生于世当废弃礼法，"肆情任性"，及时行乐。他的《列子注》实际上是魏晋玄学的终结者。

"自然"与"名教"之辩，并非只是清谈，其争辩的背后是玄学与经学残酷的政治斗争，因而充满着阴谋与血腥。嵇康是曹魏的中散大夫，因为不与擅权者合作，遭钟会构陷而被司马昭处死，其罪名便是否定"名教"："康上不臣天子，下不事王侯，轻时傲世，不为物用，无益于今，有败于俗……今不诛康，无以清洁王道。"阮籍任步兵校尉，尽管他远离政治，采取明哲保身的态度，但维护"名教"的何曾见阮籍不合作，便劝司马昭杀阮籍，构陷的罪名也是"纵情背礼败俗"，阮籍也险些被杀。刘伶在《酒德颂》中描述两者之间的矛盾："贵介公子，缙绅处士……奋袂攘襟，怒目切齿，陈说礼法，是非蜂起。"可见两者虽是思想的对立，表现出来的却是迫害与反迫害的斗争。

不过，由于时代浪潮的冲击，经学在当时毕竟处于分崩离析状态，"名教"实际上不复是原先的"名教"，本身已经发生严重变质。例如儒家以忠孝为本，魏晋之时忠与孝不再并提，两者被分裂开来，当权者倡导"孝"而轻言"忠"。对于这个现象，鲁迅在《魏晋风度及文章与药及酒之关系》中一针见血指出："为什么要以孝治天下呢？因为天位从禅让，即巧取豪夺而来，若主张以忠治天下，他们的立足点便不稳，办事便棘手，立论也难了。"正是"名教"的衰落，才造就了玄学的产生。玄学在同儒学的矛盾中发展起来，最终形成一门独立的学说，成为道家学说衍生的一支新学派。

据南齐陆澄《与王俭书》记载："元嘉（439年）建学之始，（郑）玄、（王）弼两立。逮颜延之为祭酒，黜郑（玄）置王（弼），意在贵玄

（学），事成败儒。"（《南齐书·陆澄传》）郑玄是东汉末期的经学大师，以古文经学为主，兼采今文经学，创立"郑学"，两汉经学因之进入"统一时代"。元嘉期间，朝廷设立玄学馆，将玄学列入官学。这说明到了南北朝时期，何晏、王弼等创始的玄学，已经取代了郑玄的经学。

魏晋玄学的社会影响，包括立言与行事两个方面。在立言上，玄学家尚谈老庄，深入探讨玄理，以求"文"的自觉；在行事上，玄学家则执自然之道，冲破名教对人性的束缚，体现于"人"的复苏。后者尤以庄子的人生哲学影响为最，《竹林七贤论》云：名士们"读之者无不超然，若已出尘埃而窥绝冥，始了视听之表"①。因此玄学家放纵个性，将不拘礼法、率直任诞、清俊通脱视作一种人生境界，将饮酒、服药、清谈、纵情山水和华丽词章作为崇尚的生活方式，所谓"目送归鸿，手挥五弦。俯仰自得，游心太玄"（嵇康：《赠秀才入军》），一时成为社会的风气，人们称之"玄风"。

第二节　玄理的探讨

玄学家之所以以"玄"为名，在于他们探讨、争辩的问题是现实存在的终极原因，这些都是玄远深奥的哲学问题。玄学家以老庄哲学之"道"为本，从理论上汲取诸子百家的思想，运用纯抽象的思维方式，或赋予既有哲学概念以新的内涵，或提出一些新的哲学观念和范畴，诸如有无、本末、言意、体用、一多、情性、形神等等，创生了许多有价值的哲学命题。玄学的诞生不仅丰富了中国哲学的内容，而且对中华民族的文化思想产生了深远影响。

何晏、王弼是玄学的开创者。《晋书·王衍传》记载："魏正始中，何晏、王弼等祖述老庄，立论以为，天地万物皆以无为本。无也者，开物成

---

① 蔡靖泉：《楚文化流变史》，湖北人民出版社，2001年版，第378页。

务，无往而不存者也。阴阳恃以化生，万物恃以成形，贤者恃以成德，不肖者恃以免身。故无之为用，无爵而贵矣。"在玄理的争辩与探讨中，何晏、王弼建立了"以无为本"的玄学思想体系。

有无之辩，是道家哲学的核心命题。老子说："天下万物生于有，有生于无。"（《道德经》第四十章）依据此命题，玄学家提出了"以有为末，以无为本"的理念。他们认为，"道"是"以无为本"的精神体现，与"自然"相通。"夫物之所以生，功之所以成，必生乎无形，由乎无名。无形无名者，万物之宗也。"（王弼《老子指略》）《文子·九守》云："虚无者道之所居。""道"体虚无，因为虚无所以能包容生出万物。玄学家认为"无"是宇宙万物之本体，是原始的，无穷的，无限的，有了"无"才有了宇宙万物。宇宙万物之"有"只是"无"的各种具体形态。无限的"无"是由无数有限的"有"构成的，故"无"是"本"，"有"是"末"。"有"是"无"的物化形式，离开"有"，"无"便不以寓存；"无"是"有"的本源，离开了"无"，"有"便成了无源之水。因此，玄学提出了"崇本举末"命题，以"无"为本，以"有"为末。

由"崇本举末"思想出发，何晏认为"自然为本，名教为末""名教出于自然"，否定名教来自"天意"的观念，将天人关系拨乱反正。何晏在《论语集解》中，以老庄之道对儒学加以重新诠释，对《论语》中的内容"有不安者，颇为改易"（何晏《论语集解》）。王弼继何晏之后，对"崇本举末"思想进一步发挥，强调"天地任自然，无为无造，万物自相治理"（王弼《道德经注》），并且引老说孔，以道注儒，将《论语》玄学化。王弼主张君主治国应"居无为之事，行不言之教，不以形立物，故功成事遂，而百姓不知其所以然也"（王弼《道德经注》），公开批评名教是违背自然、胡作非为。

在情性关系上，王弼提出了自然本性论。"物有常性，而造为之，故必败也。"（王弼《道德经注》）他认为儒家提出的"性善"与"性恶"观念，都是人为的界定，是错误的。人的情与性是本末关系，性是"本"，情是"末"。情离开性便会失真而伪，因而应该顺从性之自然，由性生情。

玄学强调"以无为本"，于是出现了一个新的问题："无"是"无形无名"的，无法用言语来表述，那么怎样才能把握"无"呢？这个问题本身就很"玄"，因为问题本身存在着一个悖论：如果"无"可以用语言来表述，那就是"有"；如果无法用语言来表述，那么"无"的存在又如何来证实呢？为了解决这个问题，玄学家提出了一个新的哲学命题，那就是"言意之辨"。

关于言与意的关系，究其本源，其实来自"道可道，非常道"的诠释。"道"是个浑然的整体，是无法用语言表达的。庄子曾经作过论述："语之所贵者，意也，意有所随；意之所随者，不可以言传也。""道"可以意会而不能言传。玄学家在道家留下的命题上作了深入探讨，提出各种观点，诸如"言不尽意""言可尽意"等，其中最有创意并影响深远的是王弼提出的"得意忘言"。王弼认为，言语可以表"意"，但表述的不是"意"本身，而是"意"的载体——"象"，人们要通过"象"去领悟。他在《周易略例·明象》中阐述：

夫象者，出意者也。言者，明象者也。尽意莫若象，尽象莫若言。言生于象，故可寻言以观象。象生于意，故可寻象以观意。意以象尽，象以言著。故言者所以明象，得象而忘言。象者所以存意，得意而忘象……是故，存言者，非得象者也；存象者，非得意者也。象生于意而存象焉，则所存者乃非其象也。言生于象而存言焉，则所存者乃非其言也。然则，忘象者，乃得意者也；忘言者，乃得象者也。得意在忘象，得象在忘言。故立象以尽意，而象可忘也。重画以尽情，而画可忘也。

王弼说的"象"虽是《易经》的卦象，但由此衍生出物象。王弼这段关于言意关系的论述，在理论上有了新的突破。他提出了"言"与"象"皆是载体，是"有"，"有"不等于"无"，"存言者""存象者"不等于"得意者"；更重要的是，他发现由"有"知"无"的中介："言以观象"，而"象生于意"，"象"是"言"（有）与"意"（无）的中介。因此，在言与意的关系上，王弼提出"崇本息末"论，"意"是本，"象"与"言"皆是"末"，得"象"而忘"言"，"得意"而"忘象"。

"得意忘言"论,可以说开启了中国传统的意象论,从理论上深化并完善了中国艺术的表现论。按王弼的理论,语言无法直接表"意",它首先要感觉化,转换为"意象",而"意象"才是"意"的载体。"意象"之价值,就在于"意象"与"无"具有同构性,能够通过"意象"而直觉到"无"的存在。具体说,"意象"有如下特征:

其一,心灵与宇宙是同一的,两者皆是"道",前者是人道,后者是天道。"道"是永远运动着的,周而不殆。心灵与宇宙通过"气"的形式发生能量交换,两者具有对应性。这个"气",现代心理学称之为"力"。现代心理学家阿恩海姆对此作如此阐述:"不论是在我们自己的心灵中,还是在自然现象中……我们必须认识到,那推动我们自己的情感活动的力,与那些作用整个宇宙的普遍的力,实际上是同一种力。只有这样去看问题,我们才能意识到自身在整个宇宙中的地位,以及这个整体的内在统一。"①正因为心灵与宇宙由"气"贯通,因而人的心灵能够体悟宇宙之"道",穷神而达化,实现"万物皆备于我"(《孟子·尽心》)。

其二,"意象"是个有机的整体,有活力的小宇宙。"言"由词组成,词义是独立的,词与词加在一起构成整句话的意思,这意思是固定的,单一的,僵死的。而"象"则不同,"象"由形状、色彩、光线、线条等元素构成。这些元素不同于词,它们没有独立的意义,但是当"意"将它们构成整体,形成内在结构,"象"便有了独立的生命,产生自己的活动规律,一张一弛,一强一弱,繁衍流动,不断变幻。

其三,"意象"与"无"同构。所谓同构,就是说"意象"中的意味是无限的。"意象"中的意味不仅来自构成"意象"的元素,而且来自元素之间的结构。结构的意味往往错综复杂,混沌一体,恍兮惚兮,不可言喻。

其四,"意象"具有再生性。所谓"有无相生","意象"是"有",直接呈现的实像,但是宇宙存在是整体的,此"象"与彼"象"关联。人们按照阅历与经验,由此"意象"会联想到没有呈现的相关"意象",即虚

---

① 〔美〕鲁道夫·阿恩海姆著、滕守尧等译:《艺术与视知觉》,中国社会科学出版社,1984年版,第625页。

像。通过虚像的联想，"意象"在无穷的时空中自由地、连续地拓展，于是有了"象外之象"。格式塔心理学称这种再生现象为"完形"，即"意象"是一个"具有内在规律的完整的历程"。

其五，"意象"中的意蕴是"无"，可以整体意会而难以用言语来厘清。以语言的逻辑推理解剖"意象"，"意象"便会支离破碎，便失去了"无"的真意。惟有以道家的直观方式，澄心静虑，从"意象"中"一刹那间"顿悟，才能悟出生命的意义、人世的真谛、宇宙的本质。

王弼提出的"得意忘言"思想，其实在《庄子·外物》中已有启端："荃者所以在鱼，得鱼而忘荃。蹄者所以在兔，得兔而忘蹄。言者所以在意，得意而忘言。吾安得夫忘言之人而与之言哉！"只是在庄子的思想中，尚未发现"言"与"意"之间的中介"象"，而这"象"恰是从"言"悟得"无"的关键。王弼的"得意忘言"的思想，无疑解开了"言"与"意"之间的微妙关系。它将"言"作为"登岸之筏""望月之指"，开启了玄学解读儒、道、佛的经典思维方法；而"意象"论，则开辟了一个新的美学理论领域，在中国古典艺术领域产生了巨大的影响，由此衍生出一系列诸如"意象""意境""象外之象""言外之意"等新的理念。

"得意忘言"思想，被许多玄学家所接受，例如诗人陶渊明，他在诗作《饮酒》里写道："采菊东篱下，悠然见南山。山气日夕佳，飞鸟相与还。此中有真意，欲辨已忘言。"山气氤氲，夕阳西下，飞鸟倦归，诗人触景生情，顿时从景象中悟出了人世间的真谛，但是此中真意"惟恍惟惚"，只能心会，却无法用言语来表述。

在意象论基础上，玄学还由"有无之辨"命题，提出了形神论。形神论认为"有"为形，"无"为神。两者之间的关系，嵇康在《养生论》中指出："形恃神以立，神须形以存""精神之于形骸，犹国之有君也"。魏晋时期，名士们受形神论影响，玩味自然，追求清纯潇洒，崇尚从有形世界中表现一种形而上的玄远之境。当时盛行人物品藻，要求于仪容之外见其内在精神，讲究人的"神采""神韵""风神""神情""神气"。形神论后来也在艺术上发生了深远影响，它直接开启了中国美学史上的"神韵说"。

第三节　"人"的复苏

自董仲舒"罢黜百家，独尊儒术"以来，两汉"名教"给人们设置了三大精神枷锁：一是奉天承运的皇权争夺，闹得血雨腥风；二是功名利禄的追逐，所谓"建永世之业，留金石之功"，耗尽人生；三是"三纲五常"的标榜，树伦理之碑，立君子名分而追逐千古遗芳。三大精神枷锁压抑人性，致使"人"的异化。玄学发出了"任自然而越名教"的呐喊，这无疑是颠覆现状的一种尝试，有力地唤起了"人"的生命意识。

"人生寄一世，奄忽若飙尘""所遇无故物，焉得不速老""出郭门直视，但见丘与坟"……这是《古诗十九首》的喟叹。那种"意悲而远，惊心动魄"的描述，再现了东汉末期社会动荡、生命涂炭的情景。那时期，士人们的生存也艰险重重：社会高层激烈的皇权争夺，结果总是胜王败寇；士人功名利禄的追逐，结果总是事未立而时已逝；家族的荣华富贵，顷刻间莫名丧落；而辉煌与悲惨相共，弹冠与死亡比肩，使士人们无不处于"亲故多离其灾，徐（幹）陈（琳）应（瑒）刘（桢），一时俱逝"的环境之中（曹丕《与吴质书》）。面对残酷的现实，士人们开始转向对生命意义的重新审视，深刻体验到生命的脆弱、人生的短暂。李泽厚说："这种对生死存亡的重视、哀伤，对人生短促的感慨、喟叹，从建安直到晋宋，从中下层直到皇家贵族，在相当一段时间中和空间内弥漫开来，成为整个时代的典型音调。"[①]

曹操统一北方，宏业大展，虽然怀揣"烈士暮年，壮心不已"的慷慨之气，却仍旧由衷发出"对酒当歌，人生几何！譬如朝露，去日苦多"的感叹。手握权杖的曹丕也不免感叹"人亦有言，忧令人老，嗟我白发，生亦何早"。名教的解体，人性的复苏，使他们在"建功立业"之后，重新审视人

[①] 李泽厚：《美的历程》，文物出版社，1981年版，第88页。

生的意义。《世说新语》记载："桓公北征，经金城，见前为琅琊时种柳，皆已十围，慨然曰：'木犹如此，人何以堪！'攀枝执条，泫然流泪。"权贵尚且这样，何况一些抑屈的官员、落拓的士人？忧谗惧祸的阮籍深吟："人生若尘露，天道邈悠悠……孔圣临长川，惜逝忽若浮。"仕途坎坷的刘琨感叹："功业未及建，夕阳忽西流。时哉不我与，去乎若云浮。"王羲之弃官归隐，感悟说："死生亦大矣，岂不痛哉……固知一死生为虚诞，齐彭殇为妄作，后之视今，亦犹今之视昔。悲夫！"

珍惜生命，及时行乐，成为魏晋时代一种流行的人生态度。"昼短苦夜长，何不秉烛游！为乐当及时，何能待来兹？""人生天地间，忽如远行客。斗酒相娱乐，聊厚不为薄。"一时间，服药以追求长生，饮酒以纵欲享乐，成为名士们竞相尚行的生活方式。

何晏、王弼是玄学的创始人，也是服药的先行者。皇甫谧《寒食散论》云："近世尚书何晏，耽好声色，始服此药，心加开朗，体力转强。京师翕然，传以相授，历岁之困，皆不终朝而愈。众人喜于近利者，不睹后患。晏死之后，服者弥繁，于时不辍。"何晏服的是"五石散"。《世说新语·言语》记载："何平叔云：'服五石散，非唯治病，亦觉神明开朗。'"何晏服药的目的纯粹是为了享受生活，他深信服了五石散能够美容。何晏服药后确实起到了一定效果，他皮肤亮白，姿仪显得更俊美。但是五石散也是一种春药，服药后激发性欲，纵情女色，副作用也很大。服五石散与今天吸毒一样，时间一长，便上瘾，"魂不守宅，血不华色，精爽烟浮，容若槁木"。所以苏轼在《东坡志林》说："世有食钟乳乌喙而纵酒色，所以求长年者，盖始于何晏。晏少而富贵，故服寒食散以济其欲，无足怪者。彼其所为，足以杀身灭族者，日相继也。得死于寒食散，岂不幸哉！"

"正始名士"服药，竹林七贤则嗜酒成性。《世说新语》记载："张季鹰纵任不拘，时人号为'江东步兵'。或谓之曰：'卿乃可纵适一时，独不为身后名邪？'答曰：'使我有身后名，不如即时一杯酒！'"七贤中，尤以嵇康和阮籍的饮酒最为著名，他们常常酩酊大醉。嵇康赋诗云："酒中念幽人，守故弥终始。但当体七弦，寄心在知己。"饮酒成为当时名士的一种独特风度，人们竞相模仿。王孝伯说："但使常得无事，痛饮酒，熟读《离

161

骚》，便可成名士。"（《世说新语·任诞》）

挣脱礼教的束缚，追求个性解放，是魏晋时期的又一股玄风。在两汉名教层层束缚之下，人们犹如龚自珍笔下的"病梅"，"以曲为美，以欹为美，以疏为美"，一味"斫直，删密，锄正""以夭梅、病梅为业"（龚自珍《病梅馆记》），整个社会的空气沉闷得令人窒息。玄学的出现给予渴望精神自由的士人们一丝希望的亮色。随着正统儒术地位的坠落，士人们不再视名教为当然，嵇康针对"六经为太阳，不学为长夜"的说教，在《难自然好学论》一文里加以驳斥："今若以明堂为丙舍，以讽诵为鬼语，以六经为芜秽，以仁义为腐臭，睹文籍则目瞧，修揖让则变伛，袭章服则转筋，谈礼典则齿龋，于是兼而弃之，与万物为更始，则吾子虽好学不倦，犹将阙焉。则向之不学，未必为长夜，六经未必为太阳也。"阮籍在《大人先生传》中，借大人先生之口，讽刺那些谨守名教的君子，说他们犹如"虱之处于裈中，逃乎深缝，匿乎坏絮，自以为吉宅也。行不敢离缝际，动不敢出裈裆，自以为得绳墨也。饥则啮人，自以为无穷食也。然炎丘火流，焦邑灭都，群虱死于裈中而不能出"。阮籍不仅口诛笔伐，而且表现在行动上，公然在众人面前违背礼制，不惜逆孝道而行。《世说新语·任诞》记载："阮籍遭母丧，在晋文王坐，进酒肉。司隶何曾亦在坐，曰：'明公方以孝治天下，而阮籍以重丧显于公坐饮酒食肉，宜流之海外，以正风教。'……籍饮啖不辍，神色自若。"

士人们任性而为，以崇尚自然为荣，认为"人生天地之间，体自然之形"（阮籍《达庄论》），吐自然之言，行自然之事，因而喜好以"异端"自许，以"另类"相标榜。王粲有"好驴鸣"这一癖好，曹丕为其"驴鸣送葬"。这一行为本身十分荒诞，但是可以视为当时名士极度追求真性情的一种表现。《世说新语·雅量》记载：

郗太傅在京口，遣门生与王丞相书，求女婿。丞相语郗信："君往东厢，任意选之。"门生归，白郗曰："王家诸郎，亦皆可嘉，闻来觅婿，咸自矜持，唯有一郎在床上坦腹卧，如不闻。"郗公云："正此好。"访之，乃是逸少，因嫁女与焉。

郗鉴最终不选那些中规中矩的公子，却选恃才傲物、行为"出格"的王羲之做女婿，"东床快婿"因而成为名士中著名的样板。由此可见，当时上层社会受魏晋玄学影响，那种违礼脱俗、追求时髦的风尚。

无拘无束，自由人生，也是士人们标举清高脱俗的一种时尚。《晋书·张翰传》记载：张翰在洛阳，因见秋风起，乃思吴中菰菜、莼羹、鲈鱼脍。曰："人生贵得适意尔，何能羁宦数千里以要名爵！"于是辞官回乡。《世说新语·任诞》记载：

王子猷居山阴，夜大雪，眠觉，开室命酌酒，四望皎然。因起彷徨，咏左思招隐诗。忽忆戴安道。时戴在剡，即便夜乘小舟就之。经宿方至，造门不前而返。人问其故，王曰："吾本乘兴而行，兴尽而返，何必见戴？"

王子猷尝暂寄人空宅住，便令种竹。或问："暂住何烦尔？"王啸咏良久，直指竹曰："何可一日无此君？"

王子猷那种潇洒自适、不拘形迹的生活态度，受到了士林的热烈追捧。而那些手执拂尘，论道谈玄，徜徉于山水景色之间，游戏于艺术娱乐之中的名士逸事，更为士林津津乐道，竞相附庸仿效。

哲学家宗白华在《艺境》中谈到魏晋六朝时说："它是精神史上极自由，极解放，最富于智慧，最浓于热情的一个时代。"魏晋六朝出现的"人"的复苏思潮，给汉末沉闷的社会吹来一股新的气息。但是，魏晋玄学并非是新文明的诞生，从性质上说，是先秦老庄学说在儒术弱化时际的复兴与演变。玄学对儒术的解构，只能说是中华传统文化本体的一种自身调节，实际情况应是鲁迅在《魏晋风度及文章与药及酒之关系》中所指出的：他们的所作所为，应是"不平之极，无计可施，激而变成不谈礼教，不信礼教，甚至于反对礼教……至于他们的内心，恐怕倒是相信礼教，当作宝贝"。

鲁迅所说是有依据的。魏晋风度在文化上确实具有二重性，往往一边是出世，追求个性解放，一边是入世，追求功名利禄，两者一体并存。名士的出世，事实上并没有否定世俗的价值，而是"托不得已以养中"的"无为而无不为"的智慧，也是人格分裂的表现。"竹林七贤"的一副对联可以说是魏晋风度的一个绝妙注释："风声雨声读书声，声声入耳；家事国事天下事，事事关心。"前联是出世的，后联却是入世的。有些名士归隐，不过是借隐逸之名抬高身价，以猎取高位。例如《世说新语·尤梅》中周邵的归隐：

> 庾公欲起周子南，子南执辞愈固。庾每诣周，庾从南门入，周从后门出。庾尝一往奄至，周不及去，相对终日。庾从周索食，周出蔬食，庾亦强饭，极欢；并语世故，约相推引，同佐世之任。既仕，至将军二千石，而不称意。中宵慨然曰："大丈夫乃为庾元规所卖！"一叹，遂发背而卒。

周邵本来归隐于寻阳，在庾亮劝说下，一番惺惺作态后，又出仕了。后来因为官职"不称意"，一气之下病亡。

第四节　"文"的自觉

魏晋时代，由于正统儒术解体，个性解放思想以反叛的方式兴起，不仅导致"人"的复苏，也导致了"文"的自觉。曹丕在《典论·论文》中说："盖文章，经国之大业，不朽之盛事。"他认为，"年寿有时而尽，荣乐止乎其身"，而文章"不假良史之词，不托飞驰之势，而声名自传于后"。曹丕的文论，在中国文学史上具有重要的地位，它第一次将文学从经学的附庸地位中解脱出来，使文学具有了自己独立的价值。曹丕的文论引起了文坛众家高度关注，一时间涌现出诸如文体的划分、文笔的区别、文思的运行、文理的剖析、文作的评价、文集的汇编等等一系列命题的热烈争论。这是文学自产生以来前所未有的现象，因而，鲁迅先生在《魏晋风度及文章与药及酒之关系》中说："曹丕的一个时代可说是文学的自觉时代。"

文学的自觉，首先是在对文学本质的认识上，从"诗言志"转向了"诗缘情"。《尚书》中最早提出"诗言志"，《毛诗序》说："诗者，志之所之也，在心为志，发言为诗，情动于中而形于言。"情与志在这里虽是并提的，但"诗言志"偏重于政治教化。《史记·孔子世家》说："古者诗三千余篇，乃至孔子，去其重，取其可施于礼义……三百五篇，孔子皆弦歌之。"因此孔子将《诗经》列入儒家经典。然而，到了魏晋时期，陆机在《文赋》里对文学做了新的界定："诗缘情而绮靡，赋体物而浏亮。碑披文以相质，诔缠绵而悽怆……其为物也多姿，其为体也屡迁；其会意也尚巧，其遣言也贵妍。"陆机将吟咏性情的文学与经世致用的经学区分开来，将表现情感视作文学的本质和核心价值。刘勰对陆机的理念作了肯定，并进一步提出"为情而造文"的主张，认为文学要表达的是真情实感。"情者，文之经；辞者，理之纬。经正而后纬成，理定而后辞畅：此立文之本源也。"（刘勰《文心雕龙·情采》）

"诗缘情"是道家的文艺观。刘勰在《文心雕龙》中开宗明言："言之文也，天地之心哉"，把诗文的起源直接归于自然之"道"。按照道家学说，文学家表现的是宇宙精神——"道"，表现自我就等于表现了宇宙之"道"，因为自我本身是"道"的衍生，两者关系是一而二，二而一。因而文学创作必须"致虚极，守静笃"，排除一切内、外界干扰，如刘勰所说："是以陶钧文思，贵在虚静，疏瀹五藏，澡雪精神"（《文心雕龙·神思》），只有身心专一，方能达到"文"与"道"合一的境界。刘勰的这个观点，实际上是中国文艺理论史上表现论的滥觞。

陆机依据刘勰的表现论，提出了"用心"的命题。"用心"就是现代文论说的艺术构思。他在《文赋》里说，文学创作应"伫中区以玄览，颐情志于典坟"，即须置身于自然（生活）之中，玄览宇宙万物，"遵四时以叹逝，瞻万物而思纷"；同时要学习古典作品，陶冶情操，增强文学修养。做到了这些，方能在文学上"用心"，做到文思畅通，即"收视反听，耽思旁讯，精骛八极，心游万仞""笼天地于形内，挫万物于笔端"。陆机还发现了文学的灵感现象，他称灵感为"应感"。在《文赋》里，陆机论述了文学灵感的形态特征："若夫应感之会，通塞之纪，来不可遏，去不可止。藏若景灭，行犹响起。"他说灵感来去是突发的，难以控制的，既无法阻止，也无法挽留；灵感消失时就像影子一样不见，出现时就像天籁响起。他描述了灵感来时的状态："方天机之骏利，夫何纷而不理？思风发于胸臆，言泉流于唇齿；纷葳蕤以馺遝，唯豪素之所拟；文徽徽以溢目，音冷冷而盈耳。"那时，文思自然喷发，辞句如泉水流淌，文采奕奕，音韵悦耳。而灵感一旦逝去，那时的情形就不同了："及其六情底滞，志往神留，兀若枯木，豁若涸流；揽营魂以探赜，顿精爽而自求；理翳翳而愈伏，思轧轧其若抽。"作者的文思马上枯竭，像干涸的河流，文理混乱，文辞艰涩。尽管陆机对文学灵感问题的探讨还停留在现象上的描述，没有深入到理论分析，如他自己所述"吾未识夫开塞之所由"。但是可贵的是，陆机发现了文学的一个特殊规律，并建构了"灵感论"的雏形。

曹丕的"气"论，也是文学的一个重要命题。曹丕认为："文以气为主，气之清浊有体，不可力强而致。譬诸音乐，曲度虽均，节奏同检，至于引气不齐，巧拙有素，虽在父兄，不能以移子弟。"（曹丕《典论·论文》）他说的"气"即道家所说的运动宇宙万物的元气，他认为这"气"也是文学生命力的本源。锺嵘在《诗品序》中对"气"论作了解说："气之动物，物之感人，故摇荡性情，形诸舞咏。"宇宙元气构成万物的生命，推动万物的变化，从而感发人的精神，因此才产生了艺术。作家的"气"，阴阳刚柔，缓急巧拙，因个性而异，不能传授；而"气"质之差异形诸作品，便出现千差万别的文学风格，例如"王粲长于辞赋，徐幹时有齐气……应玚和而不壮；刘桢壮而不密；孔融体气高妙……"（曹丕：《典论·论文》）。后来刘勰专门写了《养气》一文，指出作家要"清和其心，调畅其气"，提出"各师成心，其异如面"，认为气由人养，文如其人。刘勰还深入作品的风格加以探讨，并对风格进行归类，"若总其归途，则穷数八体"，这八种风格是：典雅，远奥，精约，显附，繁缛，壮丽，新奇，轻靡。刘勰指出："舍人此篇虽标八体，非谓能此者不能彼也……虽约为八体，而变乃无穷。"（刘勰《文心雕龙·体性》）

作家之"气"形成了个性风格，社会之"气"则形成了时代的文学风气。刘勰在《文心雕龙·时序》中说："文变染乎世情，兴废系乎时序"，即文学风气随时代之"气"而演变兴衰。先秦时期文学有"知烨之奇意，出乎纵横之诡俗也"；西汉时期文学"大抵所归，祖述楚辞"；东汉时期文学

"华实所附，斟酌经辞"；而建安时期文学，"观其时文，雅好慷慨，良由世积乱离，风衰俗怨，并志深而笔长，故梗概而多气也"。至于西晋、东晋时期文学，"自中朝贵玄，江左称盛，因谈余气，流成文体……诗必柱下之旨归，赋乃漆园之义疏"。那时的诗赋皆是老庄旨意演变而来的玄体。

除此之外，还对文体进行了辨析。曹丕在《典论·论文》中按照"本同而末异"的原则，将文体分为奏、议、书、论、铭、诔、诗、赋八类，陆机的《文赋》、刘勰的《文心雕龙》也都论及文体的类别，刘勰更将经、子、史，甚至将谱籍簿录、律令法制、关刺解谍等文字也列入文学的范畴。这使文学的文体显得"淆乱芜秽"，又与经史混在了一起。于是，何为文学？这个问题深入下去，引发了"文笔"命题的探讨。

范晔在《后汉书》中，把无韵的称为"笔"，有韵的归之为"文"。肖绎在《金楼子·立言》中对"文笔"作了进一步区分，他指出："古之学者有二，今之学者有四。""有二"指文学与文章之分。"有四"指文学中又分"儒"和"文"："夫子门徒，转相师受，通圣人之经者谓之儒，屈原宋玉枚乘长卿之徒，止于辞赋则谓之文。"文章中又分"文"和"笔"："不便为诗如阎纂，善为章奏如柏松，若此之流，泛谓之笔。吟咏风谣，流连哀思者，谓之文。"也就是说，肖绎认为仅从有韵与无韵的表现手法来区分是否为文学，还没有揭示出文学著作与学术著作的不同特征。他认为："至如文者，惟须绮縠纷披，宫徵靡曼，唇吻遒会，情灵摇荡。"文学既要有文采、音韵，又要以情动人。

由"有韵"问题，又引出了诗赋的声律理论探讨。沈约在《宋书·谢灵运传》中，评价杰出诗人谢灵运时有一段专论声律的文字："若夫敷衽论心，商榷前藻，工拙之数，如有可言。夫五色相宣，八音协畅，由乎玄黄律吕，各适物宜。欲使宫羽相变，低昂舛节，若前有浮声，则后须切响。一简之内，音韵尽殊；两句之中，轻重悉异。妙达此旨，始可言文。"他所谓的"宫羽"，指的是平仄。陈沣《切韵考》说："此皆但言宫羽，盖宫为平，羽亦为仄欤。"认为一句之内，平仄相间，两句之间，轻重相应，形成抑扬顿挫的音乐美，做到这一点，才说得上是文学。

魏晋时期"文"的自觉，这"文"是广义的，不单是文学，也包括其他艺术，特别是书画。魏晋时期，中国的书画理论也开始形成。顾恺之的"以形写神"论，指出艺术形象重在写神。《世说新语》记载："顾长康画人，或数年不点目睛，人问其故，顾曰：'四体妍蚩，本无关于妙处，传神写照，正在阿堵中。'"谢赫在《古画品录》中，总结国画"六法"，第一法就是"气韵生动"，认为上品的绘画是神似，接着依次阐述了"骨法用笔"（线条艺术），"应物象形"（力求形似），"随类赋彩"（色彩运用），"经营位置"（空间构图），"传移模写"（模拟仿照），开始自觉地进行国画理论的构建。

王羲之则在书法理论上作了开拓性的探讨。他在《记白云先生书诀》中说："书之气，必达乎道，同混元之理。七宝齐贵，万古能名。阳气明则华壁立，阴气太则风神生。"论述了书法中内外、盈虚、大小、疏密、长短、缓急、强弱等的关系。在《笔势论》中，他对技法进行了深入阐述，如用笔，论及藏锋、侧笔、押笔、结笔、憩笔、息笔、蹙笔、战笔、厥笔、带笔、翻笔、叠笔、起笔、打笔等方法和笔势；如结体，则提出"撇不宜迟，捺不宜缓"；再如布白，指出"分间布白，远近宜均，上下得所，自然平稳。当须递相掩盖"，等等。与此前的书法理论相比较，王羲之的书论显然更为深入而系统化。

第四章　道教诞生

第一节　道家宗教化

　　道家的宗教化是中国本土传统文化应时演变的结果，但与佛教的传入也有密切的联系。从某种意义上说，道教是由佛教催生的，并将佛教作为建教的参照系。东汉时，佛教已由印度传入中国。《后汉书·光武十王传》记载：

　　楚王英喜为浮屠斋戒，永平八年奉黄缣白纨三十四诣国相赎愆罪。诏报曰："王诵黄老之微言，尚浮屠之仁慈。洁斋三月，与神为誓，何嫌何疑，当有悔吝。其还赎，以助伊蒲塞、桑门之盛馔。"因以班示诸国。

　　上述记载说明两点：一、在楚王英襄时代，道家的重生养生之道已与神仙家、阴阳五行家、方技术数家相融合，而萌生出"黄老道"。"黄老道"把黄帝和老子神化，并自尊其教，即记载中所谓的"黄老言"。此时上层社会在"独尊儒术"的国策下，虽不再持黄老之术，却兴起了"事黄老道"（《后汉书·王涣传》）。"黄老道"奉太上老君（老子）为教主，以求长生为目标，由道家的学说转向宗教去寻找出路。二、浮屠即佛陀，桑门即沙门。《释老志》说："汉世沙门，皆衣赤布"，说明在东汉时沙门已经不少。但当时佛教才传入中国，还没有普及教理，因而人们将"黄老道"与佛教同视，或者说把佛教当作"黄老道"的附属品。当时人们常将佛教中的

169

"空"与老子思想中的"无"相等同，一度曾经把涅槃译作"无为"。东汉桓帝一面派人到老子故乡立庙画像，一面在宫中"设华盖以祠浮屠、老子"，很长一段时间内，学佛者与崇道者是混在一起的。

东汉时期，名教衰落，社会动荡，水旱无常，盗贼四起，民不聊生，"民皆上呼天"。由于世道混乱，人心思安，众生盼望出现"救世主"，道教正是以救世之态，应运而诞生。汉顺帝汉安元年（142年），故楚地人张陵在蜀郡大邑鹤鸣山兴建道观，声称奉太上老君之命，自封为天师，创立天师道。天师道是最早出现的道教。与张陵几乎同时，张角也在汉灵帝建宁年间（168—171年）创建了太平道。

道教发源地——四川大邑鹤鸣山

天师道与太平道的名称都来自《太平经》。《太平经》乃"黄老道"传承的经书，其经曰："太平道，其文约，其国富，天之命，身之宝。""谨问天师道，太平气至，谁者当宜道哉？"[1]张陵的天师道侧重于世俗，它一面世就与盛行于巴蜀的"巫鬼道"发生了冲突。由于天师道专事驱鬼、除邪、治病，迫使当地巫觋改换门庭成为天师道道民，从而首先在巴蜀地区民

① 王明：《太平经合校》，中华书局，1960年版，第680—697页。

间得以传播。张角的太平道则侧重于政治，他以黄天为至上神，老子为宗师，提出"苍天已死，黄天当立"口号，倚仗太平道的弟子组成教团，发动席卷八州的黄巾起义；起义失败后，太平道一蹶不振。继张陵之后，张修、张鲁在巴蜀、汉中将"天师道"与"巫鬼道"结合起来，建立了"五斗米道"。两张依仗五斗米道道众的势力，建立地方割据政权，在巴、汉雄踞30余年。五斗米道的名称出自"受其道者辄出米五斗"（《后汉书·刘焉传》），因为五斗米道仍尊张道陵为天师，故也称"天师道"。上述是道教的创始阶段。

魏晋时期，道教迅速发展。天师道向上层士族社会渗透，葛玄、葛洪因势创立"神仙道"。葛洪的《抱朴子》集神仙思想之大成，传播法术修炼，白日飞升，得道成仙。另一方面，天师道向民间广泛普及，在传播中形成了各个小道派。天师道与神仙道教旨不同，天师道不"以长生成仙为本"，而"以治病却祸为务"。

到了南北朝时期，道教趋于成熟。北魏寇谦之在山西大同建立道场，"清整道教，除去三张伪法"（《魏书·释老志》），统率朝野信徒，以道教来"佐国扶命"，因而得到北魏官方支持，道教因此兴盛。南朝陆修静则"祖述三张，弘衍二葛"，融合"五斗米道"和"神仙道"，创立教会式的"天师道"。他以庐山为道场，兴建数十座道观，吸引大批道士云集庐山，引起朝野震动，以致道俗深入民心。无论是北方的天师道还是南方的天师道，他们皆对"天师道"进行了改革。他们以道家之"道"为核心，一边吸取儒家三纲五常观念，一边又融合佛教的礼仪规诫，着手建立比较完整的道教教义、斋戒仪式和组织形式，提升道教的宗教素质。至此，中国的道教已成为可以与佛教抗衡的真正的宗教。

唐朝李氏开国后，尊道教教主李耳（老子）为李氏远祖，并追号李耳为"太上玄元皇帝"。唐朝历代皇帝皆优待道教，不仅大量兴建道观与祠堂，甚至科举考试也加试《老子》经典，给道士加官晋爵。唐玄宗时代，官方开始系统修纂道藏。据陈国符先生《道藏源流考》考证，"开元中，发使搜访道经，纂修成藏，目曰《三洞琼纲》，总三千七百四十四卷。天宝七载，诏令传写，以广流布。"于是，道教成为正统的宗教。

宋代继续唐代的崇道国策，遍地立道观，设道场，搜道经，修道藏。一方面对道教尊礼有加，另一方面对道教进行整顿。宋太祖以佛教为参照系，禁止道士畜养妻孥、私度寄食，加强了道教的禁欲主义。

如果说道教在唐、宋时代取得正统地位，达到全盛与统一，那么到了金、元时代，道教则进入一个全新的发展阶段。由于沉重的民族压迫与大规模的社会动荡，大批前代遗民、落拓儒士及深受离乱之苦的民众纷纷加入道教，寻求精神庇护；而在多元民族文化的碰撞中，道教内部则分化为各种派别，诸如太一教、真大教、全真教、净明教等，可谓教派林立，而教派的纷争使道教走向了最旺盛时期。

至明、清二代，道教盛极而衰，突出地表现为道士阶层出现了腐败趋向。首先是寺观经济。由于寺观的田产不断扩张，少数上层道士遗弃清规戒律，与官僚豪绅勾结，奢侈淫靡，胡作非为。宣德年间，广东按察同金事曾鼎曾经上奏书揭露这种现象："今广东浙江江西等处寺观，田地多在邻近州县，顷亩动以千计，谓之寄庄。止纳秋粮，别无科差。而收养军民子弟以为行童，及匿逃军逃民代为耕种。男女混杂，无异俗居。"[①]其次是道士们佞幸妖妄，以各种道术惑众，招摇撞骗，颇取名利。例如明世宗为求长生，屡次受道士炼丹术所骗，临死时醒悟，下遗诏"只缘多病，过求长生，遂至奸人诳惑"（《明通鉴》卷六三）。由于自身的堕落，致使道教在社会上的声望急剧下降。清兵入关之后，清代贵族尊奉的是藏佛教，对道教素无信仰。清朝诸帝沿袭明代以理学治世，对道士斋醮祈禳、跳神驱鬼开始严加禁止。尤其是乾隆时期，独尊理学，贬抑道教，以致道教完全失去官方背景的正统性。

道教衰落的另一表现是道教教派式微，这标志着道教因循守旧，处于停滞的状态。但是，道教却因此被迫由上而下转向，走向通俗化、世俗化，在下层社会得以迅速普及，形成了中国独特的民间宗教风俗，广泛流行祀神、驱鬼、除邪、扶乩，以及劝善书、养生术。

---

① 牟钟鉴等主编：《道教通论》，齐鲁书社，1991年版，第560页。

第二节　道家学说与道教教义

刘勰在《灭惑论》中曾对道教发生的脉络作过概述："上标老子，次述神仙，下袭张陵。"道教以老子为祖师爷，以老子的《道德经》、庄子的《南华经》、列子的《冲虚经》为"三经"。这"三经"以"道"为核心，形成了"道"论、"德"论、"炁"（气）论的独特理论。道教的经书基本从这"三经""三论"中演绎教义。由于"道"之玄而又玄的形而上的哲理，内涵各种多义性，这给张陵等道教创始人有了穿凿附会的空间，如葛洪所说："夫道也者，逍遥虹霓，翱翔丹霄，鸿崖六虚，唯意所造。"（《抱朴子·明本》）实际上，道教的经书虽然连篇累牍已逾万卷，但万变不离其宗，其宗就是老庄哲学。

道教的形成过程与世界三大宗教的形成过程有所不同。佛教由释迦牟尼任教主并创立教理，基督教由耶稣任教主并创立教理，伊斯兰教由穆罕默德任教主并创立教理，教主与教理出于一，然后由"一"发展出各个教派。道教的形成恰与世界三大宗教相反，首先是道教的创始人创教义而不创教理，其教理来自道家，因而创始人虽然自称教主，却不是终极教主，终极教主是道家的创始人老子。其次，道教发展中形成众多的教派，每派都有各自的教主，虽然这些教派都源自道家，但对道家思想各有所取，这样导致道教教义上的混乱，教主地位的纷争，以及出现各个教派各传其道的状况。可以说，相对于世界三大宗教而言，道教从诞生之日起就没有形成统一的宗教。

道家对道教诸教派形成的影响，大体可分为两个方面：一是老子之"道"。寻天地之根，诘万物之母，究人生之谜。道可道，非常道，道教诸教派虽宗老子，却各述其道，所述之"道"不尽相同。二是庄子之"泛神论"。庄子所谓"神人""真人"观念，本来自南方的巫文化，源于灵魂不死、精神飞升的原始信仰。道教教派从庄子这里衍生出各种神仙说、方术说、长生不老说。

《太平经》是道教第一部经典，问世于东汉顺帝时期。这部道教经典提出的教义是"三一"为宗：

元气有三名，太阳、太阴、中和。形体有三名，天、地、人。天有三名，日、月、星。地有三名，为山、川、平土。人有三名，父、母、子。治有三名，君、臣、民，欲太平也。此三者常当腹心，不失铢分，使同一优，合成一家，立致太平，延年不疑矣……三气为一，为神根也。

《太平经》的"三一"，核心是天、地、人三道合一，所谓"一气为天，一气为地，一气为人，余气散备万物"，其余的皆由此"三气"衍生出来。例如《太平经》认为人有精、气、神三气，提出守一道术，认为守住精、气、神三气，人就能延年益寿，白日成仙等。《太平经》在"三气"理论基础上还构建了以太上老君（老子）为最高神的神仙谱，并以阴阳五行、神仙方术为内容，以太平理想为蓝图的教义体系。汉末，张角受《太平经》启发，组织了太平道，利用太平道发动农民起义。张角的黄巾起义失败后，太平道因此中绝。

张陵在蜀地创立了天师道，因其所传的是"正一威盟之道"，故又称"正一道"。张陵将其道传给儿子张衡，张衡又传其子张鲁。祖孙三人被后世道教称为"三张"，称张陵为天师，张衡为嗣师，张鲁为系师，即所谓的"三师"。此时，汉中有张修，创立五斗米道（或称"鬼道"）。张鲁到汉中，袭杀张修。因为当地百姓信行张修之道，张鲁便因袭五斗米道，在其基础上加以增饰，著《老子想尔注》（又名《老君道德经想尔注》），此书成为五斗米道的教义经典。在这部道教经典中，张鲁也提出《太平经》中的"守一"思想，但他的目的是针对当时道教各派尊奉真神不一而导致纷乱不经的教义，进行理论上的正本清源，要求道教各派守住道教的根本教理，否则就是"伪伎"邪教。张鲁指出：

一者，道也，今在人身何许？守之云何？一不在人身也，诸附身者悉世间常伪伎，非真道也。一在天地外，人在天地间，但往来人身中耳，都皮里悉是，非独一处。一散形为气，聚形为太上老君，常治昆仑，或言虚无，或言自然，或言无名，皆同一耳。今布道诚教人，守诚不违，即为守一矣；不行其诚，即为失一也。

张鲁强调"道者，天下万事之本"，"道"是道教的根本宗旨，而太上老君（老子）是"道""气化"的有形代表，是道教的化身。凡遵"道"行事，尊太上老君为教主、真神的才是"真道"，而别立其他教主、真神以求长生成仙的是邪教。《老子想尔注》这部经典明确了道教的根本在于老子及其思想。

东晋道教先贤葛洪所著《抱朴子》，是集"正一道"大成的经典。"抱朴"之名来自《道德经》"见素抱朴，少私寡欲"。在《抱朴子》中，葛洪也提出了"守一"的教义，不过他说的"道"，最后落实在庄子的"神仙术"上。

余闻之师云，人能知一，万事毕。知一者，无一之不知也。不知一者，无一之能知也。道起于一，其贵无偶，各居一处，以象天地人，故曰三一也。天得一以清，地得一以宁，人得一以生，神得一以灵。金沈羽浮，山峙川流，视之不见，听之不闻，存之则在，忽之则亡，向之则吉，背之则凶，保之则遐祚罔极，失之则命凋气穷……守玄一，并思其身，分为三人，三人已见，又转益之，可至数十人，皆如己身，隐之显之，皆自有口诀，所谓分形之道。

葛洪说的"一"，即道家之"道"。《抱朴子》以"道生一，一生二，二生三，三生万物"的衍生功能，进而推理到人，提出人得"道"便具有"道"之神通，得到"长生"，并能够获得"分形"之术。他将道家之"道"神秘化，推衍出道教之无所不能的"神仙术"。于是，道教由"道"衍生为各种"法术"。葛洪将道教法术分为两大类：一是养性长生之术，一是召劾神鬼、升腾变法之术。葛洪主张以"法术"为途径，通过明术来悟道、得道。由《抱朴子》开始，道教所宣传的"升入仙界"的修道目的，由玄妙莫测的说教变成了实实在在、可以"学以得之"的东西。葛洪的《抱朴子》不仅对道教的神仙系统进行了整理，而且汇编了自汉以来的各种仙道秘术、丹经神书、气功符箓，加以组合建构，形成道教特有的"神仙术"体系，道教的教义因此有了可操作性的教程。

自葛洪之后，道教各派教义普遍出现泛神化倾向，认为宇宙万物皆有神，乃至人体也是真神的居所。比如上清教派奉持的《黄庭经》，认为人体中有脑神、心神、发神、眼神、肝神、胆神、肺神等等，这些真神各自主持人首、五脏六腑、上下四肢，修道者须恒诵经书，守一存真，默念神名，方可身体安和，延年益寿。

唐末五代，无为派道士谭峭著《化书》。《化书》的教义与道教其他教派不一样。谭峭认为"道体虚玄""虚化神，神化气，气化形，形生而万物所以塞也"。如果由"道"无穷地衍生，愈往后愈失真而生乱。因而修炼的方法是返本息欲，才是"神化之道"。

> 道之用也，形化气，气化神，神化虚，虚明而万物所以通也。是以古圣人穷通塞之端，得造化之源，忘形以养气，忘气以养神，忘神以养虚，虚实相通，是为大同。

谭峭说的"大同"，即与他同派的道士吴筠在《神仙可学论》中所说的："有自无而生，无因有而明，有无混同，然后为至道。"人只要清静寡欲，存神养气，就可以肉体成仙。吴筠、谭峭的教义显然与庄子的《南华经》教理一脉相承。庄子在《在宥》篇中对无为修身的思想已经说得很清楚："吾语女至道：至道之精，窈窈冥冥；至道之极，昏昏默默。无视无听，抱神以静，形将自正。必静必清，无劳女形，无摇女精，乃可以长生。目无所见，耳无所闻，心无所知，女神将守形，形乃长生……故我修身千二百岁矣，吾形未常衰。"

金、元时期，全真道崛起。全真道以钟离权、吕洞宾为祖，是继前期张天师正一道之后道教的主干门派。与早期正一道教义不同的是，全真道主张"三教合一"，即以道家为主体，融合禅宗，兼摄儒学，重新构建一套新的道教教义。全真道传承无为派思想，注重个人修持。其教旨如徐琰《郝宗师道行碑》中所说："其修持大略以识心见性、除情去欲、忍耻含垢、苦己利人为宗。"它以清修为主，修炼方法是先修性而后修命。全真道注重内丹，不尚符箓与黄白之术，提倡入世与出世并重，通过积功累德来超出三界，得道成仙。全真道所说的超出三界，不是说脱离凡尘，而是形寄于尘世之中而心明于尘世之外。通俗说法，就是身在人间而神游天界。

全真道对修道者制定了严格的教规。全真道创始人王重阳在《重阳立教十五论》中，具体阐述了全真道的教旨、教制、组织及养身修炼的方法，将它作为全真道的立教之纲宗。教纲规定了全真道徒日常修习法则，包括住庵、云游、学书、合药、盖造、合道伴等。例如规定道徒须出家住庵，以庙为家，奉守戒律，参究性命，施药济人，居处俭朴；要求以清修为主，先修性而后修命；提倡入世与出世并重，实现"真功"和"真行"结合；等等。

上述说明，道教各派教义虽然有所不同，但万变不离其宗，皆源自道家学说，且在道教教义中有中国传统文化"三教合一"的趋向。道教是具有中国特色的宗教，在中国具有坚实的文化基础，受到民间广泛信奉。因而，从文化意义上说，道教成为传承道家思想的主力，使得道家思想得到广泛传播，由上层贵族、士人而向社会平民大众普及，从而由政治、经济上的影响，深入到对民俗乃至民族心理的影响。

第三节　道教的构成

道教的核心是修"道"，而道教的"道"有两大特征：一是"道者，万物之宗"，大而无当，无所不包；一是"道者，万物之奥"，神秘而不可测，具有难以解释的超自然的力量。这决定了道教的构成不同于佛教等其他宗教。道教在中华民族传统文化系统中，对其他各种文化元素具有高度的综合性，不仅是对原始巫文化的综合。而且是对儒家、墨家、阴阳家乃至方士、术士等相关文化元素的综合。道教正是通过修"道"的途径，在不断的综合中来获得发展与拓新。这个特点决定了道教整体结构的朦胧性、不确定性。从整体看，道教有个大的框架，其实各教派则斑驳陆离，五花八门。

177

　　道教修"道"，目标是相同的，那就是脱离凡界成为神仙。什么是神仙？道教里的神仙大体上有三大特征：一是长生不老。吕洞宾得道后，史载其"百余岁而童颜，步履轻疾，顷刻数百里"。二是神通广大。《神仙传》中描述：神仙运用法术，"或者耸身入云，无翅而飞；或者驾龙乘云，上造天阶；或者化为鸟兽，浮游青云；或者潜行江海，翱翔名山；或者吸食而气，辟谷茹芝；或者出入世间而人不识，或者隐其身而莫能见"。三是普施善德，超度凡人脱离苦海。因此在民间信徒甚众。

　　在道教中，神仙是个概称，"神"与"仙"两者是有差别的，区别在于两者道不相同。"神"之道，不是世间凡人修行的道。按《抱朴子》的说法，"神"属于神异类，"非可学也"。"神"来自两处：一是先天自然之神，比如三清尊神、玉皇大帝、南极仙翁等天界尊神，还有地癨，如城隍、土地、冥官，以及日月、山川、草木、禽兽之神等等；一是凡世间的英灵，但是须英灵死后受圣上册封，或者得到民间崇信并享有香火，比如武圣关羽，门神秦琼、尉迟恭，财神赵公明，医神华佗，等等。在道教看来，人与自然皆是道炁衍生的产物，世人同先天之炁聚形而成的神灵，在本质上是一致的，只是世人在尘世间染上了后天的杂念和欲望，身上的正炁已经被污染，故与自然之神有别。

　　尘世之人能走的是"仙"道，由个人苦心修炼得"道"后侧身"仙"班。汉末刘熙的《释名》一书解释："仙，迁也；迁入山也，故其制字人旁作山也。"人在山中，远离凡尘烟火，才能与自然和谐相处，从而得"道"为仙。仙的特点是肉体成神，从这个意义上说，他们同"神"一样也是产生于"道"。但相对于"神"而言，"仙"的成分更复杂一点。唐代施肩吾在《钟吕传道集》（注：传说中八仙之钟离权、吕洞宾）中按《易经》阴阳之说来分析仙、神的差别，认为在神界有仙、人、鬼之分，"纯阴而无阳者，鬼也；纯阳而无阴者，仙也；阴阳相杂者，人也。惟人可以为鬼，可以为仙"。他认为"仙"分五等，有"鬼仙、人仙、地仙、神仙、天仙"，列入不同层次的"仙"班，全取决于凡人修"道"的深度。

　　道教不同于佛教。佛教的神系比较明确：佛、菩萨、罗汉、伽蓝、金刚、揭谛、阎王等。道教虽然也有四大神系：正统道教神系、民间信仰神系、上古神话神系、神魔小说神系（基本无用），但神系交错，纷繁复杂，神祇数量极多，难以厘清成为统一的神系。这是因为道教是在楚文化沃土中产生的，具有明显的泛神论色彩。

首先是自然之神仙，几乎囊括天、地、人各个领域，凡人之精神及活动所涉之处皆有自然神祇存在。自然之神仙中分若干教阶：第一阶层是三清，三清是道教的最高神与教主：玉清元始天尊、上清灵宝天尊、太清道德天尊。三清三位一体，是"道"的化身。第二阶层是玉帝，乃是众神之帝。第三阶层是四御，四御是辅佐玉帝、代天行化的四位天帝。下面各个阶层就比较多了，它们的特点是互不统辖，各司其职：其一，诸星曜神，如四方之神：东青龙，西白虎，南朱雀，北玄武，以及北斗七星君，如文曲星君、武曲星等。其二，琼台女神，如王母娘娘、妈祖娘娘、九天玄女等。其三，文化之神，如文昌帝君、大魁星君等。其四，忠武战神，如真武大帝、二郎神、托塔天王，以及雷公、电母、风伯、雨师、水神、火神等。其五，财富之神，如赵公明、财帛星君等。其六，吉祥之神，如三官大帝：天官赐福、地官赦罪、水官解厄等。其七，守护之神，如灶王、门神、床神、厕神、井神等。其八，地方俗神，如五岳大帝、四海龙王、城隍神、土地公、山神、水神、河伯等。其九，上古诸神，如盘古大帝、女娲娘娘等。其十，幽冥鬼神，如十殿阎王、钟馗天师等。

其次是凡人死后册封为神仙的，或受人祭祀为神仙的。这些神仙涉及各行各业，人间各个角落，神仙之多不胜其数。例如涛神伍子胥、工匠之神鲁班、药王孙思邈、酒神杜康、二郎神李冰等等。

此外就是仙人了。这是凡人修道者得"道"后飞升成神仙的。在道教史上，仙人有两种说法：一种是民间的传奇，比如传说晋代女道士魏华存冥心斋静，累感真灵，因而飞升成仙，封号南岳夫人。道教最重要的典籍之一《黄庭经》，传说是老子传授魏华存所著。还有全真派祖师吕洞宾的故事。说吕洞宾流落凡尘时，受仙人钟离权点化，在"黄粱一梦"中经过生、死、财、气各种考验，断绝贪嗔、爱欲、烦恼后修炼成仙，从此周游天下，超度世人。民间流传的八仙传说，说的八仙是钟离权、吕洞宾、李铁拐、张果老、曹国舅、蓝采和、韩湘子和何仙姑；在《何仙姑宝卷》中也记载了八仙传说，这八仙是广成子、鬼谷子、孙膑、刘海、和合二仙、李八百、麻姑；除此之外，还有其他一些八仙的传说。另一种是载入正史的，比如唐朝女道士谢自然，明朝的周颠，等等。还有道教自立的教史，史学界称之为"内史"。例如东晋葛洪著的《神仙传》，记载了84位仙人的事迹。该史书收入《四库全书》，不少学者将之作为文献来引用。

道教处处设神祇，地地有仙人，所以民间信徒的祀神活动十分兴盛，大大小小道观遍布天南地北，乃至城乡各个角落。道观有官修的，也有民间私建的；各地供奉的神仙也不同，有的是城隍神，有的是土地神，有的是龙王，有的是关帝，有的是吕祖，有的是药王，因地而异。各地信徒供奉带有明显的实用性。比如沿海一带，渔民们祭拜的是妈祖，求的是出海平安；商人们供的是财神，求的是财源滚滚；读书人拜的是文昌帝君，求的是金榜题名。值得一提的是，有的神只享一个地方的香火，比如孝女神曹娥，宫观建于绍兴上虞曹娥江边，即她殉父投江之处，别地再无曹娥庙。有的神却各地都有庙宇，例如土地神、城隍神。城隍神是守护城内百姓的神，凡有城市定有城隍庙。城隍神通常由有功于地方民众的名臣英雄充当，因此各地供奉的城隍神不同，上海的城隍神是霍光，北京的城隍神是杨椒山，杭州的城隍神是周新，绍兴的城隍神是庞玉，如此等等。

除了神仙之外，道教还有一批专门修道传教的职业信徒，统称为道士。《太霄琅书经》阐述："人行大道，号为道士。身心顺理，唯道是从，从道为事，故称道士。"其中男性道士称为"乾道"，尊称为道长，女性道士称"坤道"，尊称为道姑。道士与一般道教信徒不同，他们要履行入教礼仪，接受各种戒律，以修道为职责，通俗讲就是神职人员。

道士内分两个系列：一个是修行程度序列，最高是天师，譬如张道陵、寇谦之，都享有"天师"之称；其次是法师、炼师、宗师，宗师乃各道派的掌门人。另一个序列是主持道观事务的职务，方丈是最高领导者，也称住持，其次是监院、高功、知客、执事等。从修道方式来分，道士还存在三个类别：出家道士，在道观内修道，不能结婚；火居道士，不住宫观，可以有妻室；游方道士，布道而云游江湖的道士。

道教以修仙为目标，向来有山岳崇拜。山岳峰峦绵延，林深谷幽，从来是修道的圣地，自古以来，道观多建于名山之中。所谓"山不在高，有仙则名"。道教有四大名山：江西龙虎山、湖北武当山、安徽齐云山、四川青城山，这四处为道教宗派的祖庭，积淀着丰富的道教文化，留有许多修仙遗迹。当然，道教分布的地方远远不止这四大名山，几乎全国各地的名山崇岳都有道观及教派。例如江苏茅山，便有三茅真君在这里得道飞升，陶弘景在这里创立道教茅山派；又如山东昆嵛山，全真道开山祖师王重阳在这里传道，收下马钰、丘处机等七个门徒，号称"全真七子"，创立了全真道。无论是在名山或者非名山，凡有山必有道观，凡有道观必有民间信徒，必有供奉的香火。

道士谋生方式，主要靠道观经济，即道观、田产、香火、法事等收入。道观经济来源许多来自官方的恩赐，例如明成祖崇奉真武神，在武当山盛建道观，历时七年，耗银百万，建成了拥有八宫二观、三十六庵堂、七十二岩庙、三十九桥、十二亭的道教建筑群，其规模之庞大，天下罕见；明世宗迷信道教的炼丹、长生，因龙虎山上清宫正一道士邵元节献术有功，进封邵元节为真人，赐庄田三十顷，岁给禄米百石。而游方道士的生存，全凭自己出神入化的道术，取信于信徒，游走于民间，求财于施主。

教士皆会道术。道术又称方术、法术。道术是修道者得"道"的标志。道士施道术本意是替天行道，通常是遵照斋醮科仪方式，登坛作法事，化符召将，通疏送符，将信徒的愿望报给各方神仙，以求神仙下凡驱鬼辟邪，赐福延龄，度亡消灾。道教的道术是多种多样的，但追本溯源，大多脱胎于以往既有的方术、巫术。

比如扶乩术。徐珂《清稗类钞》记载："术士以朱盘承沙，上置形如丁字之架，悬锥其端，左右以两人扶之，焚符，神降，以决休咎，即书字于沙中……"沙中显出的文字就是神灵的指示。扶乩方式实际上是古代占卜与谶纬的结合，占卜通过龟卜、蓍筮求得神示，谶纬则显示诡秘的隐语，扶乩通过神灵直接降临附身，以谶言来预言吉凶。

又如辟邪镇妖术。道士惯常使用手法是符箓、咒语。符箓是写于黄色纸帛上的符书图形，道教称符箓是天神的意旨。咒语是语言形式的符箓，比如驱魔咒："赫赫阳阳，日出东方，吾敕此符，普扫不祥，口吐三昧之水，眼放如日这光，捉鬼用天蓬力士，破病用镇煞金刚，降伏妖怪，化为吉祥，急急如律令。"道士作法，一般是手握桃木剑，烧化符箓，口念咒语，请神仙下凡，附身显灵。其实，道教的这种法术，追本溯源，就是原始的巫术。

最有代表性的是炼丹术。道教宣扬服用仙丹可以长生不老，因而以炼丹为宗教的职能。关于炼丹术，葛洪在《抱朴子·金丹》中记载："夫金丹之为物，烧之愈久，变化愈妙。黄金入火……金丹入身中，沾洽荣卫，非但铜青之外傅也。"炼金丹的原料是金、银、铅、汞、云母、石英、硫黄等矿物，加上松柏脂、茯苓、灵芝等药物，经过炼制化合为金丹。道教认为，金丹百炼不消，人如果服了它，吸取金丹的精华，也会像它一样万世不朽，其理由是"假求于外物以自坚固"。许多皇帝相信服用金丹可以长生，因而重用道士去炼丹。不过历史上凡服金丹的皇帝没有一个是长寿的，炼丹术终因失效而遭冷遇，以致衰落。道教的炼丹术于是脱胎换骨，另谋出路，由外丹术转化为内丹术。

第四节　道教的"修仙术"

正史记载的道教神仙，身上几乎都有三道神奇的光环：奇异的事迹、无羁的人生与超凡的长寿。前者属于传说，是玄之又玄的现象，若是真实的话，那么至今有许多现象，科学还无法破译；后两者却是可以解释的，这就是我们要说的"修仙术"。这里先举述两例，说明神仙的特征。

一例是张三丰。张三丰是道教武当派的宗师，他的事迹在《明史·方伎传》有记载：

张三丰，辽东懿州人，名全一，一名君宝，三丰其号也。以其不饰边幅，又号张邋遢。颀而伟，龟形鹤背，大耳圆目，须髯如戟。寒暑惟一衲一蓑，所啖，升斗辄尽，或数日一食，或数月不食。尽经目不忘，游处无恒，或云能一日千里。善嬉谐，旁若无人。尝游武当诸岩壑，语人曰："此山异日必大兴。"时五龙、南岩、紫霄俱毁于兵，三丰与其徒去荆榛，辟瓦砾，创草庐居之，已而舍去。太祖故闻其名，洪武二十四年遣使觅之，不得。后居宝鸡之金台观。一日自言当死，留颂而逝，县人共棺殓之。及葬，闻棺内有声，启视则复活。乃游四川，见蜀献王。复入武当，历襄、汉，踪迹益奇幻。

张三丰生平之奇迹，一是形状奇，"龟形鹤背，大耳圆目，须髯如戟"。二是行为奇，"寒暑惟一衲一蓑，所啖，升斗辄尽，或数日一食，或数月不食"。还能日行千里。三是见识奇，"尝游武当诸岩壑，语人曰：'此山异日必大兴。'"多年后，如他所预言，明成祖就在武当山大建道观圣地。四是生命奇，张三丰居宝鸡金台观时，曾游魂七日。他料定自己将死，作诗唱颂逝去，但在埋葬那天又活了过来。传说张三丰学道于鹿邑之太清宫，在终南山遇火龙真人而得大道真传，又在武当山面壁九年修炼，得道成仙。他是老子所传的"隐仙派"（亦称"独龙派"）一脉的传人。他行踪莫测，经常云游在仙人出没的名山大川。他在《东游》一诗写道："此身长放水云间，齐鲁遨游兴自闲。欲访方壶圆峤客，神仙万古住三山。"张三丰曾三次在崂山修行，在崂山的洞中写下了一系列影响深远的道教著作，后人编成《张三丰先生全集》，收入《道藏辑要》。

至于张三丰活了多久，迄今还是个历史悬案。据《王征南墓志铭》记载，张三丰为北宋末年人，《明史》称其为金人，但是都没有史料佐证。有史可证的是，张三丰曾给弟子杨轨山写过一偈，预言元朝灭亡明朝诞生。偈云："元气茫茫返太清，又随朱雀下瑶京。剥床七日魂来复，天下齐看日月明。"（张三丰《云水集》）明朝初期，他开始草创武当，明太祖朱元璋曾多次召求并派人寻访他而不得。明成祖朱棣即位后，也多次派人寻访，并致张三丰《御制书》，表达谒见和仰慕之情。张三丰无意陛见，赋诗一首由弟子孙碧云转交永乐帝。只有朱元璋第十一子蜀献王朱椿，有幸在四川见过张三丰。朱椿曾写过一首诗名叫《题张神仙像》，诗曰："奇骨森立，美髯戟张……飘飘乎神仙之气，皎皎乎冰雪之肠……"朱椿因得到张三丰的指点，避开了政治上的灾祸。张三丰最后在鹤鸣山像老子等道家人物一样不知所终。有人推算，张三丰仙逝时已200多岁了。

孙思邈是唐代著名道士，道教史上尊称他为"药王"。孙思邈不仅治病神奇，养生有术，而且有洞察未来的本领。据《新唐书·孙思邈传》记载：

"隋文帝辅政，以国子博士召，不拜。密语人曰：'后五十年有圣人出，吾且助之。'"历史如他预言，隋朝只传了两代，短短37年之后就灭亡了。他说的"圣人"就是李世民，灭隋建唐，当了皇帝。孙思邈活了多久，史界说法不一，比较公认的意见是141岁。传说孙思邈病逝，于一月之后，他的尸身在棺木中凭空消失，只剩下衣服，时人认为他成仙升天了。

张三丰、孙思邈等道士之所以能超凡脱俗，在道教中的说法是他们学得"修仙术"。葛洪曰："所谓术者，内修形神，使延年愈疾；外攘邪恶，使祸害不干。"（《抱朴子·微旨》）"修仙术"概括起来有二术：

其一是学道悟道术。道教的"道"源于道家。道家之"道"，指的是宇宙运行的规律。它主宰着天、地、人，然而"太上，不知有之"，故"道之为物，惟恍惟惚"。在道家学说中，"道"是客观自然规律，对天地万物一视同仁，"天地不仁，以万物为刍狗"。然而，道教所遵奉的"道"，不再是冷漠无情的存在，而是一种人格化的怀有慈悲正义情怀的超自然力量的象征——"道"被宗教化了。在道教的教义中，道教的修"道"法各教派不尽相同，但万变不离其宗，归纳起来大体有四重境界：学道、行道、悟道、得道。

这四重境界把"道"分为两个层次，表层为自然法则，深层乃自然程序。法则是一物所遵循之规律，即在某个领域中，人们通过实践经验总结出的规则。例如，"持而盈之，不如其已；揣而锐之，不可长保"，这是趋吉避凶的处世规则；"师之所处，荆棘生焉；大军过后，必有凶年"，这是"不以兵强"的治世规则。如此等等。这些"道"皆属于法则范畴。程序乃万物所遵循之规律。相对于程序而言，各种法则是并存的，它们同在程序中，既受程序制约，又具有相对独立灵活性。法则之间关系或是对立，或是互补。所谓"学道"，首先就是学习法则。"学道"致知，王阳明说："知行合一，知是行之始，行是知之成。"又说："知之真切笃实处即是行，行之明觉精察处即是知。"是否明白并掌握法则在于身体实行。"上士闻道，勤而行之；中士闻道，若存若亡；下士闻道，大笑之。"惟有知行合一，才算进入"行道"这第二重境界。不过修行至此，还只停留在"道"的表层，离真正的"道"还很远。"前识者，道之华而愚之始。"人们若迷信这些法则，那就很愚蠢肤浅。因为真正的"道"是决定这些众多法则的程序，而宇宙的程序自然而然，若隐若现，恍兮惚兮。所谓"道可道，非常道；名可名，非常名"。它无法言喻，须修道人自己去"悟"，悟出存在于众多法则之间隐秘的联系。"悟"，用冯友兰先生的话说就是"不修之修"。一当进入"悟道"境界，那就是"人法俱空"，人空法亦空，此时便以无心为心。于是，修道人以万物之用为用，以万物之心为心，臻达人与道合一，那就是"得道"。道教中的"得道"，意味着登上了仙界。

道教的修道法式大体上可以概括为三个字：一曰"逆"，二曰"术"，三曰"一"。①首先是"逆"，逆则成仙顺则人。凡人的人生法式在于"顺"，顺天地，顺四时，顺知序，顺众人，顺大流，"顺天者昌，逆天者亡"。道教修仙的方式则在于"逆"，"玄德深矣，远矣，与物反矣，乃至大顺"（《道德经》第六十五章）。修道要"与物反矣"，以逆求"顺"。如何"逆"呢？对此，老子在《道德经》第二十章中曾作过描述："众人熙熙，如享太牢，如春登台。我独泊兮其未兆；沌沌兮，如婴儿之未孩；儽儽兮，若无所归。众人皆有余，而我独若遗。我愚人之心也哉，沌沌兮！俗人昭昭，我独昏昏；俗人察察，我独闷闷。澹兮其若海，飂兮若无止。众人皆有以，而我独顽似鄙。我独异于人，而贵食母。"修道必须"独异于人"，凡人是"有为"的，修道者要持的是"无为"，凡人是"有待"的，修道者要持的是"无待"，归真返璞，做到"专气致柔""涤除玄览"。其次是"术"，"道教之术，杂而多端"，修道者必须学习法术，既要学习各种祈禳、斋醮、禁忌、符咒等法术，来请神镇鬼，求福去灾，又要学习星占、卜筮、堪舆、祝由等方术，为人指点迷津。学习法术是修道日常的功课，目的是为了济世人，积功德。最终法式是"一"。"载营魄抱一"，如《关尹子》所述："圣人以知心一物一道一，三者又合为一。""一"乃"天人合一"。修道至于"一"，"通于一而万事毕"，便拓开了"齐生死、齐是非、齐万物"的神仙途径。

炼丹养生术，此其二。

---

① 杨煦生《道教的精神》，牟钟鉴等主编《道教通论》，齐鲁书社，1991年版。

　　道长大都健康长寿，仙风道骨，鹤发童颜，这与道教的养生术直接相关。道教的养生术源于道家的生命忧患意识。老子说："吾之有患，在吾有身。及吾无身，吾有何患？"道教传承的正是道家的这种生命忧患意识，不寄托于来世的极乐，而注重现世的养生。

　　炼丹术是道教的养生术之一。外丹术在前面已经说过，它始于先秦，盛行于汉唐。由于金丹的毒性，服丹者不仅没能长寿，反而往往夭折，因而宋之后外丹术衰落，道教根据丹理转向并创始内丹术。

　　内丹术，就是把身体作为丹鼎，将精、气、神作为药物，通过运气提炼体内的精、气、神于丹田，使之凝结成丹。武当山《内经图》通过人体脏腑、经络的运行规律，详细描述内丹修炼的过程。图中在"心"前有诗一首："我家自种自家田，内有灵苗千万年。花似黄金色不异，籽如玉粒果皆圆。栽培皆赖中宫土，灌溉皆凭上谷泉。功课一朝成大道，逍遥陆地水蓬仙。"肚脐部位又有诗曰："铁牛耕地种金钱，刻石儿童把贯穿。一粒粟中藏世界，半升铛内煮江山。白头老子眉垂地，碧眼胡僧手拖天。若问此玄玄会得，此玄玄外更无玄。"还有一首诗位于"小腹"，告诫修炼内丹术的人须持之以恒，方能减少精气外耗而达长生："复复连连步步周，机关拨转水东流。万丈深渊应见底，甘泉涌起南山头。"[①]内丹术的修炼须个体去体验，由于个体之间的差异，很难诉诸语言。悟道之人不传则是"闭天道"，修道之人不"悟"，那么就可能走火入魔，"养生术"成为"送死术"。

　　实际上，内丹术就是气功。《庄子·刻意》中已提到这种养生术："吹呴呼吸，吐故纳新，熊经鸟伸，为寿而已矣。此导引之士，养形之人，彭祖寿考者之所好也。"道教认为，人的元气是生命之源，人要长寿就得养气。养气的目的是以我之心，行我之气，适我之体，攻我之疾。孙思邈的《千金方》提出了"六字诀"："纳气有一，吐气六。纳气者谓吸也，吐气者谓吹、呼、唏、呵、嘘，皆吐气也。"明代冷谦的《修龄要旨》把这"六字诀"，按照五脏的关系与四季配属起来："春嘘明目木扶肝，夏至呵心火自

---

① 李绿野编著：《中国道教文化百科1000问》，陕西师范大学出版社，2008年版，第347页。

闲。秋咽定收金肺润，肾吹惟要坎中安。三焦嘻却除烦热，四季长呼脾化餐。切忌出声闻口耳，其功尤胜保神丹。"

除了气功，还有动功。在动功上，华佗的"五禽戏"最为著名。所谓"五禽戏"，就是模仿虎、熊、鹿、猿、鸟五种动物动作进行养生。此外，还有"钟离八段锦"、叩齿集神法、舌搅漱咽法等等。动功后来发展成强身健体的武术功夫，道教各门派都有自己的独门秘籍功夫，诸如太极拳、八卦掌、形意拳等等，皆是众所周知的。以太极拳为例，它由张三丰武当内家拳发展而来。太极拳根据太极阴阳理念，用意念统领全身，通过入静放松、以意导气、以气催形的拳术，使人的身心进入一运一太极，太极一运化乌有的境界，来达到修身养性、益寿延年的目的。

第五节　道教与"三教合一"

中西文化之根本区别，在于文化精神的不同：其一，"中华文化是一元的，而西方文化是多元的。"[①]这是因为中国传统文化自来就有大一统的观念，所谓世间万物归一，如老子所说："圣人抱一为天下式。"孟子所说："夫道，一而已矣。"其二，"西方文化之中心在科学宗教，中国文化之中心在道德艺术。"[②]中华文化中虽有"三教"，但"三教"都受道德所主宰，全融入道德精神，其特点是：神非高高在上，"神即同化于吾心，而人性即天性，人心即天心""求神之赐恩，要在信神之至善；推恩于外，要在信性之至善"。所以"三教"都落实在人的道德修养上，讲的是一个"自"字：自求，自修，自得，自明，自知，自觉。"三教"也皆贯穿着统一的艺术精神，"三教"所传之"道"，不仅需要学，更在于"悟"，"悟"靠的

---

① 朱炎《中西文化之异同》，见郁龙余编《中西文化异同论》，生活·读书·新知三联书店，1989年版，第23页。

② 唐君毅《中西文化精神之比较》，见郁龙余编《中西文化异同论》，生活·读书·新知三联书店，1989年版，第31页。

是直觉，而直觉是一种艺术思维。

文化精神相同，这是"三教"能够"合一"的前提。反之，既称作"合一"，说明"三教"之间存在着文化差异，这种文化差异使"三教"在中国传统文化系统内形成三个独立的支系统，既对立又统一，既有序又开放，处于动态的平衡之中。"三教"之文化差异，集中体现在三个方面：

其一，"道"的差异。儒家之"道"乃伦理之道——"天地君亲师"。儒家本是学派，然而"天地君亲师"后来成为儒家子弟祭祀的对象，与祭天地、祭祖老、祭圣贤等民间迷信结合起来，儒家演变成了儒教。道教之"道"乃自然之道——"天人合一"。道教里各路神仙皆是"道"的化身，凡人可以通过修道超凡而登入仙界。佛教之"道"乃"彼岸"之道——超脱生死轮回。佛教要求信徒通过修炼，臻达"涅槃"，立地成佛。

其二，"心性"差异。"三教"对心性的解释基本一致。心性的"性"，左"心"右"生"，《中庸》解释说："天命之谓性。"性，指人天生的、没有经过后天污染的心。自然之性无所谓善与恶，善恶来自修养，三教皆主张以道德艺术修养来塑造理想的心性。

儒教主张"正心"，"正心"的准则是"伦理"。所谓伦理，《礼记·礼运》中说："父慈，子孝，兄良，弟悌，夫义，妇听，长惠，幼顺，君仁，臣忠，十者谓之人义。"荀子强调："义者，内节于人，而外节于万物者也。"因而，儒教的道德修养以"诚意"为首，然后是"格物，致知，齐家，治国，平天下"。孟子《离娄》中说："诚者，天之道也。思诚者，人之道也。"《中庸》把"诚"作为"五常（仁义礼智信）之本，百行之源"。唯"诚意"方能"正心"，屈己伸人，克己敬人。到了宋明理学，吸收了佛教的禁欲主义，"正心"的要求发展成为"存天理，灭人欲"。不过，儒教的道德修养主敬，专一于天理——伦理道德。"格物致知"要义是内心保存天理，也属于个人修养。儒教道德修养的出发点，是以自我为中心，追求一种高尚的人格。因而儒教的道德修养具有弹性，可以向外——达则兼济天下，也可以向内——穷则独善其身。

道教"正心"的准则是"自然"。"道"即自然。学道，修道，行道，弘道，首要的是得道。而"道之在我之谓德"，得"道"后，与"道"一体，返归自然，清虚无为，自由自在，这就是"德"。"德"是"道"在人身上的体现。因而修道者重要的是立德，在平时不断积累功德，努力遵循"道"的法则修行，不尚名，不尚利，不自贵，不妒忌，不妄语，不好色，不美食，不杀生，做到清心寡欲，柔弱不争，济世利人，慈悲诚信。当修行到功德圆满时，便可以得道成仙。

佛教"正心"的准则是"真如"——性空。性空即"四大皆空"①，看空尘世间的一切。佛教修为的基本方法是"戒、定、慧、脱"："戒"即戒律，如不杀生、不偷盗、不好色，不贪利等；"定"是修道的方法，包括打坐、诵经等具体方式，心中"念"才起之时，就立即遏制住，不让它生起；"慧"是开悟的状态，冯友兰阐释为"止观"，停止对虚幻不实之物的留恋，做到内心的清净；最终是"脱"，脱离轮回，臻达"如来"（如其本来），从世俗苦海中解脱出来，获得生命的永恒。

其三，人生价值的差异。"三教"在"道"与"正心"上的差异决定了人生价值趋向不同。儒教弘扬入世精神，要求人生在现实世界中立功、立言、立德，光宗耀祖，造福于民，以身殉国，垂名史册；道教弘扬出世精神，要求人生在现实世界中清虚无为，回归自然，逍遥人生，与天同寿；佛教弘扬超世精神，要求人生在现实世界中看破红尘，超凡脱俗，普度众生，臻达"真如"。

儒、道、佛"三教合一"，另一前提是这"三教"具有整合的结构机制，即"三教"之间存在着能够整合一体的中介。在中华传统文化结构里，道教居于特殊的地位，就是在结构中起着中介作用。儒教与佛教通过道教整合于一体。道教之所以能够起到中介功能，因为道教对儒教与佛教具有双向整合的兼容性。

例1："有"与"无"的整合。儒教主张"礼"，孔子说"克己复礼"，董仲舒将"礼"明确为"三纲五常"，而朱熹将"三纲五常"视作"天理"，认为"礼"是"天理"体现于社会规范的产物，是永恒不变的

---

① 《佛学大词典》："佛教主张世界万物与人之身体皆由地、水、火、风之四大和合而成，皆为妄相，若能了悟此四大本质亦为空假，终将归于空寂，而非'恒常不变'者，则亦可体悟万物皆无实体之谛理。又一般世人形容看破名利、世事，亦称四大皆空。"

"有"。佛教主张"空",所谓"缘起性空"。"缘起",是说世间上一切之"有",皆由因缘和合所生起,因缘聚则生,因缘散则灭。"性空",是说因缘和合所生之"有"皆是一种幻象,并无自性,本性是空的,《法集经》谓"真如者,名为空,彼空不生不灭","空"就是"无"。道教主张"道",老子说:"天下万物生于有,有生于无。"庄子也说:"以功观之,因其所有而有之,则万物莫不有;因其所无而无之,则万物莫不无。"(《秋水》)在道教看来,"有无相生"本于"道",自然而然。因而,道教的"有无相生",既兼容儒教之"有",又兼容佛教之"空",具有相互交换着的递质。

例2:"入世"与"出世"的整合。儒教立足于"此岸",是入世的,要求人们遵循伦理秩序,济世拯民,立功立业,实现人生的社会价值。道教也立足于"此岸",但是虽在"此岸",却是出世的,要求人们摆脱儒教所追求的功名利禄,返回"自然",清虚无为,归隐修道,白日升天。道教的"自然"兼容"伦理",道教全真龙门派主师王常月在《龙门心法》说:"孝悌忠信、礼义廉耻,日用寻常之理是也。你们若能了将此八个字,才唤作个人。若不了此八个字,人道就不全了,如何进得仙道!"

佛教立足于"彼岸",是出世的。佛教认为今生这个世界是痛苦的,要摆脱痛苦就要跳出"轮回",彻底地寂灭,即所谓涅槃。道教也主张出世,不过是"此岸"的出世,认为人生是美好的,世界是值得留恋的,在"此岸"就能修道成仙。佛教融入中华传统文化结构后,受道教"同化","轮回"观念发生了变化。道生在《维摩经注》中说:"夫大乘之悟,本不近舍生死、远更求之也。斯在生死事中,即用其实为悟矣,苟任其事,而变其实为悟始者,岂非佛之萌芽起于生死事哉?"意思是佛教求涅槃境界,不用舍近求远,就在现世的生死之中。故朱熹在《道教部》中说:"道家有老庄书……尽为释氏窃而用之。"

由于道教兼容儒教与佛教的"此岸"与"彼岸","入世"与"出世",故道教成为儒教与佛教联系的桥梁。儒教与佛教本是不相容的,因为有了道教这个中介,两者有了相容性。比如禅宗六祖慧能将儒家伦理视为修佛的信条,他在《坛经·疑问品》中说:"心平何劳持戒?行直何用修禅?

恩则孝养父母，义则上下相怜，让则尊卑和睦，忍则众恶无喧。若能钻木取火，淤泥定生红莲。"

可见，在中华传统文化结构中，道教是"三教合一"的中枢。正因为如此，道教主张儒、释、道"三教一家"。武当派宗师张三丰认为"天下无二道，圣人不两心"，儒、释、道都是正教，同归于"道"。修"人道"是炼"仙道"的基础，得"人道"就离"仙道"不远了。道教的全真道派，更以道教的《道德经》、佛教的《般若心经》、儒教的《孝经》作为道教信徒修行的三部必修经典。

道教在中华传统文化结构中的地位，决定了它在结构中所起的作用。如本书《引论》中所述，道教以"道"的自然秩序，既解构儒教建构的束缚人行为的伦理秩序，亦解构佛教建构的束缚人灵魂的轮回秩序，中华传统文化结构由于道教的解构功能，因此产生了一种自我调节机制，即"正（建构）→反（解构）→合（重构）"，结构因此一张一弛，辩证发展，实现周而不殆的动态平衡。所以，鲁迅在《1918年8月20日致许寿裳》中说："中国根柢全在道教，此说近颇广行。以此读史，有许多问题可以迎刃而解……懂得此理者，懂得中国大半。"

第五章　宋明理学

第一节　理学：道"理"儒"用"

儒家学说自诞生开始，就有一个先天不足的弱点，那就是它的伦理思想体系没有哲学理念的支撑。孔子最早持的是周人的天命观，"不知天命无以为君子"，以"天命"之说来支撑"礼"的合理性；而后，董仲舒发展为"天人感应"，措用阴阳五行学说、谶纬之学来支撑，说明"三纲五常"的合理性。显然，儒家的"天命""天人感应"等理念，缺乏厚实的理论基础。因此汉唐以前的儒学，虽然已经完成系统的伦理思想建构，却始终没有形成自己的哲学思想。宋明理学在儒家思想发展史上最重要的价值，就是为儒家思想构建了哲学体系，使儒家的学说具有哲学理论的支撑。从这个意义上说，理学是哲学与伦理学的融合。

理学创始者是宋代的周敦颐，经过邵雍、张载与二程兄弟（程颢、程颐）的发展形成了伊洛学派。与之几乎同时，又出现了二苏（苏轼、苏辙）为代表的蜀学学派。至南宋后，朱熹集理学之大成，始称之"理学"。朱熹之后，理学经陆九渊、王守仁发展，衍生出"心学"学派，又经王夫之发展，衍生出"气学"学派。"理学"遂成为专指宋、明以来形成的新儒家学说。

与先秦、汉唐的儒学所不同的是，作为新儒学的宋明理学具有了自己的哲学理论，其核心理论就是"理"。所谓"理"，即"所当然之则"和"所以然之故"。此"则"与"故"即是主宰自然与社会的天理：一是宇宙之本源，一是万物之规律。所以理学明确说明，"理也者，形而上之道也。"（朱熹《答黄道夫》）。

天理云者，这一个道理，更有甚穷已？不为尧存，不为桀亡。人得之者，故大行不加，穷居不损。这上头来，更怎生说得存亡加减？是它元无少欠，百理具备……理则天下只是一个理，故推至四海而准。①

宋明理学的"理"，追根溯源，来自道家学说中的"道"。理学创始人程颢说："理便是天道也。"他说的"天道"与道家学说中的"道"是相同的："夫道，恢然而广大，渊然而深奥，于何所用其力乎？"②从哲理上看，理学就是道学。不过，理学将道家之"道"移植于儒学体内，将它同化为儒学。因而理学不用"道"，而用"理"的概念来与道家作区分。程颢说："吾学虽有所受，天理二字却是自家体贴出来。"③然而，即便这样，理学之"理"也难以与道家划清渊源，因为"理"的概念在道家学说中已经出现了。庄子《养生主》云："依乎天理"，又在《天下》云："判天地之美，析万物之理。"庄子所谓的"天理""万物之理"，其实皆为"道"之别称。

理学的思维方式，也同道家如出一辙。理学持的是《易》的"一分为二"的思维方式。所谓"一阴一阳谓之道"，朱熹说："一"是一个道理，却有两端，"东之与西，上之与下，以至于寒暑、昼夜、生死，皆是相反而相对也。天地间物，未尝无相对者。故程先生尝曰：天地万物之理，无独必有对，皆自然而然，非有安排也"（《朱子语类》卷六二）。朱熹持的即是道家的辩证观念。

周敦颐构筑的《太极图》是理学的理论纲领。《太极图》来自道士陈抟的传授。《宋史·朱震传》记载："陈抟以《先天图》传钟放，放传穆修……穆修以《太极图》传周敦颐。"《太极图》的哲学逻辑结构是：无极（道家称之"无"）生化出太极（太极为一，一分为二，动而生阳，静而生阴，构成阴阳二气），太极化出万物（二气交感，化生万物），而"生之谓性"，万物各生其性。性即理，一物须有一理，"万物殊理，道不私"（《庄子·则阳》）。但从根本上说，"万理皆是一理"，天下只有一理，

---

① 程颢、程颐：《二程集》，中华书局，1981年版，第31—38页。
② 程颢、程颐：《二程集》，中华书局，1981年版，第1174页。
③ 程颢、程颐：《二程集》，中华书局，1981年版，第424页。

即天理。理学认为："生生之谓易，是天之所以为道也。"①自然万物生化过程就是天理的呈现过程。天理与万物是体用关系，天理是"体"，相当于本质，万物是"用"，是本质的表现。"体用一源，显微无间"②，"至显者莫如事，至微者莫如理，而事理一致，微显一源"③。

不过，理学虽然措用道家的哲学思想，却也并非简单地照搬，它同时有自己的创造。理学对道家的哲学思想进行了逻辑整理，并按照儒家的价值观作了改造和发展，提出了一系列新的理念，从而建构起自己的理学思想体系。

首先，理学以"理"为核心，衍生出"气"与"性"的理念。朱熹在《答黄道夫》中说：

> 天地之间，有理有气。理也者，形而上之道也，生物之本也；气也者，形而下之器也，生物之具也。是以人物之生，必禀此理，然后有性；必禀此气，然后有形。

在理学中，"气"是"理"化为"物"的中介。"万物之始，皆气化；既形，然后以形相禅，有形化；形化长，则气化渐消。"④这个思想在庄子《知北游》中已经提出："人之生也，气之聚也，聚则为生，散而为死……故曰通天下一气耳。"不过，理学对"气"论作了理论发展。张载《太和》中说："太虚无形，气之本体；其聚其散，变化之客形尔。"气之聚散，倏暂不定，因此称之"客形"。而"太虚者，天之实也"。张载说的"太虚"就是"太极"。"太虚不能无气，气不能不聚而为万物，万物不能不散而为太虚。"气作为太虚本然状态，若空无所有，而万物之"有"正是来自太虚之"无"。朱熹作了更为通俗的阐述："如天地间人物草木鸟兽，其生也莫不有种，定不会无种子白地生出一个物事。这个都是气。若理则只是个净洁空阔的世界，无形迹，他却不会造作。气则能酝酿凝聚以生物也。但有此

---

① 程颢、程颐：《二程集》，中华书局，1981年版，第33页。
② 程颢、程颐：《二程集》，中华书局，1981年版，第582页。
③ 程颢、程颐：《二程集》，中华书局，1981年版，第323页。
④ 程颢、程颐：《二程集》，中华书局，1981年版，第79页。

气，则理便在其中。"（《朱子语类》卷九五）气是动态化的存在，"动则终而复始，所以恒而不穷"①。气的运动过程即为"生"。天理就是通过"气"而成为生生不息之理。

理学又由"气"论引申出"性"论。万物由"气"化成，而"性"是"气"定形的产物。理学认为宇宙万物各有其"性"，"天下无无性之物，盖有此物，则有此性；无此物，则无此性"（《朱子语类》卷四）。"性"体现在物上是物性，体现在人身上就是人性。人性也一分为二：一是"天命之性"，这是"极本穷源之性"，是"性之本"，因此说"性即理"。"天命之性"是善的。二是"气质之性"，这是"受生之后谓之性"，即"生之谓性"，是"气"形化而来，因此说"性即气"。"天命之性"与生俱来，而"气质之性"则人与人不同，它是后天养气而成。"气质之性"具有善与恶的两重性，"气清则才善，气浊则才恶。禀得至清之气生者为圣人，禀得至浊之气生者为愚人"②。这便是儒学启蒙读本《三字经》归纳的"性相近，习相远"。人性中的"天命之性"与"气质之性"，理论上可以一分为二，其存在却不可分割，"天命之性，若无气质，却无安顿处"（《朱子语类》卷四）。理学的人"性"论，以辩证方式解决了儒家内部关于人性"恶"与"善"的论争。

"性"论既立，理学又由"性"论衍生出"心"与"知""情"等理念。什么是"心"？程颐说："性之本谓之命，性之自然者谓之天，自性之有形者谓之心，自性之有动者谓之情，凡此数者皆一也。"③程颐说的"自性之有形者谓之心"，在"心"的界定上还有些肤浅，明代理学家王守仁对"心"的界定作了深化，哲理上更为缜密。他在《传习录》中说心是人性特有的。"心者身之主宰。目虽视而所以视者，心也；耳虽听而所以听者，心也；口与四肢虽言、动而所以言、动者，心也。""心"之"自性"，即是因为"心"是具有意识活动的精神实体。

万物皆有性，"心"的功能就是认识物性，通过"心"的知性来悟出天

---

① 程颢、程颐：《二程集》，中华书局，1981年版，第862页。
② 程颢、程颐：《二程集》，中华书局，1981年版，第292页。
③ 程颢、程颐：《二程集》，中华书局，1981年版，第318页。

理，因而理学提出"格物致知"方式：

> 凡一物上有一理，须是穷致其理……须是今日格一件，明日又格一件，积习既多，然后脱然自有贯通处。①

> 格犹穷也，物犹理也，犹日穷其理而已也。穷其理，然后足以致之，不穷则不能致也。②

理学说的"物"，含有事物的意思，不专指外在世界，也包括内在世界。因而，他所讲的"物理"，不仅指外界事物的规律，也指内心的秩序。理学将人的"知"分为两类：一类是见闻之知。二程说："见闻之知，乃物交而知。"是心对物性的认识，因而强调多"格"，"多闻识者，犹广储药物也，知所用为贵"③。每格一物之性，便多一份知，只有积累多了，多而归一，也就能豁然贯通。"万物各具一理，而万理同出一原，此所以可推而无不通也。""无不通"即是顿悟。另一类是德性之知。"见闻之知非德性之知，德性所知，不假闻见。"④这些关于伦理道德的知识与"见闻之知"不同，它是先验的，人性所固有的。由此，王守仁的心学提出了"致良知"的思想。《王阳明年谱》中记载着一段顿悟"致良知"的描述：

> 忽中夜大悟格物致知之旨，寤寐中若有人语之者，不觉呼跃，从者皆惊。始知圣人之道，吾性自足，向之求理于事物者，误也。

王守仁指出："良知是天理之昭明灵觉处，故良知即是天理。思是良知之发用，若是良知发用之思，则所思莫非天理矣。"（《答欧阳崇一》）良知是天然自有，"天然自有，即至善也"。换言之，"良知"是人"心"内先验的道德价值体系。理学认为，良知是明"心"见"性"的根脉，它犹如

---

① 程颢、程颐：《二程集》，中华书局，1981年版，第188页。
② 程颢、程颐：《二程集》，中华书局，1981年版，第316页。
③ 程颢、程颐：《二程集》，中华书局，1981年版，第1199页。
④ 程颢、程颐：《二程集》，中华书局，1981年版，第1260页。

树的根基，在生活中外化为"仁、义、礼、智、信"的树杈。

"心"触物而动便生"情"。"情"是"心"之"性"的产物。理学认为，"心之本体，原自不动"，"未发"状态为"心"；"若既发，则可谓之情"。所谓"已发"，即"外物触其形，而动其中矣。其中动而七情出焉，曰喜、怒、哀、乐、爱、恶、欲"①。这"七情"是人心对外物作价值评价的反映。"七情"中前六者是人的心理感受，"欲"则是人的生理需要。理学认为，人对"七情"有两种态度，因而产生两种结果：其一，"觉者约其情使合于中，正其心，养其性"，意思是发而"中节"，合于"天命之性"便是善；其二，"愚者则不知制之，纵其情而至于邪僻，梏其性而亡之"，意思是纵情过于"中"，以至"天命之性"丧失，便走向邪恶。②

纵观宋明理学思想，我们不难发现，从哲理上看，理学就是道家之学，是道家之学在儒学体内的繁衍，无论是周敦颐、邵雍的"太极"，张载的"太虚"，二程和朱熹的"天理"，等等，皆是从道家之"道"繁衍出来的理念。因而，宋明理学实际上是以"道"为支柱，以"儒"为框架的儒家思想体系。在理学中，无论是"性即理""心即理"，抑或"气即理"，皆是从形而上上重建儒家的伦理道德，旨在实现"天道"与"人伦"的合一，赋予儒家"纲常名教"以合理性和永恒性。宋明理学的诞生，意味着儒家学说不仅具有哲学理论的支撑，而且成为被民众顶礼膜拜的主流意识，具有明显的宗教色彩。从这个意义上说，理学的诞生标志着先秦的儒学转化成为儒教。

第二节　道学与理学的分野

尽管宋明理学与道家学说在万物本源认识上趋同，都发源于"道"，但在人格建构的价值取向上却是殊途。犹如长江、黄河，两者都发源于青海，

---

① 程颢、程颐：《二程集》，中华书局，1981年版，第577页。
② 程颢、程颐：《二程集》，中华书局，1981年版，第577页。

源头相差不远，然而差之毫厘，失之千里，一个流向北方，是一条滚滚奔腾着的中原儒家文化大河，一个流向南方，是一条静静流淌着楚文化的大江。

宋明理学与道家学说，两者都追求"穷理"，"万物与我为一"。理学的"穷理"是"圣贤"人格理想的自觉，是明明德"学圣人"的工夫。在理学中，天理既指自然规律，也指普遍的伦理道德准则。理学将伦理道德准则纳入自然规律范畴。"人伦者，天理也。"[①]"圣人，人伦之至。伦，理也。"[②]"视听言动，非理不为。即是礼，礼即理也。"[③]在宋明理学里，人伦秩序即天理，认为儒家的"君君、臣臣、父父、子子"，"父子君臣，天下之定理，无所逃于天地之间"[④]。而人伦秩序形之于"礼"，礼即社会的礼仪典章制度，为儒家的"非礼莫视，非礼莫听，非礼莫言，非礼莫动"提供了合理性与可操作性。在理学辞典里，"非礼"就等于"非理"。王守仁在《博约说（己酉）》里说得更明白：

> 夫礼也者，天理也。天命之性，具于吾心，其浑然全体之中，而条理节目，森然毕具，是故谓之天理。天理之条理谓之礼。是礼也，其发见于外，则有五常百行，酬酢变化，语默动静，升降周旋，隆杀厚薄之属。

道家"穷理"的"理"是自然规律，是人的自然本性，不包含宋明理学人为的"礼"。反之，道家是反对"礼"的，道家要"穷"的"理"，是逆"礼"之道，回归自然秩序，回归自然人格，恢复人的个性。如老子《道德经》第十八章所说：

> 大道废，有仁义；智慧出，有大伪；六亲不和，有孝慈；国家昏乱，有忠臣。

---

① 程颢、程颐：《二程集》，中华书局，1981年版，第394页。
② 程颢、程颐：《二程集》，中华书局，1981年版，第182页。
③ 程颢、程颐：《二程集》，中华书局，1981年版，第144页。
④ 程颢、程颐：《二程集》，中华书局，1981年版，第77页。

显然，在对待"礼"上，道家与理学家所持态度截然相反。道家指斥"礼"是道德堕落的结果。"礼"不仅不是"道"的体现，而恰恰是因为大道被废弛才有的。道家认为，原始社会有"大道"，人与人之间原本是各得其所、自由平等的，一切秩序自然和谐；然后社会发展了，世道变了，出现了尔虞吾诈、你争我夺，于是提出了"仁义"。"仁义"原本是天经地义的自然，一到叫嚷讲"仁义"，意味着"仁义"已经极度缺失。同样，六亲原本是和睦的，臣子原本是忠诚邦国的，到了要以"孝慈""忠臣"作为榜样，教化大众，这说明"孝慈""忠臣"已经极度缺失。所以儒家提倡宣扬"礼"，实际上是对自然的一种反动，会给社会带来严重的危害。

道家与理学家在价值取向上也是相悖的。"圣人"是两者共同的人格理想。道家的"圣人"理想，在价值取向上是出世的，"无为"的。庄子在《逍遥游》中作过阐述："至人无己，神人无功，圣人无名。""至人"也叫真人，是人格的第一境界。所谓"至人无己"，意思是至人的自我不再"有待"，"至人之用心若镜，不迎不逆，应而不藏，故胜万物而不伤"。"与天为徒"，与自然万物之间和谐相处，就是至人境界。"神人"是人格的第二境界。所谓"神人无功"，意思是神人不为树立自我而"有为"，"处无为之事，行不言之教"，清虚无为，以身作则，就是神人境界。"圣人"则是人格的最高境界。所谓"圣人无名"，即"天人合人"，做到"不行而知，不见而明，不为而成"。

理学也提出"立人极"。所谓"立人极"，就是做人的最高境界——"圣人"。理学的"圣人"，在价值取向上是入世的，其标准是"修身、齐家、治国、平天下"，是遵循"伦理"之道的典范。"圣人，人伦之至。伦，理也。既通人理之极，更不可以有加。"①理学讲"正心"，"君子养心莫善于诚"（《荀子·不苟》）。周敦颐在《通书》中把"诚"视作人伦之源，"诚，五常（仁义礼智信）之本，百行之源也。静无而动有，至正而明达也"。因而，"诚者，圣人之本"。如何才是"诚"？"存天理，灭人欲"。理学认为："灭私欲，则天理自明矣。"在理学里，"灭人欲"才是

---

① 程颢、程颐：《二程集》，中华书局，1981年版，第182页。

圣人境界。

　　什么是"灭人欲"？理学认为，"人欲"就是"私欲"。王守仁在《传习录》中说："灭人欲"就是要"将好色、好货、好名等私欲，逐一追究搜寻出来，定要拔去病根，永不复起，方始为快"。只有做到"此心无私欲之蔽，即是天理"。实质上，理学要灭的"人欲"并非只是"好色、好货、好名等私欲"这么简单。

　　现代人本主义心理学家马斯洛先生对人格结构作过科学分析，他指出人的基本需求包含五个层次：1. 生理需求，衣、食、住、行、性的生理要求；2. 安全需求，生命安全、财产安全等要求；3. 爱的需求，爱情、友情、亲情等归属要求；4. 尊重需求，人的自尊与受人尊重的要求；5. 自我实现的需求，实现个人理想、抱负的需求。马斯洛认为，人的这些需求的满足在现实中是依次逐层递增的，欲望由小到大，由低到高，无止无境。马斯洛所说的人的基本需求，在理学看来都是"私欲"，都在灭的范围。朱熹在《论语集注》中说得很清楚："非礼处便是私意"，凡是与"礼"不合的"私欲"都要灭。

　　历史实践证明，理学的"三纲五常"要灭的是人的整个人格。以"夫为妇纲"为例，程颐提出"饿死事小，失节事大"。清代学者方苞写过一篇《康列女传》，记述了一件贞节的故事：康烈女是个商人的女儿，由父母做主许配给贫家之子张京。可还没过门张京就死了。康烈女因为已有婚约，不得不以张氏媳妇自居，最终上吊自杀殉夫。清代时期，京师、省府、州县等地都修建有"节孝祠""大牌坊"，用来表彰节妇烈女。凡节妇烈女，官府皆发给30两"坊银"，由本家为她们建坊；节烈事迹突出、影响大的，皇帝还亲自"御赐诗章匾额缎匹"。凡是节妇烈女，她们的名字还可以列入正史和地方志，垂名史册。因此，社会形成了浓重的"贞节"氛围，成千上万的妇女被逼以身殉夫。节妇贞女们为了"克己复礼"，不仅主动"灭"了自己的爱情、青春，而且不惜"灭"了宝贵生命。鲁迅先生在《我之节烈观》一文中说："由汉至唐也并没有鼓吹节烈，直到宋朝，那一班'业儒'才说起饿死事小、失节事大的话。"可见宋明理学"灭人欲"对社会的负面影响之大。

一般说，人的需求层次愈高，主体性的体现愈强。理学要灭的是人的整个人格，因此所"灭"不只停留在人的生存、安全、归属等一般层次，甚至深入到人格中的最高层次——"自我实现"的需要。明代大儒方孝孺是理学的圣人，他是建文帝的老师，对建文帝忠心不二。建文帝叔父朱棣篡夺江山后，朝中大臣大多见风使舵，降臣朱棣，方孝孺却宁死不屈，拒绝投降称臣。朱棣登基时，方孝孺身穿孝服当庭大哭，朱棣劝他：先生不要这样，我只是效仿周公辅助成王而已。这是朕的家事，先生不必计较。朱棣为了表示对方孝孺的尊重，请他拟即位诏书，方孝孺奋笔疾书"燕贼篡位"，并大骂"死既死耳，诏不可草"。朱棣大怒，将其杀害，并诛灭其十族。

清代顾炎武在《日知录·正始》中说过一段著名的话："有亡国，有亡天下，亡国与亡天下奚辨？曰：易姓改号，谓之亡国。仁义充塞，而至于率兽食人，人将相食，谓之亡天下。"意思是，亡国只是政权更迭，而亡天下则是人伦丧失。方孝孺的死只是为建文帝尽忠而已，为了捍卫理学的人伦，竟丢弃了儒家"民为贵，社稷次之，君为轻"之大义，泯灭了自我。

理学提出的"人伦"，从本质上说，就是家族的伦理，目的是弘扬家族性质的集体主义，强迫个体放弃自己的理想和追求，绝对服从家族的利益，实现家族群体存在的意义。理学为中国传统社会建立了严密的伦理秩序，因此得到了官方的认可和支持，自宋明以来成为社会的主流意识。在此后漫长的封建社会里，道学的个体意识在理学的强大压抑下，只是一种自在的精神状态，被挤在了一个狭小的社会空间里。只有当人不堪现实重负之时，才会归隐于自然，逃遁于精神世界，来释放生存的焦虑，解构群体的压力，恢复自我的尊严，实现个体的存在价值。

第六章　启蒙思潮

第一节　早期启蒙思想家李贽

明清以来，中国传统的封建社会开始走向衰落，工业文明的洪钟敲响了它的丧音。数百年间，中国思想界风起云涌，出现了启蒙思潮，而且一浪高过一浪，对传统文化进行了猛烈的冲击并改造。这标志着中国社会的文明已经进入新旧转型的历史转折时期。

第一次启蒙思潮发生于明末清初。由于民间工商业的发展，明代嘉靖以后，中国市民阶层迅速壮大，逐渐改变了传统社会"以农为本"的格局，出现了资本主义萌芽。新的社会阶层期待自己物质利益的保障，要求突破正统"宋明理学"抑商灭欲的束缚，建立新的社会秩序。因此，在"人权"与"皇权"上开始发生矛盾冲突。这种冲突很快反映到思想界，于是酿成中国历史上第一次启蒙思潮。

这次启蒙思潮主要是批判儒学的"三纲五常"，否定封建等级制度，宣扬人本主义。在这次启蒙思潮中，涌现出了一批中国早期的启蒙思想者。诸如张扬个体精神觉醒的李贽，质疑孔孟之道，提出"圣凡平等"；宣扬"百姓日用即道"的王艮，为平民呼吁生存权利；肯定人欲是人的天性的何心隐，倡导"育欲"之说；抨击君主专制的黄宗羲，提出"工商皆本"的思想；主张限制君权的顾炎武，提出"天下兴亡，匹夫有责"；还有"天下惟器"的王夫之，提出政体应"趋时更新"；等等。在这次启蒙思潮中，最有代表性的是被学界视作"异端"的李贽。

　　李贽是明代嘉靖年间中举入仕的，历任共城教谕、国子监博士、姚安知府，后弃官归隐，寄寓楚地。在湖北麻城讲学时，从者数千人，著有《藏书》《续藏书》《焚书》《续焚书》《史纲评要》等作品，是明代最负盛名的思想家，中国早期杰出的启蒙主义者。

　　李贽本来是儒家的信徒，是从儒家阵营里破门而出的"叛逆者"。他自幼"倔强难化"，生性向往自由，以特行卓识而见称于当世。入仕后，李贽多年沉浮于基层，位卑俸微，郁郁不得志。由于长期在基层任职，李贽因此深谙官场之黑暗、帝国之腐朽，对现实感到失望，甚至愤懑。而与民间广泛的接触，使李贽感受到新兴的市民阶层与工商业者的需求与未来，敏锐地发现社会之变迁，开始对重农抑商的传统观念发生动摇以至于反叛。"夫是非之争也，如岁时行，昼夜更迭，不相一也。昨日是而今日非也，而可遽以定本行商法哉？"李贽从社会实践中形成了"于世推移，其道必尔"的理念。

　　如果说上述是李贽出于对社会现实的清醒认识，那么王阳明的"致良知"的"心学"——"夫物理不外于吾心；外吾心而求物理，无物理矣"[1]等理念，促使了李贽的自我觉醒。他在《焚书·续焚书·答周二鲁》中说："士贵为己，务自适。如不自适而适人之道，虽伯夷叔齐同为淫僻。不知为己，惟务为人，虽尧舜同为尘垢秕糠。"这意味着他对自己曾一度追从的儒学产生怀疑，并且将之置于理性的审判台上进行重新评估："夫道，天下之公道也；学，天下之公学也；非朱子可得而私也，非孔子可得而私也。"[2]李贽经过深刻反思后幡然醒悟，他所信奉的孔孟儒学原来不是万事不易之真理，而是精神的桎梏，因而决然离经叛道，反戈一击，成为"掀翻天地"、激扬启蒙思潮的"泰州学派"的一代宗师。

　　从世界文化发展史来看，李贽启蒙思想的发难与西方的启蒙运动几乎是同步的，不过由于明王朝的闭关锁国、禁锢思想政策，两者之间实际上并没有发生什么直接的关联。李贽的启蒙思想的武库显然不是来自西方，

---

① 《王阳明全集》，上海古籍出版社，1992年版，卷二第42页。
② 《王阳明全集》，上海古籍出版社，1992年版，卷二第78页。

而是取诸中国传统文化系统内部，是传统文化系统在新的社会条件下产生的结构调整要求的体现。从本原而论，李贽的启蒙思想与道家学说一脉相承，可以说是楚文化适应时代潮流发展的一种新的演变。这方面，李贽有过明确自述。他致仕归隐后，寓楚二十年，他说他将"老子《道德经》虽日置案头，行则携持入手夹，以便讽诵"①。他捧庄子《南华经》细读时，发现："人皆以孔子为大圣，吾亦以为大圣；皆以老、佛为异端，吾亦以为异端。人人非真知大圣与异端也。"②他将自己这方面思想所得写成《老庄解》。在传统文化系统中，老庄思想主张恢复人的自然本性，对儒家伦理秩序束缚具有解构作用。李贽重拾老庄思想的武库，显然不是重蹈历史上的道、儒之争，而是赋予了道家这传统"批判的武器"以新的时代内容，因而使之具有了抨击封建秩序的启蒙意义。

李贽的启蒙思想，大体表现在三方面：

一、揭露统治者鱼肉人民的腐败，提出"至人之治"理想。中国历史上，君主的权力、官僚的贪腐、思想的专制，无过于明朝之深重。李贽有入仕的经历，能洞察现实的黑暗。他的启蒙思想首先剑指封建苛政。在《焚书·封使君》里，李贽借汉宣城郡守封邵化虎食民的传说，指斥官吏们是"冠裳而吃人"的虎狼，"昔日虎伏草，今日虎坐衙。大则吞人畜，小不遗鱼虾"，要求对政治现状进行有力的改革。李贽对苛政的鞭挞，从表面看，同《礼记·檀弓下》中《苛政猛于虎》如出一辙，与儒家一样，李贽表现的是忧国忧民情怀。但是，李贽与儒家的出发点不同，儒家追求的是"克己复礼"，施行仁政，而李贽的政治理想是道家的"无为而治"。他认为"至道无为、至治无声、至教无言"，人类社会之所以常常发生侵轧、动乱，出现各种苛政，是因为统治者的贪婪，及对社会的妄为和攫夺。因而根除苛政的方式，李贽认为应是对百姓推行宽松政策，"因乎人者，恒顺于民""因其政不易其俗，顺其性不拂其能"。③

在他任云南姚安知府时，他坚持"一切持简易，任自然"的施政方针，

---

① 李贽：《续焚书》，中华书局，1975年版，卷二第66页。
② 李贽：《续焚书》，中华书局，1975年版，卷四第100页。
③ 李贽：《焚书》，中华书局，1975年版，卷三第87页。

"无事而事事，无为而无不为"。在《焚书·论政篇》中，他提出了"因循"的理念。他认为治理的关键是因性而顺民，发展人的自然之性，"各从所好，各骋所长"。不过，李贽"无为而治"的思想虽然源于道家，却与时俱进，赋予了它新的时代内容。他超越了老子"恒使民无知无欲"的原始复古思想，将"无为而治"立足于满足世民"因才并育"、自由思想与合理的物质利益诉求之上，旨在推进社会文明发展。

二、反对封建礼教，主张人人平等，个性解放。李贽启蒙锋芒的另一指向是封建礼教。封建礼教的核心是"三纲五常""三从四德"，目的是建立上下有序、等级森严的社会秩序。《礼记·曲礼》："礼者，所以辩尊卑，别等级，使上不逼下，下不僭上，故云礼不逾节，度也。"封建礼教的产生，有它的历史合理性，但它与现代文明是背道而驰的。人类文明越进步，其反文明的本质就越显著。封建礼教最大的危害是"存天理，灭人欲"，以社会上下、尊卑、贵贱的等级秩序，取消人的独立性，从而"奴化"国民性，把人与人之间的平等关系异化为依附关系、主奴关系。

李贽针对封建礼教，提出反等级秩序的平等思想。他认为："人之德性，本自至尊无对。"①人生来就是平等的。他的矛头不仅指向君主专制，提出君民应平等，呼吁"上自天子，下至庶人，通为一身矣"②，而且指向贵贱等级，提出圣凡是平等的，呼吁"尧舜与途人一，圣人与凡人一"③。明朝时期，是中国封建王朝史上君主专制至极时期。朱元璋不仅把具有分权作用的丞相制度废除了，集大权于一身，而且设立厂卫等特务机构，严密地监视臣民。在这样严酷专制下，李贽直接否定君主的权威，可以说是胆大包天，冒犯天威。李贽还向男尊女卑的礼教发起挑战。他在《焚书·答以女人学道为见短书》等文中，反对歧视妇女，认为男女在见识、能力上并没有区别，在地位、利益、婚姻、机会上均应该一视同仁。在麻城讲学期间，李贽身体力行，破天荒地招收女学员。明朝时期，男尊女卑风气十分严重，各地立贞节牌坊之兴盛，是历代封建王朝之最。李贽逆潮流而行，发出了男女平

---

① 张建业主编：《李贽文集》，社会科学文献出版社，2000年版，第七卷第360页。
② 张建业主编：《李贽文集》，社会科学文献出版社，2000年版，第七卷第351页。
③ 张建业主编：《李贽文集》，社会科学文献出版社，2000年版，第七卷第361页。

等的呐喊，其思想是超前的。

李贽这种"天赋平等"的理念，在当时环境里可以说是振聋发聩。然而，李贽的这方面思想理念，究其来源，其实出自老庄学说。老子说道生万物。天、地、人都是从道而生，归道而死，宇宙万物虽然形态不同，却皆出自于"道"。老子的思想里，已有"天赋平等"的理念。庄子在《齐物论》中，这种理念更加明显，他认为"天地与我并生，万物与我为一"，提出了"齐物我，齐是非，齐生死，齐贵贱，齐一于道"的思想。李贽秉承的正是老庄的平等思想。他在《庄子解》中对此作了明确阐述："夫物我一原，本自相通。"①

三、批判孔孟之道、宋明理学。历代封建王朝尊孔子为"至圣先师""道冠古今"，士子们视之为圣人，言必云"子曰"，李贽则在《焚书·赞刘谐》中公然嘲笑孔子：

有一道学，高屐大履，长袖阔带，纲常之冠，人伦之衣，拾纸墨之一二，窃唇吻之三四，自谓真仲尼之徒焉。时遇刘谐。刘谐者，聪明士，见而哂之曰："是未知我仲尼兄也。"其人勃然作色而起曰："'天不生仲尼，万古如长夜。'子何人者，敢呼仲尼而兄之？"刘谐曰："怪得羲皇以上圣人尽日燃纸烛而行也！"其人默然自止。然安知其言之至哉！

在《童心说》一文里，李贽更直接否定儒家奉为"万世至论"的六经、《论语》《孟子》等经典：

夫六经、《语》《孟》，非其史官过为褒崇之词，则其臣子极为赞美之语，又不然，则其迂阔门徒、懵懂弟子，记忆师说，有头无尾，得后遗前，随其所见，笔之于书。后学不察，便谓出自圣人之口也，决定目之为经矣，孰知其大半非圣人之言乎？纵出自圣人，要亦有为而发，不过因病发药，随时处方，以救此一等懵懂弟子，迂阔门徒云耳。医药假病，方难

---

① 张建业主编：《李贽文集》，社会科学文献出版社，2000年版，第七卷第69页。

定执，是岂可遽以为万世之至论乎？然则六经、《语》《孟》，乃道学之口实，假人之渊薮也……

他无情讥讽宋明理学家，在《焚书·又与焦弱侯》中说："彼以为周、程、张、朱者，皆口谈道德而心存高官，志在巨富；既已得高官巨富矣，仍讲道德，说仁义自若也。"这类道貌岸然的所谓正统儒家人士，其实是一群口是心非的伪君子，就如"前犬吠形，亦随而吠之"的随声附和之犬。

李贽对孔子的批判，从内容而言，与当年道、儒之争中老、庄对孔子的批判相似。先秦时期，老子就已经批判孔子的社会主张："夫礼者，忠信之薄而乱之首。"（《道德经》第三十八章）庄子则在《天道》中批孔子"夫子乱人之性也"，指出孔子的主张与盗跖没有根本区别，因而认为"圣人不死，大盗不止"（《胠箧》）。不过，李贽之批判与当时老庄之批判，两者语境不同。老庄之批判是学派的思想争鸣，而李贽之批判则是一声启蒙呐喊，是公然对居于正统地位的儒家权威的挑战，也是对现实秩序的一种颠覆。正因为历史环境不同，所以李贽被视为"异端之尤"，为封建统治者与卫道士所不容。

李贽晚年被朝廷以"敢倡乱道，惑世诬民"罪名逮捕入狱，其书籍遭禁毁。在狱中，李贽用剃刀自刎，以示抗议。据袁中郎记载，李贽在自刎后两天，才始得脱离苦海，为他悲惨而激越的人生画上了句号。李贽之死，标志着中国早期启蒙思潮的结局。这次启蒙思潮，犹如黑夜中的一道闪电，瞬间发光，却很快消逝在无边的黑幕之中。

明、清时期，李贽及他的思想遭到主流社会排斥，他的著作被列为禁书，《明史》上没有他的传记，清代的《四库全书总目》则对他的书作了全面否定："贽书皆狂悖乖谬，非圣无法，惟此书抨击孔子，另立褒贬，凡千古相传之善恶，无不颠倒易位，尤为罪不容诛者。其书可毁，其名亦不足以污简牍。"但是，真理之光是无法遮蔽的，李贽的书籍被一些不满现状的有识人士屡次犯禁重印，在民间悄悄地流传。

第二节　现代启蒙先驱者鲁迅、胡适

　　清末民初，世界工业文明浪潮汹涌奔腾而起。由于清朝的保守腐败与闭关锁国，中国的农耕文明逐渐被边缘化。在丛林法则下，弱肉强食，落后是要挨打的。在世界列强的侵凌下，中华民族亡国灭种的危机日益深重，改革自强迫在眉睫。于是，现代中国出现了五四启蒙思潮。这是一波社会性更为广泛，文化改革更为深入的启蒙主义运动。

　　这次启蒙思潮与早期启蒙思潮具有一定的连贯性，但是性质上存在着显著差别。早期启蒙思潮发生于封建社会，源自中国传统文化内部矛盾，是因为社会文明性质发生量变而导致的文化系统的失衡，是系统内部的一种自我调节，属于自发性的文化改良。然而，在这次启蒙思潮里，为了适应新时代的需要，系统内的道家学说发生了一次角色的转换。道家学说作为西方启蒙思想进入中华文化结构的中介，由原本系统内部充当正常的解构角色转换为叛逆封建社会的启蒙角色。

　　五四启蒙思潮发生于中国农耕文明与现代工业文明转型阶段，与早期启蒙思潮相比，无论在人类文明背景或是中国社会性质上，都发生了根本性变化：其一，人类文明阶段变化。西方自16世纪人文主义运动肇始，至18世纪工业革命及思想启蒙运动，已成功完成从农耕文明向工业文明的时代转型；而东方日本明治维新的成功，更为中国启蒙运动提供了可以仿制的参照系。其二，启蒙运动由自发走向自觉。从1840年开始，中国为了救亡图强，开始自觉向西方学习，进行系统性的文化变革。这次文化变革从物质文化革新开始，其标志是魏源、李鸿章、张之洞的"洋务运动"，宗旨是"师夷长技以制夷"。随后，深入到体制文化革新，出现了康有为、梁启超的"戊戌变法"，旨在废除君主专制，建立君主立宪制；以及孙中山的"辛亥革命"，旨在推翻满清帝制，建立"共和"体制。最终发展为精神文化的革新，爆发了历史影响深远的五四新文化运动。其三，启蒙主义者由主流社会的"叛逆者"转化为现代文明的"开创者"。参与启蒙的人员众多，从孙中山、梁启超、章太炎、邹容、蔡元培、王国维、陈独秀、李大钊、吴虞、梁漱溟到鲁迅、胡适、郭沫若、钱玄同、刘半农等等，他们分布在政治、经济、思想等各个领域，此起彼伏，互相呼应，逐层推进，这是中国传统文化体系的一次结构性的革故鼎新。其四，思想武器新。五四启蒙思潮不再囿于传统文化中寻找思想的武库，而是从西方请来了"赛先生"和"德先生"两位先生，全面引进业已成熟的西方整套的启蒙思想。这次启蒙思潮，在现代文明平台上对中国传统文化进行了一次重新审视与评估，它以"打倒孔家店"为旗帜，以改造中国国民性为己任，以掀翻封建"人肉宴席"为最终目的。

在五四启蒙主义先驱中，鲁迅和胡适无疑是思想领域里的两位旗手。他们的启蒙思想不仅社会影响广泛，而且历史影响深远。笔者在这里通过对他们两人的介绍和解剖，来认识中国现代启蒙思想运动的状况。

五四时期，尽管有"中国思想界的清道夫"之称的吴虞，发出了讨孔的6篇檄文，举起"打倒孔家店"旗帜，但是在批判封建礼教的深度上，吴虞及其他启蒙者无人能够超越鲁迅。鲁迅批孔、批封建礼教，其剑锋所指不仅包括孔子及封建礼教，而且把它与支撑它的封建社会作为一个整体来进行审判与否定。

鲁迅（1881—1936年），17岁之前在私塾读书，接受的是传统文化。尔后，鲁迅去南京、日本求学，从严复译的《天演论》中接受达尔文、赫胥黎的进化论，以及尼采的哲学等西方学说，树立了以"人"的解放为核心的思想观念，他因此将自己的名字改为"树人"。1910年回国后，由于自身新旧思想的矛盾，鲁迅一度处于苦闷与彷徨中。但是在新文化运动的感召下，他终于杀出了旧文化营垒，在严厉的自我解剖中剔除身上的"鬼气"，冲出令人窒息的"黑屋子"，成为五四启蒙运动的主将。

在《狂人日记》里，鲁迅以象征方式描述自己自维新变法以来20年间的觉醒过程："只有廿年以前，把古久先生的陈年流水簿子，踹了一脚，古久先生很不高兴。赵贵翁虽然不认识他，一定也听到风声，打抱不平；约定路上的人，同我作冤对。"所谓"陈年流水簿子"，鲁迅在《这个与那个》一文作过注解："史书本来是过去的陈帐簿"。钱玄同在《古史辨》中说：

"《春秋》，王安石说它是'断烂朝报'，梁启超说它像'流水帐簿'，都是极当的批语。"这是为什么呢？鲁迅说，就因为当年我对它"踹了一脚"，就引起一伙封建卫道士"同我作冤对"，鲁迅于是爽性查看这些"陈年流水簿子"，寻找其中原因。他说"偶阅《通鉴》，乃悟中国人尚是食人民族"[①]：

> 凡事总须研究，才会明白。古来时常吃人，我也还记得，可是不甚清楚。我翻开历史一查，这历史没有年代，歪歪斜斜的每页上都写着"仁义道德"几个字。我横竖睡不着，仔细看了半夜，才从字缝里看出字来，满本都写着两个字是"吃人"！

鲁迅本是从文化旧营垒里杀出来的，深谙旧文化的内幕。他通过反思，很快发现了封建礼教隐藏在"仁义道德"背后的"吃人"真相。从此开始，鲁迅"一发而不可收"，以斗士的姿态登上了启蒙舞台。他连续发表了《阿Q正传》《祝福》《孔乙己》《故乡》《离婚》《我们现在怎样做父亲》《二十四孝图》等一系列反封建礼教的作品，从各个方面深入揭露封建礼教的"吃人"本质。鲁迅对孔教、封建礼教的批判，不再停留在早期启蒙思潮的道义上的是非问题，或是社会平等不平等问题，而是直揭其吃人的罪恶；鲁迅所揭露的孔教、封建礼教的吃人罪恶，也不再停留在局部的暂时的现象上，而是直揭其整个的吃人历史。他毫不留情地揭露："所谓中国文明者，其实不过是安排给阔人享用的人肉筵宴。所谓中国者，其实不过是安排这人肉的筵宴的厨房。"[②]在现代启蒙者中，鲁迅无疑是第一个以"吃人"的罪名对封建礼教及其寄生的整个封建社会提出强烈的控诉，并加以全面而彻底的否定。

鲁迅对封建礼教的批判深度，不仅表现在揭露了封建礼教的"吃人"真相，还在于他深入剖析了封建礼教的"吃人"方式。封建礼教的"吃人"是

[①] 鲁迅：《致许寿裳》1918年8月20日。

[②] 鲁迅：《坟·灯下漫笔》

不见血的，它的方式是通过严密的家族性社会等级制度，分出上下贵贱，让人们在"吃"与被"吃"之间安分守己，心甘情愿。众所周知，在封建社会里，"天有十日，人有十等。下所以事上，上所以共神也。故王臣公，公臣大夫，大夫臣士，士臣皂，皂臣舆，舆臣隶，隶臣僚，僚臣仆，仆臣台"（《左传·昭公七年》）。一级"吃"一级，理所当然，习惯成自然。鲁迅之深刻，在于他发现封建礼教的"吃人"方式不只是建立了森严的等级，还在于它构建了一个无形的"吃人链"。鲁迅按照封建礼教"人有十等"的等级依次推理，加以发掘。他补充说："但是'台'没有臣，不是太苦了么？无须担心的，有比他更卑的妻，更弱的子在。而且其子也很有希望，他日长大，升而为'台'，便又有更卑更弱的妻子，供他驱使了。如此连环，各得其所，有敢非议者，其罪名曰不安分！"[1]原来等级是个周而不殆的怪圈。正因为存在这个人吃人的循环怪圈，中国人一边被人吃，一边又去吃人，人人才心安理得，麻木不仁。

这个怪圈无限地循环，形成了历史的惯性，积淀为中国人的集体无意识——"奴性"。鲁迅认为："中国只有两种人：主子和奴才。以奴性自处的人，得志时是主子骄横跋扈，表现出兽性的残忍；失意时是奴才，摇尾乞怜，惟主子之命是从，分取吃人的余羹，现出奴的卑微和无耻。"这种"集体式的奴性"，为"吃人"提供了"从来如此"的合理性和自发性。因此，鲁迅愤怒地呐喊："从来如此便对吗？"

鲁迅站在现代启蒙思想的高度，第一次揭开被层层温情包裹、先贤光环掩盖着的中国封建社会的历史真相：

任凭你爱排场的学者们怎样铺张，修史时候设些什么"汉族发祥时代""汉族发达时代""汉族中兴时代"的好题目，好意诚然是可感的，但措辞太绕弯子了。有更其直截了当的说法在这里——

---

① 鲁迅：《灯下漫笔》，见钱谷融主编《中国现当代文学作品选》上卷二，华东师范大学出版社，1999年版，第146页。

一，想做奴隶而不得的时代；

二，暂时做稳了奴隶的时代。

这一种循环，也就是"先儒"之所谓"一治一乱"。

中国的出路就是要走出"一治一乱"的怪圈，推翻这个"吃人"的社会。鲁迅在《灯下漫笔》一文中说："无须反顾，因为前面还有道路在。而创造这中国历史上未曾有过的第三样时代，则是现在的青年的使命！"

怎样才能走出这个怪圈呢？鲁迅认为中国亟待的是文明的"进化"，在《狂人日记》里，他正告"大哥"（封建礼教的卫道士）：

大哥，大约当初野蛮的人，都吃过一点人。后来因为心思不同，有的不吃人了，一味要好，便变了人，变了真的人。有的却还吃，——也同虫子一样，有的变了鱼鸟猴子，一直变到人。有的不要好，至今还是虫子。这吃人的人比不吃人的人，何等惭愧。怕比虫子的惭愧猴子，还差得很远很远。

鲁迅说的由"野蛮的人"变成"真的人"，意思是中国人只有通过"人"的觉醒，才能真正终结"吃人"的传统，走向现代文明社会。

当然，鲁迅绝不是历史虚无主义者。虽然在文化意识上，"反传统"是他的主基调，但是他在严厉批判、否定封建礼教的同时，也明确地指出"中国的脊梁"所在：

然而，在这笼罩之下，我们有并不失掉自信力的中国人在。

我们从古以来，就有埋头苦干的人，有拼命硬干的人，有为民请命的人，有舍身求法的人……虽是等于为帝王将相作家谱的所谓"正史"，也往往掩不住他们的光耀，这就是中国的脊梁。①

---

① 鲁迅：《中国人失掉自信力了吗》，见张效民主编《鲁迅作品赏析大辞典》，四川辞书出版社，1992年版，第724页。

正是因为中华民族具有"中国的脊梁"——优秀的文化传统，因此才能在饱经封建礼教苦难的漫长历史之中，依然充满着活力，依然充沛着正气，依然保持着向上的生命力。

在五四启蒙先驱中，如果说鲁迅是反传统的代表，侧重于批判，侧重对旧文化的"破坏"，那么胡适则是启蒙理性的代表，侧重于"再造文明"，侧重对新文化的"建设"。

胡适（1891—1962年），19岁之前在私塾读书，后留学美国，深受实验主义哲学家杜威的影响。1919年，胡适发表《"新思潮"的意义》，提出"研究问题，输入学理，整理国故，再造文明"。这是他实施国人启蒙的思想纲领。

首先是研究问题。胡适认为中国的启蒙运动应该从中国的国情出发，从具体的问题入手，脚踏实地地进行文化革新。他首先关注的是语言问题。语言是启蒙的媒介，统一并普及民族语言在普及启蒙思想过程中具有至关重要的作用。胡适指出：中国文明的进步，"吾以为文学在今日不当为少数人之私产，而当以能普及最大多数之国人为一大能事"[1]。国人的思想启蒙，必须首先对语言进行改良，以大众流行的白话文取代僵死的文言文。基于这个认识，胡适率先在中国发动了白话文运动。1917年1月，胡适发表《文学改良刍议》：

吾以为今日而言文学改良，须从八事入手。八事者何？一曰，须言之有物。二曰，不摹仿古人。三曰，须讲求文法。四曰，不作无病之呻吟。五曰，务去滥调套语。六曰，不用典。七曰，不讲对仗。八曰，不避俗字俗语。

胡适认为自古至今流通的文言文，已经不适宜现代文明的需要，它的弊端是"难以明义，难以交流，难以普及，难以达情意表情，属半死状态，故应改革之"。而白话文才是适宜现代大众交流的语言，因为它完全没有这样的弊端，"属活泼文字，故应提倡之"。文学是语言传播的载体与典范，倡

---

[1] 胡适：《胡适文集》第1册，北京大学出版社，1998年版，第339页。

导白话文必须从文学入手，因此胡适进而具体阐述了从八个方面去改良旧文学。胡适认为，创造新文学是启蒙者肩负的历史使命，他第一个发出了"文学革命"的呼声：

　　文学者，随时代而变迁者也。一时代有一时代之文学。周秦有周秦之文学，汉魏有汉魏之文学，唐宋元明有唐宋元明之文学。此非吾一人之私言，乃文明进化之公理也……今日之中国，当造今日之文学。

　　随后，胡适连续发表《历史的文学观念论》《建设的文学革命论》，对建设"国语的文学，文学的国语"提出一系列建设性的意见。胡适不仅从事新文学的理论建设，而且从事新文学的实践。1917年2月，胡适率先从旧文学的堡垒——诗歌进行突破，他在《新青年》上发表白话诗八首，以实践说明新诗"不但打破五言七言的诗体，并且推翻词调曲谱的种种束缚；不拘格律，不拘平仄，不拘长短"。不久，他将自己写的新诗结集出版，这就是中国诗歌史上的第一部新诗集《尝试集》。1919年3月，胡适又扩大新文学的实践领域，发表了中国第一部话剧《终身大事》，提倡恋爱、婚姻自由，抨击"父母之命，媒妁之言"的封建习俗。无可非议，胡适是新文学的奠基人之一，是开一代风气的人物。在他的倡导下，五四新文学形成了历史的潮流，涌现出鲁迅、郭沫若、周作人、茅盾、郁达夫等等杰出的作家，以及"为人生"派、"为艺术"派、象征派、现代派等等文学流派。

　　胡适在启蒙上所持的理性态度，还表现在对待传统文化的取舍上。他与鲁迅的区别在于，鲁迅对待传统文化是从封建礼教着眼，基本持否定的态度，他在《青年必读书》一文中明确地说："我以为要少——或者竟不——看中国书，多看外国书。"胡适却着眼于"国故"，他提出了"整理国故"的主张。什么是"国故"？1923年在北京大学《国学季刊》的《发刊宣言》中，胡适解释："中国的一切过去的文化历史，都是我们的'国故'；研究这一切过去的历史文化的学问，就是'国故学'，省称为'国学'。'国故'这个名词，最为妥当；因为他是一个中立的名词，不含褒贬的意义。'国故'包含'国粹'；但他又包含'国渣'。我们若不了解'国渣'，如何懂得'国粹'？"胡适反对盲目地反传统文化，而应该分清传统文化中的精华与糟粕，有舍有取。一个民族是无法割断自己的文化传统的，只有重视传统，继承传统，才能更新传统，再造新的文明。

胡适为此专门创办了《国学季刊》。在《〈国学季刊〉发刊宣言》中，胡适提出了整理国故的科学方法：一、"用历史的眼光来扩大国学研究的范围"，突破儒学经典的狭窄范围，把眼光扩大到"三教九流""稗官野史"。二、"用系统的整理来部勒国学研究的资料"，分门别类整理，细分成为具有系统性的"专史式"研究。三、"用比较的研究来帮助国学的材料的整理与解释"，运用中外文化比较来诠释分析。胡适还提出，在整理中要做到"大胆假设，小心求证"，即要打破旧有观念的束缚，大胆创新，对未解决的问题提出新的假设；同时，在求证假设中要尊重事实，尊重证据。

在"整理国故"运动中，胡适身体力行，对《水浒传》和《红楼梦》等国故作了研究考证。《〈红楼梦〉考证》可以说是胡适这方面的代表作。胡适围绕《红楼梦》这部古典名著，拓展研究视野，广泛搜集有关作者的线索和各种流传的版本，经过系统分析论证，推翻了近百年来学界关于这本"奇书"的各种"索引"与"附会"，指出《红楼梦》的作者是曹雪芹，这部书只是作者的自叙传。胡适此论开创了"红学"研究的新方向，因此立即引起了轰动，被学界称为"新红学"。"新红学"作为"红学"的一个学派，影响十分深远，直到如今仍在"红学"中占据着主导地位。历史实践证明，由胡适倡导的"整理国故"事业，从20世纪20年代开始，历时近一个世纪，由于无数学者前赴后继的努力，在整理弘扬优秀传统文化上取得了巨大的学术成就。

综上所述，五四思想启蒙运动发轫，其思想武库主要来自西方。但是，人类文化发展史早就证明：内因是根据，外因是条件。任何外来文化只有融入中华民族传统文化系统，才能为我民族所用。外来文化融入中华民族传统文化系统有两种方式：一种是"同化"。传统文化系统将外来文化进行适当转换、改造，融化为系统的文化元素，适应于系统的结构机制，例如印度的佛教文化。另一种方式是"顺化"。因文明的更迭，传统文化系统固有的结构、元素与时俱进，进行改变调适，以容纳新的文化，从而更新系统的结构机制，提升文明层次。如鲁迅在《关于知识阶级》一文里所说："虽是西洋文明罢，我们能吸收时，就是西洋文明也变成自己的了。好像吃牛肉一样，决不会吃了牛肉自己也即变成牛肉的……"五四思想启蒙运动显然属于后一种"顺化"方式。

但是，即便是"顺化"方式，也要有传统文化系统的内因根据，也就是接受外来文化的中介。中介是结构在"顺化"过程中，由"外"融入"内"的切入点，只有通过切入点，外来文明才能融入传统文化系统，才可能实现系统内部的结构更新。五四思想启蒙运动改造中国传统文化系统的中介，就是楚文化。

楚文化的文化精神核心是自然的"人"，而五四思想启蒙运动的核心思想就是"人"的发现。鲁迅在《随感录四十》一文里说，要将人变成"真的人"，"东方既白，人类向各民族所要的是'人'"。胡适在《非个人主义的新生活》里强调个人的觉醒是推动社会进步的巨大力量，"为个人争自由就是为国家争自由，争取个人的人格就是为社会争人格"。郁达夫说得更明白："五四运动的最大成功，第一要算'个人'的发现。"[1]可见，楚文化在"人"的理念上，与西方启蒙思想具有同构性的文化基因。尽管在"人"的觉醒上，五四启蒙思想与道家在文明层次上不同。道家是复古的，要求否定现存秩序，回归人的初民状态，做自由无为的自然的人；而现代的启蒙，虽然也是否定现存秩序，恢复人的本性，但要求人改造传统的劣根性，适应时代的发展，做具有科学、民主等现代文明素质的自觉的人。然而，由于在"人"的文化基因上的同构，中华民族传统文化因此切入点而得以"顺化"现代文明，从而实现结构上革故鼎新，焕发出新的生命力。

---

① 郁达夫：《中国新文学大系·散文二集·导言》

下　篇

楚文化影响

　　文化是人类的生活方式。民族传统文化之所以能够代代相传，意味着它融入了民族的灵魂，成为民族的血脉，是民族赖以生存的支柱。与一般文化不同的是，传统文化的影响发生于文化的深层结构，集中体现在思维模式、知识结构、价值观念、伦理规范、行为方式、审美情趣、风俗习惯等人类主体精神上。经过漫长岁月的演绎、扬弃与积淀，传统文化成为民族的集体无意识，渗透到社会的物质、制度、精神各个文化领域，演绎成为丰富多彩的民俗民风。可以说，传统文化不仅呈现出民族文化的独特风貌，而且制约着民族文化心理的发展。

　　本篇着重论述传统楚文化的影响。在中华民族传统文化系统中，楚文化的影响是全方位的，内容十分广泛，并具有历史的持续性，其表现难以一一列举，因而本篇只选择几个方面加以重点论述。第一章，着重论述楚文化对民族性格的塑造。第二章主要论述楚文化对中国古建筑的影响。第三章论述楚文化对中医国粹形成的影响。第四、五章从精神文化层次上，论述楚文化对中国艺术理论及创作的影响。第六章则从世界文化范围内，论述楚文化与现代文明之间的关系，以及对现代文明建设的推动作用。本篇最后，附录笔者已经发表的两篇内容相关的论文。由于前面六章论述的内容带有领域性，这两篇论文涉及的是个别的文化现象，带有微观性，因而有利于拓宽视野，看到楚文化对中华民族文化影响的深度与广度。

第一章　楚文化与民族性格

　　人性包括人格与性格。人格是人的动力系统，性格则是人的行为与心理的表现方式。关于人格，心理学家马斯洛对它的内在结构与机能已经有了科学的分析，这里略过不提。这里说的是性格。性格又称作个性，因人而异。人的性格的形成，有一定的先天性，比如有的人急性子，有的人慢性子，有的人胆大，有的人胆小，等等；但总体看来，性格主要还是后天形成的，由个体的文化环境所决定。

　　文化是人的生活方式，性格是适应文化环境的产物。所谓"生存竞争，适者生存"，处于怎样的文化环境，人就会形成适应所处文化环境的性格。一个民族的性格是在民族传统文化大环境里形成的，又随着民族传统文化的历史发展而变化。而民族传统文化本身是个文化系统，包蕴着各个文化层次以及层次中众多的文化元素。随着系统的运动，在不同地域、不同时代会形成不同的文化环境，从而孕育出不同的民族性格。所以民族性格不是单一的，它是多样的。这种多样性既表现在空间上，即个性群体的多样统一，以及个性本身的多样统一；也表现在时间上，即民族性格具有时代性，它随着民族文化整体社会环境的演变而演变。从这个意义上说，民族性格是一个具有内在调节机制的自在的生态系统。

　　中华民族传统性格的概貌，大体可以分为下述三个层次：

　　从物质文化层次上说，中华民族传统社会基本上处于农耕文明阶段。小生产者的农业文化，以"男耕女织""日出而作，日入而息"，自给自足为基本生活方式，中华民族因此形成了小生产者的自力更生、吃苦耐劳、因循保守、淳朴温顺等性格。

　　从制度文化层次上说，在漫长的宗族制度下，中华民族形成了光宗耀祖重面子、裙带关系重亲情等性格；自秦以来的中央集权专制制度下，中华民族形成了安分守己、循规蹈矩、趋利避害、明哲保身、欺上瞒下、自欺欺人，以及主奴性等性格。

从精神文化层次上说，受儒家文化影响，中华民族形成了忧国忧民的忧患、白首穷经的执着、一心入仕的追求、杀身成仁的气节等性格；受佛教文化影响，中华民族形成了慈悲、怜悯、虔诚、迷信等性格；受道家文化影响，中华民族形成了豁达淡定、知足常乐、韬光养晦等性格。

中华民族上下五千年，"城头变幻大王旗"，分分合合，改朝换代，在不同的时代，不同性质的社会，民族的主导性格是不同的。现代学界习惯称民族的主导性格为国民性。就国民性而言，"从春秋，到唐宋，再到明清，中国人的性格历程如同直跌下来的三叠瀑布，其落差之大，令人惊讶。源头的中国人，品格清澈；唐宋时的中国人，雍容文雅；及至明清，中国人的品质却大幅劣化，麻木懦弱，毫无创造力"①。

20世纪初，在中国社会文明转型时期，梁启超、鲁迅、胡适等先驱提出了改造国民性的命题。他们的尝试最终失败了。失败的主要原因在于他们的观点存在着两个明显的偏颇：其一，因果颠倒。他们的观点是"国民性先行论"，主张通过改造国民性来改造中国社会。然而，国民性实际上是由文化环境所造成的，文化环境是"因"，国民性是"果"。欲改造国民性必先改造中华民族的社会，改造文化环境，而不是本末倒置，通过改造国民性来改造社会。其二，否定一切。中华民族传统的国民性并不是单一的，由于传统文化环境里优秀文化与糟粕文化同在，其形成的国民性势必也良莠并存，因而不能以偏概全，只看到国民的劣根性，对优秀的国民性视而不见。鲁迅掌握辩证法后，对后者有一段著名的论述，他说："……要论中国人，必须不被搽在表面的自欺欺人的脂粉所诓骗，却看看他的筋骨和脊梁。"②

本章着重谈一下楚文化对中华民族性格形成的影响。

---

① 张宏杰：《中国国民性演变历程》，湖南文艺出版社，2016年版，第15页。
② 鲁迅：《且介亭杂文·中国人失掉自信力了吗》。

第一节　豁达淡定

豁达淡定，是中华民族的一种优秀性格。豁达表现为乐观豪爽，大度宽容，为人开朗，处事洒脱，而淡定则表现为待人处事淡泊从容。淡定来自豁达，没有豁达不可能有真正的淡定。无论豁达或淡定，皆是实现社会和谐、人际和睦的润滑剂。因而，豁达淡定与其说是一种性格，不如说是人生的一种精神境界。真正进入这种精神境界，只有深谙老庄人生哲理并身体力行的人，才可能真正做到。

为什么这么说呢？因为人之精神境界，从很大程度上说，取决于他审视世事的高度。所谓"会当凌绝顶，一览众山小"，有多高的高度，就会有多大的胸怀，就会有多高层次的精神境界。不凌"绝顶"，你就会沉没在丛山之中，"一山过了一山拦""横看成岭侧成峰"，左是名利，右是是非，前为追求而忧患，后为得失而计较，始终在有限的视野内逡巡，在既定目标的圈子里徘徊，想不通，看不开；然后，登上了"绝顶"那就不同了，你不仅居高临下，视野开阔，"一览众山小"，而且胸襟拓展，发现自己原来计较的不过是鸡虫得失，微不足道，于是能够超脱有限的现实，以一种从容淡定的态度看待人生中的坎坷起伏，是非得失，遇事淡定，持豁达的心态。但是，要在待人处世上做到凌"绝顶"，那是不容易的，那需要有个人的自我修养和人生阅历。

庄子无疑是中国豁达淡定性格的典范。在待人处世上，他几乎处处事事显示出通脱潇洒。例如中国的传统重丧葬，孔子主张"丧则哀，葬则敬，礼为用"。《周易·系辞下》记载："古之葬者，厚衣之以薪，葬之中野，不封不树，丧期无数。后世圣人易之以棺椁。"庄子对丧葬却淡然处之。他在《列御寇》中记道：他将要死了，弟子准备用棺椁厚葬他。庄子告诉他们：你们不要用棺椁，就把我葬在野地里就是了。弟子说：老师，这怎么行呢？我们怎么对得起您呢？庄子叹息说：你们还是不懂我啊。将我葬在旷野，我是以天为棺椁，以日月当作连璧，把星星当作珍珠，天下万物就是我的殉葬品，还有什么葬礼比这更好！弟子说：我们怕乌鸦、老鹰把您吃了。庄子回答：在野地里被乌鸦、老鹰吃，在棺椁里被蝼蚁吃，放哪都是被吃，何必厚此薄彼呢！在庄子看来，人之生死不过是自然的"有"与"无"的两种形态转换。人的生命由自然而来，经过青壮到衰老，最后死亡，化作尘土，回归自然，这是自然之道。万物皆是这样由"无"到"有"而复归于"无"，周而不殆地循环。因此，丧葬对于死人本身而言，与其放在人为的棺材里，还不如葬在旷野，回归自然更好。庄子对丧葬之礼的淡泊正来自他豁达的生死观。

不仅淡泊生死，庄子更淡泊名利。在庄子《秋水》篇里，庄子讲了这么一个关于自己的故事：他在濮水上逍遥自在地钓鱼，楚王派了两个大夫来到他面前，恭敬对他说：楚王希望你来为相，劳烦您管理国事啊！庄子手拿鱼竿，头也不回，说：我听说楚国有一只神龟，死了都三千年了，楚王还用巾被包着，藏在庙堂之上。对龟而言，是愿意死了留下骨头被人尊贵呢，还是宁可活着在泥地里拖着尾巴爬呢？两个大夫回答：当然是愿意活着在泥地里爬啊！庄子说：那好吧，你们请回吧，让我也在泥地里活着吧！庄子认为名利不过是生命的缰绳、人生的牢笼，不值得眷顾。

庄子的淡泊性格，在《红楼梦》一书中得到了充分表现与发挥。曹雪芹在书中写甄士隐听了道士的《好了歌》后，续写《好了歌注》，来揭示人生荣枯悲欢的轮回："陋室空堂，当年笏满床；衰草枯杨，曾为歌舞场。蛛丝儿结满雕梁，绿纱今又糊在篷窗上。说什么脂正浓，粉正香，如何两鬓又成霜？昨日黄土陇头送白骨，今宵红灯帐底卧鸳鸯。金满箱，银满箱，展眼乞丐人皆谤。正叹他人命不长，哪知自己归来丧！训有方，保不定日后作强梁。择膏粱，谁承望流落在烟花巷！因嫌纱帽小，致使锁枷杠，昨怜破袄寒，今嫌紫蟒长：乱哄哄你方唱罢我登场，反认他乡是故乡。甚荒唐，到头来都是为他人作嫁衣裳！"曹雪芹叹息芸芸众生至死没有看穿，一切追名逐利，看似风光，其实"到头来都是为他人作嫁衣裳"。清朝和坤是中国第一贪官，蝇营狗苟聚集了无数财宝，史家评他是"千年来世上最富之人"。但是，到头来他的全部家产被嘉庆抄得一干二净，所谓"和坤跌倒，嘉庆吃饱"。在众人追名逐利之中，能够对名利持一种得之淡然，失之泰然的态度，无疑是人生的一种大彻大悟。

豁达淡定还表现在对是非得失之争的超越。春秋战国时期，诸子学说，百家争鸣，由形而下到形而上，各种学说的是非之争十分激烈。对于儒、墨等等是非之争，庄子始终保持从容淡定，主张于己则中止于是非判断，于人则让是非之争"休乎天钧"。庄子在《齐物论》中说：世上事物无"彼"无"此"。从"彼"方看不到"此"之是，只有"此"方才知"此"方之是。所以"彼"方出自"此"方，"此"方也因着"彼"方，"彼"与"此"是相对共生的。有是即有非，有非即有是，是与非因对方的相互关系而产生。而且事物又是随生随灭，随灭随生地无穷变化。"草色人心相与闲，是非名利有无间"（唐·杜牧《洛阳长句二首》）。因而，通达的人"莫若以明"，不会被是非、彼此所纠缠，顺乎自然，物我彼此，各得其所。

明代杨慎的《临江仙·滚滚长江东逝水》云："滚滚长江东逝水，浪花淘尽英雄。是非成败转头空。青山依旧在，几度夕阳红。 白发渔樵江渚上，惯看秋月春风。一壶浊酒喜相逢。古今多少事，都付笑谈中。"这首词纵观历史兴衰更迭，对已往的英雄豪杰一度轰轰烈烈的是非成败之争，以"转头空"，而付之"笑谈中"。杨慎居高临下，俯视历史风云，表现出一种超脱的人生情怀。

秉有豁达淡定性格的人往往是具有大智慧的人。学得老庄人生哲理纵然重要，但这只是学问。学问与智慧不同，学问是一种滋养人生的原料，而智慧却是陶冶原料的熔炉。如罗家伦先生所说："智慧是一种透视，一种反想，一种远瞻；它是人生含蕴的一种放射性；它是从人生深处发出来的，同时它可以烛照人生的前途。"①

范蠡和文种两人都是有学问的人，也都是在最困难时候辅佐越王勾践，共度危难，反败为胜，灭了吴国。当成功之时，范蠡审时度势，急流勇退，漠视唾手可得的功名利禄，向勾践提出辞职归隐。越王勾践挽留范蠡，说：寡人赖先生的谋略，才有今天，正想与先生分国而有之。范蠡知道勾践的话

---

① 罗家伦：《中国人的品格》，中国工人出版社，2010年版，第142页。

不可信，便决定不辞而别，偷偷离开，浪迹江湖。离开前，他给好友文种留下了一封信，信中写道："飞鸟尽，良弓藏；狡兔死，走狗烹。越王为人长颈鸟喙，可与共患难，不可与共乐。老兄何不离去？"然而，文种虽然有学问，缺的却是识人的眼光与前瞻的智慧，他留恋既得的富贵，掂量得失，最终没有舍得离去，结果被勾践借故赐死了。

庄子的豁达淡定来自于他"出世"的人生观。相对于庄子这样出世类型的人来说，在持入世态度的人之中，能秉有豁达淡定性格的，应该说更为难能可贵。

豁达淡定对于他们来说，是在经受过人生坎坷、沧桑之后的一种觉悟。这类人有一个共同的特点，就是最初他们多是全力追求"修、齐、治、平"的人生目标，虽然他们学得老庄人生哲理，但对于他们来说，这只是一门修身的学问；然而，在仕途上遭到挫折打击，人生历经沧桑之后，幡然醒悟，皈依老庄，原本的修身学问升华为精神境界，实现了性格的转换。

此类人中，最有代表性的莫过于苏轼。苏轼整个人生以儒家的入世精神为主导。他自幼深受儒家思想影响，一心入仕，经世济民。年少得志，前半生一直顺风顺水，仕途坦荡。但是，后半生却卷入政治旋涡。当时朝廷有两派：王安石激进式的变革派，司马光的保守派。苏轼主张渐变式改革，结果既不容于变法的新党，也不容于废新法的旧党，只得被外放到杭州、密州、徐州、湖州做地方官。后来又遭人陷害，发生"乌台诗案"，苏轼因言获罪，屡遭贬谪。如他自述："心似已灰之木，身如不系之舟。问汝平生功业，黄州惠州儋州"。一贬再贬，被贬到海南岛去了。

苏轼人生遭到重创，寻求心理解脱。他一度欲"归依佛僧""闲居未免看书，惟佛经以遣日"。他在《西江月·平山堂》自述："休言万事转头空。未转头时皆梦。"但他执着于入世，终觉"高处不胜寒""何似在人间"，"彼岸"不是他的追求。他也想学陶渊明，归隐江湖田园。他在《临江仙·夜归临皋》抒述："长恨此身非我有，何时忘却营营？夜阑风静縠纹平。小舟从此逝，江海寄余生。"然而，他又不愿舍弃经世济民的理想。

最终，苏轼选择了自己的人生道路："道"辙"儒"行。所谓"道"辙，即以道家思想为归宿。苏轼在《次荆公韵四绝》中说："细看造物初无物，春到江南花自开。"他说的"造物"即"道"，"道"是无形的，不以人的意志为转移。月有阴晴圆缺，人有悲欢离合，反复循环轮回，人间的一切都是暂时的。苏轼皈依道教之后，已超越营营得失，站在道家的宇宙观高度看待人生，他在《赤壁赋》里写道：

> 逝者如斯，而未尝往也；盈虚者如彼，而卒莫消长也。盖将自其变者而观之，则天地曾不能以一瞬；自其不变者而观之，则物与我皆无尽也，而又何羡乎！且夫天地之间，物各有主，苟非吾之所有，虽一毫而莫取。惟江上之清风，与山间之明月，耳得之而为声，目遇之而成色，取之无禁，用之不竭。是造物者之无尽藏也，而吾与子之所共食。

从变化的角度看，天地无时无刻不在变化，人生短暂，自然可悲；但是从不变的角度看，那就是天地与我同生，万物与我为一，都将无穷无尽。况且天地之间，万物各有其主，"苟非吾之所有，虽一毫而莫取"；唯有大自然，"取之无禁，用之不竭"，尽可以自由遨游，作诗意的栖居。

眼界决定了境界。虽然苏轼的儒家追求一如既往，仍旧坚持不懈地"立功、立德、立言"，但是由于从浩瀚的宇宙俯视人生的波澜，所持"道"的重心变化，使他从滚滚红尘中超然而脱，以出世之心，做入世之事，因而他面对苦难与坎坷不再消沉，而持旷达乐观的心态。苏轼在《定风波》里借途中遇雨之景，抒述胸襟：

> 莫听穿林打叶声，何妨吟啸且徐行。竹杖芒鞋轻胜马，谁怕？一蓑烟雨任平生。　料峭春风吹酒醒，微冷，山头斜照却相迎。回首向来萧瑟处，归去，也无风雨也无晴。

自然就是这样，雨后是晴，晴后是雨。人生之沉浮，世事之宠辱，不足为怪。"莫听穿林打叶声，何妨吟啸且徐行"，这些风雨又算得了什么呢？风雨过后，便是"山头斜照却相迎"。因而，苏轼对尘世的争斗及命运的坎坷淡定处之，"一蓑烟雨任平生"。苏轼被贬到黄州时，他安然而居，写道

"长江绕郭知鱼美，好竹连山觉笋香"；贬到惠州（今广东）与海南，当时那里已经是大陆的尽头了，然而在他从海南回归时，回首这段贬谪生涯，却吟道"九死南荒吾不恨，兹游奇绝冠平生"，将蛮荒瘴疠之地的生活看作是"兹游奇绝"，这是何等旷达的心胸啊！

第二节　乐天知命

人从降到世间开始，就是不平等的。有的人出生在富贵人家，有的人出生在贫穷人家，有的人生来地位就尊贵，有的人生来地位就低贱；及人立业之后，也同样如此，有的人有贵人相助，或事事顺利，或绝处逢生，有的人却没有机遇，或到处碰壁，或功败垂成。如此种种的不确定性、随机性，本就是社会的自然生态。对这种自然生态，人们只能面对，而无法做出改变。怎样来对待人生的幸与不幸呢？在这个问题上，性格显得十分重要，因为性格决定了人的心态，而心态直接影响到生存的感受，而生存的感受决定人的生活质量。

辛弃疾罢官回上饶后，住在瓢泉，生活过得十分清贫，他写《水龙吟·题瓢泉》述怀：

稼轩何必长贫，放泉檐外琼珠泻。乐天知命，古来谁会，行藏用舍。人不堪忧，一瓢自乐，贤哉回也。料当年曾问，饭蔬饮水，何为是、栖栖者。

且对浮云山上，莫匆匆、去流山下。苍颜照影，故应流落，轻裘肥马。绕齿冰霜，满怀芳乳，先生饮罢。笑挂瓢风树，一鸣渠碎，问何如哑。

辛弃疾将瓢泉溅起的朵朵浪花比作琼玉珍珠，将其视为自己的财富，以"一瓢自乐"而感到满足。为什么辛弃疾遭到贬谪后没有沮丧，反而对"行藏用舍"毫无遗憾？关键就在他的"乐天知命"性格。

"乐"与"悲"是个人的感觉问题，会随时随境发生变化。范仲淹在

《岳阳楼记》里具体描述了迁客骚人登楼面对不同季节景色的感觉："若夫
淫雨霏霏，连月不开，阴风怒号……登斯楼也，则有去国怀乡，忧谗畏讥，
满目萧然，感极而悲者矣"，而"至若春和景明，波澜不惊，上下天光，一
碧万顷……则有心旷神怡，宠辱偕忘，把酒临风，其喜洋洋者矣"。范仲淹
描述的这种感觉偏重于感性心态，因景而异。如果把它演化为一种学理，即
上升到"知"，形成自己的人生观和价值观，那就会超越变化多端的感性，
做到"不以物喜，不以己悲"。那时面对不同的境遇就会持有一种理智的心
态，无论处于顺境或是逆境，都会坚持作出自己的价值取向，实现自己的人
生意义，从而成为一种性格。

　　"乐天知命"性格，关键在于对天命的理解。道家与儒家都讲天命。
"莫之为而为者，天也；莫之致而致者，命也。"（《孟子·万章》）"莫
知其所终，若之何其无命也？莫知其所始，若之何其有命也？"（《庄
子·寓言》）显然，两者所谓的天命，指的都是非人力所能及，是人不可抗
拒的自然法则。但是，儒、道两家对待天的态度是有差异的。哲学家张岱年
先生指出："儒家虽讲命，而仍不废人事，实以尽人事为基本；道家则不谈
人事，专言天命。"[1]

　　儒家讲的"乐天知命"，如荀子《天论》中所说："从天而颂之，孰与
制天命而用之？望时而待之，孰与应时而使之？"他是入世的，有追求的。
《曾国藩家训》中有一段语录，在这方面很有代表性：

　　静中细思，古今亿百年无有穷期，人生其间，数十寒暑，仅须臾耳，当
思一搏。大地数万里，不可纪极，人于其中寝处游息，昼仅一室，夜仅一榻
耳，当思珍惜。古人书籍，近人著述，浩如烟海；人生目光之所能及者，不
过九牛一毛耳，当思多览。事变万端，美名百途，人生才力之所能及者，不
过太仓之粒耳，当思奋争。

　　然知天之长，而吾所历者短，则忧患横逆之来，当少忍以待其定；知地
之大，而吾所居者小，则遇荣利争夺之境，当退让以守其雌。知书籍之多而

―――――――――――

① 张岱年：《中国哲学大纲》，生活·读书·新知三联书店，2005年版，第373页。

吾所见者寡，则不敢以一得自喜，而当思择善而约守之；知事之多而吾所办者少，则不敢以功名自矜，而当思举贤而共图之。

道家讲的"乐天知命"，如庄子在《德充符》说："死生存亡，穷达贫富，贤与不肖，毁誉、饥渴、寒暑、是事之变，命之行也；日夜相代乎前，而知不能规乎其始者也。故不足以滑和，不可入于灵府。"人的"死生存亡，穷达贫富"等变化都是自然的生态，人们无法知道，更无法掌控。所谓"乐天知命"，就是不顾虑成败祸福，对现实坦然夷然，持无为清静的态度，将穷达得失之念不往来于胸中。

庄子曾经以山木为例作过阐述。"庄子行于山中，见大木，枝叶盛茂。伐木者止其旁而不取也。问其故，曰：'无所可用。'庄子曰：'此木以不材得终其天年。'"（《庄子·山木》）"山木，自寇也；膏火，自煎也。桂可食，故伐之；漆可用，故割之。人皆知有用之用，而莫知无用之用也。"（《庄子·人间世》）同是山木，有的被"伐之""割之"，有的"终其天年"，实际上两者都有自己存在的意义，不过前者是"有用之用"，后者则是"无用之用"。所以当处于一种自我难以选择的生活境遇时，重要的不是庆幸与埋怨，而是对这境遇持一种积极的态度。《明史》中记载着一则历史故事：

金溪胡九韶家甚贫，课儿力耕，仅给衣食。每日晡焚香，谢天赐一日清福。其妻笑之，曰："一日三餐菜粥，何名清福？"答曰："吾幸生太平之世无兵祸，又幸一家饱暖无饥寒，又幸榻无病人，狱无囚人，非清福而何？"

胡九韶家境很贫困，他一面教书，一面努力耕作，仅仅维持衣食温饱。每天黄昏时，胡九韶都要到门口焚香，感谢上天赐给他一天的清福。他的妻子不以为然："我们一天三餐都是菜粥，怎么谈得上是清福？"胡九韶说："我庆幸生在太平盛世，没有战争兵祸。又庆幸全家人都有饭吃，有衣穿，没有挨饿受冻。还庆幸的是家里没有病人，没有囚犯。这不是清福是什么？"胡九韶与他的妻子在对待清贫生活上所持人生态度不一样，胡九韶从积极的价值去看，因此感到满足而幸福，而他的妻子从消极的价值去看，没有满足感，只是得过且过。

"天命"，无疑是生活给人出的一道必答题，每个人都无法选择，只能回答，但可以给出不同的答案。快乐的人对生活的答案就是两个字：知足。其实，人的需要只要不贪婪，没有过多的占有欲望，总是有限的。"鹪鹩巢于深林，不过一枝；偃鼠饮河，不过满腹。"（《庄子·逍遥游》）知足就是对力所能及的生存状态满足。事能知足心常乐，人到无求品自高。白居易晚年生活之所以过得悠闲常乐，他在《醉吟先生传》一文中揭示了其中奥秘："吾生天地间，才与行不逮于古人远矣；而富于黔娄，寿于颜回，饱于伯夷，乐于荣启期，健于卫叔宝，幸甚幸甚！余何求哉？"白居易是唐代杰出的诗人，他却称自己的才华远不及古人。生活诸方面，他与不如己的古人比较：论富贵，自己比黔娄富裕多了，黔娄死后穷得连一条完整的盖尸布都没有；论寿命，自己比颜回长寿，颜回只活到40岁就夭折了；论温饱，与伯夷相比，自己衣食无忧，而伯夷饿死在首阳山下；论快乐，荣启期算是春秋时最快乐的人了，荣启期所具有的快乐自己都有，荣启期没有的乐趣自己也有；论健康，晋代名士卫叔宝虽然风采奕奕，年纪轻轻却已疾病缠身，形容枯槁，自己虽是晚年，仍然健朗。白居易面对生活这道必答题，采用的参照系是那些生活质量不如自己的人，通过全方位的比较，感到由衷的满足和幸福。

当然，知足的负面是惰性，不思进取。胡适先生说："知足的东方人自安于简陋的生活，故不求物质享受的提高；自安于愚昧，自安于'不识不知'，故不注意真理的发见与技艺器械的发明；自安于现成的环境与命运，故不想征服自然，只求乐天安命，不想改革制度，只图安分守己，不想革命，只做顺民。"[①]

乐天的人还有一个特点，那就是随遇而安。人生所遇有顺有逆，有荣有辱，有难有易，有输有赢。无论所遇什么，都持心安理得的态度，保持内心的宁静，淡然处之，只将它作为人生憩息的一个驿站。

---

① 《胡适文存》，远东图书公司，1979年版，第三集第13页。

据唐史所载，刘禹锡在任监察御史期间，因得罪权贵，被贬到朗州当司马，又被贬安徽和州县当通判。按唐时规定，通判应住衙门内三间三厅之房。和州县的策知县认为刘禹锡是被贬之人，故意刁难他，先安排他到城南门外临江的三间小房居住。刘禹锡不以为意，反而高兴地即景写了一副对联贴在门上："面对大江观白帆，身在和州思争辩。"策知县知道后，甚为恼火，又吩咐差役将刘禹锡的住房由城南移到城北，并把住房面积减去一半。此房位于德胜河边，附近垂柳婆娑，青水涟漪。刘禹锡仍不计较，依然怡然自乐，又撰写一副对联："杨柳青青江水平，人在历阳心在京。"策知县闻讯后，更加不满，又下令将刘禹锡的住房迁到城中，而且是一间破旧小房，房内只能容下一床一桌一椅。仅仅半年光景，刘禹锡的"家"被折腾了三次。但是，刘禹锡处变不惊，依然泰然处之，从容写下《陋室铭》，并请人刻碑立于门外："山不在高，有仙则名；水不在深，有龙则灵。斯是陋室，惟吾德馨。苔痕上阶绿，草色入帘青。谈笑有鸿儒，往来无白丁。可以调素琴，阅金经。无丝竹之乱耳，无案牍之劳形。南阳诸葛庐，西蜀子云亭。孔子曰：何陋之有？"

当然，"乐天知命"与"麻木不仁"在性格上有类似的特征，那就是认可命运，因此两者之间往往只有一步之遥。但是，两者的性质是截然不同的。"乐天知命"的人体现的是自我的价值，是主体对命运抱着一种积极乐观的态度；而"麻木不仁"的人，则失去了自我，泯灭了主体性。故鲁迅把"麻木不仁"归为国民劣根性。鲁迅笔下塑造的人物，诸如失去人格的祥林嫂、以精神胜利法维持自我尊严的阿Q、变得浑噩畏缩的润土等等，皆是"麻木不仁"性格的典型。

第三节　中和宽容

中和性格是中华民族的一种主导性格。所谓"中"，即适中，不偏颇，不极端；所谓"和"，即和谐，"和而不同"。在"中和"认识上，儒家与道家有着惊人的相似。

儒家在《中庸》中指出："喜怒哀乐之未发，谓之中；发而皆中节，谓之和。中也者，天下之大本也；和也者，天下之达道也。致中和，天地位焉，万物育焉。"这里说的"中和"，指的是儒家之道。"中"，强调人的思、言、行要"发而皆中节"，符合社会道德规范，"无过无不及"；"和"，乃追求人世间主客之间、天人之间、内外之间的和谐。

老子在《道德经》中指出："天地不仁，以万物为刍狗；圣人不仁，以百姓为刍狗。天地之间，其犹橐籥乎？虚而不屈，动而愈出。多言数穷，不如守中。"所谓"守中"，即守住无为，万事万物都要一视同仁。老子认为：人世间的是非之争，犹如风箱一样，愈动而愈多。只有"守中"，说当说的，不立涯岸，才能致"和"。道家的"和"指的是生命体内的和谐，老庄多次指出"赤子""婴儿"的生命是"和之至也"。在道家看来，人性生来具有和谐之质，但是受到外界声色利诱，"五色令人目盲，五音令人耳聋，五味令人口爽"，从而导致"内在之和"损伤。因而庄子说"我守其一，以处其和"，通过"心斋"，保持和回归这种天性的自然和谐。人有了天性之"和"，才会有社会的和谐，宇宙的和谐。

在"中和"思想上，儒家与道家的主要差异在于，儒家追求人为的"中和"，道家追求无为的"中和"；儒家追求群体意义上的"中和"，道家追求个体意义上的"中和"；儒家的"中和"强调社会法则，道家的"中和"上升到宇宙法则。由于"中和"是传统文化共同的思想，在儒、道合力影响下，中华民族中和宽厚的性格显得十分突出。

韬光养晦，被褐怀玉。这种中和性格，通常是外表十分普通，随俗而处，不露锋芒，但胸怀大道，蓄志待时。老子曾在《道德经》中作过描述："挫其锐，解其纷，和其光，同其尘。"即俗话说的和光同尘。明代憨山在《老子道德经解》中诠释道："和，混融也。光，智识炫耀于外……所谓众人昭昭，我独若昏，众人察察，我独闷闷，故曰和其光。与俗混一而不分，正谓呼我以牛，以牛应之，呼我以马，以马应之，故曰同其尘。"所谓"木秀于林，风必摧之"，和光同尘实际上是一种智慧。故《晋书·宣帝纪论》云："和光同尘，与时舒卷；戢鳞潜翼，思属风云。"

王莽正是这种中和性格的典型。王莽是西汉末年的外戚，是汉成帝母后孝元皇后之侄。自成帝去世，刘氏的大权逐渐旁落到以孝元皇后为核心的王氏外戚集团手中。王莽的叔伯大多任官封侯，而王莽因父早死未得到分封，"独孤贫，因折节为恭俭"，后来靠叔伯的关系才入仕。做官后的王莽"宿卫谨敕""节操愈谦"，常以车马衣裘"振施宾客"，交结名士与公卿，所得赏赐也分给下属；而对自己，非常俭约，其妻"衣不曳地，布蔽膝"，犹如僮仆。他的名声因此甚隆，官至大司马。汉平帝继位后，王莽将女儿王嬚推上了皇后的位置，史称孝平皇后，他被封为太傅，号安汉公。王莽掌握朝政大权后，开始翦除异己势力，建立自己权威。他声誉日隆，"民上书者八千余人"，群臣奏请加赏王莽，王莽因此为宰衡，位至上公，高踞于公卿之上。后来元后诏议给王莽赐九锡之礼，王莽上书谢辞，说自己德薄位尊，天下"治平"是元后之德，是群臣之努力，不是自己的功劳，拒绝加赏。但是，他最终还是受了九锡。

汉平帝夭折后，新帝刘婴年幼，王莽支使朝臣奏策，让自己"行天子事，如周公"，并在民间以白石丹书"告安汉公莽为皇帝"，制造篡位的舆论。元后被迫诏令王莽"居摄践祚，如周公故事"，并在进见她时可以自称"假皇帝"。王莽摄政三年后，废刘婴帝位，"即真天子位"，改国号为"新"。至此，西汉灭亡。王莽称帝后，进行了多项政治经济改革。但是由于西汉积弊深重，难以实施，以致朝令夕改，改革最终失败，导致海内大乱，叛军四起，王莽被杀。新朝只有15年国祚，便崩溃灭亡。刘家重新夺回皇位，建立了东汉。

两千年来，王莽身上的是非，史不绝书，文无断言。在各种评价之中，白居易独具只眼，他在《放言五首·其三》中曰："周公恐惧流言日，王莽谦恭未篡时。向使当年身便死，一生真伪有谁知？"可谓一语中的，道破了王莽之成功篡位，就在于他的"和光同尘"性格。

与人为善，追求和平，致力于人际平衡、社会平衡，也是中和性格的一种表现。在中国民间广传的俗话中，许多是劝导"中和"的，诸如"天时不如地利，地利不如人和""家和万事兴""和气生财""和得邻里好，犹如拾片宝""只有和气去迎人，哪有相打得太平"。凡事以宽容为怀，以"和"为贵，所以中国历朝出现了"和亲"现象。"和亲"，实际是中华民族"中和"性格的一种表现。"和亲"不仅是为了和缓家族、民族之间的冲突，也为了避免国家之间的战争，目的是在人类间建立和睦共存、长久和好关系。

关于国家间的"和亲"大体有三种情况：一是当中原王朝实力薄弱时，通过与骚扰中原的少数民族联姻方式，求得边境的安宁，如汉初的刘邦与冒顿单于的和亲。二是当中原王朝势强力大时，少数民族为了寻求中原王朝的认可和支持，或由于向往中原先进的生产与生活方式，主动向中原王朝请婚，如唐代西突厥的多次请婚。三是中原列国之间以和亲方式结盟，如三国时期蜀国刘备与吴国公主的联姻。关于"和亲"的动机与效果问题，史家历来有争论。特别是第一种情况的和亲，有意见认为这种和亲是屈辱妥协，投降卖国，有丧国格，结果往往适得其反，即便有了"和亲"，这些强悍的少数民族照样掠夺中原。实际上，史家这些争论偏离了"和亲"本身的价值判断。尽管这些和亲有的出于被迫，有的出于自愿，有的成功，有的失败，但和亲作为中华民族睦邻友好的一种重要方式，它在处理民族之间、国家之间关系上，确实起到了协调、和解的作用，促进了和亲双方文化的互动和交流，推动了人类文明。以唐代文成公主和亲为例，据《新唐书》记载："（贞观）十五年，妻以宗女文成公主……弄赞率兵次柏海亲迎，见道宗，执婿礼恭甚，见中国服饰之美，缩缩愧沮。归国，自以其先未有昏帝女者，乃为公主筑一城以夸后世，遂立宫室以居。公主恶国人赭面，弄赞下令国中禁之。自褫毡罽，袭纨绡，为华风。遣诸豪子弟入国学，习《诗》《书》。"

林语堂说：在"中和"上，道家与儒家"这两种哲学颇有合并起来的可能。道教与儒教的对比是相对的，而不是绝对的；这两种学说只是代表了两种极端的理论，而这两种极端的理论之间，是还有许多的中间的理论的"[①]。其实，中华民族的传统文化是个整体，对人性格形成的影响是综合的，难以分割开来。中国人的中和性格在实际生活中呈现出极其复杂的状态。中国传统社会里大多人追求的生活方式，如李密庵《半半歌》所描述：

[①] 《林语堂著译人生小品集》，浙江文艺出版社，1990年版，第25页。

看破浮生过半，半之受用无边。

半中岁月尽幽闲，半里乾坤开展。

半郭半乡村舍，半山半水田园。

半耕半读半经廛，半士半民姻眷。

半雅半粗器具，半华半实庭轩。

衾裳半素半轻鲜，肴馔半丰半俭。

童仆半能半拙，妻儿半朴半贤。

心情半佛半神仙，姓字半藏半显。

一半还之天地，让将一半人间，

半思后代与沧田，半想阎罗怎见。

酒饮半酣正好，花开半时偏妍。

帆张半扇免翻颠，马放半缰稳便。

半少却饶滋味，半多反厌纠缠。

百年苦乐半相参，会占便宜只半。

李密庵说的"半"是个抽象概念，不能用数据去量化，也不是不偏不倚搞折中，而是指人生处世重在一个"和"，无论进退、取舍、爱憎，均要适度与圆融。这个"半"是因人而异、因势而变的，达有达的"半"，穷有穷的"半"，无论"达"与"穷"，只要做到身心和谐、人际和谐便可。因此所谓"半"，实质上就是"中和"，而"中和"表现出来的就是宽容。

第四节　示弱顺从

柔弱顺从是中华民族一种重要性格。有学者说："有人把中国人比为竹子，很少有比这更一针见血的比拟了。竹子典雅，哪儿都可以用，柔顺而又空洞。东风吹来，它向西弯曲，西风吹来，它又向东弯曲。没风的时候，它就一点不弯。竹子是草本植物。然而草容易打成结，竹子却尽管柔顺，也很难打成结。"①这种民族性格的形成,无疑是中国几千年来专制宗法制度及儒家倡导的"礼制"的产物。在上下贵贱有序的社会,"下级无条件服从上级"是社会强制执行的规则。在强大的规则面前,平民必须示弱,而示弱的方式就是顺从。久而久之,就养成了人们柔软顺从的习惯,而习惯成自然,便形成性格。但是,这种性格与楚文化也有一定的关系。

"守柔曰强"是楚文化的传统。道家将"守柔"上升到"以无为求有为"的人生哲理。老子在《道德经》中指出:"上善若水。水善利万物而不争,处众人之所恶,故几于道。居善地,心善渊,与善仁,言善信,政善治,事善能,动善时。夫唯不争,故无尤。"他认为人的最好的性格就是像水一样,善于引导各种事态,不争不执,遇事就守在大家所不愿处的弱势,这样才接近"道"的真谛。因为谦让示弱,择下而居,心里便会坦然,便能与人和谐共处,言行便守信,政治便无为而太平,办事便愈能干,行动便会顺势而行。因为与世无争,所以才能够少犯过失。

"守柔",就是忍辱负重。忍辱即向外示弱、顺从,负重则是为此而承受身心压抑。忍辱的目的是为了"胜强",即战胜严酷的环境,顽强地生存下去,发展起来。唐代有个宰相叫张公艺,家里九世同堂,人们很羡慕他。唐高宗问及他成功的秘诀,张公艺在纸上写了一百个字:"忍,忍,忍……"。

中国人忍辱负重的性格,在实际生活中的表现是十分复杂而多样的,大体有下述几类现象:

一类是"知其雄,守其雌"。忍辱是示弱,示弱的目的是麻痹对方,保护自身生存;负重是励志,是一种图强,目的是实现自己的抱负。对这个群体的人来说,忍辱负重实际上是一种智慧,旨在以柔克强。这方面,历史上有许多典型的事例。例如身陷囹圄、忍受丧子之痛的周文王,尽管受到商纣王一再的侮辱,却始终忍气吞声,喜怒不形于色,最终瞒天过海,扶持儿子周武王报仇雪恨,兴兵灭掉商朝;忍受胯下之辱的韩信,当年示弱不争,是

---

① 〔美〕亚瑟·史密斯著、张梦阳等译:《中国人的国民性》,中国长安出版社,2014年版,第49页。

为了知耻而后强，所以后来统率千军万马驰骋疆场，发迹称王……

在世俗生活里，也存在很多类似的现象。不过人们忍辱并不一定会去负重，在不利的环境里表示顺服，目的是为了避免一些多余的麻烦，为自己求得一个安静环境。俗话说："小不忍则乱大谋。"人们把遇事忍让视作生存的一种法则。譬如得罪了别人，便立即道歉，向别人服软，甚至信誓旦旦表示保证改正。"尽管这些保证是空泛性的，不会使他们的缺点从本质上得到改正，却不能不使你的怒气平息下来。而这，如果你注意的话，正是他们做保证时所期望达到的目的。"①

"守柔"有入世的境界，也有出世的境界。出世的忍辱负重，美其名曰"难得糊涂"，这也是一种智慧，不过是一种解脱的智慧，算是另类的"守柔曰强"。清代扬州八怪之一的郑板桥当过知县，官场上本有潜规则，顺之者昌，逆之者亡。郑板桥却不愿卑躬屈膝，他在《家书》中慨叹："人皆以做官为乐，我今反以做官为苦。既不敢贪赃枉法，积造孽钱以害子孙，则每年廉俸所入，甚属寥寥。苟不入仕途，鬻书卖画，收入较多于廉俸数倍。"后来他弃官为民，以书画为生。即便如此，他的狂放怪诞个性也不合时宜，因而遭到世人的诟病；尽管他再三妥协，"束狂入世犹嫌放，学拙论文尚厌奇"（郑板桥《自遣》），周围的非议之声仍然无休无止。"我于困顿已无辞"，于是，郑板桥书下"难得糊涂"作为座右铭："聪明难，糊涂尤难，由聪明而转入糊涂更难。放一着，退一步，当下安心，非图后来报也。"以"糊涂"心态，面对惨淡无奈的现实一笑了之。郑板桥"难得糊涂"这幅字迹至今在民间广泛流传，这实在是因为它代言了世人们想说而难以表达的一种共同心理。如林语堂所言："中国民族，颇似女性，脚踏实地，善谋自存，好讲情理，而恶极端理论，凡事只凭天机本能，糊涂了事。"②

"守柔"中最多的一类是无可奈何示弱，顺服仅仅是为了让自己能够生存下去。在传统社会里，老百姓始终是弱势群体，处在社会的最底层，受到不公平待遇，有理也没处去说。在太平盛世里，他们也不"太平"，他们要

---

① 〔美〕亚瑟·史密斯著、张梦阳等译：《中国人的国民性》，中国长安出版社，2014年版，第49页。

② 《林语堂著译人生小品集》，浙江文艺出版社，1990年版，第215页。

忍受皇权、族权，以及各级官员乡绅的层层欺压。老百姓所负之重，明末侯方域曾说过："明朝的百姓，税加之，兵加之，刑罚加之，劳役加之，水旱瘟疫加之，官吏的侵渔加之，豪强的吞并加之，百姓一，而加之者七。"①老百姓不仅是生存"负重"，而且要受皇权、族权随意摆布。沈德符在《万历野获编》中提到一则杀猪的逸事。明朝正德十四年间，明武宗颁了一道《禁猪令》圣旨。圣旨告示："……照得养豕宰猪，固寻常通事。但当爵本命，又姓字异音同。况食之随生疮疾，深为未便。为此省谕地方：除牛羊等不禁外，即将豕牲不许喂养，及易卖宰杀，如若故违，本犯并当房家小，发极边永远充军。"据《明实录·武宗实录》记载：上巡幸所至，禁民间畜猪，远近屠杀殆尽，田家有产者，悉投诸水，违者发配充军。在严律酷刑强逼下，各地老百姓被迫纷纷杀猪，以求平安，一时间猪肉为之绝迹。这便是明代轰动一时的禁猪闹剧。

若是不幸逢乱世，老百姓连忍辱负重地生存都不行了。明末大动荡，在张献忠与清兵轮流杀戮洗劫中，四川百姓被屠杀一空。据《明会要》卷五十记载：明万历六年（1578年）四川有"户二十六万二千六百九十四，口三百一十万二千七十三"，到清康熙二十四年（1685年）就减至"一万八千零九十丁"。成都府只剩下不到二十户人。民国《温江县志》卷一记载：温江县仅存三十二户。当时的民谣说："岁逢甲乙丙，此地血流红。""流流贼，贼流流，上界差他斩人头。若有一人斩不尽，行瘟使者在后头。"清初的四川可说赤地千里，虎狼出没，荒无人烟。

在漫长的封建社会里，老百姓的命运如元代张养浩《山坡羊·潼关怀古》中所描述的："峰峦如聚，波涛如怒。山河表里潼关路。望西都，意踌躇。伤心秦汉经行处，宫阙万间都做了土。兴，百姓苦，亡，百姓苦！"不管王朝如何更迭，蒙受灾难的总是那些无辜的老百姓。在这样的生存环境里，久而久之，示弱当顺民变成了一种本能，忍辱负重成为中国人的一种普遍性格。

---

① 吴思：《血酬定律》，中国工人出版社，2010年版，第133页。

第五节　实用理性

凡事强调实用、实在，关注现实的利益，这是中华民族的传统性格。农耕社会遵循的生存法则是"一分耕耘，一分收获"。著名学者李泽厚将这一文化概括为"实用理性"。儒家的"万物皆备于我"（《孟子·尽心上》），道家的"天地与我并生，而万物与我为一"（《庄子·齐物论》）无不说明，天地万物都需要通过"我"这一主体的实在，才能体现它们价值的存在。

"实用理性"的思维方式，其特点就是以自我为中心，"重现世，尚事功"。思维方式决定了中国本土不可能有真正的宗教，因为宗教的精神是轻今生而重来生，轻此岸而重彼岸。这与中华民族传统性格是不相容的。佛教传入中国初期，信佛者须重礼忏，舍身于佛前。但是佛教融入中华民族传统文化之后，便被"同化"了，演变成为本土的"禅宗"。佛教的宗教精神随之发生了变异："仙佛为人所修成，人与仙佛之别，惟是证道先后之别。人一证道即与仙佛平等，仙佛与人在心性本体上，亦无差别。故人在仙佛前之祈祷与忏悔，恒不如自修自证之功。"[1]我与仙佛平等了，无须再在仙佛前祈祷与忏悔。宋代张义端在《贵耳集》中记载：

> 宋孝宗幸天竺，至灵隐寺，有辉僧相随。见飞来峰，问辉曰：既是飞来，如何不飞去？对曰：一动不如一静。又有观音像手持念珠，问曰：何用？答道：要念观音菩萨。疑问：自念则甚？曰：求人不如求己。孝宗大喜。

辉僧说的已经不是佛教原旨意义上的觉悟，而是中国式的觉悟。你持佛

---

[1] 郁龙余编：《中西文化异同论》，生活·读书·新知三联书店，1989年版，第41页。

珠念观音菩萨，那么观音菩萨手持佛珠念的是谁？原来观音菩萨也在念"观音菩萨"。观音菩萨手持佛珠，就是禅宗传说的"佛祖拈花，迦叶微笑"的翻版。佛祖用拈花的形式传达出了一种他自己悟得的高深真理，别人不解，只有迦叶心领神会。观音菩萨手持佛珠，就是要信徒们自己去参悟人生的实相，启示人们：求人不如求己！

在"实用理性"支配下，中国人的信仰里虽然没有真正的宗教，但是普遍存在着迷信，迷信世上有一种"超自然的力量"，冥冥之中主宰着自己的命运，因而天命、巫术大有市场。

迷信天命。孔子说："不知天命无以为君子。"凡事都有定数，这是上天的意志，是"天人感应"。比如史书记载的帝王身世，他们的降世几乎都伴有神奇的祥瑞现象。隋文帝杨坚诞生，《隋书》记载："皇妣吕氏，以大统七年六月癸丑夜生高祖于冯翊般若寺，紫气充庭。有尼来自河东，谓皇妣曰：'此儿所从来甚异，不可于俗间处之。'尼将高祖舍于别馆，躬自抚养。皇妣尝抱高祖，忽见头上角出，遍体鳞起。皇妣大骇，坠高祖于地。尼自外入见曰：'已惊我儿，致令晚得天下。'为人龙颔，额上有五柱入顶，目光外射，有文在手曰'王'。"宋太祖赵匡胤诞生，《宋史》记载："太祖，宣祖仲子也，母杜氏。后唐天成二年，生于洛阳夹马营，赤光绕室，异香经宿不散。体有金色，三日不变。既长，容貌雄伟，器度豁如，识者知其非常人。"即便是秦末的陈胜，他揭竿起义时，也依托人们对天命的迷信来号令戍卒。《史记》记载：

二世元年七月，发闾左适戍渔阳九百人，屯大泽乡。陈胜、吴广皆次当行，为屯长。会天大雨，道不通，度已失期。失期，法皆斩。陈胜、吴广乃谋曰："今亡亦死，举大计亦死，等死，死国可乎？"……乃丹书帛曰："陈胜王"，置人所罾鱼腹中。卒买鱼烹食，得鱼腹中书，固以怪之矣。又间令吴广之次所旁丛祠中，夜篝火，狐鸣呼曰："大楚兴，陈胜王！"卒皆夜惊恐。旦日，卒中往往语，皆指目陈胜。

天命之说，多是上层社会，特别是掌权者的实用理性，目的是借天命来说明自己所得的合理性，用来震慑、愚弄芸芸民众。相对天命迷信而言，传统社会最为广泛流行的是神佛迷信。无论是上层或是下层的中国人都相信神佛，他们信仰神佛并非是为了"闻道"与"觉悟"，他们的出发点是发愿求取，烧香礼拜神佛，目的是为自己和家人祈福祈禄祈寿祈子。两者之间维系的只是一种实用关系。

每逢新年，中国人都想讨一个吉祥好彩头。初一那天，人们会去寺庙烧香许愿，特别是"抢头炷香"，向菩萨展现虔诚。以致"头香"被抬到了一个天价，能烧"头香"成为非富即贵彩头。古人有言："一日持斋，天下杀生无我分。"为了向菩萨表示虔诚之心，信徒在初一那天通常"吃斋"，不吃荤而吃素，寓意新年不杀生，慈悲为怀，图个日子平安吉利。

神佛迷信不仅仅是信徒逢庙敬香礼佛，过观虔诚求签，更多的是迎神佛之偶像进舍，每天供奉祈祷。而且各行各业根据各自的实用目的，礼敬的是不同的神佛，比如学子求科举高中而礼拜魁星，男女求姻缘而祈求观音，好汉义结金兰而敬拜关公，商人求生意通达而恭祈财神，工匠求学艺有成而虔敬祖师鲁班……

神佛里，土地公是最基层的神祇，但功能极强，管阴管阳，佑农商，发财福，是一乡一里之神。为了保一方平安，各乡各村几乎每年都要礼敬土地公。祭拜土地公时，一定要献上供品，供品的摆放一定是猪肉放在中间，鸡鱼放在猪肉的两边。祭拜有隆重的仪式，先敬香火，在香火将要着完时，便点火焚化金纸与疏文，疏文要念诵一遍才能焚化。这里照录平沙土地庙落成时的盛况：平沙坡族人聚在土地庙前，先是鸣炮、上香，然后众人顶礼膜拜，由族老读祭文：

……

土地神灵，位安为上；虔诚膜拜，一五上香；惠施平沙，荫庇一方；家和事兴，兴宗旺族；财运亨通，四季泰康；土地神灵，永驻宝地；朝暮护众，众人安康；四季八节，扶正祛邪；佑护我族，丁财两旺；千秋万代，吉运绵长。

　　除了神佛迷信，最为普遍的是巫术迷信了。神佛迷信主要是祈福求吉，巫术迷信主要是辟邪驱鬼。民间中巫术迷信，以前多的是道士作法，巫婆跳神，瞎子算命。现在这类迷信现象少了，更多的是将巫术迷信转化为习以为常的民俗习惯。这里举几个例子说明：

　　例1：出门做事不说不吉利的话，到朋友家不说不祥预兆的话，比如：今年来了，明年不来了，或者永远不来了。

　　例2：海边打鱼人家吃鱼，不能将鱼身翻过来吃，这样做不吉利，出海打鱼鱼船会翻船。

　　例3：到病房去看望别人，可以送香蕉、苹果等水果，就是不能送梨，因为"梨"就是"离"，意味着告别，这是忌讳的。

　　例4：扫帚是扫垃圾的，因此民俗中认为扫帚可以扫野鬼，晚上在门口放一把扫帚可以驱鬼。如果门口有抬死人的走过，就要用扫帚扫路，把鬼魂扫走。

　　例5：房屋旁边不能种冬青、松柏、万年青等，因为这些树草向来种在坟墓陵园里。

　　上述一些民间习俗，实际上皆是巫术。方式是将两种不同事物通过"相似率"或者"接触率"联系起来，以求实现自己的愿望。比如某人患病，将药渣倒在路上，任由路人去踩踏，认为这样做自己身上的病患便能转移到路人身上去。一切巫术，其最终目的在于实用。

　　人与人之间的关系，基本上也靠实用来维系。利益是最高的准则。民间流传着许多这方面的箴言谚语，例如："没有永远的敌人，也没有永远的朋友，只有永远的利益""贫居闹市无人问，富在深山有远亲""远亲不如近邻""无求到处人情好"，等等，这些前人总结的经验教训，无不体现着实用理性。

第二章　楚文化与古建筑

　　建筑是人为自己栖居生活而创造的文化。建筑文化的范围包括三方面：从栖居人的性质来说，有死人栖居的阴宅，有活人寄居的阳宅。从建筑样式与数量来说，有个体建筑，主要是普通宅院，还有宫殿、陵园、寺院、宫观、园林、桥梁、塔刹等；有群体建筑，主要是各种个体建筑自发集中或自觉规划一体的村庄、山寨、乡镇、城市等。从建筑材料来说，有传统的石头土木，有现代的钢筋混凝土，等等。

　　建筑是人类凝固的精神文化。一部建筑史就是一部历史文化史，是人类物质生活需求和精神生活发展更迭的历史。梁思成在《中国古代建筑史》中如此描述：汉唐建筑"宏大雄浑""倔强粗壮"，宋以后建筑"华丽细致""细腻纤巧"，清末之后建筑"欧式建筑之风大盛""旧建筑之势力日弱"，呈现"不知所从之混乱状态"。历代建筑都打上了鲜明的时代文化烙印。建筑史也是一部区域文化汇编史，北京的四合院，上海的石库门，川西的吊脚楼，陕北的窑洞，广东的土楼，江南民居的粉墙黛瓦……都呈现出浓郁的地方文化特色。

　　但是，在传统社会里，在中华民族栖居的土地上，无论哪朝哪代，无论天南地北，无论形式怎样多种多样、千变万化，所有的建筑物万变不离其宗，无不呈现出中华民族传统文化的基本内涵与特色，与传统文化的文化精神具有深层同构的对应关系。

　　本章着重论述楚文化对中国建筑文化的影响。

第一节　风水：建筑的气脉

庄子说："人之生也，气之聚也，聚则为生，散而为死……故曰通天下一气耳。"（《知北游》）在道家看来，物之生灭就在气之聚散。有气则生，则兴；无气则死，则衰。气是一种无形的存在，它在宇宙间无时无处不在，它有自己聚散变化之规律。中国传统建筑从选址到建构都贯穿着一个"气"的原理。

首先是宅基选址。在宅基选址上，传统建筑讲究风水。所谓风水，实质上就是在山林土地上寻找气脉。气脉，乃是天然聚气之处，它是能给人带来兴旺生机的地方。传统建筑分阳宅与阴宅。这里先说阴宅。郭璞《葬经》云：

葬者，乘生气也。夫阴阳之气，噫而为风，升而为云，降而为雨，行乎地中则为生气。夫土者气之体，有土斯有气，气者水之母，有气斯有水，经曰土形气行。物因以生，夫气行乎地中，发而生乎万物，其行也，因地之势，其聚也，因势之止。葬者原其起。乘其止，地势原脉。山势原骨。委蛇东西。或为南北，千尺为势，百尺为形，势来形止，是谓全气。全气之地，当葬其止。气之盛虽流行。而其余者犹有止。虽零散而其深者，犹有聚。古人聚之使不散。行之使有止，故谓之风水。

阴宅选址讲的风水，有两个基本原则：一是"藏风"，以"藏风"来聚气；一是"得水"，以"得水"来生气。风水好的阴宅，在中国人的文化传统中，意味着它能庇佑子孙，能使家族兴旺发达。那么，怎样的选址，阴宅的风水才算好呢？

首要是寻找龙脉。"龙者何？山之脉也……山之行度，起伏转折，变化多端，有似于龙……龙神者，五行之生旺气也，流行于地中。"（明·缪希雍《葬经翼·察形篇》)所谓寻找龙脉,就是考察主脉四周的地形,风水师称之为"察砂"。黄妙应在《博山篇·论砂》中云:"两边鹄立,命曰侍砂,能遮恶风,最为有力。从龙拥抱,命曰卫砂,外御凹风,内增气势。挠抱穴后,命曰迎砂,平低似揖,拜参之职。面前特立,命曰朝砂,不论远近,特来为贵。"他认为,这样的地貌皆属龙脉之处。再次是观水。凡山脉走势必有分合聚会,山随水行,水界山住。所谓"入山寻水口",水口乃地势最低点,是消纳众水的宝地。有水乃有生气。最后是点穴,即墓室的座地。怎样才是最佳的墓地呢?黄妙应在《博山篇》中说:"这一'圈',天地'圈':圆不圆,方不方,扁不扁,长不长,短不短,窄不窄,阔不阔,尖不尖,秃不秃,在人意会,似有似无,自然'圈'也。阴阳此立,五行此出。'圈'内微凹,似水非水;'圈'外微起,似砂非砂。"

关于风水传说,古代史册中有许多记载。徐桢卿在《翦胜野闻》中有一则故事:"帝(朱元璋)父母兄弟相继死,贫不能具棺,与仲兄谋草葬山中,途次便断,仲返计,留帝视尸。忽风雨,天大晦,比明视之,则土裂尸陷,已成坟。"民间传说,那"土裂尸陷"处,乃处在龙脉之上的风水宝地,所以朱元璋及其子孙才有了帝王之气。中国人信风水,所以历来成功人士最忌讳的是"掘祖坟",破坏了家族的风水。

中华文化传统中,不仅阴宅选址讲风水,阳宅选址也讲风水。阳宅选址,小至建宅造院,大至建都立城,凡是"破土"建筑,都要讲究气脉。明代王君荣的《阳宅十书》是堪舆学名著,此书专门从人与环境关系来研究阳宅的选址。他在《论宅外形》篇中说:"人之居处宜以大地山河为主,其来脉气势最大,关系人祸福最为切要。若大形不善,纵内形得法,终不全吉。"

阳宅的选址怎样才是理想的呢?《阳宅十书》指出:"阳宅来龙原无异,居处须用宽平势。明堂须当容万马,厅堂门庑先立位。东厢西垫及庖厨,庭院楼台园圃地。或从山居或平原,前后有水环抱贵。左右有路亦如然,但遇返跳必须忌。水木金土四星龙,此做住基终吉利。唯有火星甚不宜,只可剪裁作阴地。"具体说来,王君荣认为人的最佳居住地有这么三个要求:

背山依水,交通方便。"凡宅,左有流水谓之青龙,右有长道谓之白虎,前有污池谓之朱雀,后有丘陵谓之玄武,为最贵之地。"淙淙流水便于日常用水，防止火灾；坦坦长道便于随时出行；旁有污池便于排水排污；背有葱绿丘陵则是居家的自然园林。显然，背山依水的居址是气脉所在。"背山"乃是凭静态的丘陵生出一种动势来，"依水"乃是凭动态的水体增添一种静感，在静动互生中达到阴阳平衡，因而孕有勃勃生机。

地基宽平，东低西高。"凡地，东高西低，生气降甚；东低西高，不富且豪；前高后低，必败门户；后高前低，居之大吉。"宅基高低关系到采光，假如东高西低，上午采光少，缺少朝气，而下午采光多，增加暮气。中国传统心理是"朝阳"比"夕阳"好，所谓"居滋润光泽阳气荐吉"。前后高低同此道理，传统民居多是朝南坐北，前高后低就是南高北低，增加阳光，驱除宅内阴湿。

环境清静，不居繁杂之地。"凡宅，不居当冲口处，不居寺庙，不近祠社、窑冶、官衙，不居草木不生处，不居故军营战地，不居正当水流处，不居山脊冲处，不居大城门口处，不居对狱门口处，不居百川口处。"

宅门所向也有风水讲究。在地舆学里，宅门又名"气口"，关系到气运。所谓"宁与人家造十坟，不与人家修一门"。清代孟浩在《辩论三十篇·阳宅门向辨》中说："门口水坑，家破伶仃。大树当门，主招天瘟。墙头冲门，常被人论。交路夹门，人口不存。神社对门，常病时瘟……巽方开门及隙穴开窗之类，并有灾害。"门口有水坑，小儿容易遭溺，人丁破损。大树当门，妨碍交通，若宅内有火灾人祸会碍事。墙头冲门，阻挡了视野。交路夹门，车来人往，居家不得安宁。神社对门，由于神社是各种人汇集场所，容易传染疾病。按八卦测向，巽方是东南方向，在浙江、福建、广东一带因夏季多刮台风，因而住宅的门、窗一般忌违开在这个方向。这一条只适用于东南沿海地区。由于各地地理自然环境不同，风水忌讳也不同。在北方，例如北京四合院，巽方正是开门、窗的最佳方向。河南人建房，忌讳的是窗子高于门，老百姓说这是不知眉（楣）高眼低（不知高低，不知深浅）。

传统风水学具有浓重的巫术文化色彩。比如建房必须看皇历，选"今年某月某日某时，吉方大利"之时"动土"；"动土"之前必须先祭祀土地公，又要以石头、兽骨、木人来镇宅，以避太岁凶神。此外还有种种忌讳，例如"五树进宅，人穷家败"，这五树指的是"桑、松、柳、梨、柏"，因为这五种树木通常栽在阴宅周围，诋损阳气，破坏气脉；还有"院内不种榕，容树不容人"；等等。

在中国传统社会，城市往往是一国、一省、一府、一县的政治、经济中心，因而选址特别讲究。尤其是一国之都，必定要选龙脉所在之处。一般的阳宅选址，关注的是气脉，因为气脉关系着一家一族兴衰；都城的选址，关注的是龙脉，因为龙脉关系到一朝一代的气脉。以北京立都为例，在隋、唐时，北京称为幽州城；五代时期，刘守光建立大燕，以幽州城为都城；辽主耶律德光升幽州为燕京；金王完颜亮改燕京为中都；元世祖忽必烈建元，改中都为大都。明成祖于1403年即位建元永乐，将都城从南京——金陵迁往北京——北平，朱棣扬言要亲自镇压北方，所谓的"天子守国门"。尔后，北京为清朝的国都。北京可谓是"六朝古都"。

为什么六朝帝王皆要选北京地方建都城？南宋著名理学家朱熹对北京的风水作过这样的分析："冀州好一风水：云中诸山，来龙也；岱岳，青龙也；华山，白虎也；嵩山，案也；淮南诸山，案外山也。"在朱熹看来，北京的地理形势完全符合传统的风水要义，即左青龙右白虎的形势格局。清代孙承泽在《天府广记》中，对北京的"龙脉"环境作了进一步阐述："太行自西来……重冈迭阜，鸾凤峙而蛟龙走，所以拥护而围绕之，不知其几千里也。形势全，风气密，堪舆家所谓藏风聚气者，兹地实有之。其东则汪洋大海，稍北乃古碣石，稍南则九河古道，浴日月而浸乾坤。所以界之者又如此其直截而广大也。况居直北之地，上应天垣之紫微。其对面之案，以地势度之，则泰岱万山之宗，正当其前……自古建都之地，上得天时，下得地势，中得人心，未有过此者。"[①]

其实，从自然、人文环境来说，北京的风水确实不凡。有学者描述：北京坐落在太行山和燕山两条山脉交会之地。太行山巍峨雄浑，自北向南，气势磅礴，奔腾而来；燕山莽莽苍苍，蜿蜒曲折，像两条巨龙守卫着京师。此乃龙脉。北京东边是潮白河、温榆河，西边是永定河、小清河，它们自西北向东南，绕城蜿蜒流淌，而南临雄浑的桑干河，夹杂着大量黄土高原的泥沙

---

① 孙承泽：《天府广记》，北京古籍出版社，1986年版，第5页。

呼啸而来，北京地处冲积平原的顶端；其间，大小河流，蛛网般纵横交错，湖海、水淀和河泊星罗棋布，此乃藏风蓄水之吉地。北京处在华北大平原、东北大平原、蒙古高原交会之处。华北大平原是中原农业经济文化区域，东北大平原是以林业和种植业相结合的北方型的经济文化区域，蒙古高原是以游牧业为主的经济文化区域，三个地理区域代表着中华民族文化的三种形态。它们在这里交会、融合、冲撞和吸收，此乃"四方朝觐"。

依今天的科学眼光来审视，北京之建都，显然不是因为它在"龙脉"之上，而是因为"上得天时，下得地势，中得人心"。试想，金陵（南京）不也是六朝古都吗？也在"龙脉"之上吗？刘禹锡《西塞山怀古》曰："王浚楼船下益州，金陵王气黯然收。千寻铁锁沉江底，一片降幡出石头。人世几回伤往事？山形依旧枕寒流。"金陵尽管"山形依旧"，依然龙盘虎踞，气势雄伟，然而东吴还是被西晋所灭。可见"兴废由人事，山川空地形"。"道"之精义就在"变"，"唯变所适"。"龙脉"之气果然离不开"地势"，却不仅在"地势"，而是"天时地利人和"综合的产物。

北京的十三陵是明朝从永乐到崇祯13位皇帝的陵墓，被联合国教科文组织列入世界文化遗产。《世界遗产名录》对它的评价是："明清皇家陵寝依照风水理论，精心选址，将数量众多的建筑物巧妙地安置于地下。它是人类改变自然的产物，体现了传统的建筑装饰思想，阐释了封建中国持续了500余年的世界观和权力观。"

乾隆当年游览十三陵，看到陵园破残景象，触景生情，写下《哀明陵三十韵》叹咏："太行龙脉西南来，金堂玉户中间开。左环右拱实佳城，千峰后护高崔巍。昌平黄土城富地，永乐曾似亲临视。英雄具眼自非常，岂待王廖陈其艺。或曰十三气数尽，朱明祚己此为准。是盖形家惑世言，承天造命惟君允。"[①]诗中所言"永乐"即明成祖朱棣，"廖"即江西风水大师廖均卿。乾隆调侃明十三陵的"龙脉"所云，不过是"形家惑世言"而已。气之聚散、国之兴衰实际上是由多种因素决定的，此乃定数，这岂是堪舆家能知道的呢？乾隆认为，这"十三"应是朱家王朝不可逆转的气数。

---

① 《光绪昌平州志》，北京古籍出版社，1989年版，第18页。

第二节　自然：建筑的原理

老子说："道大，天大，地大，人亦大。域中有四大，而人居其一焉。人法地，地法天，天法道，道法自然。"老子所谓"自然"，即自然而然。庄子在《山木》中说："人与天一也"，"自然"就是天人合一。人是自然的一部分，一切行为皆应与天地自然保持和谐统一。建筑虽是人为，但是中国的古建筑构造的基本原则就是顺应自然，与自然融为一体，体现的是自然之理，追求的是自然之美，欣赏的是自然之趣。

中国古建筑的"自然之理"，概而言之有二：

其一，外在的"合一"之理，可以称作融入原理。在建筑外在结构上，西方表现为与自然隔离，中国强调的是与自然融合，将建筑置于自然之中，成为自然结构的一部分。中国古建筑融入自然的基本方式，一是融自然入建筑，例如郑板桥声称他"不必以千金万金造园"，他造的小小的"十笏斋"，便能包容整个乾坤：

十笏茅斋，一方天井，修竹数竿，石笋数尺，其地无多，其费亦无多也。而风中雨中有声，日中月中有影，诗中酒中有情，闲中闷中有伴，非唯我爱竹石，而竹石亦爱我也。彼千金万金造园亭，或游宦四方，终其身不能归享。而吾辈欲游名山大川，又一时不得即往，何如一室小景，有情有味，历久弥新乎？筹此画构此境何难？敛之则退藏于密，亦复放之可弥六合也。

郑板桥在建筑结构之内，置入"修竹数竿，石笋数尺"，虽然宅居不大，却仍然有"一室小景"，可赏"风中雨中之声，日中月中之影"，与天地自然同处，而有情有味。

另一是融建筑于自然之中。古建筑的文化特点，无论是建筑的选址或者构造，皆须顺应自然，因地制宜。僧道认为深山老林是神仙栖息之处，故凡寺院、道观必建于林木葱郁的山峦峰谷之中，诸如杭州的虎跑寺、扬州的大明寺、苏州的灵岩寺、峨眉山的报国寺、奉化的雪窦寺等等，皆是这方面的典范。而建筑物的构造则是依托自然环境而建。比如传统的园林建筑，无论是北京的颐和园、河北承德的避暑山庄，还是苏州的留园、怡园、沧浪亭，扬州的个园、何园，皆是以山水为主，建筑是从，依形就势，高处建"阁"，临水建"榭"，幽静处建"馆"，峰回路转处建"亭"，草木掩映处建"舍"，广阔处辟园圃，务求"得体合理"。至于园内叠山、垒石、设墙、引水、围篱、开门等，也无不与自然相辅相成，和谐统一。

其二，内在"合一"之理，可以称作结构原理。万物各自有性，天地间没有两个完全相同的事物。庄子在《天道》中说："天地固有常矣，日月固有明矣，星辰固有列矣，禽兽固有群矣，树木固有立矣。"建筑同样如此，各有各的构造。袁枚有首诗讲述了这个道理[①]，诗曰：

> 青山若弟兄，比肩相党附。恰有耻雷同，各自有家数。
> 或以股扇分，或以琐碎布。低者卑侍尊，高者头屡顾。
> 隐者意深藏，豪者势显露。间或生奇峰，当空一帜树。
> 总是气脉联，安排有法度。从无杂乱皱，贻讥化工误。

袁枚这首诗虽说是借众山之态比喻诗文的创作，但也可以用来比喻建筑的原理。建筑犹如青山，青山层峦叠嶂，绵绵不断，各有各的形状姿态，或高或低，或聚或散，或藏或显，或岭或峰，从无两座山是雷同的；但是，青山之间气脉相连，坐落自然而有法度，各得其所，自有"造化"作安排。建筑也是这样，和而不同，自然有序。

万物之性来自事物的内在结构。中国古建筑的文化特色，最充分体现于木构建筑中。《诗经》等古代文献中早有记载："如鸟斯革，如翚斯飞""其绳则直，缩版以载，作庙翼翼"。这说的是中国古建筑用准绳丈量，木板组合，房子的屋顶像鸟的翅膀一样展翅欲飞。中国古建筑由柱、

---

① 《袁枚诗文选译》，巴蜀书社，1990年版，第109页。

梁、檩、枋自然组合而成。谓之"自然"，是因为这种组合是，建筑材料的自然组合，其中不要任何其他物品来连接，例如钉子、黏合剂等。尤其显著的是，古建筑的支承结构——斗拱——由若干木条以各自的形状相互契合，严丝合缝，形成一个相互牵制的有机整体。

但是，中国古建筑尽管内在结构组合方式相同，形状构建却殊异，无论宅、殿、楼、榭、坛、亭、院，皆千变万化，各具自己的特点。以古塔为例，塔是印度佛教纪念性的建筑物，自东汉传入中国，便被中国建筑文化"同化"，成为重楼式的建筑。古塔主要有两种类型：一是楼阁式古塔，外观就是楼阁，只在塔顶上建一个半球形大坟，作为塔的标志；一是密檐式古塔，外观似印度塔，但层层密檐取法于重楼。密檐式古塔是印度塔的变形。尽管古塔结构组合相似，但是古塔的形状风格各不相同。同为楼阁式古塔，山西应县释迦塔与上海龙华塔就不一样。释迦塔建于1056年（辽代），平面八角，外观五层，底层外围建有围廊，所以有六檐。各层之间是"平座"，外观由斗拱支承围绕塔身的走廊，内部是暗层，所以实际上是九层。释迦塔总高67.3米，"平座"层的造型使古塔显得诚实稳重，气势雄伟，透示出中原文化的阳刚性格。龙华塔建于977年（北宋），七层八面，每层飞檐高翘，檐下悬有56个铜铃；内壁呈方形，底层高大，逐层收缩成密檐；每层四面皆有塔门，逐层转换，塔内楼梯旋转而上。古塔高40.4米，塔身瘦劲，造型玲珑剔透，洋溢着江南地方清秀灵巧的阴柔风格。

此外，中国的古建筑几乎没有单纯的个体建筑，即便是简单的民居，也是以中庭天井为中心合成的一个建筑体组群。这种建筑结构是由中国以家族为本位的群体意识所决定的。比如北京的四合院，又称四合房，粗看是一种单体建筑，但是在一个院子里，四面建有房屋，通常由正房、东西厢房和倒座房组成，从四面将庭院合围在中间。显然，四合院式的单体建筑，实际上是一个小型的建筑体组群。民居尚且如此，何况是村落、城镇、宫殿、园林这类建筑群体组合，其结构之复杂，可想而知。

古建筑群的结构构造，取决于建筑群的性质。性质中最常见的是宋明理学的"天理"原理。"天理"讲的是伦理与自然的合一。寻常百姓家以"家庭"为单位组合，对内开放，对外封闭。而国家都城则以皇宫为中心进行组合，全城以城墙围绕进行封闭。例如明、清首都北京城，城里的单个建筑形形色色，整个布局却是层次分明，井然有序：皇宫紫禁城位居轴线中段，包括三大殿（太和、中和、保和）、三大宫（乾清、交泰、坤宁）和御花园；前有天安门、端门、午门长段铺垫，后有神武门至高耸的景山气势的收束，色彩由黄为主转向由绿为主；太庙、社稷坛分列宫前左右，显示族权和神权对皇权的拱卫；城外四面分设天、地、日、月四坛，与高大城墙城楼一起，与皇宫呼应；紫禁城四周是大片低小的民居，向中环绕，似乎向皇宫匍匐朝拜。建筑群体的形状虽然各种样式，参差不齐，但皆适位而居，按照"天理"进行有序排列。

至于园林之类及民间村落、乡镇的建筑群，更多是按自然原理进行结构组合。袁枚在南京修葺的随园，全园布局皆取"随"的准则。所谓"随"，即所有建筑物皆顺应自然之势而建。袁枚在他的《随园记》中记道："茨墙剪园，易檐改途。随其高，为置江楼；随其下，为置溪亭；随其夹涧，为之桥；随其湍流，为之舟；随其地之隆中而欹侧也，为缀峰岫；随其蓊郁而旷也，为设宧窔。或扶而起之，或挤而止之，皆随其丰杀繁瘠，就势取景，而莫之夭阏者，故仍名曰随园，同其音，易其义。"

按自然原理组合的建筑群，通常是对单个建筑不做预先的设计规划，一切随势而筑，按因时因地需要而行。尤其是星罗棋布的村落，基本上都是自发、零散、陆续组合而成。尽管如此，这类建筑群依然遵循一个共同的原理，那就是遵循自然山水的形势而建，而布局。

徽地民宅建筑无疑是中国古建筑的典范。在徽地，无论村落民居、园林楼台，还是祠堂庙宇、桥梁牌坊，都同自然山水融为一体，保持一种天然的和谐，有"无山无水不成居"之说。高友谦先生对徽派建筑有段精彩的论述："那些古村古宅、大小园林、高低楼台亭阁，乍眼一看，建造得漫不经意，具有'亭台到处皆临水，屋宇虽多不碍山''几个楼台游不尽，一条流水乱相缠'的随意性。但是，这些建筑群'以山水为血脉，以草木为毛发，以烟云为神采'，将建筑和山野、草木、流水、行云等自然景观综合为一个艺术整体。"[①]

---

① 高友谦：《中国风水文化》，团结出版社，2004年版，第167页。

第三节　空间："有无相资"

　　"所谓建筑，就是利用固体材料造出一个空间"[1]。老子揭示了建筑空间的原理："凿户牖以为室，当其无，有室之用。故有之以为利，无之以为用。"（《道德经》第十一章）老子说的"有"与"无"，在这里指的是建筑材料和建筑空间。在建筑构造中，"有"和"无"是相辅相成的，是"利"和"用"的关系。建筑空间的"无"以建筑材料的"有"为前提，"有之所以为利，皆赖无以为用也"（王弼《道德真经注》）。因此，"有无相资"是建筑空间构造的基本原理。

　　"有无相资"的原理，一是以建筑材料之"有"制造出"无"空间，即老子说的"凿户牖以为室，当其无，有室之用"，另一是以有限的"有"拓展无限之"无"空间。由于前者是所有建筑共同的原理，这里不再论述；后者却是中国古建筑的特色，这里重点阐述。

　　中国古建筑在空间创造上有两个显著特点：一是重视单个建筑及建筑群的平面安排，在平面上通过整体结构营造，在有限的地面空间里拓展出最大的建筑空间。其拓展方式就是把"空间"转化为"时间"。空间是放射性的，时间是线性的，古建筑的特点就是将"瞬间直观把握的巨大空间感受在这里变成长久漫游的时间历程"[2]。二是中华民族的实践理性决定了人们对建筑的要求，建筑空间不仅是满足人的"可居""可行"，而且还要能够满足人的"可望""可游"。古建筑的空间功能是"使人慢慢游历在一个复杂多样楼台亭阁的不断进程中，感受到生活的安适和对环境的主宰"[3]。

　　明代陈继儒在《小窗幽记》里有一段记述，他"筑室数楹，编槿为篱，

---

① 〔意〕P.L奈尔维著、黄运升译：《建筑的艺术和技术》，中国建筑工业出版社，1981年版，第1页。
② 李泽厚：《美的历程》，文物出版社，1981年版，第63页。
③ 李泽厚：《美的历程》，文物出版社，1981年版，第63页。

结茅为亭。以三亩荫竹树栽花果，二亩种蔬菜"。[1]建筑的土地空间可以说并不大，然而就在这一小块土地上，他通过建筑群的复杂组合，营造出深邃的"可居""可行"空间，并容纳进无限的可供人慢慢游历的"可望""可游"的风光，从而感受人生难得的雅情与闲适：

> 门内有径，径欲曲；径转有屏，屏欲小；屏进有阶，阶欲平；阶畔有花，花欲鲜；花外有墙，墙欲低；墙内有松，松欲古；松底有石，石欲怪；石面有亭，亭欲朴；亭后有竹，竹欲疏；竹尽有室，室欲幽；室旁有路，路欲分；路合有桥，桥欲危；桥边有树，树欲高；树荫有草，草欲青；草上有渠，渠欲细；渠引有泉，泉欲瀑；泉去有山，山欲深；山下有屋，屋欲方；屋角有圃，圃欲宽；圃中有鹤，鹤欲舞；鹤报有客，客欲不俗；客至有酒，酒欲不泛；酒行有醉，醉欲不归。

中国古建筑是怎样创造建筑空间，并由"空间"转换为"时间"的呢？

古建筑用来拓展空间的建筑物，通常有照壁、院墙、屋舍、楼台等等。以照壁为例，照壁由砖砌成，由座、身、顶三部分组成，具有遮蔽视线的作用。在古建筑里，位于大门之外的照壁，称为外照壁，主要用于遮挡房屋；位于大门内的照壁，称为内照壁，用来遮挡内院，不让人进门就一览无余。院墙也是如此，起到隔离空间的作用，通过隔离来增加建筑空间的线性长度。苏轼在《蝶恋花》里写道："墙里秋千墙外道。墙外行人，墙里佳人笑。笑渐不闻声渐悄。多情却被无情恼。"行人闻佳人的笑声而生情，但是一堵院墙挡住了行人的空间视野，闻声而无法目睹"佳人笑"，因而引起行人种种美好的想象。若是行人真的是"多情"，要亲眼见见院墙内的"佳人"，那就得费时间找到进院的门口，从门口进入院内才能"可望"。

还有一些辅助性的物件，诸如假山、流水、花木、竹丛、奇石、鱼池、游廊，以及匾额、对联、诗碑、牌楼等等，也是古建筑用来拓展空间的手段。这些辅助性的物件本身属于艺术，具有"可赏""可游"的功能，引人

---

① 陈继儒：《小窗幽记》，北京联合出版公司，2015年版，第93页。

注目，驻足品味，因而巧妙地拓展了建筑的线性长度。比如《红楼梦》里的大观园。大观园说"大"不"大"，按照贾蓉所说："从东边一带，借着东府里花园起，转至北边，一共丈量准了，三里半大"。这三里半大，是大观园的周长，依园林不规则的圆形布局常例，大观园的面积不过几十亩。园内建有怡红院、潇湘馆、蘅芜院、稻香村、缀锦阁、含芳阁、藕香榭、蓼风轩、紫菱洲、荇叶渚等十几处建筑物。在《红楼梦》第十七回"大观园试才题对额"中，描写了贾政、宝玉等一行人进园游赏：

遂命开门，只见迎面一带翠嶂挡在面前。众清客都道："好山，好山！"贾政道："非此一山，一进来园中所有之景悉入目中，则有何趣。"……抬头忽见山上有镜面白石一块，正是迎面留题处……进入石洞，只见佳木茏葱，奇花烂漫，一带清流，从花木深处泻于石隙之下。再进数步，渐向北边，平坦宽豁，两边飞楼插空，雕甍绣槛，皆隐于山坳树杪之间。俯而视之，但见清溪泻雪，石磴穿云，白石为栏，环抱池沿，石桥三港，兽面衔吐。桥上有亭……于是出亭过池，一山一石，一花一木，莫不着意观览。忽抬头见前面一带粉垣，数楹修舍，有千百竿翠竹遮映……大家进入，只见入门便是曲折游廊，阶下石子漫成甬路。上面小小三间房舍，两明一暗，里面都是合着地步打的床几椅案。从里间房内，又得一小门，出去却是后园，有大株梨花，阔叶芭蕉。又有两间小小退步。后院墙下忽开一隙，得泉一派，开沟尺许，灌入墙内，绕阶缘屋至前院，盘旋竹下而出……一面说，一面走，倏尔青山斜阻。转过山怀中，隐隐露出一带黄泥筑就矮墙，墙头皆用稻茎掩护。有几百株杏花，如喷火蒸霞一般。里面数楹茅屋。外面却是桑、榆、槿、柘，各色树稚新条，随其曲折，编就两溜青篱。篱外山坡之下，有一土井，旁有桔槔辘轳之属。下面分畦列亩，佳蔬菜花，漫然无际……步入茆堂，里面纸窗木榻，富贵气象一洗皆尽……转过山坡，穿花度柳，抚石依泉，过了茶蘼架，再入木香栏，越牡丹亭，度芍药圃，入蔷薇院，出芭蕉坞，盘旋曲折。

贾政、宝玉等一行人在大观园中游了半日，"才游了十之五六"。为什么仅有几十亩空间的园林，浏览一圈却要花这么长的时间呢？原因就在于园内十步一景，百步一境，是这些建筑辅助物之"有"拓展了"可游"的空间。

大观园取名"大观"，意在规模宏大、美景齐备，是富贵豪华的象征。然而，园中却偏偏修建了一处"富贵气象一洗皆尽"的稻香村。贾宝玉对大观园中的稻香村颇有非议："此处置一田庄，分明是人力造作而成：远无邻村，近不负郭，背山无脉，临水无源，高无隐寺之塔，下无通市之桥，峭然孤出，似非大观"，认为它"非其地而强为其地，非其山而强为其山，即百般精巧，终不相宜"。贾政不以为然：稻香村"固然系人力穿凿，此时一见，未免勾引起我归农之意"。贾政有此感叹，抒发的正是士人共有的儒、道相间的情怀。其实，稻香村设置于大观园里之妙处在于出人意料，与"富贵气象"不和谐，让所游之人耳目一新，"游"出另一番滋味。这样在原来"可游"的空间里又引申出另一种心理空间，从而达到拓展空间的目的。

大观园全景图

建筑中的空间与时间关系，从艺术角度说，就是建筑与音乐的关系。梁思成先生认为，建筑的节奏、韵律、构成形式和感受等方面都与音乐有相似之处。他在《建筑的艺术》中说："差不多所有的建筑物，无论在水平方向上或垂直方向上，都有它的节奏和韵律。我们若是把它分析分析，就可以看到建筑的节奏、韵律有时候和音乐很相像。"音乐是时间的艺术，诉诸听觉；建筑是空间艺术，诉诸视觉。一个以声音组合，一个以材料结构；一个以旋律形式表现情怀，把意境呈现于时间，一个把生动的造型凝于一瞬，把形象展开在空间。显然可见，音乐与建筑在整体结构和外部形态上有一定的对应性。由于受心理学通感及联觉的作用，音乐与建筑常常互相渗透，互相影响。节奏、韵律原本是音乐的基本概念，实际上也适用于建筑艺术。尤其是类似大观园的复杂建筑群，犹如音乐的曲式结构，不仅是有节奏、韵律，而且有乐段——十步一景，有曲式——百步一境，或变奏，或回旋。建筑群在有限空间内，经过"有无相资"的缜密构思与惨淡的经营布局，有畅通，有阻隔，变化无常，出人意料；有直观，有体验，启人想象，触发情感；有情景，有意境，迂回曲折，趣味盎然。

古建筑正是运用"有"与"无"的相互转化，将建筑的空间艺术巧妙转化为音乐的时间艺术。因此，我们可以将此类古建筑称之为凝固的音乐。由于"有无相资"的艺术转化，古建筑本来是一目了然的空间，却变得扑朔迷离，若诗句所形容的"庭院深深深几许"，因"深几许"而回味无穷。

第三章　楚文化与中医

第一节　道家学说与中医

　　人类的医学发源于巫文化。原始社会里，巫师是知识分子，他们具有双重身份，既能施行巫术，交通鬼神，又承担着治病的职能。公元前6世纪左右，即中国的春秋时期，人类文明到了一个转折点。这时期在西方诞生了希腊文化，史家公认"希腊文化为科学之母"。西方的医学这时从巫文化中分化出来，沿着科学化的途径发展，最终成为现代的西医。而在中国则诞生道家文化，在道家"道法自然"的哲学观影响下，《黄帝内经·素问》提出"拘于鬼神者，不可与言至德"，中医学开山鼻祖扁鹊明确将"信巫不信医"作为中医"六不治"的第一条（《史记·扁鹊传》）。这说明中医学此时也开始摆脱巫术的束缚，确立了自身独立的地位。

　　中医与西医之不同，在于西医以科学为医理的理论基础，中医以道家的"自然"哲学作为医理的理论基础。中医学理论与道家思想的关系，具体表现在三方面：

一、整体理念

　　道家学说里，"道"即自然，即宇宙万物，宇宙万物是一个有机的整体。老子说："谷得一以盈，万物得一以生，侯王得一以为天下正。""守一"是道家看待世界的基本观点。中医学的理论出发点便是"守一"。

首先，人体是一个统一的整体。中医学认为人体是由许多器官构成的，虽然这些器官各有不同的生理功能，但它们都不是孤立的，而是相辅相成有机统一的结构。人体以五脏为中心，配合六腑，联系五体及五官九窍五个生理系统，通过经络纵横广泛地分布，贯通整个人体，运行气血津液，滋养并调节人体器官的活动。因而，人体任何一处发生病变，皆会通过经络反映于体表；体表器官的病变亦可通过经络而影响脏腑。脏与脏、脏与腑、腑与腑之间也同样，会通过经络而相互影响，发生疾病的传变。中医诊病，不是头痛治头，脚痛治脚，治标不治本，而是从表象病症入手，诊出它发病的病灶，"视其外应，以知其内脏，则知所病矣"。治病也是从整体出发，治疗中不仅消除病症，而且切断病灶及其在脏腑间相互传变所造成的连锁反应，从根本上达到消除病邪、治愈疾病的目的。

其次，人与自然是统一的整体。所谓"人身小天地，天地大人身"，人是自然的组成部分，人的生理活动与自然密切联系。因此人体必须顺应自然，适应自然，随自然的变化而变化。自然界是不断运动的，比如四季轮动，日夜转换，炎凉更替。这些变化皆会影响人体机能，人要做相应的调节，将这种影响限制在人体能够适应的范围之内，不至于产生病理性的反应。《黄帝内经·素问》说："夫四时阴阳者，万物之根本也。所以圣人春夏养阳，秋冬养阴，以从其根……逆之则灾害生，从之则苛疾不起，是谓得道。"所谓"得道"，就是因时、因地、因人制宜，主动采取必要的养生措施，比如"动作以避寒，阴居以避暑""栖息之室，夏则虚敞，冬则温密"，等等。

最后，人与社会也是统一的整体。社会有盛世与乱世之分，生活在盛世的人，由于社会处于相对和谐有序状态，人的生存需要能够得到满足，病灾相对来说比较少；但是，人逢乱世就没有那么幸运了，饥馑凶病如影随形，故有"乱世人不如太平犬"之说。当然，国运的盛衰不关中医的事，中医治人不治国。中医所关注的是人如何与社会健康相处。"天下熙熙，皆为利来；天下攘攘，皆为利往"，人的欲望是无穷的，人类社会永远充满着名、利、权的争夺。人处社会环境中，总会有顺境与逆境，有成功与失败，这些变化皆会造成人的心理波动，诸如高兴、悲伤、紧张、压抑、愤懑、忧郁。心理波动倘若超过所能承受的阈限，便会破坏原有的生理和心理的协调及稳定，于是引发身心疾病。故中医要人们清心寡欲，淡泊得失。古代名医孙思邈在《备急千金要方》中提出养生防病有五难：名利不去为一难，喜怒不除为二难，声色不去为三难，滋味不绝为四难，神虑精散为五难。孙思邈主张人的追求一定要有节制，克制"五难"，方能祛病防疾，颐养天年。

二、辩证理念

道家的哲学贯穿着辩证思想。老子认为，万物都包含着对立的两方面，相辅相成，互相转化，比如"有无相生，难易相成""万物负阴而抱阳""正复为奇，善复为妖"，等等。"反者道之动"，万物永远遵循自然的法则，向自身的反面运动；其运动"独立而不改，周行而不殆……大曰逝，逝曰远，远曰反"，不断反复循环。

受道家影响，中医以辩证理念作为医理基础。《黄帝内经·素问》指出："生之本，本于阴阳。""阴阳者，天地之道也，万物之纲纪，变化之父母，生杀之本始，神明之府也。治病必求其本。"从生理功能看，中医认为正常的生命活动是阴阳协调平衡的结果，病理的变化源自生理机制，阴阳失调是一切疾病发生的根本原因。中医学的基本原理，就是用阴阳辩证理念来诊断人体的病变。《黄帝内经·素问》曰："善诊者，察色按脉，先别阴阳。"而治疗的基本原则就是调理阴阳，使人体的阴阳失调恢复到相对的平衡状态。中医学以"八纲辩证"为总纲，"八纲"是阴、阳、表、里、寒、热、虚、实，其中又以阴阳为"八纲"之总纲，统领表里、寒热、虚实。中医学认为，"表、热、实"属阳，"里、寒、虚"属阴。依据"反者"原理，"寒者热之"，对于寒病，要用热药来驱寒；"实则泻之"，对于实病，要用泻药祛其实。医者如果不知道"负阴而抱阳"的原理，就会出现"大实有羸状误补益疾，至虚有盛候反泻含冤"的不良后果，犯了实其实或虚其虚的大忌。

中医的辩证理念，包括阴阳对立、阴阳互根、阴阳消长和阴阳转化四个方面。以阴阳转化为例，中医学提出"寒极生热，热极生寒"观点，认为阳热与阴寒的病症在一定条件下是会相互逆转的。人体内阴寒与阳热本来处于平衡状态，一旦失衡就会病变。而病变走向极端，那么就可能发生：病寒而寒渐盛，则火渐离外泄而变热；病热而热渐盛，则与水渐离，热散水留而变寒。

万物相生相克，也是道家的辩证理念。特别是"阴阳五行"学说，"五行"指的是木、火、土、金、水五种物质，"阴阳五行"学说认为世间一切事物都是由木、火、土、金、水这五种基本物质之间的运动变化生成的，五种物质存在着相生相克的关系，在互生互克运动中维持着动态的平衡。中医应用"阴阳五行"学说解释人体的生理功能，说明机体的病理变化，并用于疾病的诊断和治疗。中医认为：五脏属阳，肝属木，肾属水，肺属金，心属火，脾属土。六腑属阴，肝以胆为腑，肾以膀胱为腑，肺以大肠为腑，心以小肠为腑，脾以胃为腑，腑脏相连，病变互相影响。据此综合判断患者的疾病。治疗疾病时，不仅要考虑发生病变的脏腑本身，还应根据脏腑之间的生克关系，控制疾病的传变。如《难经》所论述："见肝之病，则知肝当传之于脾，故先实脾气，无令得受肝之邪。"

三、精、气、神理念

气，在道家学说里是生命的根本。精出自气，管子在《内业篇》云："精也者，气之精者也。"而神是人的心志，庄子在《列御寇》中描述"至人"的状态时使用了"精神"一词，庄子的"精神"指的是人的心志。《史记·太史公自序》云："凡人所生者神也，所托者形也。神大用则竭，形大劳则敝，形神离则死。"《吕氏春秋》云："大喜、大怒、大忧、大恐、大哀，五者接神则生害矣。"上述所说的"神"，皆是指的心志。道家由此提出养生之道，就是"养气""存精""守神"。道教内丹学称精、气、神为人的"三宝"。

中医接受了道家关于精、气、神的理念。在中医理论里，将"精"视作生命之体的始基，是生命活动的物质基础。"人始生，先成精"（《灵枢·经脉》），"精者，身之本也"（《黄帝内经·素问》）。什么是"精"？中医认为，"精"就是藏于人的肾中之精，它原于先天，故称"元精"；但它又由后天充养，后天充养之精主要指由脾胃所化生之水谷之精，如血津液等，分布于人体五脏六腑各个部分。《黄帝内经·素问》云："肾者主水，受五脏六腑之精而藏之，故五脏盛乃能泻。"

气，是不断运动着的充养人体的一种无形物质，是维持生命活动的动力和功能，故"气者，人之根本也"（《难经·八难》）。人的生命活动是由气的运动变化产生的，气的呼吸升降是生命运动的基本形式。气源于先天而养于后天。先天之气称为"元气"，存于人的丹田；后天之气则指人的呼吸之气与水谷之气，两者相传于胸中而称为"宗气"。元气启动了生命活动，为后天之气的摄入不断培补先天元气，两者相辅相成，融合一体。道教的气功特别强调元气的培育，故说："炼气者，炼元气，非口鼻呼吸之气。"

神，是人体生命活动的主宰。神囊括意识、思维、情感等精神活动，主宰人的生理活动、心理活动，体现于生命外在的活动。中医学将人体分为"形"与"神"两个部分，精、气归属为"形"，精神意识等归属为"神"。精、气是化神养神的基本物质，神不能脱离这些物质而存在，因而"形"为"神"之宅；然而，人的生理活动和心理活动都是在神的主宰下进行的，《淮南子·原道训》云："神者，生之制也。"《黄帝内经·素问》说"得神者昌，失神者亡"，故"神"为"形"之主。由于神的一切活动都依赖于精气，精气充足，五脏和调，"神"的生机才能旺盛。一旦精亏气乏，人的神就会反常，出现目无光彩、语言失常、昏晕无知的症状。反过来，人的元"神"衰落，心灰意冷，缺乏生的意志，也会导致精、气的错乱，从而导致阴阳失调，发生人体疾病。名医李东垣在《省言箴》中对精、气、神关系作过综述："气乃神之祖，精乃气之子，气者精神之根蒂也。积气以成精，积精以全神，必清必静，御之以道，可以为天人矣，有道者能之……养身之道，以养为本也。"

第二节　中医的巫文化基因

人类初民时期，巫、医本是一体的，巫师就是医师，既能交通鬼神，又能治病救人。及至春秋战国时期，巫与医才开始分化。中医与西医之区别，在于西医学的医理趋向科学，中医学的医理则趋向道家哲学。科学的特点是分析，医术须实验证实，可以重复，而且人体医术分门别类，分得很细，因而西医学的医理根本容不下巫文化。道家哲学的特点是综合，天、地、人综合一体，人体生理综合一体，即所谓"天人合一"。人与宇宙综合一体，各种现象之间便发生神秘的联系，于是有了巫文化滋生的土壤。道家本来与巫文化有着与生俱来的渊源，因此以道家哲学为医理基础的中医，既遵循自然规律形成一套行之有效的医理体系，以及由无数实验支撑的传统经典药方，同时又带有先天性的巫文化的文化基因。中医中有许多医术是不容科学分析的，许多医理带有浓重的巫术色彩，而不少"药方"本身就是一种巫术。

中医史上，扁鹊被尊为医祖。他初次从医，就治好了赵简子五日不醒之症；游医虢国时，又治好了虢太子"尸厥症"，使之起死回生。扁鹊说："越人之为方，不等切脉、望色、听声、写形，言病之所在。"为什么扁鹊会有如此高的医术？《史记·扁鹊仓公列传》记载：

扁鹊者，勃海郡郑人也，姓秦氏，名越人。少时为人舍长。舍客长桑君过，扁鹊独奇之，常谨遇之。长桑君亦知扁鹊非常人也。出入十余年，乃呼扁鹊私坐，间与语曰："我有禁方，年老，欲传与公，公毋泄。"扁鹊曰："敬诺。"乃出其怀中药予扁鹊："饮是以上池之水三十日，当知物矣。"乃悉取其禁方书尽与扁鹊。忽然不见，殆非人也。扁鹊以其言饮药三十日，视见垣一方人。以此视病，尽见五藏症结，特以诊脉为名耳。为医或在齐，或在赵，在赵者名扁鹊。

在司马迁看来，扁鹊医术之所以神，就是因为他得到了异人传授的"禁方书"，能够透视"五藏症结"。所谓"禁方书"其实就是巫术。尽管扁鹊讲他治病的原则"病有六不治"，其中之一就是"信巫不信医"。然而如鲁迅所言："中国本信巫，秦汉以来，神仙之说盛行，汉末又大畅巫风，而鬼道愈炽。"（鲁迅《中国小说史略》）因而，扁鹊行医事迹本身便带有巫文化色彩。

人类学家弗雷泽在他名著《金枝》里曾对巫术作过科学分析，他指出：巫术的特点就是"凭借外显力量来实现愿望""相信超自然力量能改变自然进程"。弗雷泽将巫术分为两大类：一类是"顺势巫术"，遵循"相似率"，同"因"产生同"果"；一类是"交感巫术"，遵循"接触率"，"物体一经互相接触，在中断实体接触后还会继续远距离的互相作用"。这两类巫术虽然各不相同，但是具有一个共同的特点，那就是"互渗率"，即能够将某一物质实体神秘地传输给另一物质实体，而这种神秘的感应完全不受空间与时间的限制。弗雷泽所说的巫术现象，这在中医中可以说是相当普遍。

"顺势巫术"是根据"相似"的联想而建立的，这类巫术的特征是把彼此相似的东西看成是同一个东西。《黄帝内经》中有这样一段经典论述："天圆地方，人头圆足方以应之。天有日月，人有两目。地有九州，人有九窍。天有风雨，人有喜怒。天有雷电，人有音声。天有四时，人有四肢……天有冬夏，人有寒热。天有十日，人有手十指……天有阴阳，人有夫妻。岁有三百六十五日，人有三百六十五节。"这段论述显然基础于一种"相似"联想。但它与一般的"应用巫术"不同，它提出的是中医自然法则的体系，即将人体的生理、心理及其病变现象，按照天地间的自然现象发生顺序的规律来作陈述，因此可以称之为"相似性"的"理论巫术"。

至于"相似性"的"应用巫术"，在中医里几乎屡见不鲜，有许多甚至变成了常识。比如被誉为中药之王的人参，因为它的形态与人相似，于是中医学把人参视作"补五脏，安精神，止惊悸，除邪气"的万能良药，把服用人参视为一种大补。即便是国家药典，依然认为人参具有"大补元气，复脉固脱，补脾益肺……"的功效。

又如《黄帝内经》提到用"鸡屎醴"治鼓胀。清代高士宗在《黄帝内经素问直解》里注解说："鸡无前阴，粪尿同窍。鼓胀则水气不行，治以鸡屎，使水湿从大便出也。"因为鸡只有一个屁眼，人吃了鸡屎就能像鸡一样用一个屁眼排泄，把水湿从大便里排走。

李时珍是明代杰出的中医药学家，他的《本草纲目》历时27年，三易其稿，集传统中医药学之大成，是中医学公认的中医药经典。然而，《本草纲目》里列出的许多药理也属于巫术，比如认为吃动物的某种器官对人体相对应的器官有好处，"以胃治胃，以心归心，以血导血，以骨入骨，以髓补髓，以皮治皮"。在第一卷序列里，李时珍对妊娠禁忌列了84种，例如：

兔肉，"妊娠不可食，令子缺唇"。

犬肉，"妊娠食之，令子无声"。

驴肉，"妊娠食之，难产"。

蟹肉，"妊娠食之，令子横生"。

……

李时珍所列的这些禁忌，显然没有什么实验依据，更说不上什么科学原理，应该是他从民间江湖郎中的各种秘方里搜集来的。这说明巫术在民间中医里十分流行。

其实这些"顺势巫术"，迄至现代仍然还在流行。鲁迅的父亲中年夭亡，在《父亲的病》一文中，鲁迅记道："父亲的水肿是逐日利害，将要不能起床"，据中医郎中诊断他得的是膨胀病。中医"有一种特别的丸药：败鼓皮丸。这'败鼓皮丸'就是用打破的旧鼓皮做成；水肿一名鼓胀，一用打破的鼓皮自然就可以克伏他。清朝的刚毅因为憎恨'洋鬼子'，预备打他们，练了些兵称作'虎神营'，取虎能食羊，神能伏鬼的意思，也就是这道理"。鲁迅说，中医师以为用打破的鼓皮作药，人吃了后那"鼓胀"症状就会像破鼓一样被打破，从而得到治愈，其医治结果可想而知。鲁迅称之为"庸医"，其实庸医之"庸"，正来自巫文化。鲁迅在文中还以"虎神营"作譬，以为用"虎神"为名，打起仗来就能如虎食羊，如神捉鬼。鲁迅的类比说明巫文化不仅融入了中医，也融入了中华民族的心理。

"交感巫术"是依据"接触"联想来实现的。这类医术在中医中也屡见不鲜。例如《本草纲目》中有一方为"小儿客忤，因见生人所致：取来人囟上发十茎、断儿衣带少许，合烧研末。和乳饮儿，即逾"。小孩子怕生人，可以将来人头发与小孩衣带混合做药物，让小孩服下，即可治愈。

又如唐代崔行功《小儿方》说："凡胎衣宜藏于天德、月空吉方。深埋紧筑，令男长寿。若为猪狗食，令儿颠狂；虫蚁食，令儿疮癣；鸟鹊食，令儿恶死；弃于火中，令儿疮烂；近于社庙污水井灶街巷，皆有所禁。"胎衣是身体的一部分，即使离开了身体，如果处理不当，对人体仍然可能发生各种影响。又如："人尿床：以热饭一盏，倾尿床处，拌与食之，勿令病者知。"将热饭和床尿和在一起吃，就能治好小儿尿床的毛病。

当然，中医之所以不忌讳巫术的存在，因为巫文化确实有它一定的作用。中国民间尚流行巫文化风俗，在这文化氛围里，如《楚国风俗志·巫觋篇》所说："以巫术为手段治疗，并非没有积极作用和效果。问明病由后，巫师向鬼神祝祷，并对病人施以催眠、暗示和激发等手段，使病人相信自己的病是由于特定的鬼神作祟，在巫师象征性地祈求某神的原谅或驱使某鬼遁逃的过程中，病人内在的防御机能便被充分地诱发出来，这也就是《素问》所谓移精变气。与此同时，因生病而产生的忧郁、恐惧心理也在不知不觉间得到了排解。对于心理障碍性疾病和一些小病症，巫术疗法往往比较灵验，但对于大疾病和沉疴，巫术疗法则难以见效。"

第三节　古代名医多道士

中医有两个家喻户晓的代名词：一是"杏林"，一是"橘井"。这两个典故皆来自中医的名医事迹。

"杏林"典故出自三国时期名医董奉。据《神仙传》记载："君异居山间，为人治病，不取钱物，使人重病愈者，使栽杏五株，轻者一株，如此数年，计得十万余株，郁然成林……"杏林遗迹至今犹在，而且存有两处。一处在江西省庐山市，《寰宇记》云："钟离县杏山，吴时董奉居于此，为人治病，惟令种杏五株，数年，杏至万株。"一处在安徽凤阳，《凤阳县志》也记载："杏山在府治南六十里，吴时董奉种杏于居。"后来人们用"杏林"称颂医生，中医郎中也以"杏林中人"自居。这个董奉就是著名的道士。

"橘井"典故出自西汉时期的名医苏耽。《列仙传·苏耽传》记载：苏耽在得道成仙之前，嘱咐母亲，明年将有疾疫流行，到时可用井中的泉水泡橘叶来救治。第二年果然发生大规模疫情，他的母亲便遵照嘱咐，用井中泉水泡橘叶施救众乡邻，活人无数，一时传为佳话。至今湖南郴州市东北郊苏仙岭上尚存苏仙观遗迹。苏耽也是著名的道士。

在中国古代，名医与道教有着不解之缘。春秋战国与秦汉时期的名医多是深谙医术的神仙方士，汉之后则多为道士。这是因为道教追求的是长生不老，肉身成仙，遵循的是"顺乎自然""清静无为"的教规。中医经典《内经》第一篇为《上古天真论》，这"天真"二字就是道教的修道准则。此篇说："虚邪贼风，避之有时；恬淡虚无，真气从之；精神内守，病安从来。"前八字就是指"顺乎自然"，后十六字就是指"清静寡欲"。可见，道士的修炼从医学角度看，实质就是养生。人们常以"仙风道骨""童颜鹤发"来形容得"道"的道士，是因为道士懂得生理心理的阴阳平衡规律，善于自我调节修养。老子在《道德经》里对高道能成为名医的原因作过说明，指出他们的医术实际上来自"以身观身"。换句话说，他们的医术来自自身的养生经验，以及在师徒传授与济世中反复的实践与完善。这些道士名医不仅悬壶救人，医德高尚，而且往往医术精湛，能够药到病除。

历代出身于道士的名医，难以胜数，如东晋的葛洪、南北朝的陶弘景、唐代的孙思邈、宋代的崔嘉彦、元代的王珪、明代的冷谦等等。这里仅介绍四位代表人物，以资佐证。

葛洪（283—363年），出身江南士族，三国方士葛玄之侄孙，道名"抱朴子"。葛洪曾入仕为官，爵赐关内侯，后来归隐罗浮山，炼丹修道，著书讲学。他继承并改造了早期道教的神仙理论，是东晋时期的道教理论家，同时是著名的中医学家，著有《抱朴子》《肘后备急方》等中医学经典。

在《抱朴子·内篇》中，葛洪根据道家思想，将道教的戒律与养生术融为一体。他说："览诸道戒，无不云欲求长生者，必欲积善立功，慈心于物，恕己及人，仁逮昆虫，乐人之吉，愍人之苦，赒人之急，救人之穷，手不伤生，口不劝祸，见人之得如己之得，见人之失如己之失，不自贵，不自誉，不嫉妒胜己，不佞谄阴贼，如此乃为有德，受福于天，所作必成，求仙可冀也。"因而"古之初为道者，莫不兼修医术，以救近祸焉"。修道者如不兼习医术，不仅不能长生成仙，甚至会"病痛及己""无以攻疗"，连性命也难保。

葛洪认为："道家之所至秘而重者，莫过乎长生之方也。"什么是道教的长生之方？葛洪将它分为内修与外养两个方面：

内修是保精行气。关于保精，葛洪在《释滞》中说："人复不可都绝阴阳。阴阳不交，则坐致壅阏之病，故幽闭怨旷，多病而不寿也。任情肆意，又损年命。惟有得其节宣之和，可以不损。"他认为人不能绝房事，但要有节制。关于行气，他在《对俗篇》中说："知龟鹤之遐寿，故效其道引以增年耳。"由此，葛洪提出"导引之术"，以屈伸、俯仰等动作模仿龟、鹤、蛇、猿、虎、马等18种动物，如白鹤亮翅，猛虎蹲坐，野马跳涧，白蛇吐信等。葛洪举了一个猎人的事例，猎人堕入洞中，见到洞内有一只大龟绕圈吞气，猎人也效仿大龟动作，结果不再感到饥饿，一直待到别人把他救出来。葛洪的"导引之术"，实际上庄子在《刻意》里已经说过："吹呴呼吸，吐故纳新，熊经鸟伸，为寿而已矣。"但是，葛洪作了新的发展，他提出了"闭气术"。若是"九窍闭塞"，"皆当闭气，节其气冲以通也"。"闭气术"的顺序是："吸→闭→小吸→呼"。如此，"疗未患之患，通不和之气。动之则百关气畅，闭之则三宫血凝，实养生之大律，祛疾之玄术矣"（《抱朴子·别旨》）。

外养为服用药物。葛洪在《肘后备急方》里，搜集了大量的民间偏方、验方，用于治疗一些常见病和急病。由于医书卷帙浩大，一般人不会常备，故他在行医中筛选出一些常用药方、比较容易买到的药物，集为一册。书名的意思就是可以常常备在肘后随身携带的治病应急书。书中的治病方法，人人可以自行操作，对症下药。此书卷三中，有一帖治疟疾的药方："青蒿一握，以水二升，渍绞取汁，尽服之"。此方不仅疗效甚佳，而且为后来医学家抗疟药的研制提供了思路。我国药学家屠呦呦获得2015年诺贝尔生理学或医学奖的青蒿素发明，就是受此方的启发。

陶弘景（456—536年），一生经历南朝宋、齐、梁三个朝代，曾入仕为官，后半生隐居茅山修道，将茅山建成道教上清派基地，创立茅山道团，成为茅山道一代宗师。陶弘景对道教典籍进行搜集编辑，撰写了《真诰》《登真隐诀》等经书，宣扬上清道法；另作《真灵位业图》，为道教诸神排了座次，使泛化的神仙谱走向系统化。

在中医学方面，陶弘景的最大贡献是对《神农本草经》的整理。《神农本草经》总结了汉代以前积累的药物知识，因为辗转传抄，"遗误相继，字义残缺"。陶弘景对《神农本草经》作了整理，将它的三品分类法发展为玉石、草木、虫兽、果、菜、米食、有名未用七种分类，并增补了365种新品种编成《本草经集注》一书。陶弘景的这种本草分类法，后来成为我国古代药物分类的标准方法。我国古代官修的第一部药典——唐代《新修本草》，就是在《本草经集注》基础上作进一步补充修订完成的。

陶弘景的《养性延命录》为现存最早的一部养生学专著。陶弘景强调"我命在我，不在天"的养生观，认为奉行养生即可长寿。《养性延命录》说："人生而命有长短者，非自然也。皆由将身不谨，饮食过差，淫洪无度，忤逆阴阳，魂神不守，精竭命衰，百病萌生，故不终其寿。"

在《教诫篇》中，他提出了养生原则：一是要讲究饮食劳逸、起居调节。他说："体欲常劳，食欲常少，劳无过极，少无过虚。去肥浓，节咸酸，减思虑，损喜怒，除驰逐，慎房室。""百病横夭，多由饮食，饮食之患，过于声色，声色可绝之弥年，饮食不可废之一日，为益亦多，为患亦切，多则切伤，少则增益。"二是要守静寡欲。他说："少思、少念、少欲、少事、少语、少笑、少愁、少乐、少喜、少怒、少好、少恶，行此十二少，养生之都契也。多思则神殆，多念则志散，多欲则损志，多事则形疲，多语则气争，多笑则伤脏，多愁则心慑，多乐则意溢，多喜则忘错昏乱，多怒则百脉不定，多好则专述不治，多恶则憔煎无欢。此十二多不除，丧生之本也。"

陶弘景还提出了各种养生方法，例如：1. 久视伤血，久卧伤气，久立伤骨，久行伤筋，久坐伤肉。2. 凡大汗忽脱衣，不慎多患偏风，半身不遂。3. 丈夫勿头北卧，令人六神不安，多愁忘。4. 凡旦起勿以冷水开目洗面，令人目涩，失明，饶泪。5. 凡人卧，头边勿安火炉，令人头重、目赤、鼻干。6. 久忍小便，膝冷兼成冷痹。7. 春欲得瞑卧早起，夏秋欲得侵夜卧早起，冬欲得早卧晏起，皆有所益。虽云早起，莫在鸡鸣前，晏起莫在日出后……

孙思邈（541—682年），唐代医药学家、道士。孙思邈在道教理论上多有建树，著有《丹经》《摄生真录》《福禄论》《五兆算经》等，并为《老子》《庄子》作了注。他是一个具有神秘色彩的"真人"。唐太宗曾下诏延请孙思邈，见到年近百岁的孙思邈鹤发童颜，叹息说："故知有道者诚可尊重，羡门、广成（均古仙人）岂虚言哉！"孙思邈无疾而终，享年141岁。据史记载，孙思邈去世时，颜貌如生，色润不改。入殓就棺后，人们发现棺内衣裳空空，都认为他尸解成仙了。

在中国道教史上，唯有孙思邈被后世尊奉为"药王"。道教宫观里有"药王殿"，遍及民间的还有"药王庙"。在中医学上，孙思邈确实做出了杰出贡献，无愧于"药王"之称。他不仅对陶弘景的《本草经集注》作了订正，增补了100多种自己曾实践有效的药草，而且汇集多年来的行医经验，撰成《备急千金要方》《千金翼方》等书，内容包括诊疗、针灸、导引、按摩等，被后世奉为医学圣典。

他以"千金"为医书之名，持的就是道教的普度众生善念。他说："人命至重，有贵千金，一方济之，德逾于此，故以为名也。"孙思邈一手治愈了许多疑难杂症，为病人解除了痛苦。

世界上第一个发现眼科疾病夜盲症的是孙思邈，他还找到了治疗方法。那时，山区的老百姓中，有的人白天视力正常，一到晚上，就什么也看不见了，便找到孙思邈诊治。孙思邈经调查发现，患这种病是因为缺乏营养食品所致。根据"肝开窍于目"的医理，他让夜盲症病人吃山区捕获的动物肝脏，最终治好了病人的夜盲症。

孙思邈又以食物疗法治好了脚气病。脚气病症状是身上发肿，肌肉疼痛，浑身没劲。孙思邈发现得脚气病的尽是富人，他比较了穷人和富人的饮食，富人多吃精米白面，穷人多吃五谷杂粮。经过分析，他认为脚气病很可能是因为缺少米糠和麸子这些物质引起的。于是，他试着用米糠和麦麸来治疗脚气病，果然很是灵验。后来，孙思邈深入研究，发现了中医的复方现象，即一方可治多病、多方可治一病的方法。他发现用杏仁、吴茱萸等几味中药也能治好脚气病。

孙思邈还发明了导尿术。有个病人得了尿潴留病，撒不出尿来。孙思邈看见邻居的孩子拿一根葱管在吹着玩儿，葱管尖尖的，又细又软。孙思邈决定用葱管来试一试。于是他挑选出一根适宜的葱管，在火上轻轻烧了烧，切去尖的一头，然后小心翼翼地插进病人的尿道里，再用力一吹，不一会儿尿果然顺着葱管流了出来，病人的小肚子慢慢瘪了下去。

"引线诊脉"是中医一种奇特的诊病方式，它也为孙思邈首创。唐太宗请孙思邈来给长孙皇后看病。由于他不能接触皇后的凤体，在了解皇后的病历之后，吩咐宫娥取来一条红丝线，自己捏着线的一端，而另一端穿过竹帘，系在皇后的手腕上，为皇后进行诊脉。孙思邈依靠一根细线的传动，确诊了皇后的病情，并将其治愈。

五石散的方子，试行于魏晋时期，它本是用来治病的，后来变为贵族生活中用作享乐的一种药品。服用五石散会上瘾，长期下去，会损害人的身体健康。唐代时，五石散在上层社会十分流行。孙思邈看到了它的危害性，便利用自己名医的声望，一边告诫人们五石散的弊端，一边带着自己的徒弟搜集五石散的药方加以销毁。经过孙思邈及其徒子徒孙坚持不懈的努力，几百年后，五石散的方子终于湮灭在历史尘埃中。

李时珍（1518—1593年），明代著名中医学家。他穷尽一生，写就了汇集众多草药名称及药性的《本草纲目》，被医家奉为"帝王之秘籍，臣民之重宝"。他对脉学及奇经八脉也有研究，著述有《奇经八脉考》《濒湖脉学》，被后世尊为"药圣"。

李时珍虽然没有正式当道士，却是一个修道之士，他的从医主要得益于道士观"玄妙观"里道士的传授。据朱自强《药圣李时珍》记述，李时珍从青年时代起，就坚持打坐，后来在武昌蛇山观音阁与一位高道切磋内功之法。顾景星在《李时珍传》中记载："余儿时闻先生轶事，孝友，饶隐德，晚从余曾大父游，读书以日出入为期，夜即端坐，其以神仙自命，岂偶然与？"

第四章　楚文化与艺术理论

　　本章谈的艺术指的是中国传统艺术，包括诗文、小说、戏曲、国画、雕塑、书法、音乐、舞蹈等。从美学原则分类，中国传统艺术包括实用艺术、语言艺术、表演艺术、造型艺术、综合艺术。

　　"诗言志"。朱自清在《诗言志辨序》一文中，认为这是中国传统艺术的"开山的纲领"。这个纲领说明，中国传统艺术的理念源头就是强调艺术是人的内在心理表现，是一种表现艺术。"志"的内涵很丰富，包括"理""意""情"等含义。因而"诗言志"在发展过程中出现了两个走向：一是"诗载道"。孔子说："诗三百，一言以蔽之，曰：思无邪。""思无邪"就是要求艺术必须合乎道德规范，经世致用。曹丕依此提出文章乃"经国之大业"，韩愈提出"文以载道"，将艺术作为治国教化之利器。一是"诗缘情"。班固说："《书》曰：'诗言志，歌咏言。'故哀乐之心感，而歌咏之声发。"《诗大序正义》曰："感物而动，乃呼为志。志之所适，外物感焉。"《乐记》说音乐："乐者，音之所由生也；其本在人心之感于物也。"他们强调的是艺术的审美性。尽管中国传统艺术理论具有双重性："思无邪"重理性，"诗缘情"重感情，但是在"表现"上，两者是统一的。故严羽在《沧浪诗话》中评价传统艺术说："诗有词、理、意兴，南朝人尚词而病于理，本朝人尚理而病于意兴，唐人尚意兴而理在其中，汉魏之诗，词、理、意兴，无迹可求。"

　　中国传统艺术的"表现"论，基本原理就是：天人合一、物我两忘。艺术主体寄托于客体，而客体融入主体，人与物互相"契合"，臻至一种和谐统一的境界。而这正是楚文化的文化精神。因而楚文化对中国传统艺术的形成和发展具有重大的影响。国画大师黄宾虹在《论画残稿》中说得明白："学画者不可不读老、庄之书"。为什么呢？因为楚文化不只为中国传统艺术提供了美学的基本原理，而且提出了中国传统艺术的基本原则，那就是：一、乘物以游心，二、道法自然，三、有无相生。

第一节　乘物以游心

庄子在《人间世》中提出"乘物以游心"。庄子说的"乘物"，具有双重含义：一是遵循自然的规律和法则，符合自然的逻辑，实现充分的自由；二是驾驭自然万物，以此作为依托，来作自我的逍遥游。王羲之在《兰亭序》中作了阐发："仰观宇宙之大，俯察品类之盛，所以游目骋怀，足以极视听之娱，信可乐也。"这段话包含两个思想：前者的意思是艺术须遵循自然逻辑、情感逻辑，这是艺术创作的原则；后者的意思是艺术须凭借生活中万千事物作为意象，寄托性情，这是艺术创作的手段。"乘物"是为了"游心"。所谓"游心"，道家的"心"指的是人的性情和感官的主宰。荀子在《天论》中指出："形具而神生，好恶喜怒哀乐臧焉，夫是之谓天情。耳目鼻口形，能各有接而不相能也，夫是之谓天官。心居中虚，以治五官，夫是之谓天君。"换句话说，"心"就是人的性、气、情、神、意。

先说"心"。老子认为理想的人格是"复归于婴儿"（《道德经》第二十八章），"如婴儿之未孩"（《道德经》第二十章），即"抱朴无为"，保持生命的一种天然状态，不受世俗之矫造。老子这个思想对中国传统艺术理论产生了深远影响，最典型的是李贽的"童心说"。李贽在《童心说》一文中指出："夫童心者，绝假纯真，最初一念之本心也。""天下之至文，未有不出于童心焉者也。"他认为，艺术创作应是真心流露，有感而发，"世之真能文者，此其初皆非有意于为文也。其胸中有如许无状可怪之事，其喉间有如许欲吐而不敢吐之物，其口头又时时有许多欲语而莫可所以告语之处，蓄极积久，势不能遏。一旦见景生情，触目兴叹，夺他人之酒杯，浇自己之垒块，诉心中之不平，感数奇于千载"。袁宏道根据"童心说"，提出"独抒性灵，不拘格套"，倡导赋诗作画写字，只求情真意切，尽可以怨而伤，怒而骂，倾向鲜明，无所顾忌，无须受儒家"温柔敦厚"的教条所束缚。

以书法艺术为例。古人云："书者，心之迹也。"韩愈在《送高闲上人序》一文里讲述书法家张旭，每当他情感冲动时，"必于草书焉发之"：

张旭善草书，不治他技。喜怒窘穷，忧悲、愉佚、怨恨、思慕、酣醉、无聊、不平，有动于心，必于草书焉发之。观于物，见山水崖谷，鸟兽虫鱼，草木之花实，日月列星，风雨水火，雷霆霹雳，歌舞战斗，天地事物之变，可喜可愕，一寓于书。故旭之书，变动犹鬼神，不可端倪，以此终其身而名后世。

再说"物"。古人云：知人知面不知心。"心"之存在，无形无象，完全是虚的，不可捉摸。王夫之认为，"心"之特质为觉，觉以感官为凭借，由觉而产生性、气、情、神、意。人所感的乃自然与社会的外界事物，这就是"物"。凡人感官所未尝感的，心即没有印象储存，没有印象也就没有依附。王夫之在《张子正蒙注》里说："心之情状，虽无形无象，而必依所尝见闻者，以为影质。见闻所不习者，心不能现其象。"王夫子说的"影质"，就是现在通用的概念"印象"。"物"是"心"的影质，没有"物"，"心"就无从表现，就无迹可寻。因为有"心"中之"物"作"影质"，故人才会发生联想、想象，"故一举念，而千里之境事现于俄顷，速于风雷矣"。显然，"游心"必须要"乘物"。

游心所乘之物未必一定是眼前之物，也可以是"所尝见闻"之物，因而见闻愈广，联想与想象愈丰富，"游心"也就愈自由。所谓"茅屋竹窗，贫中之趣，何须脚到李侯门；草帖画谱，闲里所需，直凭心游杨子宅"①。

"心"与"物"的合一，即意象。何谓意象？《易经》曰："立象以尽

---

① 陈继儒：《小窗幽记》，北京联合出版公司，2015年版，第57页。

意"。"象"是符号，"意"是寄于象内的情思，"意象"就是独立表现情思的形象。南宋画家郑思肖善画墨兰，兰花"叶势飘举，花蕊吐舒，得喜之神"（李日华《六砚斋笔记》）。然而他所画之兰皆有根无土，题词云："宁可枝头抱香死，何曾吹堕北风中。"有人问他，为什么画无土兰。他反问："地为番人夺去，汝犹不知耶？"（《宋遗民录》）这无土兰就是意象。于无土兰意象中，郑思肖寄托了自己不甘当亡国奴的情怀。故而刘勰在《文心雕龙》里提出了"意象"概念。他在《神思》篇中说："文之思也，其神远矣。故寂然凝虑，思接千载；悄焉动容，视通万里……独照之匠，窥意象而运斤。"

自然万象无数，怎样的意象才是最佳的呢？画家顾恺之提出"物之有神""以形写神"观点。元朝杨维桢在《图绘宝鉴序》中阐述："故论画之高下者，有传形，有传神；传神者，气韵生动是也。"宋代严羽在《沧浪诗话》中也说："诗之极致有一，曰入神。诗而入神，至矣，尽矣，蔑以加矣。"后来王士祯概括为"神韵说"："咏物之作，须如禅家所谓不粘不脱，不即不离，乃为上乘。"（《蚕尾文》）意象之佳者就在于传神。传神，即最能生动微妙表现"心"的奥秘，传达出"心"里深层的气韵，发掘出人人皆知而人人难言的人性。因而，神韵是意象艺术的最高标准。

苏轼《江城子·乙卯正月二十日夜记梦》："十年生死两茫茫，不思量，自难忘。千里孤坟，无处话凄凉。纵使相逢应不识，尘满面，鬓如霜。　　昨夜幽梦忽还乡，小轩窗，正梳妆。相顾无言，惟有泪千行。料得年年断肠处，明月夜，短松冈。"词中的意象以"记梦"方式虚实相联，诉说衷肠，其中尤以"纵使相逢应不识，尘满面，鬓如霜"意象最为传神。明明亡妻已经逝世十年，诗人却用"纵使相逢"的绝望假设，来寄寓自己对亡妻"无处话凄凉"的深切怀念和悲痛心情。又以"应不识"，从亡妻视角抒述自己因仕途坎坷、生活困苦而"尘满面，鬓如霜"，早已失去当年的年轻模样，有可能认不出自己，由此含蓄地传达出物是人非的深沉的沧桑之感与忧愤之情。意象臻达如此神韵，可以说是"至矣，尽矣，蔑以加矣"。

意象也是"物"，只不过是由"心"加工后的"物"，因而是一种特殊的"物"，人们称之为"艺术品"。"艺术品是将情感呈现出来供人观赏的，是由情感转化成的可见的或可听到的形式……是情感生活在空间、时间或诗中的投影。"①这种"物"的特殊在于它是一种艺术符号，不能简单地与现实的"物"相对应，虽然它们的形式相同。"艺术品"所表现的东西不是"意义"，而是一种"意味"，是一种"有意味的形式"。②

但是，不管作者在"意象"中表现的是什么"心"，"艺术品"一经产生，从客观上说已经成为独立的"物"，人人可以乘此之"物"，游己之"心"。如鲁迅所说："看人生是因作者而不同，看作品又因读者而不同。"③例如读杜甫的《古柏行》一诗，沈括在《梦溪笔谈》里论道："杜甫武侯庙柏诗云：'霜皮溜雨四十围，黛色参天二千尺。'四十围乃是径七尺，无乃太细长乎？此亦文章之病也。"宋代学者葛立方在《韵语阳秋》中却认为："余谓诗意止言高大，不必以尺寸计也。"杜甫说古柏"参天二千尺"，旨在象征诸葛亮功勋卓著，也由此抒发"古来材大难为用"的感慨。葛玄方的观点是正确的。杜甫《古柏行》中的古柏是一种意象，不能以现实古柏的形状来谈其"意义"，而应该用"心"来品味古柏意象的内在"意味"。然而，须补充的是，即便体味意象的"意味"，也会因人"心"之不同而异，"有一千个《红楼梦》的读者，他们心目中就有一千个王熙凤或别的人物"④。

最后说"游"。庄子说得很明白："游者，系物而又不系于物也。"首先是"不系于物"。自由之"游"，应该让心灵从外物的约束中解脱出来，不受外界干扰。人在审美过程中，身心是完全自由的，如庄子在《逍遥游》篇中所描述："乘天地之正，而御六气之辨，以游无穷。"然而，又须"系物"，因为心不能独立而"游"，它须凭借"物"来游。这"游"字揭示了心与物的关系。这个关系，在艺术理论中就是情与景的关系。王夫之在《姜斋诗话》中说："情景虽有在心在物之分，而景生情，情生景"。情景名为二，实际上不可分离。人作审美之"游"有两种方式：其一是"景生情"。

---

① 滕守尧：《审美心理描述》，中国社会科学出版社，1985年版，第216页。
② 〔美〕苏珊·朗格著、滕守尧等译：《艺术问题》，中国社会科学出版社，1983年版，第123页。
③ 鲁迅：《俄文译本〈阿Q正传〉序》。
④ 王朝闻：《审美谈》，人民出版社，1984年版，第429页。

由于外物的感召，触发"心"游。如陆机《文赋》所言："遵四时以叹逝，瞻万物而思纷；悲落叶于劲秋，喜柔条于芳春。"人的"心"因景而动。同时，也因人而异，范仲淹在《岳阳楼记》中云："予观夫巴陵胜状，在洞庭一湖。衔远山，吞长江，浩浩汤汤，横无际涯；朝晖夕阴，气象万千。此则岳阳楼之大观也。前人之述备矣。然则北通巫峡，南极潇湘，迁客骚人，多会于此，览物之情，得无异乎？"范仲淹揭示岳阳楼上的"迁客骚人"，虽然同时观景，却各有各的"览物之情"。其二是"情生景"。在艺术中，情是主体，景为情所用。贾岛诗云："鸟宿池边树，僧敲月下门。"然而"推"耶"敲"耶，贾岛一直取景未定。后经韩愈品味，认为敲门声更显得夜深人静，才取"敲"的景物。

　　"心"与"物"的关系绝不是固定对应的模式。任何景物都是立体的、多层次的，"横看成岭侧成峰，远近高低各不同"。同一景物可以从不同视角摄取，寄寓不同的情感。例如《诗经》中有两首同是取"云汉"（银河）为意象的诗，一首是《棫朴》："倬彼云汉，为章于天。周王寿考，遐不作人？"取银河宽广无边之景，称颂周文王的功德盖天。一首是《云汉》："旱既大甚，则不可沮。赫赫炎炎，云我无所。"取银河明亮之景，由此表现毫无雨意，表达对旱灾的忧患之情。在意象中，甚至"心"与"物"不必在形式上对应，可以"以乐景写哀，以哀景写乐"。例如《诗经》中的《采薇》："昔我往矣，杨柳依依；今我来思，雨雪霏霏。"王夫之在《诗广传》里评论说："往伐，悲也；来归，愉也。往而咏杨柳之依依，来而叹雨雪之霏霏，善用其情者。"意象通过情与景的强烈对比反衬，"一倍增其哀乐"。

第二节　道法自然

　　"道法自然"是艺术的根本原则。老子说："人法地，地法天，天法道，道法自然。"人、地、天概指宇宙万物，即自然，它们都要遵循

"道"。那么"道"由何而来？"道法自然"。意思是，"道"是"自然而然"，是一种自在的不可违逆的规律与存在。"道常无为而无不为"。在艺术领域，"无为"即艺术规律，你首先要认识、遵循"无为"，不为功利而违背"无为"，有此前提下才能实现"无不为"。

"道"是宇宙的总法则，而宇宙万物各有物性，各有其"道"，政治有政治之"道"，经济有经济之"道"。在诸领域里，艺术之"道"比较特殊。艺术是表现自然的符号系统，因而艺术拥有两个自然：自然世界和符号世界。我们不妨称前者为第一自然，后者为第二自然。两者之间的关系是：前者是后者的本源，后者是前者的呈现和升华。故艺术之"道"概括地说，就是"道法自然"。

第一自然是自然本体，它是艺术的生命之源。国画大师张大千正是用此作为准绳来评述历代名家的国画的："宋人最重写生，倚重物情、物理，传神写照，栩栩如生。元、明以来，但从纸上讨生活，是以每况愈下。有清三百年，更无作者。"①

对此，郑板桥在《胸中之竹》一文中曾作过精辟论述：

江馆清秋，晨起看竹，烟光、日影、露气，皆浮动于疏枝密叶之间。胸中勃勃遂有画意。其实胸中之竹，并不是眼中之竹也。因而磨墨展纸，落笔倏作变相，手中之竹又不是胸中之竹也。总之，意在笔先者，定则也；趣在法外者，化机也。独画云乎哉！

这段论述揭示了艺术"道法自然"的过程。郑板桥认为，在这个过程中，艺术家"外师造化，中得心源"，就如参禅一般，须经历三重境界：

第一重境界是"眼中之物"：看山是山，看水是水。所见所闻都是自然之"物"，都是现实的，真实的。如宋代张孝祥《念奴娇·过洞庭》所写："尽挹西江，细斟北斗，万象为宾客。"在这阶段，艺术家关注、观察、体验自然界的各种物象，"山水"在艺术家的眼里都是自然物象本相，是写

---

① 李永翘编：《张大千画语录》，海南摄影美术出版社，1992年版，第293页。

"真"的阶段，即所谓"外师造化"。国画大师张大千阐述说，在这阶段，画家之眼在于"了解物理，观察物态，体会物情。无论画什么，总不出这三个原则。了解这三点后，画出的画才能形态逼真"。[①]

第二重境界"心中之物"：看山不是山，看水不是水。由于"山水"与"心"合一，开始孕育出心中之山水——意象。这些意象亦"物"亦"我"，亦"我"亦"物"，似真似幻，似真还假，打破了自然本来的时空。物象被"意"切割为碎片，由"心"随意而选择，随"情"而想象组合，具有了很大的不确定性。因此，山不再是原来的山，水也不是原来的水，自然"山水"发生了变形，转化为艺术符号。

第三重境界"画中之物"：看山仍是山，看水仍是水。当艺术家立"意"已定，成为艺境中的造化之主，按照生活的逻辑或情感的逻辑"造境"，将意象构成有机的整体，注入生动的"气韵"。这"气韵"既是"物"的生生不息的运动，也是艺术家内心律动的体现。这时山水成为第二自然。尽管"第二自然"中的"物"不再是"物"的本体，而是自然"物"的一种抽象。所谓抽象，就是突出"物"的某种特征，而忽略其他本原的特征，使之成为"心"的艺术符号。但是，"看山仍是山，看水仍是水"，这是中国传统艺术的特色。国学大师钱穆先生谈到国画艺术时指出："跃然纸上者，乃其意境之创造，但亦不得谓与天地间自然山水有不同。"[②]与"自然山水"不同的，不过是"画中之物"，已进入"不知我之为山水耶，山水之为我耶"的境界。

第二自然不是自然本体，而是艺术本体——艺术符号系统中的自然。从本体结构而言，艺术符号系统有两个层次：语言→意象→情思。

第一层次是工具语言系统。不同艺术种类有不同的工具语言，例如文学语言，由文字、语音、词汇、语法、修辞、语体，以及叙述、描写、议论等表意元素构成；国画语言，由线条、形体、色彩、明暗、笔触等造型元素构成。在语言系统里，又有支系统，比如国画语言系统中的线条，有粗细、顿

---

① 李永翘编：《张大千画语录》，海南摄影美术出版社，1992年版，第67页。
② 钱穆：《现代中国学术论衡》，广西师范大学出版社，2005年版，第265页。

挫、方圆、疾徐、转折等语言，墨彩有皴擦、点染、干湿、浓淡等语言，如此等等。工具语言的功能是塑造意象。

第二层次是艺术语言系统，即意象系统。艺术意象来自第一自然，但是从属于文化，是人的艺术生活方式。工具语言无法直接游"心"，它的功能是塑造意象；而意象蕴有"意味"，这"意味"就是"心"的表现，可意会而无法言喻。工具语言与艺术语言之间的关系，就如土与瓷器关系一样，瓷器虽由土塑成，但瓷器蕴有特殊的韵味，而土却无法直接传达瓷器固有的韵味。

意象系统包括意象及意象结构。意象由人类艺术实践发现与创造，并约定俗成。比如中国传统艺术表现离愁别绪，多用"杨柳""春草""夕阳""日暮""笛声"等意象。"杨柳"者，一丝柳一寸柔情；"日暮"者，沉重心情的同色物；"笛声"者，表述愁绪绵延；"春草"者，反衬离别的愁绪。李叔同的《送别》写道："长亭外，古道边，芳草碧连天。晚风拂柳笛声残，夕阳山外山。天之涯，地之角，知交半零落。一壶浊酒尽余欢，今宵别梦寒。"这首诗之所以成为表达别离心情的不二经典，究其原因，是因为诗中创造性组合了传统文化中表现离愁别绪的经典意象。这些经典意象积淀着民族传统心理，因而能集中激发起人们强烈的心理共鸣。当然，自然万物无比丰富，取之不尽，用之不竭。意象系统是个耗散结构，始终随着人类文化发展不断吐故纳新，与时俱进。

在意象系统中，相对意象而言，意象的组合具有相对稳定的结构法则。刘勰在《文心雕龙》中以"筑室之须基构"来比喻意象结构，要求结构"首尾圆合，条贯统序""如乐之和"，做到完整、匀称、和谐。中国传统艺术的结构法则是：一、"义脉"法则。刘勰在《文心雕龙》中指出："外文绮交，内义脉注"。所谓"义脉"，就是气脉、意脉、血脉、脉络，体现作品主旨而贯穿整个作品的内在逻辑。二、动态法则。刘勰在《文心雕龙》中指出："因情立体，即体成势"。"势"是由意象结构而产生的一种生命活力，是动态的。皎然在《诗式》中对"势"作过描述："高手述作，如登衡、巫，觌三湘、鄢、郢山川之盛，萦回盘礴，千变万态。文体开阖作用之势。或极天高峙，崒焉不群，气腾势飞，合沓相属。奇势在工。或修江耿耿，万里无波，欻出高深重复之状。奇势互发。古今逸格，皆造其极妙矣。"

艺术符号系统，我们之所以称之为第二自然，因为它是一个小宇宙，具有自然固有的"统一"的属性，即"守一"的规律。艺术的"守一"，就是将人与自然、人与社会，将世界一切的物质与精神、有限与无限、过去与未来、真实与虚幻统一结合起来。它将个别和一般融会一体，将一切个别的事物建立在小宇宙的总体结构上，成为宇宙的一个"伟大的联结点"。显然，它是宇宙的总法则——"道"在艺术领域里的有机衍生。因此，艺术符号系统有自己所要遵循之"道"。这个"道"，概括起来说表现在三个方面：模仿之"道"，创新之"道"，风格之"道"。

模仿之"道"。"工欲善其事，必先利其器"。艺术创作入门首先要做的是掌握艺术语言系统，而其必由之途径就是模仿。模仿之必要，是因为模仿是语言的学习与练习，模仿是意象的储存与积累，模仿是艺术义脉的领悟，模仿是意象结构的揣摩，模仿是创造能力的培育。元代画家王绎在《写像秘诀》中谈到模仿的要义，就是须"默识于心，闭目如在目前，放笔如在笔底"。

模仿的法则是"取法于上，仅得其中；取法于中，仅得其下"，立点要高，循序而渐进。严羽在《沧浪诗话》里谈到初学作诗的模仿步骤："先须熟读楚辞，朝夕讽咏以为之本；及读古诗十九首，乐府四篇，李陵、苏武、汉魏五言须熟读，即以李、杜二集枕藉观之，如今人之治经，然后博取盛唐名家，酝酿胸中，久之自然悟入。"模仿的最佳途径是博采众长，妙悟通达。钱锺书在《读艺录》里说："夫悟而日妙，未必一蹴即至也。乃博采而有所通，力索而有所入也。"

创新之"道"。模仿只是入门，一味模仿，只能在前人的艺术踪迹中亦步亦趋。模仿的目的是创新。模仿犹似庖丁解牛，"所解数千牛"之后，求的是"依乎天理"——掌握艺术的规律，从而"因其固然"——进入"无为"境界，不再受前人艺术约束和限制，做到"俯拾万物""从心所欲"。国画大师石涛在《苦瓜和尚画语录》中说得好："纵逼似某家，亦食某家残羹耳，于我何有哉……我之为我，自有我在。古之须眉，不能生在我之面目；古之肺腑，不能安入我之腹肠。我自发我之肺腑，揭我之须眉。纵有时触着某家，是某家就我也，非我故为某家也。天然授之也。我于古何师而不化之有？"

关于艺术创新，陈善在《扪虱新话》中有一则记载："唐人诗有'嫩绿枝头红一点，动人春色不须多'之句，闻旧时尝以此试画工。众工竟于花卉上妆点春色，皆不中选。惟一人于危亭缥缈隐映处，画一美妇人凭栏而立，众工遂服。此可谓善体诗人之意矣。唐明皇尝赏千叶莲花，因指妃子谓左右曰：'何如此解花语也？'而当时语云：'上宫春色，四时在目。'盖此意也。"这"一人"之画所以脱颖而出，就在于他不拘泥于前人"嫩绿枝头"的惯性思维，而以"美妇人"喻花，迁移到花木丛中，使画中意境焕然一新，别有韵味。然而，这"一人"的创新还是有限的。"纸上得来终觉浅"，真正的创新还须有新的意象发现。所谓"外师造化，中得心源"，不断创新，才可能言人之未所言。例如表达"乡情"的作品，在艺海中可以说是不可胜数，然而许多作品早被人们遗忘，为什么贺知章的《回乡偶书》却能流传至今？《回乡偶书》云："少小离家老大回，乡音无改鬓毛衰。儿童相见不相识，笑问客从何处来？"贺知章离乡50多年，身已衰老而"乡音"不改，偌长时间，诗人回乡怀揣的是"我识故乡，故乡可还认得我吗"的复杂忧虑。儿童"笑问客从何处来"，就这反主为宾的一问，问得诗人心中翻江倒海，那种久客伤老的感慨与乡情沛然溢出。儿童问话是诗人从生活中发现与原创的意象，虽然平淡却意味深长。

风格之"道"。宇宙万物各有物性，艺术家莫能能外。物性分两种：类性与个性。各个艺术家无论怎样追求不同，在艺术类性上始终是相通的。临摹与创新皆是通向艺术类性之道，皆须经过此道才能获得艺性。但是，艺术家的生命力则在于艺术个性的确立。如国画大师张大千所述："要能临摹，善观赏，博取古今之长，然后乃能立意创作，立一家之画，成一家之言。"①

风格是艺术个性的标志。所谓风格，即艺术家的气韵、趣味、素养等个体精神特性。刘勰在《文心雕龙》中说："夫情动而言形，理发而文见，盖沿隐而至显，因内而符外者也……各师成心，其异如面。"在艺术领域

---

① 李永翘编：《张大千画语录》，海南摄影美术出版社，1992年版，第63页。

里，艺术家的风格不仅体现于某些作品中的独特之处，更如血脉一样流贯在艺术家的全部作品之中。风格形成意味着艺术家自我个性的确立。石涛有一则题画："今问南北二宗：我宗耶？宗我耶？一时捧腹曰：'我自用我法'。"[1]风格形成意味着艺术家个体价值的独立。在中国诗歌史上，唐诗是最为辉煌的一页，各种诗歌风格灿若群星：王维的诗空明宁静，孟浩然的诗自然平淡，王昌龄的诗清刚爽朗，崔颢的诗雄浑清健，高适的诗慷慨悲壮，岑参的诗神奇瑰丽，李白的诗飘逸潇洒，杜甫的诗沉郁顿挫，白居易的诗平淡浅近，韩愈的诗清新自然，孟郊的诗幽僻峭硬，柳宗元的诗清冷峭拔，李商隐的诗绮丽绵邈，杜牧的诗清新飘逸……这些艺术家因其风格而卓然不群，名垂史册，后人也因此获得了丰富多样可以学习参照的艺术范本，得以多元地师从传承，繁荣中国的诗苑，发扬中华诗歌的艺术传统。

第三节　有无相生

"反者，道之动；弱者，道之用。天下万物生于有，有生于无。"这是老子揭示的宇宙规律。宇宙之"道"就是"有无相生"，万物是在不断的"有"与"无"的转化运动中形成的。

"有无相生"也是艺术的一条基本原则。如果将独立的艺术作品喻作一个小宇宙，那么作品结构中就存在"有"与"无"两类意象，意象也在"有"与"无"的转化中形成与完善。只是艺术属于第二自然，因而在转化的起点上与第一自然不同。在第一自然中，宇宙万物是"有"生于"无"，艺术作品恰好相反，是"无"生于"有"。艺术家首先要建构"意象"之"有"，"有"为实像，然后再由"有"生出"无"的虚像。这种"有无相生"、虚实相间的艺术现象，艺术理论称之为"空白"。

"空白"在艺术创作中具有两大功能：一是"状难写之景如在目前"。

---

[1] 伍蠡甫：《中国画论研究》，北京大学出版社，1983年版，第193页。

艺术作品受篇幅影响，时空总是有限的，艺术家不可能将景物写全写完。而且有一些景物是难以状写的，因而用"空白"来表现，能取得以一当十的艺术效果。这"空白"是"无"类意象，是留给读者的一个想象空间，由读者凭着自己的生活经验与艺术修养，通过联想将储存的印象转化为"有"类意象。一是"含不尽之意见于言外"。成功的艺术作品里总是具有丰富深远的意味容量，这些意味不仅潜在于意象之中，更在意象组合的结构之中，尤其是在结构的"空白"之中。"空白"是意味模糊的集结区。"空白"是"无"，是言之不尽的无限，也是羚羊挂角的虚无，须读者自行从"空白"处去体验，并在体验中去领悟。

艺术空白，最常见的是完形性的空白。现代心理学有一个完形原理。这个原理指出人在审美中会产生一种自然的"完形压强"，即当人在知觉一个不规则、不完满的形状时，总会不由自主地按照一定的形式，自动地补足或"完结"形状，进而组织成一个完整的连续的有意义的整体。中国传统艺术正是运用这个原理，借"空白"的方式，"无中生有"，让人们通过虚拟方式进行完形。

关于这类空白，清代方薰在《山静居论画》中作过一段具体的论述："石翁《风雨归舟图》，笔法荒率，作迎风堤柳数条，远沙一抹，孤舟蓑笠，宛在中流。或指曰：'雨在何处？'仆曰：'雨在画处，又在无画处。'"《风雨归舟图》既无画风之形，又无画雨之丝，为什么方薰说"雨在画处"？因为"迎风堤柳数条"显出了风形，"孤舟蓑笠"透出了雨意；然而画中确实没有画风雨，所以说"又在无画处"。这

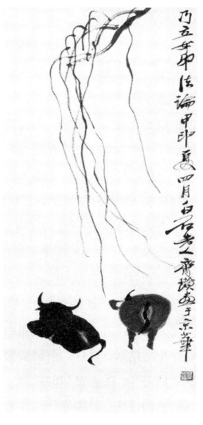

齐白石画中的空白

"画处"就是实像，"无画处"就是虚像，虚像即艺术"空白"。

在中国的山水画中，这类"空白"是最常用的，因为它有一种神奇的表现功能。郭熙《林泉高致山水训》："山欲高，尽出之则不高，烟霞锁其腰则高矣；水欲远，尽出之则不远，掩映断其脉则远矣。"欲使山高，就在山腰里留些烟霞空白，便能显其高；欲使水远，就在流水处留些空白，让水流时断时续，便能显其远。尤其远景，更是要留一片"空白"，来拓展山水无限的空间，从中含蕴景外之景。显然，在传统山水画里，空白是作品最为空灵的部分，它是一个容纳"无限"的想象空间，由一绿芽而绘春光如海，由一叶残荷而写秋意渐浓，由一利爪而显云海神龙，由一片云霞而呈天宇空阔。因而空白虽是"无"，却是一个充满生命万象的空间。

中国传统艺术，几乎都离不开这类空白。比如传统戏曲，最常用的艺术方式是虚拟，以桨代船，以鞭代马，以动作呈示开门、关门、上楼、下楼，以及跋山涉水，等等。虚拟就是略形显景，由观众自行去完形生活画面，因而也是一种"空白"艺术。例如川剧《秋江》里要出现舟和江河，舞台上无法表现，于是通过老艄公手执桨的动作与陈妙常的动作配合，以及他们两人的神态变化，让观众觉得他们在水上行舟，人站在动荡的小船之上。又如戏曲中最难表现的是黑暗，因为舞台上黑暗无光，观众就无法观赏戏曲表现。然而，中国戏曲却可以在强光下表现黑暗。例如京剧《三岔口》里，刘利华与任堂惠的打斗就发生在漆黑的暗夜里，舞台上虽然灯光明亮，但是通过他们摸黑砍杀的各种虚拟动作，让观众感觉他们是在暗夜里打斗。

古典诗歌中完形性的"空白"现象更为突出。李白的《黄鹤楼送孟浩然之广陵》："故人西辞黄鹤楼，烟花三月下扬州。孤帆远影碧空尽，唯见长江天际流。"诗中写的景物有"黄鹤楼""烟花""孤帆远影""碧空""长江"，这些景物虽然是一种"有"，不过就空间形状而言，皆是"无"，须读者凭自己的见闻去做联想和想象，来填补"无"的空白，完成心目中的画面。诸如：黄鹤楼横空耸立的雄姿，楼内的诗文墨迹，楼际凭栏观景的游客，无边葱绿的田野，氤氲的树丛花草，蓝天与白云，蜿蜒曲折浩荡而去的长江，波澜起伏的江水，等等；甚至还有诗歌中未写的却相关联的一些景物，比如远处连绵的青山及其水中的倒影，沿岸的繁华市井与行人，等等。毫无疑问，诗歌里的"有无相生"，就完形的时空而言，应该说比视觉艺术更为空阔浩茫，难以达估。故刘熙载在《艺概》中说："词之妙，莫妙于以不言言之，非不言也，寄言也。"

此外，还有一类空白，它与完形性的空白有所不同，它含蕴的不是"形"而是"神"，因此称之为领悟性的空白。清代袁枚曾评鉴过："凡诗文妙处，全在于空。"他说的"空"，是"象外之旨"，即艺术的神韵。神韵指的是作品的情理、气韵，它由"象"而生，又是"象"外的意味。翁方纲在《神韵论》中阐述："……其谓羚羊挂角，无迹可求；其谓镜花水月，空中之象，亦皆即此神韵之正旨也，非堕入空寂之谓也……然则神韵者是乃所以君形者也。"神韵由"形"而生，又飘逸于"形"之外。

试读马致远的《天净沙·秋思》："枯藤老树昏鸦，小桥流水人家，古道西风瘦马。夕阳西下，断肠人在天涯。"小令的前四句展示的是十种互不联系的意象，它们之间没有联系词，不存在因果等关系，它们各自独立，自成一体。读者通过空间完形，将这些意象构成了一幅凄凉、萧瑟的深秋晚景图。最后一句写出深秋晚景图中一个骑着瘦马，迎着西风，远离家乡，羁旅天涯的旅人。作品以旅人意象为中心，贯穿全令的气脉、义脉，将所有意象有机地形成整体意境。这首小令意象虽然简约，而神韵却从境中盎然溢出，王国维在《宋元戏曲考》中赞之为"纯是天籁"。

那么，意境中的神韵由何而生呢？迄今为止，评述者多将深秋晚景图的意象分为两类：前三句九个意象是静态，"点染出一幅凄凉、萧瑟的深秋景象"。"夕阳西下"是动态，给静穆的秋景以"活气"，进一步渲染了色调已经非常凄冷苍凉的暮色。若是这么品味，构成"秋景"的所有意象皆成为一种色调。其实这首小令表现"秋景"之妙处，恰恰不在单色，而在"复调"。作品中由两组色彩的意象组成：一组是"枯藤老树昏鸦""古道西风瘦马""夕阳西下"。这组意象是凄苦的冷调，大家已有深入品赏，无须再言。另一组是"小桥流水人家"。这组意象与前一组意象显然不同，它洋溢的是温馨的暖调。这组意象呈现的景象是：小桥下流水潺潺，小桥边是有着数家农舍的村庄，傍晚时刻，村人回家，各家的炊烟袅袅而起，整个画面透示着浓浓的"家"的温暖气息。正是因为小令中设置了一暖一冷、一动一静的意象，使画面出现一阴一阳对立的"天籁"，由此产生"负阴而抱阳，冲气以为和"的综合效应。小令的"秋思"因此而变得空灵，意味因此而产生巨大张力而无限衍生：是悲秋之恨还是羁旅之苦？是人生坎坷之感还是生存困厄之叹？是大志未遂之忧还是前途莫测之愁？是不如归去之情还是继续追求之志？是任由命运去漂泊还是上下探索去流浪？[①]可以说，小令呈现的是领悟性的空白，给人的体验复杂交错，虽在经验之中，却难以陈述；萌生的情绪也瞬间变化，虽无法追踪寻觅，却又经久不散。这等"秋思"，真的是羚羊挂角，镜花水月，可妙悟而难尽言。

中国的书法艺术之神韵，也出自领悟性的空白。众所周知，书法的意味来自运笔，运笔的刚柔、急缓、轻重、藏露皆体现情感的节奏；来自用墨，墨色的浓淡、枯润体现人的神采与情趣；也来自字的结构，明代祝枝山说："情之喜怒哀乐，各有分数：喜则气和而字舒，怒则气粗而字险，哀则气郁而字敛，乐则气平而字丽。情有重轻，则字之舒敛险丽，亦有深浅，变化无穷。"[②]然而，就神韵而言，往往来自整体的布局。书坛上有一则逸事，说清代书法家何绍基誉满天下，有一位同行不服气，时时与何比高下。一天，有个朋友问何绍基，你与那位同行的书法比较，究竟谁写得好？何绍基回答：他写的每一个字都不坏，可惜未能成篇；仆虽写得不好，却能写一行字、一幅字。何绍基说的就是书法艺术高妙处不只是一个个字的美，更在一幅字的空灵结构及其洋溢的神韵。

书法是个点画的线性运动，是个连续的过程，积画成字，积字成行，积行成篇。唐代张怀瓘《书断》称："字之体势，一笔而成。偶有不连，而血脉不断，及其连者，气候通其隔行。"全篇是一个血脉相连的有生命的整体。因而在点画的线性运动中，一定要善于全篇的布局，如邓石如先生所说："计白当黑，无笔墨处也是妙境呀。"书法艺术，落墨处为"黑"，着

---

① 漂泊与流浪在形态上相同，但性质不同。漂泊，意味着旅行主体是被动离走；流浪，旅行主体则是主动追求。见陈涛：《论旅游文化形态》，《西南民族学院学报》，2000年第9期。
② 杨辛、谢孟主编：《艺术赏析概要》，中央广播电视大学出版社，1994年版，第78页。

眼处却在"白"，全篇"黑""白"纵横、开合，和谐相间，有无相生，才能形成一种生命的律动，作品才会有一种"气韵"。

艺术中的领悟性空白，从理论上说，就是系统论所揭示的"整体性"的结构效应。艺术作品由若干意象建构而成，各个意象固有各自意味，一旦它们形成有机的整体，那么"整体大于它的各部分的总和"。艺术作品的意味除了来自各个意象，还产生于意象的结构之中。领悟性空白属于一种结构性的艺术效应。关于领悟性空白现象，古人对此已经有所论述。谢榛在《四溟诗话》中说：

韦苏州曰："窗里人将老，门前树已秋。"白乐天曰："树初黄叶日，人欲白头时。"司空曙曰："雨中黄叶树，灯下白头人。"三诗同一机杼，司空为优。

为什么司空曙的诗句为优？因为韦苏州、白乐天的诗句用"将老""已秋""树初""人欲"比拟，意味是确定的，而司空曙的诗句却将两组不同的意象并列组合，于是在两个画面之外产生了第三种意味——结构性意味。这种结构性的意味由"象"而生，却在"象"之外，似有似无，若隐若现，空灵流动，它犹如佛祖"拈花微笑"一样，神逸言外。

上述两种空白本是一体，是一体的两面："形"与"神"。两者不可分割，相互转化，"完形性空白"在不同画面"完形"中会造成不同的意味，而"领悟性空白"因不同意味的领悟又会导致不一样的画面"完形"。鲁迅论述《红楼梦》时说："单是命意，就因读者的眼光而有种种：经学家看见《易》，道学家看见淫，才子看见缠绵，革命家看见排满，流言家看见宫闱秘事……"[1]同一部作品为什么读者会悟出不同的意味？这是因为读者从不同的视角对作品进行"完形"的结果；反过来说，也正因为"完形"的殊异，才会产生不同的命意。

---

[1] 鲁迅：《〈绛洞花主〉小引》，张效民主编《鲁迅作品赏析大辞典》，四川辞书出版社，1992年版，第543页。

第五章　楚文化与艺术流派

艺术流派的出现标志着民族艺术的成熟。

所谓艺术流派，指的是在一定的文明背景中出现的一批风格相似的艺术家群体。他们在人生观、审美观上相近，在气质上、取材上、表现方式上类似，他们具有共同的艺术追求。艺术流派往往包括从事不同艺术种类和体裁的艺术家。他们的组合有的是自觉的，有共同的艺术主张与纲领；有的是不自觉的，是被后世学者归纳为特定的流派。艺术流派在各种文化冲突中孕育，在艺术实践中逐渐形成、发展和变化，是艺苑里呈现的一种充满生机的自然生态。

艺术流派的出现与民族文化有着密切的关联。他们之中，有的依附于时代文化，与时代共存亡，只活跃于一个时期；有的则依附于民族传统文化，可以绵延于若干历史时代，具有很强的传承性。

在中国艺术史上出现的两大艺术流派——自然派艺术与浪漫派艺术——属于后一种情况。这两大艺术流派是传统楚文化土壤里生长出来的两棵大树，它们的根是相连的，皆循"自然"之理，发自于"个性"。不同的是浪漫派艺术立足于世俗的自我，在理想中实现精神的自由，而自然派艺术追求返归自然的自我，从世俗的束缚中解放出来，实现身心的自由。由于它们出自同一种文化，因此具体到个体艺术家身上，往往会出现"两栖"的状况，即有的作品既属于浪漫派艺术，又属于自然派艺术，很难加以绝对归类。

浪漫派艺术与自然派艺术的发展，同民族传统文化传承紧密联系，因而在中国艺苑里生生不息，显示出强大的生命力。

第一节　浪漫派艺术

屈原是中国最早的伟大诗人，他的《离骚》奠定了我国浪漫派艺术的传统，史称"屈'骚'传统"。屈"骚"是中国浪漫派艺术的滥觞。浪漫派艺术有两个基本特征：一是屈"骚"精神，抒发自身强烈的主观愿望，重在理想的表达，有强烈的抒情色彩；一是屈"骚"表现方式，意象奇特，想象丰富，联类无穷，大量地取譬、借喻、夸张，题材上往往熔铸神话，纵横古今。屈"骚"浪漫派艺术还有一个特色，那就是它始终游弋于巫文化体系之中。由于它与庄子散文的泛神思想合流，后人又常以"庄、屈传统"称之。

鲁迅称《史记》是"史家之绝唱，无韵之《离骚》"，强调司马迁继承和发扬了屈"骚"精神，是"发于情，肆于心而为文"的作品。然而，《史记》在表现方式上与《离骚》不同，它是纪传体史书，尊重史实，不容想象虚构。司马相如的《子虚赋》《上林赋》是汉赋的不朽典范。司马相如的赋，意象铺张扬厉、夸丽风骇，扬雄赞叹说："长卿赋不似从人间来，其神化所至邪！"刘勰称之为"辞宗"。然而，司马相如的赋背弃了屈"骚"的"发愤以抒情"精神，大多是阿谀天子鸿业的颂歌。对于文坛上的两个"司马"，刘熙载在《艺概》中有过中肯的评述："学《离骚》，得其情者为太史公，得其辞者为司马长卿。"意思是，司马迁的《史记》主要是弘扬屈"骚"精神，司马相如的赋作主要是弘扬屈"骚"表现方式，两者各有不同的传承。笔者本文说的浪漫派艺术，专指屈"骚"精神与屈"骚"表现方式相统一的艺术。

在中国艺苑里，古往今来，聚集在浪漫派艺术旗帜下的艺术家难以胜数。文学界就涌现出李白、李贺、李商隐、苏轼、黄庭坚、陆游、辛弃疾、袁宗道、徐渭、冯梦龙等垂名史册的杰出诗人和作家。

屈原之后，浪漫派艺术的杰出代表是李白。活跃于盛唐时期的李白，自称"我本楚狂人"。他推崇庄周的人格理想，以大鹏自况，"大鹏飞兮振八裔"（《大鹏赋》）；推崇屈"骚"艺术，赞扬"屈平词赋悬日月，楚王台榭空山丘"（《江上吟》）。为了实现"相与济苍生"的抱负，李白奔走仕途，游于权贵之中。他的诗才深得皇室赏识，却因他傲骨嶙峋，"安能摧眉折腰事权贵"，不甘心做御用文人，故虽有机会，却命运多舛，到处碰壁，"大道如青天，我独不得出"，最终浪迹江湖。与屈原被楚王放逐不同的是，李白是一种自我放逐。游国恩主编的《中国文学史》说他"浮洞庭，历襄汉，上庐山，东至金陵、扬州，复折回湖北，以安陆为中心，又先后北游洛阳、龙门、嵩山、太原，东游齐鲁，登泰山，南游安徽、江苏、浙江等地，游踪所及，几半中国"。虽然人在江湖，李白依然忧国忧民，"中夜四五叹，常为大国忧"（《经乱离后天恩流夜郎忆旧游书怀赠江夏韦太守良宰》）。李白忧国忧民的情怀与屈原一脉相通，故李白同病相怜，一直以屈原为隔代的知交，由衷感叹："呜呼！屈宋长逝，无堪与言。"（《夏日诸从弟登汝州龙兴阁序》）

噫吁嚱，危乎高哉！蜀道之难，难于上青天！蚕丛及鱼凫，开国何茫然！尔来四万八千岁，不与秦塞通人烟。西当太白有鸟道，可以横绝峨眉巅。地崩山摧壮士死，然后天梯石栈相钩连。上有六龙回日之高标，下有冲波逆折之回川。黄鹤之飞尚不得过，猿猱欲度愁攀援。青泥何盘盘，百步九折萦岩峦。扪参历井仰胁息，以手抚膺坐长叹。问君西游何时还？畏途巉岩不可攀……蜀道之难，难于上青天，侧身西望长咨嗟！

《蜀道难》是李白代表作之一。诗人大胆、夸张、奇特的想象，并融入神话传说，不但使蜀道山川富有神奇的色彩，突出了蜀道难行，也宣泄了因仕途蹭蹬，难以实现人生理想的内心苦闷。《蜀道难》采用比较自由的乐府体裁，诗中大量使用散文化句式，于长短相间、参差错落的诗句中，气势如虹，淋漓尽致表现出李白豪放不羁的风格。明末著名诗人屈大均评述李白："乐府篇篇是楚辞，湘累之后汝为师。"（《采石题太白祠》之四）确实，在中国诗歌史上，如果说屈原标志着浪漫主义诗歌第一个高峰，那么可以说李白是继屈原之后的第二个高峰的标志。

　　在大唐诗坛上，与李白并辔同驰的就有李贺、李商隐，史家称为"三李"。李贺《苏小小墓》："幽兰露，如啼眼。无物结同心，烟花不堪剪。草如茵，松如盖。风为裳，水为佩。油壁车，夕相待。冷翠烛，劳光彩。西陵下，风吹雨。"全诗以景似人，想象诡谲，呈现的是一个空灵缥缈、婉媚多姿的鬼魂。李贺以"鬼才"著名于世，本来猎功名应该如探囊取物，奈何他人生坎坷，到头来还是郁郁不得志。在他吟咏的苏小小若隐若现的鬼魂中，诗人寄寓了自己怀才不遇、凄冷孤愤的心情。这首诗显然受到了屈原《山鬼》的影响，从苏小小兰露啼眼、风裳水佩上，我们可以看到山鬼"被薜荔兮带女萝""既含睇兮又宜笑"的影子；苏小小那"无物结同心，烟花不堪剪"的坚贞幽怨情怀，也同山鬼"折芳馨兮遗所思""思公子兮徒离忧"一脉相承。故杜牧在《李贺歌诗集序》中说李贺的诗："盖骚之苗裔，理虽不及，辞或过之。"

　　李商隐之诗，诗坛谓之"屈宋之遗响"。李商隐自称他的诗作"楚雨含情皆有托"（《梓州罢吟寄同舍》）。李商隐的作品中，造诣最高的是爱情诗，诸如《无题》之类诗作，构思新奇，想象虚幻，措辞秾丽。在浪漫派艺术中，李商隐开拓创新，使得诗歌的意境变得扑朔迷离，无迹可寻，至有"诗家总爱西昆好，独恨无人作郑笺"之说。

　　苏轼是北宋浪漫派诗人的代表。苏轼同李白一样，仕途坎坷，心怀"忧国爱民之意"，因"好僭议朝政，屡以此获罪"（苏轼《辩贾易弹奏待罪札子》）多次遭到贬谪。但是他"九死不悔"，"虽废弃，未忘为国家虑也"（苏轼《与滕达道书》）。"莫听穿林打叶声，何妨吟啸且徐行。竹杖芒鞋轻胜马，谁怕？一蓑烟雨任平生。"（苏轼《定风波·莫听穿林打叶声》）苏轼在这首词中表现的情景，犹如屈原在江畔行吟，与当时屈原的情怀相通："安能以皓皓之白，而蒙世之温蠖乎？"苏轼的诗文秉承了屈骚风格，情感旷放豪迈，意象新奇浪漫，诸如《念奴娇·大江东去》《水调歌头·明月几时有》《前赤壁赋》《后赤壁赋》等，皆是浪漫派艺术的不朽之作。

　　以"小李白"著称的陆游，是南宋著名诗人。陆游"位卑未敢忘忧国"，一生致力于国家统一事业，却受苟且偷安权臣排斥，遭遇与屈原息息相通。他明言："听儿诵离骚，可以散我愁。微言入孤梦，忧与屈宋游。"（陆游《阻风》）他的诗作情感激昂，想象奇伟，文辞奔放。杨万里称他的诗是"尽拾灵均怨句新"（杨万里《跋陆务观剑南诗稿》）。

明清时期，有"三袁"（袁宗道、袁宏道、袁中道）倡导独抒"性灵"，追求"劲质而多怼，峭急而多露"的诗风；有率性而行、举止"狂怪"的徐渭；有情寄八荒、新奇瑰丽、"调逼《骚》"，以"临川四梦"传奇剧本驰名的汤显祖；有"说鬼说梦，亦真亦诞"，著"三言""二拍"的冯梦龙；有效法屈原寄情于鬼神而成"骚"的蒲松龄，他的《聊斋志异》是"用传奇法，而以志怪"的浪漫派艺术杰作。

迄至现代，西风东渐，在呼啸而来的新文化运动中，浪漫派艺术再次奇峰突起。郭沫若与鲁迅同是五四新文学的奠基人，鲁迅是伟大的现实主义作家，郭沫若是杰出的浪漫主义诗人。鲁迅高度评价屈"骚"作品"逸响伟辞、卓绝一世"（《中国小说史略》）。郭沫若则直称"屈子是吾师"，在他的历史剧《屈原》中，郭沫若更与剧中屈原化为一体，借剧中人物直接抒发自己愤世嫉俗的情感。郭沫若的新诗集《女神》，不仅是中国现代新诗诞生的里程碑，也是现代浪漫派艺术的代表作。《女神》歌颂祖国和人民，诅咒社会黑暗，表达对光明、自由、再生的向往，抒发诗人炽热奔腾的激情和美好理想。在表现方式上，《女神》融神话、历史和现实于一体，借助丰富的想象、奇特的意象，自由地"表现自我"。

我是一条天狗呀/我把月来吞了/我把日来吞了/我把一切的星球来吞了/我把全宇宙来吞了/我便是我了/我是月的光/我是日的光/我是一切星球的光/我是X光线的光/我是全宇宙的Energy（能量）的总量

《天狗》是《女神》里一首关于个性解放的赞歌。"天狗"那吞掉"一切的星球"的豪迈气概，正是五四时期要求破坏一切因袭的旧传统、毁灭旧世界的叛逆精神的体现。《女神》既继承了屈骚艺术传统，又汲取了西方浪漫主义文化的精华，正如学者评述："可谓是由屈原发其端、李白振其风的传统浪漫主义诗歌在现代的新发展。"[1]郭沫若《女神》的问世，标志着继

---

[1] 蔡靖泉：《楚文化流变史》，湖北人民出版社，2001年版，第801页。

屈原、李白之后，浪漫派艺术又出现了一个高峰。《女神》的出现，在中国诗歌史上"开一代诗风"。在它之后，诸如闻一多、李金发、邵洵美、徐志摩、戴望舒、卞之琳等等如繁星一般灿烂于浪漫派艺术天空。

浪漫派艺术不仅在文学界崛起，也风靡于书画界。当李白在诗坛崛起之时，与李白诗歌合称为"三绝"之一的张旭的狂草也应运而生。张旭的狂草神奇而浪漫，最具屈"骚"遗风。韩愈对他的书法艺术曾作过评述："往时张旭善草书，不治他技。喜怒窘穷，忧悲、愉佚、怨恨、思慕、酣醉、无聊、不平，有动于心，必于草书焉发之。观于物，见山水崖谷，鸟兽虫鱼，草木之花实，日月列星，风雨水火，雷霆霹雳，歌舞战斗，天地事物之变，可喜可愕，一寓于书。故旭之书，变动犹鬼神，不可端倪，以此终其身而名后世。"韩愈认为，张旭在狂草中倾注了自己心中磊落不平之气，胸挟万般激情，而将天地万物的行色意态"同构"于草书，转换为书法笔墨的生命意象，"一寓于书"中，因而他的狂草"变动犹鬼神，不可端倪"。正如李白对张旭的评述："楚人每道张旭奇，心藏风云世莫知。"（《猛虎行》）

两宋时期，"四君子画"（"四君子"指竹、梅、兰、菊四种意象）的名家有郑思肖、杨无咎、赵孟坚等，他们皆弘扬屈骚"善鸟香草，以配忠贞"的浪漫传统，形成了国画的浪漫派群体。例如郑思肖擅画兰，而最为人称道的是他的"无根兰"。耶鲁大学艺术陈列馆藏有一幅郑思肖的《墨兰图》，图中绘了一株一兰，墨色淡雅，叶片细韧，吐蕊孤傲。郑思肖在画上自题："一国之香，一国之殇。怀彼怀王，于楚有光。所南。"明初画家倪瓒曾作《题郑所南兰》，高度评价郑思肖的墨兰画："秋风兰蕙化为茅，南国凄凉气已消。只有所南心不改，泪泉和墨写离骚。"诗中倪瓒把郑思肖的墨兰和屈原的《离骚》相提并论。

作画寄托自我情怀，表述理想，是浪漫派书画的特点。画家盛大士在《溪山卧游录》中说："作诗须有寄托，作画亦然。旅雁孤飞，喻独客之飘零无定也。闲鸥戏水，喻隐者之徜徉肆志也。松树不见根，喻君子之在野也。杂树峥嵘，喻小人之匿比也。江岸积雪而征帆不归，刺时人之驰逐名利也……"而画中写意，惯用怪异的布局与变形的意象，更是浪漫派书画主要表现方法。

北宋时期，山水画多为全景式山水构图。但是到了南宋，全景式山水格局发生了演变，形成一种边景山水。这种山水构图的变革，发端于当时的著名画家马远和夏圭。马远的《踏歌图》中，山变小了，像盆景一样，已全无北宋山水画那种气派。马远画山石用笔好像斧劈木一样，画树木时多横斜曲折，水墨苍劲，远近分明，而且构图常取一角，因而被称作"马一角"。夏圭在构图上则喜欢取半边之景，侧重一隅，被称为"夏半边"。所谓"一角""半边"，本是国画"有无相生"的艺术特色，然而这种写意画风出现在以马、夏为代表的南宋山水画中，就不能简单视之为一种"空白"。这"空白"本身还有一层内涵，那就是屈骚传统在山水画中的体现。从马、夏的山水画营造的清幽冷寂或淡泊萧条的意境中，我们不难感受到画家内心弥漫着一种淡淡的哀愁与无可奈何的伤感。明代郁逢庆《郁氏书画题跋》引诗跋曰："中原殷富百不写，良工岂是无心者；恐将长物触君怀，恰宜剩水残山也。"他的评述并非没有道理。南宋偏安江左，国势日微，消极气氛笼罩朝野。马、夏作画不画"中原殷富"，而专写"残山剩水"。这种意象变形无疑是对南宋偏安南方一隅的讽喻，寄托了画家内心的忧愤与不满。

清初别号"八大山人"的画家朱耷，是明王朝贵族的后裔。为了逃避满洲贵族对明朝宗室的政治迫害，他削发为僧，后又改信道教，隐于寺庙，过着亦僧亦道的落魄生活。他的书画，以水墨写意为主，常借花鸟虫鱼之态，寄寓"天上人间"的身世，抒写悲愤苍凉之感。如他一首题画诗所云："墨点无多泪点多，山河仍是旧山河。横流乱世杈椰树，留得文林细揣摹。""墨点无多泪点多"是夫子自道，告诉人们他的绘画为的是寄寓情怀，人们须从画中去"揣摹"。他的画意象夸张奇特，往往是变形的。例如他所画的鱼、鸭、鸟等，寥寥数笔，或拉长身子，或紧缩一团，似是而非，特别是这些禽鱼的那对眼睛，皆以白眼向人，呈现一种倔强而蔑视的神情。他所画的山水，多取荒寒萧疏之景，剩山残水，抒写山河易人、无处落户的抑塞之情。

当时在浪漫派艺术行列中还有石涛、"扬州八怪"。尤其是八怪之一的郑板桥，受屈骚影响很深。他为人耿介率直，落拓不羁，任县令时有诗云："腐《史》湘《骚》问几更，衙斋风雨见高情。"（《二生诗》）郑板桥因开仓赈灾民而遭谗革职，居扬州卖画为生。他的画多绘兰、竹、石，"自写性情"；他的字糅合诸体，俯仰欹斜，狂怪奇诡，独创"板桥体"。如他自述，他的艺术不拘一格，独辟蹊径，追求的是"掀天揭地之文，震电惊雷之字，呵神骂鬼之谈，无古无今之画"（《乱兰乱竹乱石与汪希林》）。

在现代书画中，浪漫派艺术可谓风起云涌，新人辈出，诸如徐悲鸿、刘海粟等等皆是其中的翘楚及领军人物。他们在继承屈骚传统的同时，更注意融合中西绘画的精华，在艺术中改革创新，表现新的社会理想和时代精神。此时期画作的风格，正如刘海粟在自题一幅泼彩山水画中所说："大红大绿，亦绮亦庄。神与腕合，古翥今翔。挥毫端之郁勃，接烟树之微茫。僧繇笑倒，杨升心降。是之谓海粟之狂。"

第二节　自然派艺术

自然派，中国艺术史上又称山水田园派。这里笔者用"自然派"名之，是因为这"自然"二字更能概括这个艺术流派的特征，以及与楚文化"道法自然"的内在联系。至于"山水田园"，它只是自然派的基本题材。而以"山水田园"作为题材的，不仅仅是自然派所有，也为其他一些艺术流派所共有。

自然派艺术的真正形成，是在魏晋时期。唐宋之后，自然派艺术历代相传，师从甚众，出现了繁荣的景象。至明清两代之后，由于受商品经济时代潮流的冲击，自然派艺术总体上呈现出衰退的趋势。

庄子的散文，理想色彩浓厚，想象奇幻，气势磅礴，往往"意出尘外，怪生笔端"，人们习惯将之列入浪漫派艺术。其实这是误读。庄子的作品恰恰是自然派艺术的宗师。浪漫派艺术的根本前提是"入世"，而庄子却是"出世"的。庄子追求的理想是反"主观理想"的理想，庄子表现的自我是否定"世俗自我"的自我，他的浪漫只是一种表现方式，目的就是描述"自然"的理想，寄托"自然"的自我。"人本是人，不必刻意去做人；世本是世，无须精心去处世。"崇尚"自然"才是庄子散文的文化精神。

庄子的《逍遥游》阐述了自然派艺术的思想纲领：

> 故夫知效一官，行比一乡，德合一君，而征一国者，其自视也，亦若此矣。而宋荣子犹然笑之。且举世而誉之而不加劝，举世非之而不加沮；定乎内外之分，辩乎荣辱之境，斯已矣。彼其于世，未数数然也。虽然，犹有未树也。夫列子御风而行，泠然善也，旬有五日而后反。彼于致福者，未数数然也。此虽免乎行，犹有所待者也。
>
> 若夫乘天地之正，而御六气之辩，以游无穷者，彼且恶乎待哉？故曰：至人无己，神人无功，圣人无名。

人生于世，如何才能融入自然，获得自由呢？庄子认为：游于仕途的，不过是小池的小雀，微不足道；宋荣子尽管不逐荣辱，也未靠谱；列子能御风而行，还是有待风的扶持。真正的自由是顺乎自然，与自然合而为一，不受功、名的束缚，一无所待，即将个人的宠辱得失、世事人情乃至生死沉浮全都排除于心。臻达这个境界，才是真正的自由。

摆脱世俗的一切束缚，放弃身外之物的追求，回归"赤子"自我，是自然派艺术的一大特征。陶渊明的《归去来兮辞》，可以看作自然派艺术"返归自我"的典范：

> 归去来兮！田园将芜胡不归？既自以心为形役，奚惆怅而独悲？悟已往之不谏，知来者之可追；实迷途其未远，觉今是而昨非。舟遥遥以轻飏，风飘飘而吹衣。问征夫以前路，恨晨光之熹微……寓形宇内复几时？曷不委心任去留？胡为乎遑遑欲何之？富贵非吾愿，帝乡不可期。怀良辰以孤往，或植杖而耘耔。登东皋以舒啸，临清流而赋诗。聊乘化以归尽，乐夫天命复奚疑！

自然派艺术家大多有过仕途生涯，深受"以心为形役"的痛苦。他们或者在政治旋涡中寻找自我的净土，或者爽性急流勇退，归隐田园，返归自我。魏晋时期，被文学史上称作田园诗派开创人的陶渊明，曾任过祭酒、参军、县令等职，对上司迎来送往，不胜其苦，最终"不为五斗米折腰"，挂冠归隐，自叹"久在樊笼里，复得返自然"（《归园田居》）。还有同期的谢灵运，文学史上称作山水诗派开创人。他出身公门贵族，任过参军、内史等职，因不得志，在其任上就疏于政务，肆意遨游，后来称疾辞官，感叹"运往无淹物，年逝觉已催"（《岁暮》）。唐代王维状元及第，历任右拾遗、监察御史、吏部郎中、尚书右丞等职。中年之后，开始厌倦仕途生活，他写《辋川闲居赠裴秀才迪》，表达"复值接舆醉，狂歌五柳前"，以陶渊明（陶渊明有《五柳先生传》）自况，表示要远离尘俗。同期的孟浩然也曾立志入仕，然而科举不中，游走公卿门下献赋以求赏识，终于未果，乃彻悟生命真谛，穷极山水之胜。李白有《赠孟浩然》诗，称他曰："红颜弃轩冕，白首卧松云。"南宋田园诗人杨万里，进士后历任参军、国子监博、漳州知州等职，乞辞官而归，闲居乡里，归隐田野，浪迹江湖。同期词人姜夔和他开玩笑说："处处山川怕见君"。集中国古代田园诗之大成的范成大，历任枢密院编修官、礼部员外郎、中书舍人、知府，后退隐石湖。钱锺书在《宋诗选注》中认为："范成大可以和陶潜相提并称，甚至比他后来居上。"这些诗人皆是自愿由仕途转为平民，这是由贵而贱的地位变化，如鲁迅评述陶渊明所说："这样的自然状态，实在不易模仿。他穷到衣服也破烂不堪，而还在东篱下采菊，偶然抬起头来，悠然的见了南山，这是何等自然。"①

融入自然，是自然派艺术的又一大特征。自然乃万物之总名，是自然而然之物。自然派艺术基础于传统农业社会，其所谓的自然相对于城市而言，主要指山林田野万物。魏晋山水画家宗炳的《画山水序》，是我国艺术史上第一篇关于山水画的论文，可以视作自然派艺术"融入自然"的纲领：

　　圣人含道暎物，贤者澄怀味像。至于山水，质有而灵趣……圣人以神

---

① 鲁迅:《魏晋风度及文章与药及酒之关系》，张效民主编《鲁迅作品赏析大辞典》，四川辞书出版社，1992年版，第513页。

法道，而贤者通；山水以形媚道，而仁者乐……余眷恋庐、衡，契阔荆、巫……于是画象布色，构兹云岭……身所盘桓，目所绸缪。以形写形，以色貌色也……夫以应目会心为理者，类之成巧，则目亦同应，心亦俱会。应会感神，神超理得。虽复虚求幽岩。城能妙写，亦城尽矣。于是闲居理气，拂觞鸣琴，披图幽对，坐究四荒……峰岫峣嶷，云林森眇。圣贤暎于绝代，万趣融其神思。余复何为哉，畅神而已。神之所畅，孰有先焉。

《画山水序》提出的纲领中有三个要点：其一，自然派艺术以返归自然为立身之本。自然之于自然派艺术，不是客宾，而是一种归属，如北宋郭熙所说："身即山川而取之"，如张大千在《大风堂名迹·序》中自述："举凡名山大川，幽岩绝壑，南北二京，东西两海，笠屐所至，舟舆所经，又无不接其胜流，睹其名迹。"所谓归属，即"我没入大自然，大自然也没入我，我和大自然打成一片"。[①]故对自然有一种"眷恋"之心。其二，自然而然地"师造化"，"与天为徒"《（庄子《人间世》）。明代王履所说："吾师心，心师目，目师华山。"换句话说，要在山水中"身所盘桓，目所绸缪"，体会物情，观察物态。明代李日华在《六砚斋笔记》曾经举例描述："李伯时在彭蠡滨，见野马千百为群，因作《马性图》。盖谓散逸水草，蹄齕起伏，得遂其性耳。知此则平日所为金羁玉勒，围官执策以临者，皆失马之性矣。"自然派艺术以自然为师，体察的是自然之性，发现的是"质有而灵趣"的自然之美。其三，"天人合一"。艺术家于自然中"含道暎物"，即体味宇宙之道，汲取天地精华；"澄怀味像"，即澄澈胸怀，揣摩万像。臻达此境，"峰岫峣嶷，云林森眇。圣贤暎于绝代，万趣融其神思。余复何为哉，畅神而已"。山水与自我就自然融会一体，"望秋云，神飞扬，临春风，思浩荡"（王微《叙画》）。笔下就有了生命与神韵，于是"以形写形，以色貌色"，转化为艺术意象，这便是"第二自然"。自然派艺术的价值就是让读者在"第二自然"中与艺术家"异质同构"，一起对自然"应会感神，神超理得"，获得自然界的真谛。

---

① 朱光潜：《朱光潜美学文学论文集》，湖南人民出版社，1980年版，第52页。

"虚极静笃"是自然派艺术共同追求的精神境界。老子说:"致虚极,守静笃。万物并作,吾以观其复。"(《道德经》第十六章)"致虚极",就是涤除所有杂念,心灵空明一片;"守静笃",就是寂然不动,不受外界干扰;做到"虚极静笃",才能于芸芸众生之中彻悟自然之"道",融入自然。苏轼在《书晁补之所藏与可画竹》诗中描述画家文与可画墨竹时的创作情景:"与可画竹时,见竹不见人。岂独不见人,嗒然遗其身。其身与竹化,无穷出清新。庄周世无有,谁知此凝神?"

王维的《辛夷坞》写道:"木末芙蓉花,山中发红萼。涧户寂无人,纷纷开且落。"诗中的"芙蓉花"实际是辛夷花,因为芙蓉与辛夷花色相近,故借以代称。全诗描述在寂静无人的山涧里,辛夷花在树梢悄悄怒放,红得何等烂漫!然后又纷纷凋零,走得何等洒脱!辛夷花由"发"到"落",既没有生的喜悦,也没有死的悲哀,"任运自在"。万物皆有"自然"不生不灭的本性,蕴含着"道"的空灵。辛夷花无情有性,可见王维之心"虚极静笃",已分不清王维是"花"还是"花"是王维。胡应麟评述《辛夷坞》说:这是一首"入禅"之作,"读之身世两忘,万念俱寂"(《诗薮内编》)。

常建也是唐代自然派诗人,曾任盱眙尉,仕途不得意,移家隐居鄂渚,来往山水名胜。他的《题破山寺后禅院》诗云:"清晨入古寺,初日照高林。曲径通幽处,禅房花木深。山光悦鸟性,潭影空人心。万籁此都寂,但余钟磬音。"诗中描述的是山寺禅院清幽绝尘情景。最能体现诗人心境的是"山光悦鸟性,潭影空人心"。《唐诗别裁》诠释道:"鸟性之悦,悦以山光;人心之空,空因潭水。"似此,"自然"意境尽现。而末句诗"万籁此俱寂,但余钟磬音",可说是虚空之极,一寂到底。

自然派诗人为了追求的"虚极静笃",固然多隐居于深山老林。但是这是心灵的世界,即便在喧嚣红尘中,有"道"者也同样能臻达这种境界。陶渊明在《饮酒》中云:"结庐在人境,而无车马喧。问君何能尔?心远地自偏。采菊东篱下,悠然见南山。山气日夕佳,飞鸟相与还。此中有真意,欲辨已忘言。"陶渊明"性本爱丘山",然而"结庐在人境",即便"在人境",他也同样可以"致虚极,守静笃",悠然而恬静,从远景"山气日夕佳，飞鸟相与还"中悠然融入自然。

大道至简，尚简是自然派艺术家共同的风格。老子指出："少则得，多则惑……以圣人抱一为天下试。"（《道德经》第二十二章）他认为："万物之始，大道至简，衍化至繁。""简"不是简单，而是单纯，自然派艺术家皆有一颗"童心"。李贽认为："夫童心者，绝假纯真，最初一念之本心也。""童心"是未受过外来影响的自然纯朴本性，真实而不虚伪。现代杰出画家齐白石，无疑是最有代表性的自然派艺术家。他的每一幅画之所以充盈着生命力，是因为在他笔下的意象中显示的是一颗永不泯灭的童心，以及与童趣俱来的浓厚的自然气息。齐白石画的多是一些田园里的蔬果、鸡鸭、鸟虫等等，这些从来是被文人们不屑一顾的"俗物"，但是在他却是乐此不疲的重要题材。齐白石是从田园里走出来的艺术家，他的心始终眷恋着田园。"为万虫写照，为百花传神"是他的艺术追求，诸如"田间捉蛐蛐儿""水塘捞鱼虾""泉里蛙声"等等。那些对大自然充满无尽好奇的童年记忆，始终无所拘束地流淌于他的笔下。在他的眼里，即使是画老鼠，也显得那般可爱，偷油吃，与猫逗，或者是丰年，丝毫没有给人阴暗、肮脏、恶心、憎恶之感。化丑为美，这正是他潜意识里童心"一气运化"的结果。齐白石的艺涯，如赵梅阳在《致先贤——妙造自然》一文中对他的评价："红花墨叶趣入胜，虾兵蟹将童心恒。"

自然派艺术尚简，这"简"还在于表现简约，其准则是要而不繁，切中肯綮，拙朴自然。构图虽简却包蕴着生活无限的丰富性，因而意趣无穷。再以齐白石的画为例。他的《雏鸡》，画面仅在下方五分之一处画三只小鸡，左上方五分之一处落题款，留下的是大片空白；《莲蓬蜻蜓》中，画面里两枝莲蓬，一枝竖立，一枝横生，在底部交叉，右上角是只精致入微的蜻蜓，便表现了秋思的意韵，构图可以说简到不能再简了。齐白石88岁时所作的《荷花翠鸟》，画面荷花丛里右边是一只翠鸟，好奇地盯住水中的鱼，左下角画的两条鱼，鱼形删繁就简，完全是孩子般的符号和思维表达，无忧无虑的活跃感却扑面而来。

简约是自然派艺术共同的风格。所谓一花一世界，一石一宇宙，一竹一人生。元代吴镇自题画竹一首绝句："始由笔墨成，渐次忘笔墨。心手两相忘，融化同造物。"元代画家倪瓒在《跋〈为以中〉画竹》说："仆之所谓画者，不过逸笔草草，不求形似，聊以自娱耳。"他的《渔庄秋霁图》，远景是荒凉丘峦，以及不着笔墨的广阔湖面，近景不过是处小坡丘，丘上数棵高树，树体错落而立，枝疏叶朗。画中不见舟影、飞鸟、人迹，一片空旷孤寂。山石树木皆用简笔淡墨皴擦，明净简约。倪画大多如此，疏林坡石，远水遥岭，着墨不多，但于枯涩中见丰盛，似疏荡而实遒劲。石涛评述："倪高士画为浪沙溪石，随转随注，出乎自然，而一段空灵清润之气，冷冷逼人，后世徒摹其枯索寒俭处，此画之所以无远神也。"①

---

① 伍蠡甫：《中国画论研究》，北京大学出版社，1983年版，第115页。

第六章　楚文化与现代文明

第一节　"道"与宇宙生成论

在世界上最早提出宇宙生成论的，是中国的道家学说。老子在《道德经》中指出：

天下万物生于有，有生于无。

道生一，一生二，二生三，三生万物。

老子的这段论述实际回答了宇宙生成的三个问题：宇宙由何而来？万物如何生成？初始的条件怎样？尽管老子当时对这三个答案没有作出严密的科学论证，只是对宇宙现象的一种理性直觉，带有很强的模糊性，但是它从哲理的高度勾勒出了清晰的框架，揭示了宇宙的生成过程。

宇宙由何而来？老子的解答是："有生于无"。老子这个观点被现代科学家所接受并加以论证。1927年，比利时天文学家和宇宙学家勒梅特经过长期天体观察，首次提出了宇宙大爆炸假说，认为"宇宙并非永恒存在，而是从虚无创生"，它是由一个致密炽热的奇点于137亿年前一次大爆炸后膨胀形成的。1929年，美国天文学家哈勃根据这个假说，提出星系的红移量与星系间的距离成正比的哈勃定律，并推导出星系都在互相远离的宇宙膨胀说。1946年，美国物理学家伽莫夫正式提出了宇宙大爆炸理论，认为宇宙由大约140亿年前发生的一次大爆炸形成。

　　万物是如何生成的呢？老子提出了生成的四个阶段，这四个阶段也被现代科学家一一证实。第一阶段："道生一"，即由"无"到"有"，宇宙形成出现。所谓"无"，根据大爆炸宇宙论，宇宙形成之前是一大片由微观粒子构成的均匀气体，以中子、质子、电子、光子和中微子等基本粒子形态存在，即由暗能量组成。这些存在混沌一体，没有任何形状。第二阶段："一生二"。这些暗能量堆积，一阴一阳互相冲突，致使密度及热度不断增高，不断地膨胀，最终导致宇宙大爆炸。宇宙爆炸之后，温度和密度很快下降。随着温度降低、冷却，逐步形成原子、原子核、分子。第三阶段："二生三"。这些元素复合成为通常的气体，即道家学说中的"气"。气体为"三"。第四阶段："三生万物"。这些气体向天空方向发展，逐渐凝聚成星云，星云进一步形成各种各样的恒星和星系，最终产生我们所看到的浩瀚宇宙；"三"向天地方向发展，逐渐形成地球上的各种各样的植物、动物、矿物以及人类，最终产生我们所看到的宇宙"万物"。

　　那么，宇宙万物生成的初始条件是什么呢？这是个难点，即关系到第一推动力的问题。牛顿认为"上帝是第一推动力"，这是牛顿时代科学家的共识。然而，老子认为："道生一"，"道"才是宇宙形成的初始条件。这个"道"就是"无"。老子说的"无"并不是不存在，而是一种"暗物质"。"暗物质"是一种不可见的物质。老子关于"无"的假设得到了现代科学的证实。

　　德国物理学家海森伯在《普朗克的发现和原子论的基本哲学问题》[1]一文中说："化学原先给不同的化学元素中的每一种规定了一个原子类型。而后卢瑟福的实验和玻尔的理论指出，化学家所谓的原子，是由一个核和一个壳组成的。三十年代的核物理学告诉我们，应该把原子核看作由质子和中子组成的一种结构。这样我们终于认识到，三种最重要的基本粒子，即质子、中子和电子，是一切物质的最终组成部分。可是后来的实验指出，此外还有许多其他种类的基本粒子，这些基本粒子和前面提到的那些基本粒子的差别，首先在于它们只能生存很短的时间，因为它们会很快发生放射性衰变，也就是说，转变成另一种粒子。这样，介子、超子被发现了，而且我们现在

---

[1] 《海森伯论文》，上海译文出版社，1978年版。

已经知道，大约有三十种各种不同的基本粒子，其中大多数只有很短的寿命。"海森伯还指出，这些基本粒子处于持续碰撞状态，碰撞的结果不是基本粒子分裂，而是在其巨大动能中产生新的基本粒子，从而能够转变为质量。因此他作出结论："现代物理学中的基本粒子，完全像柏拉图哲学中的基本粒子一样，能够相互转化。它们本身不是由物质所组成，但却是物质唯一可能形式。能量在它处于基本粒子形式时，在它以这种形式出现时，便变成了物质。"海森伯所说的"基本粒子"，无处不在但又是无形无迹的，实际上就是老子所说的"无"，即宇宙万物生成的"可能形式"。

接着的问题是，宇宙是在什么时候生成的呢？即宇宙由"无"到"有"的"爆炸点"。现代科学提出了"彭罗斯、霍金、爱里斯的奇异定律"。奇异定律引进了量子力学的理论，用新的方法研究，作出科学的设想：在宇宙爆炸之前，可能存在密度、压力、温度和空间曲率为无穷大的超简的物理状态，那是宇宙物质实际演化的开始。换句话说，这就是宇宙的奇点，也就是宇宙时间的开始。但是，爱因斯坦、波多尔斯基、罗森经过反复实验，三人发表《能认为量子力学对物理实在的描述是完备的吗？》，论证了如果有宇宙的奇点，那么只有两种可能：要么量子力学对实在的描述是不完备的，要么存在着一种神秘的超距作用。

英国宇宙学家霍金在上述科学研究基础上另辟蹊径，提出了"宇宙自足"的新的假设。"自足"就是宇宙的初始条件是由宇宙自身决定的。霍金从"无"入手，探讨从没有空间没有时间的状态如何产生出宇宙的空间和时间。霍金在《时间简史》一书中作了论述，其主要内容有两点：

其一，空间、时间有边界。他认为，在一般的条件下，空间和时间一定存在奇点，最著名的奇点即黑洞里的奇点，以及宇宙大爆炸处的奇点。在奇点处，所有定律以及可预见性都会失效。奇点可以看成空间、时间的边缘或边界。只有给定了奇点的边界条件，才能科学地得出宇宙从"无"到"有"的演化。但是这边界条件是什么，科学却无从解释，因而只能设定由宇宙外的造物主所给。于是，宇宙的形成又回到牛顿时代，科学再次困扰于造物主的第一推动力上。

其二，如果空间、时间没有边界，那就无所谓第一推动力了。这就可以用量子力学来解释。量子力学是20世纪初由普朗克、爱因斯坦、波尔等科学家创立的，它的一个重要观点是多宇宙说，即物质总是处于多种状态的叠加态，每一种状态都在各自的宇宙中平行发展。霍金认为，宇宙是量子态的一种基态，空间、时间可看成一个有限无界的四维面，宇宙历史就像地球的模型，人从北极向南极出发，永远不可能走到尽头，因为到了南极又会向北极进发，只不过多了两个维数而已。因此，可以说宇宙没有开端，它是自足的。按照"宇宙自足"假设，宇宙中的所有结构都可归结于量子力学的测不准原理所允许的最小起伏。这样，从一些简单的模型计算，便可以得出和天文观测相一致的推论，如星系、恒星等等的成团结构，空间的平行与时间的平行，以及时间的方向箭头，等等。霍金依据量子力学并综合已有的科学成果后，从他开初的有奇点的设想，最终否定了奇点的存在。

美国物理学家惠勒在宇宙起源上，从另一个科学角度对老子"无"的理念作了探讨，提出了"质朴性原理"。他受宇宙开始于一次大爆炸的启示，认为物理的定律也有一个从"无"到"有"的过程。他说："爱因斯坦广义相对论的成功，为当代科学开辟了另一个观念：从一个基本的方程将可推知一切。然而，这个概念也碰到了困难，因为它的假设，物理学的方程是被刻在一块坚硬的花岗岩上的，它是万古不变的。实际上，方程本身也是由大爆炸形成的。不仅粒子和场本身来自'大爆炸'，就连物理定律也来自'大爆炸'。大爆炸这一建造过程，完全是随机的。就像遗传变异和热力学第二定律一样，并没有一块预先刻定了的物理定律的花岗岩。"[1]惠勒提出物理学上的"质朴性原理"，指出"边界的边界为零"，试图建立"没有定律的定律"的科学理论体系。

现代科学对宇宙起源所作的一系列研究，提出的各种科学假设，及其认识发展、深入的过程，实际上是不断地深化证实老子关于宇宙起源说的假设。正如日本物理学家汤川秀对老子提出的"道可道，非常道"的规律所作的诠释[2]：

---

① 葛荣晋主编：《道家文化与现代文明》，中国人民大学出版社，1991年版，第244页。
② 葛荣晋主编：《道家文化与现代文明》，中国人民大学出版社，1991年版，第243页。

在伽利略和牛顿于17世纪发现物理学的新"道"之前，亚里士多德物理学就是公认的概念。当牛顿力学建立起来并被认为是正确的"道"时，牛顿力学就又成为唯一得到公认的概念了。20世纪物理学是从超越"常道"并发现新"道"开始的。今天，这种狭义相对论和量子力学形式下的新"道"已经变成"常道"了，甚至像第四维和几率幅这样奇特的概念，现在也几乎变成惯常的了，找出另一种非"常道"和另一些非常的概念的时间已经到了。如果照此理解，那么老子在二千三百多年前说的这些话就会获得一种非凡的新意。

第二节　"天地不仁"与进化论

关于宇宙万物的进化规律，老子在《道德经》中作过精辟的论述：

天地不仁，以万物为刍狗；圣人不仁，以百姓为刍狗。天地之间，其犹橐籥乎？虚而不屈，动而俞出。多言数穷，不如守中。

老子这段话的意思是："天行有常"，天地无所谓仁爱，对待万事万物就像对待刍狗一样，任凭万物自生自灭。所谓"刍狗"，就是用草扎成的狗，古代专用于祭祀，祭祀完毕，就把它扔掉或烧掉。圣人也不该讲仁爱，要像刍狗那样对待百姓，任凭百姓自作自息，自生自灭。天地之间，就像风箱一样，空虚而不枯竭，不断运动便不断生风。人为干涉只会加速衰退，因而不如"守中"，任其自然。

老子这里说的"天地"，是一个物理的、自然的存在，不以人类意志为转移的规律，自然界的一切事物，只能依照自然界的发展规律生长变化。老子对此用生活中的两件事加以解说，一是"刍狗"，一是风箱。说明"多言数穷，不如守中"，与其人为地折腾来折腾去，不如虚静无为，按照自然规律办事，任其自在生存发展。

　　严复是学贯中西的学者，近代著名的翻译家，他翻译的《天演论》，第一个将达尔文的物种进化理论介绍到中国。严复高度评价老子的思想，认为老子的"天地不仁"论"尽达达尔文新理"，将达尔文进化论包罗无遗，可以视作"天演开宗语"。①严复在《天演论·察变》中介绍了达尔文的核心思想：

　　天运变矣，而有不变者行乎其中。不变惟何？是名"天演"。以天演为体，而其用有二：曰物竞，曰天择。此万物莫不然，而于有生之类为尤著。物竞者，物争自存也，以一物以与物物争，或存或亡，而其效则归于天择。天择者，物争焉而独存。则其存也，必有其所以存，必其所得于天之分，自致一己之能，与其所遭值之时与地，及凡周身以外之物力，有其相谋相剂者焉。夫而后独免于亡，而足以自立也。而自其效观之，若是物特为天之所厚而择焉以存也者，夫是之谓天择。天择者择于自然，虽择而莫之择，犹物竞之无所争，而实天下之至争也。斯宾塞尔曰："天择者，存其最宜者也。"夫物既争存矣，而天又从其争之后而择之，一争一择，而变化之事出矣。

　　"物竞天择，适者生存"是达尔文提出的物种进化的基本原理。达尔文认为：竞争是物种自然的生态，物种能否生存由自然来选择，优胜而劣汰。他认为"天择"是无情的，不会让不适者同适者一样生存。严复认为，达尔文的进化思想与老子说的"天地不仁，以万物为刍狗"意思同出一辙。

　　对严复的判断，有学者质疑：达尔文说的"物竞"含有强烈竞争的含义，而老子的"无为"是反对竞争的，两者观点是不同的。其实，这里有个误会。老子说的"无为"特指"人道"。在老子学说中，"天道"与"人道"是分开的，各有各的规律。所谓"无为"，指的是人对"天地不仁"的"天道"不要去做人为的干涉。"物竞"本是一种自然的状态，例如老虎捕食麋鹿等生物，能捕食者生存，不能捕食者淘汰，这就是生存竞争。这类"物竞"不是人之能力可以干涉的，因为那是一种"天道"，人对"物竞"

———————
① 严复：《老子评点》，第5章，台北艺文印书馆，1984年版。

这种自然现象只能持"无为"的态度。如《天演论·察变》所说，"天择者择于自然，虽择而莫之择，犹物竞之无所争，而实天下之至争也"。

老子的这个思想，庄子进而加以发挥，深入到自然界生物的进化过程。庄子在《至乐》中对生物进化曾作过这样的假设：

种有几，得水则为继，得水土之际则为鼃蠙之衣，生于陵屯则为陵舄，陵舄得郁栖则为乌足。乌足之根为蛴螬，其叶为胡蝶。胡蝶胥也化而为虫，生于灶下，其状若脱，其名为鸲掇。鸲掇千日为鸟，其名为干余骨。干余骨之沫为斯弥，斯弥为食醯。颐辂生乎食醯，黄軦生乎九猷，瞀芮生乎腐蠸。羊奚比乎不箰，久竹生青宁；青宁生程，程生马，马生人，人又反入于机。万物皆出于机，皆入于机。

庄子认为：生物虽然多种多样，但皆起源于微小元素"几"。"几"这样东西，用老子的话来描述，那就是"视而不见，名曰夷；听之不闻，名曰希；搏之不得，名曰微。此三者不可致诘，故混而为一。其上不徼，其下不昧，绳绳兮不可名，复归于无物。是谓无状之状，无物之象，是谓惚恍。迎之不见其首，随之不见其后"（《道德经》第十四章）。"几"的元素，由于水的滋养便逐步衍生为生物，在陆地和水面交接处形成了青苔，进而蔓延到山陵高地，进化成为车前草。车前草获得粪土孕育成为乌足，乌足的根变化成土蚕，乌足的叶子变化成蝴蝶。蝴蝶很快又变化成为虫，名字叫作灶马。灶马一千天以后进化成为名叫"干余骨"的鸟，干余骨的唾沫长出虫子叫斯弥……青宁虫生出豹子，豹子生出马，马生出人，而人又返归造化之初的状态"几"。天地万物都产生于"几"，由"几"进化而来，最终又返归于"几"。

在上述关于生物进化的假设中，庄子实际提出了两个理念：一是生命的起源。现代进化论认为，生命的起源应当追溯到与生命有关的元素的起源，即可追溯到宇宙形成之初，通过所谓"宇宙大爆炸"产生了碳、氢、氧、氮、磷、硫等构成生命的主要元素谈起。这就是庄子猜想的"几"。一是物种的起源。现代进化论认为，生物是自然发生的，可以由非生物产生，或者由不相关的物体产生，如"肉腐生虫，鱼枯生蠹"。生物进化的大体过程是从水生到陆生，从简单到复杂，从低等到高等的过程。生物进化的谱系可以用一棵树来比喻：主干代表共同祖先，大小分枝代表相互关联的进化线系。谱系中的线系实际上包含两种意义的进化：一种进化是同一物种的进化，其进化规律是由简单到复杂，从低级到高级；另一种进化是物种遵循"适者生存"规律，为了适应环境而发生物种的变异，这线系分枝代表的就是各种变异的生物种类。在科学考证中，科学家已经从过渡型化石里发现了生物从爬行类到鸟类，从猿到人的进化踪迹。庄子在物种的起源上有三方面猜想：一、由水生物种到陆生物种"青苔""车前草"。二、物种变化，由"植物"演变为"动物"，"动物"中又不断产生新物种。三、一个物种内的进化，由简单到复杂，从低级到高级。这些猜想基本与达尔文进化论的观点相符合。

除了生物进化，庄子还有一个猜想，他在《寓言》中说："万物皆种也，以不同形相禅，始卒若环，莫得其伦，是谓天均。天均者天倪也。"他认为万物都是种子，以不同的形态相传接，开始和终了就像一个圆环，周而复始，没有端倪，这就叫自然的均衡。自然的均衡就是自然的边际。庄子认为，各类物种不是不变的，它们都有一个生死存亡过程，这个过程始终在循环往返。正因为存在这种"始卒若环"，万物才有各自的边际，生态才能自然地均衡。

严复在《庄子评点》中高度地评价庄子关于生物进化的发现。他说：

庄子于生物功用变化，实已窥其大略，致其细琐情形，虽不尽然，但生当二千余岁之前，其脑力已臻此境，亦可谓至难能而可贵矣。

第三节　"气"与现代热力学

气，是道家重要的思想。庄子在《知北游》里云："人之生，气之聚也。聚则为生，散则为死。若死生为徒，吾又何患！故万物一也。是其所美者为神奇，其所恶者为臭腐。臭腐复化为神奇，神奇复化为臭腐。故曰：'通天下一气耳。'圣人故贵一。"在《至乐》里又云：

> 察其始而本无生，非徒无生也而本无形，非徒无形也而本无气。杂乎芒芴之间，变而有气，气变而有形，形变而有生，今又变而之死，是相与为春秋冬夏四时行也。

道家的"气"说，经过宋明理学发展，大体形成了下述是三方面观点：第一，"气"乃万物之本源，它是微小的物质，起初以纯粹同质、无定的状态出现，是一种无形的存在。"气"与"道"实为一物，形而上为"道"，"道"是本；形而下为"气"，"气"是器。第二，由"气"形成万物。"游气纷扰，合而成质者，生人物之万殊。其阴阳两端，循环不已者，立天地之大义。"（张载《正蒙·太和》）"气"分化成形，异化成万物，产生阴阳二极转化运动。第三，宇宙万物虽然物体形态不同，但是"气"的无定性与同质性无所不在，演化在万物之中。宇宙万物，因"气"而延绵发展，既不断地创生变化，又相互发生联系，相互作用；物体形态，也因"气"而不断地存亡与转换。所以，宇宙万物虽然形形色色，变化万端，实际上就是庄子说的，"整个天下只不过同是气罢了"，皆是"气"的循环往返而已。[1]这"气"说的假设，在现代热力学中得到科学的验证。

能量守恒定律是现代热力学的第一定律。这定律告诉人们，自然界的一切物质都具有能量。在一个孤立系统，大到宇宙天体，小到原子核内部，能量是守恒的，既不能创造也不会消失，而只能从一种形式转换成另一种形式，从一个物体传递到另一个物体。在能量转换和传递过程中能量的总量是恒定不变的。能量转化有多样形式，既有物体运动的机械能、分子运动的内能、电荷运动的电能、原子核内部运动的原子能，也有生物的生理能、心理能，等等。不同形式的能量之间也可以相互转化。而且某种形式或物体的能

----

① 成中英《创生性范畴之分析——论怀德海与宋明儒学之类同与分野》，《中西文化异同论》，生活·读书·新知三联书店，1989年版，第115页。

量减少，一定有其他形式或物体的能量增加，且减少量和增加量一定是相等的。

人之生与死，实际上是生命能量转化的一种形式。庄子从"气"的高度认识到："生也死之徒，死也生之始，孰知其纪！"（《知北游》）人的诞生，是气的聚合，气的聚合形成生命，气的离散转化为它物质便是死亡。生与死是"气"从一种形式转化为另一种形式，一种物体转化为另一种物体。因此，"庄子妻死，惠子吊之，庄子则方箕踞鼓盆而歌"。惠子不解，责备他："不哭亦足矣，又鼓盆而歌，不亦甚乎！"庄子说："人且偃然寝于巨室，而我嗷嗷然随而哭之，自以为不通乎命，故止也。"死去的人返归天地，这本来是定数，为什么要嗷嗷然朝她哭泣呢！庄子持"气"说之真谛，对人之生与死抱着一种豁达的态度。然而，人非草木，孰能无情。庄子真的对妻的死亡无动于衷吗？事实并非像惠子所想象的那样。庄子的内心也是极度悲伤的，悲伤是一种心理能，若是郁结不发必然会影响到生理，生理系统一旦失去平衡就会使人致病，因而这能量总要宣泄出来。只不过庄子与常人的宣泄方式不同，常人是哭泣，而庄子是"箕踞鼓盆而歌"。庄子的"鼓"而"歌"何尝不是一种悲伤的形式呢？须知，"长歌当哭是必须在痛定之后的"（鲁迅《记念刘和珍君》）。

"力"是能量传递和转化的一种方式、一个途径。"力"是可以直观的，也可以是无形的，但是最终的结果相同，就是通过"力"来达到能量的传递和转化，使物体本身或物体之间达到一种平衡。如果达不到平衡，"力"就不会停下来，继续传递或转化能量。"力"的功能就是维持物体能量的平衡。因而，宇宙万物运转都离不开"力"的推动。

道家说的"气"，另一个内涵，就是现代热力学中说的"力"。庄子对"力"作过具体描述。他在《逍遥游》中云："《谐》之言曰：'鹏之徙于南冥也，水击三千里，抟扶摇而上者九万里，去以六月息者也。'野马也，尘埃也，生物之以息相吹也。天之苍苍，其正色邪？其远而无所至极邪？其视下也，亦若是则已矣。且夫水之积也不厚，则其负大舟也无力。覆杯水于坳堂之上，则芥为之舟；置杯焉则胶，水浅而舟大也。风之积也不厚，则其负大翼也无力。故九万里，则风斯在下矣，而后乃今培风；背负青天，而莫

311

之夭阏者，而后乃今将图南。"庄子在这里举了三个"力"的现象：一是在低洼上倒一杯水，水上放一株草，草如船一样浮起。一是在同一地方放一个杯子，水的浮力盛不起杯子，杯子就被洼地黏住了。一是大鹏往南方迁徙，在无穷的天地间腾飞，翅膀拍打水面，能激起三千里的浪涛，其风使大地尘埃及林木呈野马奔腾之状。这三个现象讲的其实皆是物理力，第一个是水的浮力，第二个是地球的万有引力，第三个是空气的反作用力。这些力皆是可以直观的。

还有一种"力"是无形的，例如孟子说的"我善养吾浩然之气"。人如何养"气"呢？老子说："为学日益，为道日损。损之又损，以至于无为。"（《道德经》第四十八章）养"气"的途径，一是"为学"，知识天天积累，越积累，知识越丰富。知识就是能量，"腹有诗书气自华"。二是"为道"，求道则要天天减少，减少抵销人的欲望与知识，减少又减少，最终臻达"无为"，如西方哲人尼采所说，"一个人真正的成熟，是重新走向孩子般的清澈"。老子认为只有做到"玄览""静观"，人的智慧焕发而接近真理，实现"无为而无不为"。

当然，道家之"道"与儒家之"道"不同，因而孟子对"为道日损"持另一种说法。《孟子·公孙丑上》云："夫志，气之帅也；气，体之充也。夫志至焉，气次焉。我善养吾浩然之气……其为气也，至大至刚；以直养而无害，则塞于天地之间。"孟子提出的是养儒家的浩然正气，要以"修身齐家治国平天下"之志统帅"气"，减少的是与"志"相悖逆的情欲与邪说。他认为，这样的"气"才能至大至刚，充塞于立功、立德、立言等"三立"之间。

无论是道家或是儒家，他们说的"气"，皆指人的心理能量。心理能量在形式上具有特殊性，它有许多载体。比如著作载体，司马迁在《报任安书》中说："古者富贵而名摩灭，不可胜记，唯倜傥非常之人称焉。盖文王拘而演《周易》；仲尼厄而作《春秋》；屈原放逐，乃赋《离骚》；左丘失明，厥有《国语》；孙子膑脚，《兵法》修列；不韦迁蜀，世传《吕览》；韩非囚秦，《说难》《孤愤》；《诗》三百篇，大抵圣贤发愤之所为作也。此人皆意有所郁结，不得通其道，故述往事、思来者。乃如左丘无目，孙子断足，终不可用，退而论书策，以舒其愤，思垂空文以自见。"司马迁说的"此人皆意有所郁结"，这"意"指的就是包括知、识、情、志等多个方面的心理能量。

历史上的经典著作都充塞着巨大的心理能量，人们阅读经典，实际上是一种心理能量的传递，它会转化为各种形式的精神力量。从时间上看，人类正是通过这种能量的传递，才能在文化发展史上进行持久的接力赛，一代传一代，形成惯性的文化创造力。从空间上看，经典的能量传递给社会人群，人群积蓄的能量如果爆发，就会对自然或社会产生巨大的冲击力。19世纪美国著名作家斯托夫人创作了《汤姆叔叔的小屋》，这本小说写的是当时美国南方黑奴生活的惨状。作品发表之后，其放射的能量，直接推动了美国的废奴运动和南北战争。1862年，林肯总统接见斯托夫人，讲话中盛赞她的著作："这位小妇人写了一部导致一场伟大战争的书。"

经典的能量也是超时空的，超民族的。孔子的《论语》缔造了中华民族仁爱博大之道德，虽然传承了2000多年，但其内在能量却仍然是生生不息，及今甚至呈现出燎原世界之趋态。1988年1月，75位国际诺贝尔奖获得者在法国巴黎向世人宣告："如果人类要在21世纪生存下去，必须回头到2500年前去汲取孔子的智慧。"

此外，由于宇宙万物间一"气"相通，万物之间的能量也始终在相互传递与转换。心理能量可以转化为物理能量，物理能量也可以转化为心理能量。两者能量的转化的中介就是"力"的结构。现代格式塔心理学通过实验证明，当人的心理与外物在"力"的结构上发生异质同构时，就会发生能量的转化关系。例如"梧桐更兼细雨，到黄昏、点点滴滴"的景物，会引发人的点点回忆，绵绵愁绪；"乱石崩云，惊涛裂岸，卷起千堆雪"的景物，会使人精神振奋，心潮澎湃；"一望几重烟水"的景物，则会给人蒙上几分惆怅，几分迷惘。

世界著名作家欧亨利在《最后一片树叶》里讲述了一个故事：有个病人躺在病床上，绝望地看着窗外一棵被秋风扫过的萧瑟的树，看着树上的树叶一片片枯黄凋落，仿佛自己的生命像树叶一样在消逝。他突然发现，在那棵树上，居然还有一片葱绿的树叶没有落。病人想，等这片树叶落了，我的生命也就结束了。于是，他终日望着那片树叶，等待它掉落，也悄然地等待自己生命的终结。但是，那片树叶竟然一直未落。病人由此产生了一个坚定的信念：只要那片树叶不落，我的生命就不会结束。结果，病人康复了，那片树叶依然碧如翡翠。病人痊愈之后，走出病房到那棵树下看究竟，才发现那片树叶是一片假树叶。原来是邻室的画家破解了他的内心秘密，知道他生命的信念维系在最后一片树叶上，因而制造了一片假树叶。正是这片假树叶，给病人注入了活下去的生命力。

第四节　"无为而为"与生态文明

　　人类社会自从走出初民的蛮荒时期，已经经历了农耕文明、工业文明、信息文明诸个历史阶段。人类的文明建设通常是以"征服自然，改造自然，让自然为人类服务"为根本宗旨，以破坏自然生态为代价的。在文明发展过程中，尤其是进入工业文明阶段之后，人类贪婪地无节制地向自然界索取与消费各种资源，人为地污染环境，严重地破坏了自然生态；而失去伦理约束的科研开发，比如克隆人、转基因等等，更是严重破坏了自然界正常运转与循环的内在机制，导致了人类自身的生存危机。从以往的人类文明史来看，人类文明的发展对自然生态的破坏是加速度的，如果说农业文明是"黄色文明"，那么工业文明则是"黑色文明"，文明发展越快，对自然生态破坏性就越大。迄今，自然生态问题已经成为全球性的问题，不仅是全球变暖、臭氧层遭到破坏，而且资源短缺，淡水危机，对于人类来说，恢复自然生态已迫在眉睫，不容迟疑。因此，生态文明——"绿色文明"的提出，与其说是人类文明发展的一个新阶段，不如说是人类为了共同的命运而所作的一种自我救赎。

　　生态文明建设，顾名思义，就是在文明的高度上恢复自然生态，在自然生态基础上发展文明。在人类文明发展史上，人与自然的关系，大体经历了三个阶段：第一是原始自然生态阶段。人类在自然面前"无为而为"，这

"无为"出自人的无能及对自然的敬畏，因而是自发的。第二是原始自然生态遭到破坏阶段。由农耕文明至工业文明阶段，人类在自然面前开始"有为而为"。这"有为"表现为人类按照自己的意志对自然进行改造，随着文明的发展，人的主体能力愈来愈强，对自然生态的破坏也愈来愈大。第三是现代生态文明阶段。在经历过对"无为"否定之后的实践，人类意识到"有为"是灾难的祸根，因而又否定"有为"，重新回归"无为而为"，与自然和谐相处。可以说，生态文明是在文明的高度上向原始的自然生态回归，即回归"无为而为"。区别在于这"无为而为"由自发变为自觉，由被动转化为主动。

老庄学说对"原始自然生态"作过一系列精辟论述。他们的论述不仅提供了关于自然生态的经典性的理念，而且对自然生态的基本规律作了奠基性的探索。虽然他们的理念更多的是直觉性的领悟，缺乏科学的精确分析，如老子自述的"惟恍惟惚"，但是他们的生态理念揭示了自然生态的原始本质，对于人类的生态文明建设，仍然具有指导性的意义。

什么是自然生态呢？

老庄认为，"自然"是一个宇宙的生态系统，是一个包括"天、地、人"的整体。老子说："道大，天大，地大，人亦大。域中四大，而人居其一。"（《道德经》第二十五章）老子以"域"说事，说明他是从自然系统来思考人类的。"域中四大"，人类是其中一大，既与天地并列，说明人类在万物中的特殊性，天道之外有人道。然而人道只是自然中的一"域"，与万物同样要受自然之"道"所制约。

在自然系统里，"道"为本原，"道生一，一生二，二生三，三生万物"，宇宙万物从无到有，都生发于"道"。"道法自然"，所谓"自然"，就是事物自生自发、自然而然的一种本然的状态。万物既然由"道"而生，因而宇宙间任何一种生命形式，从本质上说是一致的、平等的，"以道观之，物无贵贱；以物观之，自贵而相贱"（《庄子·秋水》）。

自然是个生态系统，之所以称之"生态"，是因为自然系统里所有事物是有机相连的，如老子所说，"有无相生，难易相成，长短相形，高下相盈，声音相和，前后相随"，是一个不可分割的整体。宇宙万物之间，有些联系很明显，例如一叶落而知秋，叶生叶落同季节变化相关；山雨欲来风满楼，狂风之后往往会有"山雨"，风与雨有着自然联系。有些联系却很隐晦，乃至混沌的，例如众所周知的蝴蝶效应，"一只南美洲亚马孙河流域热带雨林中的蝴蝶，偶尔扇动几下翅膀，可以在两周以后引起美国得克萨斯州的一场龙卷风"。其原因就是蝴蝶扇动翅膀的运动，导致其身边的空气系统发生变化，并产生微弱的气流，而微弱气流的产生又会引起四周空气相应的变化，由此引起一系列的连锁反应。老子认为这就是自然的生态，自然而然，"独立而不改，周行而不殆"，是不可逆转的客观规律。

因此，老子告诫人们对自然生态，必须遵循"无为而为"法则。老子认为"知常曰明，不知常，妄作，凶"，荀子也说"天行有常"，两人说的"常"皆指自然规律。人之所"为"要以"无为"为前提。所谓"无为"，即顺其自然规律，若是违反自然规律妄作非为，破坏"生态"，就会带来灾难，遭到自然的惩罚。老子这一警告，至今仍有现实意义。这些年来我们所见闻的"妄作"之"凶"事例，可以说不知其数。

例如20世纪50年代后期三门峡水库的修建，当时是在"人定胜天"的信念中上马的，提出这座水库的修建既要发电、灌溉、航运（维持下游水深1米），还要让千年黄河的"黄"水变"清"。但是，事与愿违，水库的修建破坏了黄河的"生态"，不仅黄河没有变"清"，发电、灌溉、航运等期望的效益也皆落空。而且由于水库周围地下水位提高，造成耕地盐碱化50多万亩。水库蓄水导致塌岸淹没，毁坏了周围85多万亩肥沃耕地，毁掉了中华民族文化发祥地的珍贵文化遗迹，并致使40多万人因水库的修建而被迫移民迁往山区、沟壑区及偏远地区。由于水库的拦截，黄河泥沙全部沉积在从潼关到三门峡的河道里，潼关的河道抬高，渭河成为岌岌可危的悬河；最严重的后果是直接导致黄河下流常年断水。因而，三门峡水库自修建以来不得不持续地投入大量的人力物力一再进行改建与修补。

那么，怎样才是自然之"常"？老子作了具体阐述：

其一，"知和曰常"。"生态"，指的是自然系统内万物有序的自然而然的状态，它始终在"平衡—不平衡—平衡"中运动着。运动之源是系统内事物的"对立统一"。老子说："万物负阴而抱阳，冲气以为和。"事物与事物之间都存在阴阳两极，它们既是统一的，又是对立的，而物极必反，不断地相互转化。当阴阳相和时，事物处于"和"的平衡状态，一旦阴阳失调不"和"，就会走向不平衡，"生态"便因失"常"而发生灾难。此时，"天无以清，将恐裂；地无以宁，将恐废；神无以灵，将恐歇；谷无以盈，将恐竭；万物无以生，将恐灭；侯王无以正，将恐蹶"。

其二，"复命曰常"。老子指出："夫物芸芸，各复归其根。归根曰静，是谓复命。"自然系统失"和"之后，系统内部通常会通过自我调节来修复自然。所谓"离离原上草，一岁一枯荣。野火烧不尽，春风吹又生。"灾难过后，"生态"会自然地"复归其根，归根曰静"，重新趋于平衡的状态。自然的"生态"具有自我调节的功能。

但是，这种自我调节能力是有限度的。人们通常把自然生态系统所能承受压力的极限称为"阈限"。例如，草原有一定的载畜量，超过了载畜量的最大"阈限"，草原就会退化；森林有一定的采伐量，采伐量超过了生长量的"阈限"，就会造成森林的衰退；同样，污染物的排放量不能超过环境的自净能力，否则就会造成环境污染，危及生物的正常生活，甚至造成死亡等。因此，老子提出一系列"生态"法则：

"知止不殆"。这"止"就是"阈限"。凡事必须适度，一过度，自然生态就会失去平衡。自然生态中有一项是生物链，比如：植物长出的叶和果为昆虫提供了食物，昆虫成为鸟的食物源，有了鸟，才会有鹰和蛇，有了鹰和蛇，鼠类才不会成灾……当动物的粪便和尸体回归土壤后，土壤中的微生物会把它们分解成简单化合物，为植物提供养分，使其长出新的叶和果。生物间这种相互依存的链锁关系，其功能就是使各种生物的数量保持在自然生态所能承受的"阈限"之内。生物链建立了自然界的健康循环。倘若生物链断裂，生态便会遭到破坏。1958年全民动员"除四害"，麻雀被列入"四害"之一，遭到大规模消灭。麻雀本是害虫的天敌，是生物链中的一个环节，由于麻雀灭绝，导致虫灾泛滥，进而造成粮食歉收，人类饥馑因此接踵而至。

"知足不辱"。人要克制贪欲，不要无节制地向自然界索取。老子警告人类："祸莫大于不知足，咎莫大于欲得。"这方面古人也早就意识到了。荀子在《王制》中说："圣王之制也，草木荣华滋硕之时则斧斤不入山林，不夭其生，不绝其长也；鼋鼍、鱼鳖、鳅鳝孕别之时，罔罟、毒药不入泽，不夭其生，不绝其长也；春耕、夏耘、秋收、冬藏，四者不失时，故五谷不绝而百姓有余食也；污池渊沼川泽，谨其时禁，故鱼鳖优多而百姓有余用也；斩伐养长不失其时，故山林不童而百姓有余材也。"只有限制人们乱伐林木，不准捕捉产卵的鱼鳖，保持自然生态，人类才能"有余材""有余用"，才能正常地生存，持续地发展。

自然浩瀚，难以穷尽，人的认识总是有限。老子说："知不知，尚矣；不知知，病也。是以圣人之不病，以其病病也。夫唯病病，是以不病。"知道自己有所不知，这是自知之明。不知自以为知，就很糟糕。庄子在《徐无鬼》中进而阐述："人之于知也少，虽少，恃其所不知，而后知天之所谓也。"由不知而达到知，由知之少而知之渐多，于是"知大一（天），知大阴（地），知大目（物种），知大均（联系与平衡），知大方（生存方式），知大信（规律性），知大定（稳定性），知至矣"。人类只有经过不断地实践和探索，才能真正掌握自然规律，臻达"知至矣"，此时才能掌握自然之"道"，做到"无为而治"。

2500多年前老庄学说关于自然生态的思想，今天被世界科学家们普遍认同。美国物理学家卡普拉在《非凡的智慧——与卓异人物的对话》中说："在伟大的诸传统中，据我看，道家提供了最深刻并且最完善的生态智慧。它强调在自然的循环过程中，个人和社会的一切现象和潜在两者的基本一致。"

附录一

论楚文化对巴蜀文学的影响

陈　涛

　　文化是人的生活方式，文化精神则是文化的灵魂与本质。所谓文化精神，指的是人的信仰理想、思想方式、价值取向、审美情趣，一切文化只是文化精神的不同表现形式。从人类文明史上看，文化精神的形成是一个民族文明诞生的标志。

　　中华文明始于《易经》。《易经》自伏羲始创至周公完成，经历了3000多年的孕育；而后，先秦诸子百家以《易经》为纲构建成了中华文化精神系统。据钱穆先生观点[①]，中华文化精神系统具有三个层次：一是君道。"以狭义的国家富强为出发点"，主张"加强君权""缘法而治""富国强兵"，倡导者是法家、兵家、纵横家，代表人物有商鞅、韩非、公孙衍、张仪等人。他们大多是三晋（魏国、韩国、赵国）人士，因而可以归为三晋文化。二是人道。"注意及于整个之社会，全部之人生""为整个社会谋彻底之改进"，主张"克己复礼""仁义道德""兼爱非攻"，有儒家、墨家，代表人物有孔丘、孟子、墨翟等人。他们大多是齐国、鲁国人士，因而可以归为齐鲁文化。三是天道。"老庄道家主言天道"，主张"道法自然""回归自我"，代表人物有老子、庄子等人。老、庄都是楚国人士，因此，可以归为楚文化。由于这三个层次的文化精神出自同源，按钱穆先生"和合

---

① 钱穆：《秦汉史》，第99页，《现代中国学术论衡》，广西师范大学出版社，2005年版，第52页。

论"，它们的差别只在于侧重国家、社会、生命不同的文化层次，相互存在着兼容并包情况，不过因为主次不同，同一种文化现象在不同层次，精神性质上却存在着差异。

什么是楚文化呢？在中华文明中，影响最深远的是儒、道两家。这里于儒、道两家比较中加以阐述。儒、道两家的出发点都是"人"，差异在于儒家将人置于社会中，是入世的，讲"功名利禄"；道家将人置于自然中，是出世的，讲"清静无为"。儒、道两家都有强烈的忧患意识。儒家的忧患在于因社会"礼崩乐坏"，而追求"修身齐家治国平天下"；道家的忧患在于生命受人为束缚，而追求回归自然，崇尚陶渊明式的隐逸。儒、道两家皆注重文学，儒家的文学主张是"发乎情，止乎礼义"，倡导《诗经》方式的现实主义，要求文学起到"兴、观、群、怨"的审美劝世功能；道家的文学主张是"物我合一""表现自我"，倡导屈原《楚辞》方式的浪漫主义，实现"乘物以游心"的率性人生——艺术境界。中华文明是个博大开放的文化系统，及至汉代，楚文化吸纳了印度之佛学①，将佛学融入了中华文化系统，中华文明由此形成了"儒学治世、佛学治心、道学养性"的文化传统。可以说，在中华优秀文化传统中，楚文化居于极为重要的地位。

钱穆先生曾这样叙述先秦时期秦国的文化状况，"秦人僻居西土，就文化而言，较东方远为落后""秦人本无其之文化传统，皆自东方移殖"②。巴蜀之地封闭，且更处秦国之西，其文化传统同秦人一样，也"皆自东方移殖"。本文着重论述巴蜀文学在中国文学史上出现的五次高峰，及来自东方的楚文化对这五次高峰形成的深刻影响。

一

有文字记载的巴蜀文学，始于西汉。西汉文学以王褒、扬雄、枚乘、司马相如为"四大家"，其中三大家出自巴蜀。可以说，巴蜀文学史虽然自

---

① 梁启超认为："佛教实产育于老庄学派最发达之地……当时实认佛教为黄老之支与流裔也。"梁启超：《佛学研究十八篇》，广西师范大学出版社，2005年版，第32页。
② 钱穆：《秦汉史》，广西师范大学出版社，2005年版，第100—109页。

汉代才翻开首页，但出手不凡，一开始就登上了中国文学"汉赋"时期的高峰。

巴蜀文学"三大家"的崛起与楚文化有着密不可分的联系。据《史记·项羽本纪》记载，楚国被秦国灭了之后，楚国的南公预言："楚虽三户，亡秦必楚。"历史最终证实了南公的预言。这"三户"的第一户是揭竿起义的农民领袖陈胜，陈胜是楚人，他建立的政权称为"张楚"；第二户是楚国贵族项羽，他率江东子弟渡江抗秦，建立的政权称为"西楚"；第三户是楚国小吏刘邦，秦亡后，刘邦统领群雄，建立了大汉王朝，刘邦将楚地神灵东皇太一封为华夏最高神。

汉王朝在其建立之初，从刘邦至窦太后为了纠正秦朝暴政之遗祸，让民休养生息，他们所执的政治原则是"黄老之术"。《史记》记载："窦太后好黄帝、老子言，帝及太子、诸窦不得不读《黄帝》《老子》，尊其术。"所谓"黄老之术"，其实是借黄帝之名，崇老庄之学，施行"无为而治"。因而，汉初半个多世纪中，形成了以楚文化为核心的中华文化精神，中国出现了"文景之治"的繁荣景象。

正是在汉初盛世开辟的文化沃土上，巴蜀的第一批文学家闪光亮相，登上文坛。他们以自己独特的才华，创作了一批光耀千古的"汉赋"经典之作，使"汉赋"不仅成为汉代时兴的文体，而且作为中国传统文学的瑰宝，传承至今。

司马相如（约前179—前118年），字长卿。清代《四川通志》记载："汉司马相如成都人，侨居蓬州（今四川蓬安）。"司马相如是汉赋的奠基人，被刘勰称为"辞宗"，被现代文学史家称为"赋圣"。司马迁在他的《史记》中给文学家立的传只有两篇，一篇是《屈原贾生列传》，另一篇就是《司马相如列传》。

司马相如谙通老庄学说，不拘礼法，崇尚自然，其个性张扬与庄子"原天地之美"一脉相承。司马迁在《司马相如列传》中记述：他"虽进仕"，但为了保持自我，处世淡泊，"不慕官爵"，凡事持"举世誉之而不加劝，举世非之而不加沮"（《庄子·逍遥游》）之态度，对权门利禄之气、奢侈之风甚为反感，故常"称病闲居"，后来干脆"病免在家"；司马相如甚至不顾礼法，与卓文君私奔，当垆卖酒。

《子虚赋》《上林赋》是司马相如的代表作。此赋创作之时汉朝已进入盛世，宗室公卿私欲横流。司马相如秉承老庄"少私寡欲"的思想，目睹现实，深为忧患。他在这两篇赋中通过子虚、乌有先生与亡是公的争论，极尽铺陈夸饰楚国的云梦泽和上林苑的"巨丽"，以及汉天子游猎的盛况，最后笔锋一转，写汉天子在"酒中乐酣"之时幡然省悟，"此大奢侈……非所以为继嗣创业垂统也"。于是下令撤酒罢猎。两篇赋以"颂"作"讽"，"其卒章归之于节俭"。

王褒（前90—前51年），字子渊，西汉蜀郡资州（现四川资阳雁江区昆仑乡墨池坝）人。他精通六艺，娴熟《楚辞》，崇敬屈原而作《九怀》。《九怀》后被收入《楚辞》。他的名作《洞箫赋》，将汉赋的题材由游猎、女色引向雅品文物，从政治上讽谕规诫转向纯粹的审美。"美是自由的象征"，王褒在该赋中表达了老庄"天地与我生，而万物与我为一"思想，于"洞箫"中作诗意的栖居，将汉赋引向了纯文学化。

扬雄（前53—18年），字子云，西汉蜀郡成都（四川成都郫都区友爱镇）人。他是继司马相如之后西汉最著名的辞赋家，所谓"歇马独来寻故事，文章两汉愧扬雄"。扬雄习老庄之道，曾作《太玄》。他模仿司马相如作《甘泉赋》《羽猎赋》，极言汉王朝之盛景，因而得"扬马"之誉。然而世道中变，王莽篡权后，扬雄不愿趋炎附势，辞官归隐，自甘淡泊，作《解嘲》赋："当今县令不请士，郡守不迎师，群卿不揖客，将相不俯眉。言奇者见疑，行殊者得辟。是以欲谈者卷舌而同声，欲步者拟足而投迹。"

"汉赋"由"楚辞"发展而来，具有很强的浪漫主义色彩，气势磅礴，铺张扬洒。但巴蜀文学家不只局限于"楚辞"，他们创作的"汉赋"吸取了中原"诗经"的许多元素，在艺术上对"楚辞"作了"拓宇"：比如"楚辞"旨在抒情，"汉赋"敷演为叙事的形式，专事描写铺陈；"楚辞"一般通篇押韵，"汉赋"则韵散结合，不讲究押韵；"楚辞"发自于内心的需要，真情毕露，"汉赋"则追求艺术技巧，讲究辞藻华丽。司马相如因此将"汉赋"的特征作如此艺术归纳："合綦组以成文，列锦绣而为质。一经一纬，一宫一商，此赋家之迹也。"然而，在师事老庄雄厚豪迈、汪洋恣肆之气，秉囊括天下、吞吐宇宙之性上，"汉赋"与"楚辞"一脉相传，正如司马相如所说："赋家之心，苞括宇宙，总览人物，斯乃得之于内，不可得而传。"①

二

在唐王朝300年中，道家始终得到了官方崇奉。唐朝皇帝姓李，老子也姓李，于是攀亲附宗，尊老子为"圣祖"，奉道教为国教。唐高宗尊奉老子为"太上玄元皇帝"。唐玄宗时对道教进行了改革，剔除天师巫术迷信色彩，发展道家义理，向老庄思想回归。楚文化的人文精神因此在全国范围内，尤其是在道教发源地巴蜀得以弘扬光大，巴蜀文学也因此而出现了第二个高峰。

陈子昂（659—700年），字伯玉，四川射洪人，"初唐四杰"之一，诗文革新之先驱。宋·刘克庄《后村诗话》云："唐初王、杨、沈、宋擅名，然不脱齐梁之体，独陈拾遗首倡高雅冲淡之音，一扫六代之纤弱，趋于黄初、建安矣。"陈诗不仅秀毓巴蜀，并且开启了唐诗一代新风。

《登幽州台歌》是陈子昂的代表作："前不见古人，后不见来者。念天地之悠悠，独怆然而涕下。"此诗与楚辞《远游》"惟天地之无穷兮，哀人生之长勤。往者余弗及兮，来者吾不闻"遥相呼应。却更加意境卓异，诗中诗人在恍兮惚兮的宇宙之中，充沛着无穷力量而孤傲独立，抒述着对永恒的渴望。陈子昂的诗颇多老庄玄学韵味，尤其是最负盛名的《感遇诗》，沈德潜说它："感于心，困于遇，犹庄子之寓言也，与感知遇意自别。"②

唐诗中最负盛名的是李白。李白（701—762年），字太白，出生于蜀郡绵州昌隆县（今四川江油青莲乡）。李白生活于唐朝由盛转衰时期，他的诗从不同侧面表现了盛唐气象及其隐在的危机。他的代表作有《望庐山瀑布》《行路难》《蜀道难》《将进酒》《梦游天姥吟留别》等，均是千古传诵的

---

① 刘歆：《西京杂记》，卷二，中华书局，1985年版。
② 沈德潜：《唐诗别裁》，卷一注，中国致公出版社，2011年版。

名篇。李白还开创了词的风气，在词史上享有极高的地位。李白存世的诗词文千余篇，其文学成就达到了盛唐诗歌艺术的巅峰。

李白生平虽有儒家入世追求，欲建功立业，为国效劳，但更受道家出世影响。或者说，他就是个道人，追求"清静无为""返璞归真"。李白混迹官场时，怀抱"志在清中原"大志，忧国忧民，也曾获得皇帝玄宗的赏识。但由于李白不改率真自由的个性，豪放不羁，倜傥不群，不艳羡荣华富贵，最终不被权贵所容，只得发出"行路难，归去来"的叹息，浪迹山水，寻仙访道。

李白的诗富有自我表现色彩，气势磅礴，汪洋恣肆，纵横飞动。他将屈原、庄子的艺术风格融会一体，形成了自己雄奇、飘逸、奔放的独特风格。"兴酣落笔摇五岳，诗成笑傲凌沧洲。"（《江上吟》）"俱怀逸兴壮思飞，欲上青天揽明月。"（《宣州谢朓楼饯别校书叔云》）想象丰富，意境奇妙，语言豪放，故杜甫赞李白"笔落惊风雨，诗成泣鬼神"。如果说屈原是中国浪漫主义诗坛上的第一个高峰，那么李白是继屈原之后，出现在中国诗坛上的浪漫主义的又一个高峰。

在唐诗史上，唯一能与李白相并列的是杜甫。杜甫是河南巩县（今河南巩义）人，照例说来，他与巴蜀文苑无关。然而，自唐安史之乱后，杜甫便入川避难，先后辗转迁居于成都、宜宾、重庆、夔州等地近十年。杜甫一生写了1400余首诗，仅在成都就创作了475首，后到夔州（现重庆奉节），他又写了410首诗。这就是说，他人生中有三分之二的创作是在巴蜀完成的，理当属于巴蜀文学的一部分。

杜甫的创作道路可以分为前后两期，诗歌风格迥然不同。入川之前，杜甫的思想核心是儒家的仁政思想，具有"致君尧舜上，再使风俗淳"的宏伟抱负，热衷于建功立业。此时期，他经邦济世，抨击黑暗，创作的诗歌具有鲜明的现实主义精神，诸如《春望》《北征》《三吏》《三别》等都是这时期的名作，因此他的诗歌被后人称作"诗史"。但是，入川之后，杜甫思想随着人生的挫折与窘困发生了变化。"天下有道则见，无道则隐"（《论语·泰伯》），此时他不再受功名羁绊，"疏懒为名误，驱驰丧我真"（《寄张十二山人彪三十韵》），而接受了回归本性、顺应自然的老庄思想。杜甫写于"草堂"的《为农》一诗，可以说是他弃儒归道转变的标志。

而后的诗，如《江亭》所抒述："坦腹江亭暖，长吟野望时。水流心不竞，云在意俱迟。"杜甫已完全淡然物外。尽管有时他也因自己生活的窘迫而心系苍生，作《茅屋为秋风所破歌》之类诗歌，但从总体来看，他已化作陶渊明式的隐士形象。

三

　　宋代，巴蜀文学出现了苏轼这样杰出的文学家，再次登上了中国文坛的高峰。

　　苏轼（1037—1101年），字子瞻，号"东坡居士"，眉州眉山（今四川眉山）人。现传他诗词3000多首，诸如《水调歌头·明月几时有》《念奴娇·赤壁怀古》《题金山寺》《题西林壁》《江城子·乙卯正月二十日夜记梦》等等皆是传世佳作。在北宋文坛上，苏轼的诗词赋堪称一绝。王士祯认为："汉魏以来，二千余年间，以诗名其家者众矣。顾所号为仙才者，唯曹子建、李太白、苏子瞻三人而已。"苏轼的散文著述也宏富，现存4000余篇。他的《赤壁赋》《后赤壁赋》提供了文赋的典范，《石钟山记》《思堂记》别开游记生面，《潮州韩文公庙碑》《方山子传》皆是碑传文难得的佳作。他的书简、随笔信笔抒意，自由活泼，是明清小品的滥觞，而政论、史论、奏议，虽属广义散文，不仅说理透辟，气势雄浑，而且文采奕奕。

　　苏轼身上兼容儒、释、道三家学说，他在对苏辙的祝寿诗中写道："君少与我师皇坟，旁资老聃释迦文。"明确说明他的思想以儒为宗、兼容释道。实际上，老庄道学对苏轼影响甚深，苏辙在《亡兄子瞻端明墓志铭》一文中曾谈到，东坡年轻时，"初好贾谊、陆贽书，论古今治乱，不为空言。既而读《庄子》，喟然叹息曰：'吾昔有见于中，口未能言，今见《庄子》，得吾心矣'"。苏轼的人生是波浪形的，从儒处起，从道处伏，起伏不定。起时他以儒子自居，经世济民，但仕途坎坷，屡遭贬谪，如他《自题金山画像》所云："问汝平生功业，黄州惠州儋州。"而每当处于政治低谷时，他便栖居老庄之学，以乐观豁达的态度对待事物，顺应自然，超然物外，赋诗作文，由"绚烂"而归于"平淡"。苏轼的名作大多出自他人生低谷时候。到了晚年，苏轼看破红尘，产生了陶渊明归隐田园的思想，"何时归耕江上田，一夜心逐南飞鹄"（《二十七日自阳平至斜谷宿于南山中蟠龙寺》）。如苏辙在《东坡先生墓志铭》中说："公诗本似李杜，晚喜陶渊明。"

对文学，苏轼有自己的观点。他说："吾所为文，必与道俱。""文以载道"本是儒家的主张，认为诗文当"传先王之道，论圣人之言""救治人弊"。然则苏轼说的"道"，内涵已变，它泛指老庄的自然之道。他在诗文中不断表现"以无为道"和"道贯万物"的思想，比如《墨花》中的"造物本无物，忽然非所难"，《次荆公韵四绝》中的"细看造物初无物，春到江南花自开"。他说的"造物"即"道"，"道"是无形的，不可见闻而又无处不在，"道"无为而无不为，这正是老庄的思想。

在北宋，巴蜀文学高峰的代表人物不只是苏轼一人，而是一门"三苏"，即还有苏轼之父苏洵、其弟苏辙。虽然在诗词成就上，苏洵、苏辙不及苏轼之高，但在散文创作上，他们并驾齐驱，各有千秋。苏洵散文纵横恣肆，古朴简劲，凝练隽永，具有雄辩的说服力；苏轼散文纯真自然，平易明畅，词简情真，似行云流水，一泻千里；苏辙散文朴实淡雅，汪洋淡泊，波澜起伏，蕴有一唱三叹的秀杰深醇之气。由于"三苏"散文各具灵性，皆取得极高的成就，在文学史上影响深远，因而俱被列入"唐宋散文八大家"。

"三苏"的文学成就与他们开创的"三教（儒、佛、道）合一"蜀学思想是分不开的。"三苏"的蜀学要旨是：天地日月，圣人道德，均归于"一"，"一"即"道"；物各有性，物性即自然，自然即合理；文以情为本，情是性之动，性至于是即为命，情、性、命同处一体，故"圣人之道出于人情"。[①]显然，"三苏"倡导的蜀学，核心是"道"，此"道"是超越天、地、人秩序的至高之道，更接近于老庄学说中的"自然之道"。可以说，"三苏"的文学创作实践了他们的蜀学，顺其自然，率性而为，"缘于情"而"归于道"，所以才得以才华焕发，臻达至境。

---

① 冷成金：《试论"三苏"蜀学的思想特征》，《福建论坛（人文社会科学版）》，2002年第2期。

四

时至明代，巴蜀文学沉默了数百年之后又应运而生，呈现出一个高峰，其代表人物是杨慎。杨慎是明朝著名文学家，居"明代三才子"之首。现代著名学者陈寅恪认为："杨用修为人，才高学博，有明一代，罕有其匹。"

杨慎（1488—1559年），字用修，号升庵，四川新都人。《明史·杨慎传》："杨慎博物洽闻，于文学为优。"他在文学上的成就是多方面的，现存诗词约2300首。明末著名文学家王夫之称他的诗词"三百年来最上乘"，清代王士禛则评述："明诗至杨升庵，另辟一境，真以六朝之才，而兼有六朝之学者。"此外，杨慎广涉文学各领域，在杂剧、弹词、小说、民歌谣谚上都留下了数量众多的作品，尤其在文、史、哲笔记上取得了极高的成就。明代思想家李贽在《续焚书》中说："升庵先生固是才学卓越，人品俊伟。然得弟读之，益光彩焕发，流光百世也。岷江不出人则已，一出人则为李谪仙、苏坡仙、杨戍仙（即杨慎），为唐代、宋代并我朝特出，可怪也哉！"

杨慎年轻时科举及第进入仕途，获得朝廷重用，荣极一时。但他是个诤臣，刚正不阿，直言劝谏"议大礼"，因而失欢于皇上，又结怨于权宦，被贬云南38年，至死未得赦免。在云南流放期间，他归依老庄"清净无为"的出世思想，从"修齐治平"的樊笼中解脱出来，潜心著述，放情山水。杨慎一生著作400余种，大多写于这个时期。

在流放途中，杨慎作《临江仙·滚滚长江东逝水》，这首词因被毛宗岗父子评刻《三国演义》时放在卷首，而广为人们传诵。《临江仙》纵观历史兴衰更迭、英雄豪杰是非成败，表现出一种大彻大悟的人生观。可以说，这首词在杨慎人生转折中具有标志性的意义，如有学者所揭示：这首词意味着杨慎的"精神信仰由孔孟之儒学向老庄之道学倾斜；价值取向由汲汲仕进向淡泊功名回归；具体行为由谨遵礼教向不拘小节转变。在实施整合过程中充分突现杨慎在不同人生阶段价值体系的儒道互补原则"[1]。

---

[1] 曾绍皇、吴波：《〈廿一史弹词〉与杨慎人生价值体系的自我调整》，《中国文学研究》，2006年第4期。

及至晚年，杨慎乡愁日浓，产生了陶渊明式的归隐思想，"归去来兮，半生歧路，天涯南北西东"（《满庭芳·效东坡作》），"流连两鬓霜华，且烂醉，东篱菊花。不学江州，青衫司马，泪满天涯"（《柳梢青·李菊亭将军席上》）。

五

进入现代后，巴蜀文学在中国文学史上再现一个高峰，其代表人物是郭沫若。

郭沫若（1892—1978年），原名郭开贞，四川乐山沙湾镇人。郭沫若与鲁迅同是五四新文学的奠基人，鲁迅是伟大的现实主义作家，郭沫若是杰出的浪漫主义诗人。郭沫若在文学上的建树是多方面的，但突出的是两方面：一是新诗，他的新诗集《女神》"开一代诗风"，是中国现代新诗诞生的标志。诗集《女神》中有许多诗歌，诸如《天狗》《凤凰涅槃》《地球，我的母亲》等皆是传世名作。二是历史剧，他创作了《屈原》《虎符》《蔡文姬》等十多部优秀历史剧，并形成了自己独到的历史剧理论，成为中国历史剧大师。

在现代巴蜀作家中，郭沫若无疑是受楚文化影响最大的作家。"屈子是吾师"，如他所述，他的一生以屈原为榜样，学习屈原的精神与艺术。他写有《屈原》《屈原的艺术与思想》《评离骚的精神》等论著，生平以现代屈原自况。在他的历史剧《屈原》中，郭沫若更与剧中屈原化为一体，借剧中人物直接抒发自己愤世嫉俗的情感。直到离世之前，郭沫若还集《离骚》原句，写了一副对联："集芙蓉以为裳，又树蕙之百亩；帅云霓而来御，将往观乎四荒。"以表示自己是传承屈原的弟子。

郭沫若的浪漫主义不仅与屈原一脉相承，而且受到泛神论影响。在《女神》中，诗人实践了泛神论，强调"表现自我"，将自我与大自然的一切相通，达到物我无间，物我合一，从思想艺术上实现了"极端的自由，极端的自主"。他从神话与自然中汲取意象，展开奇特的想象，通过全新的诗境吹响了狂飙突进的时代号角，使《女神》成为五四时期一座浪漫主义的奇峰。

　　郭沫若的泛神论思想虽然来自西方的斯宾诺莎，但是他所作的理解已经被老庄学说"同化"："泛神便是无神。一切自然只是神的表现，自我也只是神的表现。我即是神，一切自然都是我的表现。人到无我的时候，与神合体，超绝时空，而等齐生死。"[①]前两句是斯宾诺莎的基本观点，后一句则超越了斯宾诺莎，表现出道家"返归自然"的思想，他将斯宾诺莎的"神"与老庄的"道"统一了起来。故郭沫若在《女神·三个泛神论者》中说："我爱我国的庄子，我爱荷兰的斯宾诺莎，我爱印度的加皮尔，我爱他们的泛神论。"

　　综上所述，巴蜀文学在中国文学史上开创了"五个高峰"，其代表作家皆是文学史上"开一代新风"的顶级人物，他们的创作道路几乎无一例外地受到了楚文化的影响。他们的文学成就之所以与楚文化相关联，究其原因，大体有三方面原因：一、巴蜀之地具有深厚的楚文化土壤。自汉朝始，张陵在成都青城山创立了道教，经过唐、宋、元、明、清的发展，道教在巴蜀各地蔚然成风。道教的思想内核就是老庄学说，不过它是道家思想宗教化的产物。从某种意义上说，是道教在巴蜀普及了楚文化。二、巴蜀文学高峰的代表作家皆是走仕途的人物。他们达则入世，"克己复礼"，经邦济世，立功立德；穷则出世，"回归自然"，豁达人生，著书立言。他们的人生总是"达"少"穷"多，而每当他们失意之时，楚文化就成为他们最佳的人文栖息地。三、文学本是作者之一部生活史、心灵史。楚文化的文化精神蕴含着天人合一、率性求真的内核，具有自然的审美原理，符合文学的本身规律。因而文学天才一旦接受了楚文化，天才便会爆发出最大的能量，创造出文学的奇迹。

《内江师范学院学报》2019年第7期

---

① 《郭沫若全集》，人民文学出版社，1977年版，第15卷第311页。

附录二

张大千画论与楚文化

陈　涛

　　张大千画论是我国国画理论宝贵的文化遗产，它由中华文化传统所孕育，是具有中国特色的绘画理论。

　　国学大师王国维先生在《屈子文学之精神》一文中指出：先秦"诸子百家"大体可以一分为二：一是北方派（黄河流域文化）"大成于孔子、墨子"，通称周文化；一是南方派（长江流域文化）"大成于老子"，老子、庄子皆是楚人，通称楚文化。他认为："战国后诸学派，无不直接出于此二派，或出于混合此二派。"先秦这种文化结构一直维持至汉朝，因为印度的佛学由西传入中国，被中华文化系统所吸纳与顺化，自此之后，中华文化精神形成了"儒学治世、佛学治心、道学养性"的文化传统，绵延了2000多年。

　　中华文化传统之所以具有强大的生命力，是因为文化系统中存在着一种"正反合"的自我调节机能。详言之，儒学建构的是社会秩序——对人的外在束缚，佛学建构的是内心秩序——对人的灵魂束缚，道学建构的却是审美秩序——解构这些内外束缚，使人回归自然，得到身心和谐与自由。正是在这样不断的"正（建构）→反（解构）→合（重构）"一张一弛的辩证发展过程中，中华文化传统得以自强不息，代代传承。

国画大师黄宾虹在《论画残稿》中说得明白："学画者不可不读老、庄之书"。张大千画论虽然兼容儒、佛、道三家文化，但道学是他画论的理论支柱。欲得张大千画论之精髓，我们不能不深谙楚文化。张大千生前没有留下系统的绘画专论，他的画论多出自题跋、谈话、讲解等各类经验之谈，一枝一叶，天南地北，显得支离破碎。不过若综合起来分析，我们便会发现他的画论统一而严谨。他的画论中有一个由三个核心原理构成的理论框架，这三个核心原理皆源自楚文化：一是道法自然，二是乘物游心，三是有无相生。

一、道法自然

"道法自然"是楚文化的核心精神。老子《道德经》中说："人法地，地法天，天法道，道法自然。"人、地、天概指宇宙万物，即自然，它们都要遵循"道"。那么"道"由何而来？"道法自然"。其意思是，"道"是"自然而然"，是一种自在的不可违逆的法则与规律。

道法自然，首先要回归自然。画家绘的是自然，因而必须回到自然中去。张大千十分强调画家的"游历"，他在《大风堂名迹·序》中自述："举凡名山大川，幽岩绝壑，南北二京，东西两海，笠屐所至，舟舆所经，又无不接其胜流，睹其名迹。"游历的目的不为别的，庄子《人间世》说得通透，他是"与天为徒"，即"深入其间，栖息其中，朝夕孕育，体会物情，观察物态，融会贯通，所谓胸中自有丘壑之后，才能绘出传神之画"[1]。故张大千指出："游历不但是绘画资料的源泉，并且可以窥探宇宙万物的全貌。"所谓"全貌"，朱光潜先生作过阐述："我没入大自然，大自然也没入我，我和大自然打成一片。"[2]

自然，绘画艺术的生命之源。张大千正是用此作为准绳来评述历代名家的国画的："宋人最重写生，倚重物情、物理，传神写照，栩栩如生。元、明以来，但从纸上讨生活，是以每况愈下。有清三百年，更无作者。"

---

[1] 本文引用的凡未标注的张大千语录，皆引自李永翘编：《张大千画语录》，海南摄影美术出版社，1992年版。
[2] 朱光潜著：《朱光潜美学文学论文集》，湖南人民出版社，1980年版，第52页。

宇宙万物各有物性，画家莫能例外。物性分个性与类性，画家虽然个性不同，艺术类性却是相通的。艺性同样是一种自然。画家所努力的，就是让自己的艺性自然生长与成熟，而为此须如老子《道德经》里说的："道生之，德畜之，物形之，势成之。"张大千画论中将画家的艺性归为"德、才、识、势"。

画家如何才能有"才"？在张大千看来，画家之"才"是"七分人事三分天"。"三分天资，人人得而有之"，而"七分人事，人人能之而未必能"。在成才过程中，画家不仅须付出苦辛，进行反复实践、摸索，而且须得法，悟出其中之道。"绘画必须从临摹入手"，临摹不只是"学到历代的笔墨技法"，更重要的是"领会古人如何师造化来写万物和立意创境的表达方法"。庄子说"技进乎道"，"临摹"犹似庖丁解牛，"所解数千牛"之后，方能"依乎天理"——掌握绘画的规律，"因其固然"——立意创境的特点，从而进入"没有固定的画法能够约束他、限制他，所谓'俯拾万物''从心所欲'的化境"。

倘若要登上"艺事之极"，画家仅仅有"才"还不够，还须有"识"。所谓"识"，即艺术修养。张大千指出："古人说：'读万卷书，行万里路'，二者是相辅相成的，都是提高艺术修养的途径。"有了"识"，绘画才能"脱俗气，洗浮气，除匠气"。除此之外，画家还得有"德"。"艺术为感情之流露，为人格之表现，作者平日须培养良好的风格和情操"。画家只有摆脱人间的功利性束缚，"无己""无功""无名"，返璞归真，方能获得审美自由，而"一个艺术家最需要的，就是自由"。张大千告诫弟子：有些画家"论才智非不如人，亦不难奋进，然而百尺竿头功亏一篑……无非误于名、利二字"。有"德"有"识"，绘画方会臻达"至味超诣"。

然而，艺性在"德、才、识"之外，还存在着一个不确定的因素，即"势"。什么是"势"？艺性中的"势"，指的是画家的创作状态——创造美好稍纵即逝的高峰体验，它是由画家心境所综合导致的一种活力。当画家进入状态时，便会进入一种"天人合一"、如醉如痴的境界，形成一种挥洒自如的"气势"，此时笔下往往会出现自己意想不到的神奇效果。张大千如此描述这种状态："神思之来，濡墨挥毫，有如风雨骤至；其笔力之运，曲折自由，心与天游。"由于"势"受到内外环境各种微妙因素制约，其来去兴衰往往在瞬息之间会发生变化，非画家主观所能完全把握。所以画坛上常会出现这种现象："名画家未必每一张画都画得十全十美，相反，不是名画家也能画出很好的画来。"

二、乘物游心

画家是绘画的审美主体，从本质上说，绘画艺术是人在需求的最高层次——审美层次上所作的一次"逍遥游"。其状态如庄子在《逍遥游》篇中所描述："乘天地之正，而御六气之辨，以游于无穷"。一旦进入创作境界，画家不再为造物所役，身心获得了自由。当然，这自由是有前提的，那就是须遵循画艺的自然法则。只有"天地与我并生，而万物与我为一"时，方能实现《庄子·人间世》所说的"乘物以游心"。张大千认为：画家创作存在着一条必由之路，在这条路上，画家如参禅一般须经历三重境界：

其一，眼中之物：看山是山，看水是水。山水在我们眼里都是最真实的自然物象。画家之眼，在于"了解物理，观察物态，体会物情。无论画什么，总不出这三个原则。了解这三点后，画出的画才能形态逼真"。

其二，心中之物：看山不是山，看水不是水。这里已包含画家的"悟"——发现自然之美。"谈到真美，当然不单指物的形态，而且是要悟到物的神韵。"所谓神韵，即在山水中灌注画家心中的感情与灵气。此时，山水已不再是单纯自然意义上的山水，而是变成了心中之山水——意象。意象是"物我合一"的产物，与物象相比，它在"似与不似"之间。

其三，画中之物：看山仍是山，看水仍是水。意象一旦形成，画家才真正成为艺境中的造化之主。张大千说："这样子作画时，心情如冥游天地，与造化合一。"画家乘物以游心，"有创造万物的特权本领。画中要它下雨就可以下雨，要出太阳就可以出太阳；这里缺少一座山峰，便加上一座山峰；那里该删去一堆乱石，就删去一堆乱石；心中有个神仙境界，就可以画出一个神仙境界"。

绘画本是个选择意象、建构意境的过程。显然，意境的创造仍须遵循自然之"道"，此道就是老、庄说的"形神相生"。张大千认为，画家绘画"要意在笔先，'形成于未画之先''神留于既画之后'"。做到这一点，画家须"根据自己设想的意图，出新意，分主次，定取舍，力避因袭他人"。在创造意境时，张大千特别强调，画家须"布局为次，气韵在先"，布局要服从气韵的需要，求得"整幅生动自然"。他说的"气韵"，前提是画家胸中要有浩然之"气"。张大千在《清湘老人书画编年·序》中说："无论先辈后学，皆以气胜。得之者精神灿烂，出之纸上；意懒则浅薄无神，不成书画。""气"为何如此重要？因为"人之生也，气之聚也，聚则为生，散而为死"[1]。"气"是艺术的生命力，画中的意象群必须贯穿"气脉"，才能形成具有生命动势的整体关系——气场。画幅不在大小，而在于画中意境的气场大小。有的画虽只咫尺，但由于画家赋予大气，因而有千里之势，包揽自然无穷之生机。有了"气"之后，画中意境才能"境生于象外"，产生"象尽意余"的"韵"味。张大千曾在一幅画的题词里对这"韵"味作如此阐述："子奇、士心以东坡诗'竹外桃花三两枝'为题，合写此幅，令观者如坐江南烟雨中，春色袭人襟袖也。"

"看山仍是山，看水仍是水"，这是中国国画的特色。国学大师钱穆先生谈到国画艺术时指出："跃然纸上者，乃其意境之创造，但亦不得谓与天地间自然山水有不同。"[2]

三、有无相生

老子在《道德经》中指出："天下万物生于有，有生于无。"国画中独特的留白艺术便是遵循"有无相生"原理而形成的一种构图法。留白艺术以一种无实际形象的空白与画面上的意象共同构成意境，于无相中拓展审美主体的想象空间，让空白从画面意象形成的气脉中衍生出其余生动的意象。它的审美效果如庄子所述："澹然无极而众美从之"。[3]

① 庄子：《庄子》，北京联合出版公司，2015年版，第242页。
② 钱穆：《现代中国学术论衡》，广西师范大学出版社，2005年版，第265页。
③ 庄子：《庄子》，北京联合出版公司，2015年版，第159页。

　　张大千的绘画道路经历了从具象走向印象，又从印象走向抽象的过程。他的成功之处，在于他对中国传统的留白艺术不断作出新的探索与创新。

　　在具象画上，张大千以笔为主，运用传统的留白艺术，以虚象衬实象，用实象生虚象，"有无相生"。他说："画鱼要能表现出鱼在水中悠游的样子。若画出水来，鱼画那就失去了物性的天然。故画时不必染水而自有水中的意态。"鱼与水关联，这是生活逻辑，水虽是空白，但由鱼的"水中的意态"，人们自然会联想到清彻浩渺的水。然而，在画雪景时，"一般山水，天空和水面都是空白，雪景却必须要将水、天用淡墨烘染，不如此便不能显出雪的情景"。有水、天之实象才能生出雪景之虚象。

　　张大千的印象画，实质上是对传统写意画的继承与发展。它的特点是不重形似重精神。绘印象画时，张大千往往"减笔画"，通过墨彩明暗浓淡对比，体现景物的动态变化和光色感觉，以此来表现瞬间的印象，抒发自己的主观情感，或寄寓象征意味。比如画竹，张大千说："写意的竹，也要分层次，近的竹在前，要用浓墨，远的竹在后，要用淡墨，这才能够分得出前后、明暗的层次，增加韵味。""中国画不易学的地方，就是下笔后，墨分五色、互见层次的功夫。"相比于西方的印象画，张大千将"印象"艺术与传统的留白艺术结合起来。为了突出对特定意象的"印象"，他将无关"印象"的其他意象用空白屏蔽，"有无相资""舍形求神"。例如他的《双竹图》，画面上除了双竹，皆是空白，这使竹的风骨清逸"印象"得到集中而强烈的表现。

　　晚年的张大千转向了抽象画。他在《四十年回顾展·自序》中说："予年六十，忽撄目疾，视茫茫矣，不复刻意为工，所作都为减笔破墨。世以为新，目之抽象，予何尝新。破墨法故我国之传统，特人久不用耳。老子云：'得其环中，超以象外'。此景良不易到，恍兮惚兮，其中有象，其庶几乎。"

　　人们以为现代抽象画来自西方，实际上抽象画在中国古已有之。"古人有几句话，可说就是我们中国画十足的透视抽象理论，即所谓'远山无皴，远水无波，远人无目'。"张大千在抽象画上的创新，在于他创造了大泼墨、大泼彩的技法。他的抽象画，画面浓墨重彩，传统的空白变成了混沌的空黑。空黑与空白虽是一黑一白，意味却是相同的，皆是"无"。不过，与传统绘画用墨相反，在空黑中构图显象，要做的是"破墨"，以淡墨破浓墨，以清水破淡墨。张大千在与台湾作家张佛千探讨泼墨画时说："泼墨易，破墨难。在满纸水墨一片混沌中，如何开辟山川？"泼墨画难就难在以"开辟山川"之"有"，来拓展"大象无形"之"无"。

　　显然，张大千的抽象画仍然具有中国画的神韵。与西方抽象画"弃绝客观世界的具体形象和生活内容"不同，在张大千的抽象画中，会显现一些生活意象，只不过他将这些意象"朦胧化"了。例如他的画作《山雨欲来》，画面由墨黑与青黛分层重色，形成山雨欲来、风起云涌的气势，整体画面是抽象的。但是，张大千在黑云堆积之中"破"开一股天光，用来照亮地上的村舍屋脊，又于左方高耸处"破"出被云雾笼罩而若隐若现的楼宇飞檐。这两处画面上"破"出的意象，不仅生动地渲染出山雨欲来时诡秘恐怖的氛围，且暗示着被风云遮蔽的景象：峥嵘的山岭，沸腾的树林，惊慌的村人……造成"恍兮惚兮，其中有象；恍兮惚兮，其中有物"的艺术效果，引导读者在观赏画面意境时各自去作审美的"完形"。

西安美术学院学报《西北美术》2019年第2期

后 记

  三年之前，一些好友动员我加入四川省楚文化研究会。当时我还真有点犹豫。虽然前些年我开始涉足文化领域，开过一系列文化讲座，也主编出版了两辑《大千文化丛书》，但那是内江的本土文化，而楚文化之于我，毕竟是一个比较陌生的领域。然而，碍于朋友的情面，最终我还是加入了学会。既然加入了研究会，就得做点实事。这两年，我阅读了一些关于楚文化研究的学术资料，陆续撰写、发表了几篇关于楚文化研究的学术论文，在逐渐深入认识楚文化的过程中，我发觉这还真是块有待进一步开发的学术处女地，于是真正开始对楚文化产生了研究的激情。

  在当今弘扬优秀传统文化的时代主旋律下，楚文化作为中华民族传统文化之一，受到了学界高度的关注，对它的研究可以说方兴未艾。但是，当我的研究深入下去后，我发觉楚文化的研究成果不少，而且观点纷呈，争论不断，却存在一个不容忽视的问题，即学界大多数人处在各说各的状态，"楚文化"的概念是流离的、模糊的。"楚文化"概念如果没有一个明确的科学界定，学术探讨便无法站在同一平台上，进行真正意义上的对话。因而，我觉得自己研究的切入点应该是在理论层面，即利用已有的楚文化研究成果，建立楚文化的理论构架，或者说是给"楚文化"正名。这是我撰写《楚文化论》的初衷。

  经过一年多的努力，《楚文化论》终于如期终稿。本来应该是松了一口气，但是再读全稿，又觉得不尽如人意，有些方面的论述显然存在着一定的欠缺。我知道，这与本人涉足楚文化研究领域时间不长，学术积累有限，有一定的关系。尽管如此，我还是不揣浅陋，决定抛砖，希望它有一分热发一分光。在付梓之时，有四点须加以说明：

其一，本书的中心论题是中华传统楚文化。全书围绕楚文化，从正名、内涵、演变、影响四方面展开论述。中国传统文化是儒、道、释"三教合一"结构，是个有机的整体系统。本书为了论述集中，主要以南方楚文化与北方周文化比较方式展开，确切说是以道家学说与儒家学说比较方式展开，传统文化中的佛教学说涉及不多，至于法家、墨家等文化元素只在"正名"中略有提及，基本没有展开论述。

其二，在论述楚文化的演变中，因上述原因，所以只撷取历史上影响比较大的，或与儒家文化纠葛明显的一些文化现象，加以重点梳理，而其他的演变现象都予以省略。

其三，楚文化作为中华传统文化之一，活跃在我们的现实生活中。它的影响是全方位的，表现在历史、哲学、艺术、民俗以及社会的各个领域。由于本书的重点是楚文化的正名，所以在论及楚文化影响上只选择具有代表性的几个方面加以论述，以佐证"正名"的观点。

其四，本书所引用的文史资料，有些地方出现了重复现象，尤其是在道家学说资料的引用上。这本是学术的忌讳，但是笔者明知忌讳，还是得重复引用。这是因为本书的论述涉及多个领域，史料本身具有多义性。本书各章节虽引用的是同一种资料，但是在不同层次上取意立论，或是因为论证不同的观点，在逻辑上实在是不可缺少的环节。

我本从事文学的研究与教学，著述多在文学与教育圈内。退休后，才破门而出，进入文化领域研究，十余年间竟不知不觉出版了三本文化类的学术专著。凡事既有始，也定当有终。这本《楚文化论》

应是本人在文化领域、也是本人整个学术生涯的收官之作。

我能顺利走过这40多年的学术生涯，回顾自己走过的每一步，都与周围的师友们的教诲与相助分不开。首先要感谢我的学术导师：《文学评论》主编钱中文先生，中国社科院文研所所长刘再复先生，文研所研究员杨匡汉先生，北京大学教授谢冕先生。20世纪80年代，正当我处在学术思想摸索阶段，由于你们的辛勤指导与及时指引，我得以迅速而果断地完成学术思想的建构，从而开启新的学术里程。也要感谢中国社科院文研所高级研修班的学友：南开大学教授李新宇先生、四川社科院研究生院教授李明泉先生、昌吉学院教授任一鸣先生，以及著名评论家石天河先生。由于你们的顾问、协助与推介，我主持并撰写的《中国当代文学扫描》等高校教材，在学术界、教育界产生了一定的影响。与此同时，我也要感谢成都大学教授陈仰高先生、内江师范学院教授孙自筠先生。在我学术发轫时期，因为你们真诚的促进、合作和帮助，我得以进入学术研究的快速道。

在《楚文化论》即将问世之际，我还要真诚地感谢在文化研究领域与我一路同行的师生、同人与朋友。感谢内江市图书馆馆长朱明泉先生、内江市作协主席张用生先生，因为你们的激励，提供了必要的平台，为我打开了文化研究之门，我才决心进入这块于我而言的学术处女地；感谢"川楚会"会长熊仁均先生、秘书长蓝文生先生，由于你们的精神感召，以及不遗余力的支持，我才毅然担任楚文化研究课题，并勉力完成这部楚文化的专著；感谢范东升教授、张威教授、王彤教授、邓经武教授、汪毅先生、翁礼明教授，由于你们大力的知识援助，多方面的合作，倍增我在文化研究上攻坚克难的信心；感谢杨达明先生、刘襄笃先生、万学仁先生、甘光地先生等老领导、老同人、老朋友，这些年来由于你们的表率和推动，我本想收敛的余热因此得以激发，甚至喷薄而出；感谢我已故的挚友忻才良，你的才情，你的追求，以及对事业的执着，一直是我行进途中的鞭策；感谢多年来与我携手同行的好友朱家华先生，以及大学老同学金晓焰、鞠秀英、张鸿源、王祖平、吴荣娥等，你们的牵挂和关心，使我精神焕发，老当益壮；感谢书画家姜公醉先生、曾国武先生、石一先生，和大千在线网站刘慧女士，你们的赠画题字及报道，为我的学术研究增添了光彩和热情。此外，我还要感谢我的学生黄一鸾、傅恒、肖体仁、张先哲、王祖明、王恒珩、章艳秋、段康明、万紫、饶永才、李扬名、魏鸿毅、罗良易、李兵、魏光武、林华、钟俊、吴杰、丁鸣、卿平海、李德树等等，你们耕耘在文学、艺术、教育各个领域，各自取得了杰出、突出的业绩，多年来你们不离不弃，陪伴着我，或探讨，或撰述，或建言，或协助，或联系，或问候，或奔走，因为你们，我的学术生涯才色彩斑斓，充满了生机和朝气。最后，我要感谢我的老伴杨启铨，在半个多世纪的坎坷人生途中，无论风雨交加，还是荆棘挡路，你始终站在我的背后，全心全意、坚定不移地支持我，让我全身心投入学术事业。如果我在学术上真有一些成就，那么这些成就与你的存在是分不开的。

陈　涛

2021年8月12日于蓉城